国家社科基金后期资助项目结项书稿（批准号：21FJLB027）

晋冀鲁豫边区战时金融发展研究

（1937—1949）

王双进　著

天　津

图书在版编目(CIP)数据

晋冀鲁豫边区战时金融发展研究：1937—1949 / 王双进著. -- 天津：南开大学出版社, 2025.9. -- ISBN 978-7-310-06738-1

Ⅰ. F832.96

中国国家版本馆 CIP 数据核字第 2025RN9339 号

版权所有　侵权必究

晋冀鲁豫边区战时金融发展研究(1937—1949)
JINJILUYU BIANQU ZHANSHI JINRONG FAZHAN YANJIU(1937—1949)

南开大学出版社出版发行
出版人：王　康
地址：天津市南开区卫津路 94 号　　邮政编码：300071
营销部电话：(022)23508339　　营销部传真：(022)23508542
https://nkup.nankai.edu.cn

天津泰宇印务有限公司印刷　全国各地新华书店经销
2025 年 9 月第 1 版　2025 年 9 月第 1 次印刷
238×165 毫米　16 开本　21 印张　2 插页　376 千字
定价：98.00 元

如遇图书印装质量问题，请与本社营销部联系调换，电话：(022)23508339

国家社科基金后期资助项目出版说明

　　后期资助项目是国家社科基金设立的一类重要项目,旨在鼓励广大社科研究者潜心治学,支持基础研究多出优秀成果。它是经过严格评审,从接近完成的科研成果中遴选立项的。为扩大后期资助项目的影响,更好地推动学术发展,促进成果转化,全国哲学社会科学工作办公室按照"统一设计、统一标识、统一版式、形成系列"的总体要求,组织出版国家社科基金后期资助项目成果。

全国哲学社会科学工作办公室

摘　要

从 2004—2024 年，中央一号文件连续 21 年聚焦"三农"，而农村金融是"三农"的关键议题，遂逐渐成为学术界关注的焦点之一。中国的经济改革始发于农村，伴随着改革的深入，农村金融体制也开始了其改革进程，然而农村金融改革并未像其他领域的改革那样顺利地向纵深发展。为什么农村数字金融和互联网金融在城乡间发展很不平衡？为什么农村金融服务体系依然十分薄弱？而战时的边区农村金融何以在面临种种经济封锁、生产条件极其恶劣的环境下不断发展壮大？显然这是一个值得深入探讨的问题，这也正是本书的现实研究背景与重要性。

抗日战争和解放战争时期，是近代中国社会剧烈动荡的时期，经济上正常的工农业生产秩序被打破，中共开辟的包括晋冀鲁豫边区在内的众多根据地、解放区是中华人民共和国诞生的基石。晋冀鲁豫边区的开创距今已有八十多年的历史了，八十多年在历史长河中虽然只是短暂的一瞬，但是以晋冀鲁豫边区为代表的农村金融发展是中华人民共和国农村金融发展的雏形，同时也为中国现代农村金融体制改革奠定了基本路径与方向，其影响是巨大而深远的。研究这一时期晋冀鲁豫边区农村金融体系的建立与发展，可以更深刻地理解中国农村金融体制改革的历程。因此，本书选取晋冀鲁豫边区金融机构创立与货币政策实施、冀钞发行与流通、农户借贷关系、农贷、农村信用社等具体农村金融供给问题进行系统研究，见微知著，以求客观还原晋冀鲁豫边区金融发展的整体图景。

全书共分八章。第一章导论部分在阐述本书的选题依据、研究意义、研究现状、研究思路等问题的基础上，从区域经济史的研究需要出发，以金融经济学的理论为基础，对晋冀鲁豫边区金融机构的创立与金融政策的实施、农村民间借贷关系的演变、农村金融供给分析等方面进行了系统论述。第二章阐述了边区开创前夕农村各阶层的借贷情况和农户融资渠道，并对各种传统、现代金融机构与私人高利贷的运行情况进行评析。第三章简述并评析了边区各银行的创建、业务开展及其历史作用，阐述了边区的货币政策及其实施情况。第四章分析了冀钞统一边区币制及其相关问题，评析了冀南银行的本票制度，阐述了抗日战争时期冀钞的两个不同发行阶段，讨论了冀钞的币值波动问题，并与友邻区、国统区和沦陷区进行比较。第五章首先分析了中国共产党对民间传统借贷关系的政策沿袭与演变，然后阐述了因土地抵押和典当借贷引起的地权变动，最后剖析了民间借贷关系停滞的背景、现象和原因，以及边区政府所采取的各种缓解措施。第六章阐述了开展生产贷款的外部环境，分析了生产贷款的对象、用途、利率等一般状况，讨论了生产贷款的成效与不足，在此基础上又深入剖析了边区银行的实物贷款。第七章阐述了边区开展信用合作的时代背景与政府政策，分析了信用合作的总体运行，讨论了信用合作组织的绩效、经验与偏向。第八章结语部分对晋冀鲁豫边区的农村金融发展进行了经验总结，并提出了对当今农村金融体制改革的借鉴与启示。

研究表明，晋冀鲁豫边区的农村金融发展历程可以反映出，中国共产党的经济思想经历了一个从不成熟逐步过渡到比较成熟的过程，从而为当前和今后的经济建设提供了历史借鉴。同时，也折射出中国共产党给根据地、解放区带来的经济压力是暂时的，而创造一种新的经济制度和新的生产方式是长期的。实践证明，中国共产党是从历史大势中谋发展的。

目 录

第1章　导论 1
 1.1　研究背景与意义 1
 1.2　研究前沿演进脉络与学术史回顾 4
 1.3　概念界定与研究方法 26
 1.4　创新点与不足 29

第2章　全面抗战前夕晋冀鲁豫边区金融状况 32
 2.1　全面抗战前边区所在地带的经济概况 32
 2.3　农户各类融资渠道 48

第3章　晋冀鲁豫边区金融机构创建与货币政策实施 69
 3.1　上党银号与上党票 69
 3.2　鲁西银行的创建与发展 74
 3.3　冀南银行的创建及其组织机构 78
 3.4　边区政府货币政策的实施 82

第4章　冀钞的发行、流通与币值波动 97
 4.1　全面抗战时期冀钞的发行过程 97
 4.2　全面抗战时期冀钞统一边区币制 109
 4.3　解放战争时期冀钞信用的巩固 114
 4.4　冀钞的币值波动、稳定措施与成效 121

第5章　传统私人借贷关系的沿袭与变革 142
 5.1　全面抗战时期的减息清债运动及其政策演变 142

5.2 解放战争时期对传统旧债的政策沿袭与调整 158

5.3 由土地抵押、典当借贷引起的地权变动 163

5.4 民间借贷关系的停滞与缓解 175

第6章 晋冀鲁豫边区的低利惠农生产贷款 184

6.1 开展生产贷款的外部环境 184

6.2 实施生产贷款的状况 190

6.3 生产贷款的绩效与弊端 207

6.4 边区银行的实物贷款 217

第7章 晋冀鲁豫边区的农村信用合作 230

7.1 发展信用合作组织的外部环境 230

7.2 信用合作组织的运行 235

7.3 贷放原则及其与银行农贷、私人借贷的比较 253

7.4 信用合作组织的绩效、经验与弊端 259

7.5 信用合作红色文献的 Python 量化文本分析 279

第8章 结语：借鉴与启示 298

8.1 战时经济规律借鉴与启示 298

8.2 一般性经济规律借鉴与启示 301

参考文献 307

第 1 章 导论

1.1 研究背景与意义

1.1.1 研究背景

中共二十大报告强调,全面推进乡村振兴,坚持农业农村优先发展。中国是一个发展中大国,更是一个发展中农业大国,人口多、底子薄、经济发展很不平衡,农业、农村和农民问题面临的形势十分严峻。"三农"问题不仅是重大的经济问题,而且是重大的政治问题,事关我国改革开放进程和现代化建设全局。马克思主义认为,货币资金是经济发展的持续推动力。金融是现代经济的核心,农村金融作为现代金融体系的重要组成部分,是有效推进农业现代化建设的核心力量,在振兴农业、繁荣农村和富裕农民等方面发挥着不可替代的作用。因此,对农村金融的关注和研究,一直都是学术界的焦点之一。早在抗日战争和解放战争时期,中共早期社会学家和经济学家们就通过各种方式展开了对农村金融问题的调查研究和社会实践,并摸索出重要经验。本书研究的战时农村金融问题正可为当今"三农"问题的政策取向提供有益的历史借鉴。

20 世纪二三十年代,中国农村经济出现了前所未有的困境,农村金融枯竭,高利贷猖獗,尤其是 1932—1935 年世界经济危机较为严重的时期,更是一片萧条和凋敝的景象。抗日战争爆发后,边区的金融发展由于执行了中共抗日民族统一战线的正确政策,各阶层民众团结一致,共赴国难,以有限的人力、物力和财力,支持了边区的抗战,创造了坚持抗战持续供给的物质基础。

中共革命根据地金融业从 1926 年农民运动时期开始,经历了 1927—1937 年的土地革命、1937—1945 年的全面抗战和 1946—1949 年的解放战争等长达 22 年的革命斗争，到新民主主义革命胜利、中华人民共和国成立，革命根据地的货币金融发挥了极为重要的作用。新民主主义革命时期是中国社会发展的重要时期，中共在苏区（革命根据地）、抗日根据地和解放区相继采取了废除高利贷→减租减息→最终废除高利贷的革命政策，并重视生产贷款，开展信用合作，为现代农村金融体系的构建进行了理论和实践的探索。处于革命时期和转型的农村经济受到了极大的冲击和压力，同样，边区的农村金融在这一时期也经历了巨大变化。本书正揭示了这一变化及其产生的影响。

经济和政治、军事是相互联系，相互作用，密不可分的。战争既是军事、政治力量的决斗，亦是经济实力的较量。在抗敌的情况下，为了有效动员一切可资利用的人力、物力、财力进行军备建设，支持持久战争，就必须统一全部的经济力量，完成适应国防需要的经济建设，建立战时经济体制。对此，许多中共领导人都有着深刻、清醒的认识。毛泽东曾说："战争不但是军事的和政治的竞赛，还是经济的竞赛。我们要战胜日本侵略者，除其他一切外，还必须努力于经济工作。"①毛泽东还尖锐地指出："离开经济工作而谈'革命'，不过是革财政厅的命，革自己的命，敌人是丝毫也不会被你伤着的。"②周恩来曾说，要研究在游击战中怎样加强我们自己的经济力量。③邓小平也说："敌后的经济战线斗争的尖锐程度，绝不亚于军事战线。敌人对我们的经济进攻，是与军事、政治、特务的进攻密切结合着的，是极其残暴的。"④由此可以看出，在抗日战争和解放战争时期，中国共产党对经济建设予以高度的重视，认为它是支持抗敌的最重要的基础，是巩固根据地、解放区以赢得民族独立和民族解放的决定性条件。而在当时农村破产的前期背景下，边区政府作为地方政府，在皖南事变后，八路军没有得到国民党的任何经济支持或军事援助，如资金或弹药。面临种种困难，他们是如何依靠极其有限的资源，与装备精良的日军进行激烈交战，并最终取得胜利的呢？在经济战线和金融战线上，中国共产党究竟执行了哪些政策？这些金融政策发挥了多大作用？这些金融思想和实践对中华人民共和国成立后和当今现代化建设有何借鉴与启示？为全面深刻地总结中共领导金融的成败得失，打通中华人民共和国成立前后的分界，将 20 世纪前期和后期贯穿起来，以探索农村金融发展的规律，笔者带着上述问题阅

---

① 毛泽东选集（第三卷）[M]. 北京：人民出版社，1968：925.
② 毛泽东选集（下册）[M]. 中共晋冀鲁豫中央局，1948：846.
③ 周恩来选集（上卷）[M]. 北京：人民出版社，1980：108.
④ 邓小平文选（第一卷）[M]. 北京：人民出版社，1994：77.

读和梳理了大量相关资料。可以说，上述这些构成了本书的历史基础和现实基础。

目前，国内学者对华北农村经济的研究著作，多聚焦于山东与河北两省，对华北抗日根据地的研究相对较少，已有研究也多集中在晋察冀边区。因不同区域的经济发展与自然生态环境密切相关，具有很强的地域性，因此上述这些研究成果所采用的抽样式的研究，在实践判断中对其他区域则具有明显的局限性。笔者之所以选择晋冀鲁豫边区的农村金融作为研究或考察对象，是为了补充上述研究之不足，以及与此类似主题的其他研究成果进行比较。在具体行文中，本书在前人研究的基础上，依托抗日战争和解放战争时期的农村经济的大背景，紧密结合执政党和统治当局对当时当地的社会经济影响，力求体现历史感，反映时代气息，对晋冀鲁豫边区农村金融的创建和发展做一系统研究，以期能对这方面的研究有所补益和推进。

1.1.2 研究意义

第一，理论价值——为基于计量经济史方法的区域金融史研究提供了新的分析范式与框架支持。主要体现在通过理论基础的系统化梳理，对根据地解放区金融实践进行研究，以金融服务生产为核心，分析金融演进各种影响因素，总结晋冀鲁豫边区金融发展经验。有关抗战时期根据地农村金融方面的研究，国际上较为罕见，在国内独立系统的研究亦不多见，基于模型的实证研究则更为少见。在供给约束型经济的假设前提下，从政府与农民互动视角，运用计量经济史的研究方法，构建1937—1949年晋冀鲁豫边区货币需求理论函数的计量模型，检验和修正金融发展史理论的前提假设，为丰富区域金融史的分析范式提供有益补充。

第二，应用价值——以晋冀鲁豫边区金融发展实践为核心，从金融机构、金融市场、金融产品等不同视角进行分析。具体体现在以下几点：

（1）为推动革命老区发展理清思路。党的二十大报告和国家"十四五"规划纲要均明确提出，加大对革命老区、民族地区、边疆地区和贫困地区的扶持力度。因此，如何站在理论和实践、历史和现实、战略和长远相结合的高度，从金融视角推动革命老区加快发展，让革命老区人民早日过上幸福富裕的生活，是对无数革命先烈的最好告慰。

（2）为现代金融业发展提供现实借鉴和启示。包括晋冀鲁豫边区在内的农村金融发展是中国农村金融发展的雏形，也为现代农村金融体制改革奠定了基本路径与方向，其影响是巨大而深远的。当前农村金融发展滞后已成为长期困扰"三农"问题的瓶颈。如何从金融角度破解"三农"难题，是学界面临的一个亟待解决的问题。本书正是以晋冀鲁豫边区金融发展的一般规律为引线，为深化当今农村金融体制改革提供有益的借鉴与启示，具有重要的现实意义。

第三，历史价值——从区域经济史角度丰富抗日根据地、解放区农村金融的整体研究。中国地域广阔，各区域的地理特征和经济差异明显，晋冀鲁豫边区作为众多根据地、解放区中的一块，在自然环境、经济环境、社会环境、人文环境等方面均有其特殊性。本书借由对边区金融供给的探讨，了解新民主主义社会雏形和农村金融发展的制度变迁过程，还原中国共产党经济思想的发展脉络及其从幼稚逐步过渡到比较成熟的过程。中共革命下的边区金融体系的建立及发展对现代农村金融体制改革无疑具有重要的转折意义和历史价值。

1.2　研究前沿演进脉络与学术史回顾

1.2.1　边区金融研究领域前沿热点与演进脉络

文献是记录知识的载体，包括具有历史意义或研究价值的书籍、期刊文章、会议记录、新闻、典籍等。通过对文献的综合定量分析，可以总结出某一领域科学研究的发展历程，揭示研究趋势和热点，挖掘竞争和潜在的合作关系。①

1. 数据来源和研究分布

研究前沿聚焦学科发展热点、理论反思和总结不足，具有显著的社会导向和政策导向。本书的数据来源分为国外和国内两部分。Web of Science（简称 WoS）和 Scopus 数据库是当前全球两个大型文献检索和引文分析数据库，由于后者涵盖了世界上最广泛的科技和医学文献的文摘、参考文献及索引，本研究出于对经济社会科学领域的边区金融研究需要，英文文献以 WoS 核心合集的社会科学引文索引（SSCI），按照检索方式 TS =("border finance*" OR "anti-Japanese bank*" OR "border region currency") AND DT=(Article OR Review) AND LA= English，时间设置为 1990—2023 年，

---

① 林巧, 聂迎利, 孔令博, 等. 近 10 年京津冀地区农业科技发展态势分析[J]. 中国农业资源与区划, 2020, 41（11）: 166-173.

经文献除重并以手工方式剔除会议摘要、学者随笔等条件不符或信息不全的文献，最终筛选到该领域文献共1043篇。中文文献以1990—2023年中国知网为检索源，为确保文献质量，在中国知网的北大核心期刊、中文社会科学引文索引（CSSCI）的收录范围内，以"边区金融""边区货币""边区银行""边区农贷""边区信用社""根据地货币""金融史""货币史"为主题词，经过除重后共得到411篇核心期刊文献，其中CSSCI期刊共257篇。

从边区金融领域的中文文章发文量来看，1990—2023年间，发文量最高的年份在2020年，为28篇，最低年份为1996年，仅2篇，其余年份在4～25篇之间波动，如图1.1所示。

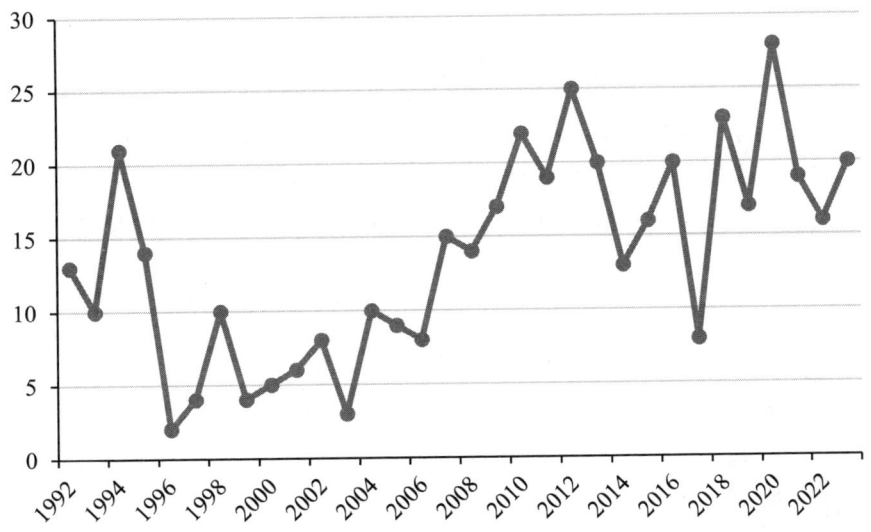

图1.1 边区金融研究年度发文量情况

从主题分布来看，1990—2023年边区金融领域发文量最集中的三个领域分别是金融史、抗日战争时期和陕甘宁边区，分别发文38篇、31篇和25篇。其后是晋察冀边区、中国人民银行、红色金融和革命根据地，见图1.2。

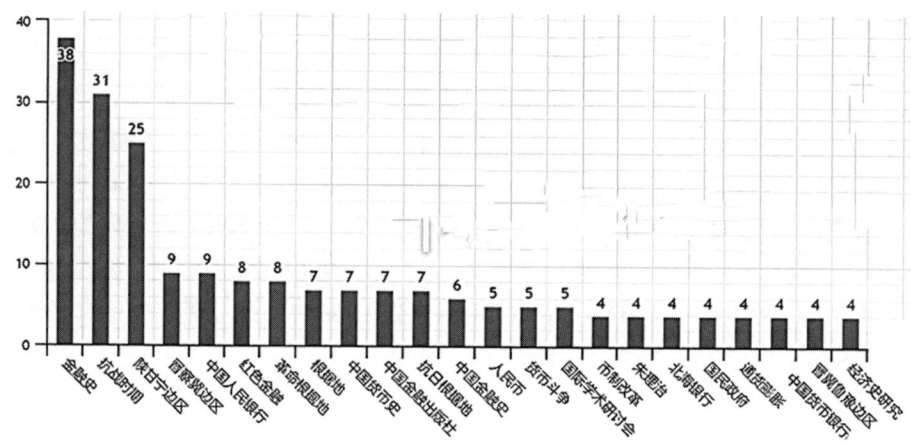

图 1.2　边区金融研究主题分布

从发文作者来看，吴景平、张徐乐、黄正林几位学者发文量位居前三。在发文量较高的作者中，黄正林、孔祥毅、戴建兵几位学者所在研究机构均位于边区所在地域，如陕西师范大学、山西财经大学、山西大学等，如图 1.3 所示。

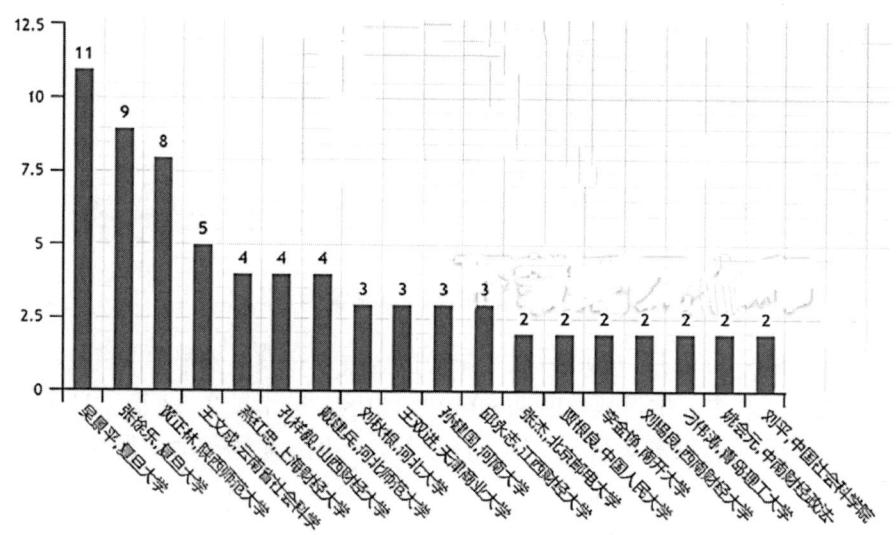

图 1.3　边区金融领域发文作者和机构分布情况

从发文期刊统计来看，边区金融研究的刊发期刊较为集中。从发文量排名前 20 的期刊来看，《近代史研究》《金融研究》《清华大学学报（哲学社科版）》《历史研究》四本期刊的发文量占总发文量的 49.99%，其余 16 种期刊总体占一半，如图1.4所示。

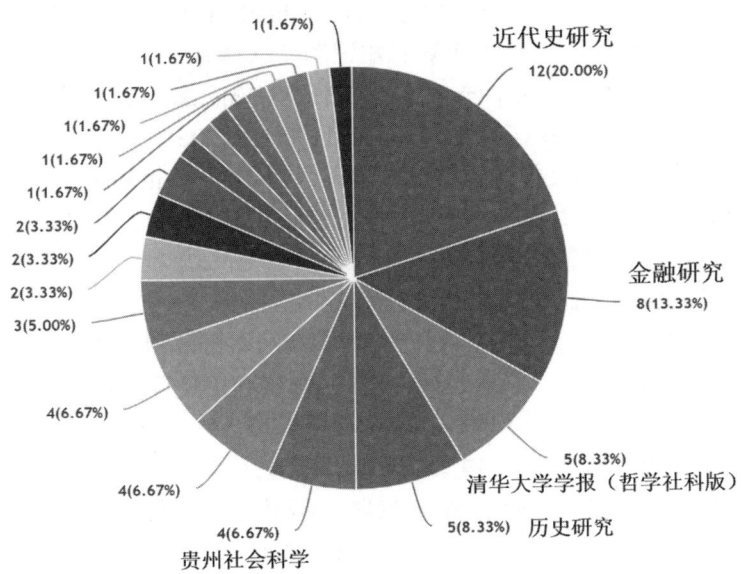

图1.4 边区金融领域发文期刊分布情况

为进一步刻画和比较边区金融发展领域的中外文研究进展，更好地把握其内涵、外延和基本理论，预测边区金融的发展趋势和热点问题，更好地分配科研资源和力量，以推动革命老区发展，为现代金融业发展提供现实借鉴和启示，本书借助科学知识图谱（scientific knowledge map）分析方法，通过国外WoS核心合集中的SSCI论文数据与国内CNKI数据库中CSSCI和北大核心期刊论文数据，以VOSviewer 1.6.16、BICOMB 2.01、CiteSpace 5.7.R3作为可视化工具，进行关键词共享、高频词时区划分、热点词聚类和突现词辨析等文献计量研究，对中外边区金融研究的演进路径及其理论体系、前沿动向进行探索性分析。

2. 分析工具和研究方法

随着计算机处理能力的提高，以及文献信息的电子化和专利授权，知识图谱等工具在模拟演进可视化、聚类分析、前沿探索等方面已经显示出越来越强大的数据分析功能，可帮助研究者对某个学科领域的发展动态及学科前沿趋势进行分析、判断和预测[①]。科学知识图谱在揭示知识来源、学科发展、前沿动态等方面有独到优势（董晓松等，2020；陈晓玲等，2018）。

---

① 王岑岚，尤建新. 大数据文献评述：基于软件Citespace的可视化研究[J]. 科技管理研究，2017，37（21）：180-189.

近年来，科学计量学被广泛应用于期刊分析（Li and Hale, 2016; Martínez-López et al., 2020）和特定研究领域的梳理（Dhital and Rupakheti, 2019; Zhong et al., 2019）。目前用于科学计量的知识图谱软件有十余款，如 CiteSpace（Chen, 2004、2006）、VOSviewer（van Eck and Waltman, 2010）、Bicomb（崔雷等，2014）、BibExcel（Olle Persson, 2011）、HistCite（Garfield et al., 2003）等。每款软件的技术支撑和数据处理功能各有不同，CiteSpace 通过引文分析、信息论、图论、统计学和网络算法（Zeng et al., 2022），以及社会网络分析、共现分析、共被引分析和词频分析（Chen, 2017），对目标领域的文献信息进行全面系统的分析，形成各种类型的知识地图，最终揭示正在发展的前沿研究。而 VOSviewer 长于热力图（网络密度图），Bicomb 长于词篇矩阵分析。因此，为动态、分时、多元洞察和定量评价数字化引领农业创新领域的演进路径，本书以 CiteSpace 5.8.R3 为主，辅之以 VOSviewer 1.6.16、Bicomb 2.01，综合运用这三种软件作为可视化工具，各取其长，对清洗后的文献进行知识图谱分析。同时，本书在运用上述三款软件对文献数据进行分类提取后，进一步运用 Origin 2021 软件对文献数据进行统计分析。

在 CiteSpace 生成的知识图谱中有三种节点度量方式：频率、介数中心性和突现强度（Cui and Zhang, 2018; Zhong et al., 2019）。在不同类型的知识图谱中，频率有不同的含义：在研究合作网络中指的是发表论文的数量，在共被引网络中则代表共被引的次数。同时，频率由 CiteSpace 中节点的大小表示。顶点 v 的介数由公式（1）计算，弗里曼（Freeman, 1977）提出的介数中心度（betweenness centrality）由公式（2）计算。

$$B_v = \sum_{i,j \in V} \frac{\sum_{\in S_{i,j}} \delta_l^v}{|S_{ij}|} \quad (1)$$

其中，$S_{i,j}$ 为 (i,j) 之间最短路径的集合。

$$C_b = \sum_{s \neq i \neq t} \frac{n_{st}^i}{g_{st}} \quad (2)$$

其中，g_{st} 为从节点 s 到节点 t 的最短路径数目，n_{st}^i 为从节点 s 到节点 t 的 g_{st} 条最短路径中经过节点 i 的最短路径数量。

突发强度（burst strength）是衡量突发检测中节点引用突发的指标，由公式（3）计算，该算法由克莱因伯格（Kleinberg, 2003）提出。

$$\sum_{t=t_1}^{t_2} [\sigma(0, r_t, d_t) - \sigma(1 - r_t, d_t)] \quad (3)$$

其中，$\sigma(0, r_t, d_t) = -\ln\left[\left(\dfrac{d_t}{r_t}\right) p_i^{r_t} (1-p_i)^{d_t - r_t}\right]$

Gini 系数和期刊影响因子是衡量期刊主题类团的点度中心度的均衡性计算指标，用 G_c 表示（Cockriel et al., 2018），如公式（4）计算。假设有 n 批文档，第 t 批包含 r_t 个相关文档，总共有 d_t 个，使用概率为 p_i 的二项分布生成 r_t 相关文档的概率的负对数。

$$G_c = \dfrac{1}{2n^2 \mu} \sum_{i=1}^{n} \sum_{j=1}^{n} |x_i - x_j| \tag{4}$$

式中，$|x_i - x_j|$ 代表期刊主题类团网络中第 i 个主题类团的点度中心度与第 j 个主题类团的点度中心度的差异，表示期刊主题类团网络中点度中心度的均值。G_c 的取值范围在 0～1 之间，该数值越小，表示期刊主题点度中心度分布越均衡；反之，越不均衡。

关键词聚类后要对各类团进行命名，为避免命名的主观性，引入粘合力指标，用以衡量类团中关键词对所属类团的共现程度，由公式（5）计算。

$$N(A_i) = \dfrac{\sum_{j=1}^{n \neq i} F(A_i \rightarrow A_j)}{n-1} \tag{5}$$

其中 $F(A_i \rightarrow A_j)$ 表示关键词 A_i 与同类团中其余关键词的共现频次。

战略坐标图有助于将研究领域静态特征转化动态特征，从而刻画其发展趋势和成熟度，并以二维坐标的形式展示学科领域中研究主题的分布情况。这种方法最早由劳（Law）于 1988 年提出，用来描述不同研究领域或研究结构的内部关系和相互影响情况。在战略坐标图中，有两个重要的指标——密度和向心度，分别由公式（6）和（7）计算。密度用来衡量主题类团内部关联强度，密度越大，知识群维持和发展自身的能力越强，该领域研究越稳定和成熟。向心度用来衡量某类团与同一研究领域中其他类团联系的紧密程度，向心度越大，该主题与其他知识群联系越紧密，表明该主题在学科中越趋于中心地位。

$$\text{密度} = \dfrac{\sum_{i,j \in K, i \neq j} E_{ij}}{n} \tag{6}$$

$$\text{向心度} = \dfrac{\sum_{i \in k, j \notin K, i \neq j} E_{ij}}{N-n} \tag{7}$$

本书首先通过辨析中外农村金融研究的概念基础和内涵比较，结合中外边区金融研究发文量统计及核心机构分析，对中外边区金融研究基础进行比较；再利用研究热点和聚类分布、热点动态和主题演进路径、高频时区图等，剖析边区金融研究领域的热点演进；最后通过突现词分析和战略坐标图探索出前沿方向。具体研究流程见图1.5。

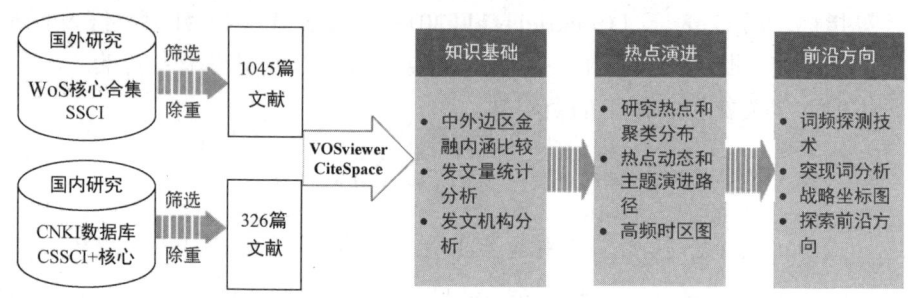

图1.5　本书研究流程

3. 边区金融发展研究的热点前沿与演进脉络

（1）边区金融研究热点和聚类分布

运用VOSviewer软件，结合共词分析算法和Bibliometric算法，得到关键词共现密度图谱和关键词网络聚类图谱。在研究主题和聚类上，国外学者和国内学者存在明显差异。盈利质量研究热点共现密度图谱表明，在国外研究中，"country" "species" "river" "pattern"为前四个关键词，其中第一个关键词颜色最深，项目密度最大，与之邻近的关键词权重较高，将会成为以后持续研究的热点和趋势（见图1.6）。

在国内研究中，国内边区金融研究领域关键词共现图谱（见图1.7）显示，研究热点围绕"中国人民银行" "根据地" "晋察冀边区银行"等关键词展开。

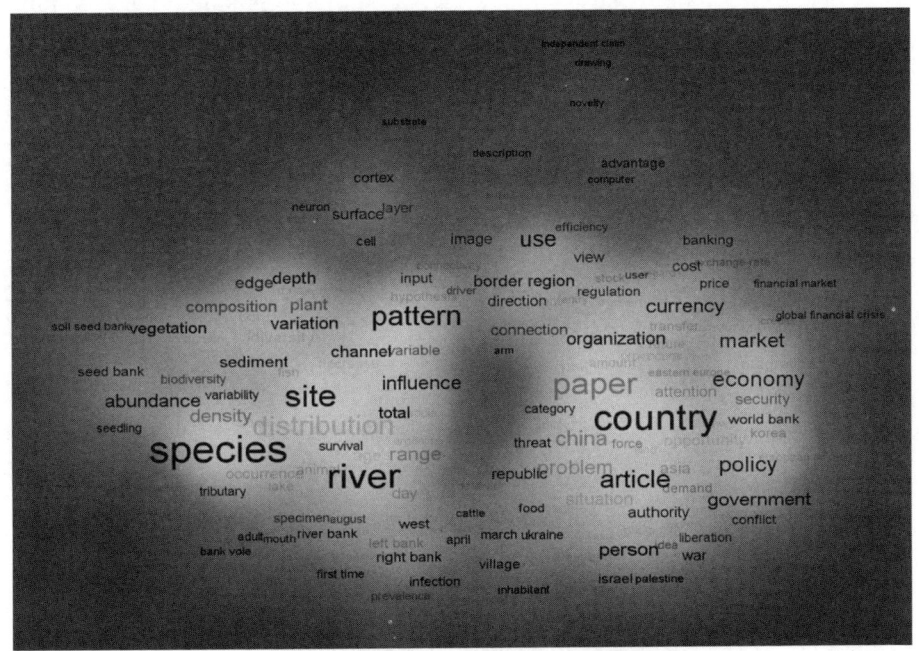

图1.6 英文期刊边区金融研究热点共现密度图谱

资料来源：VOSviewer 软件绘制。

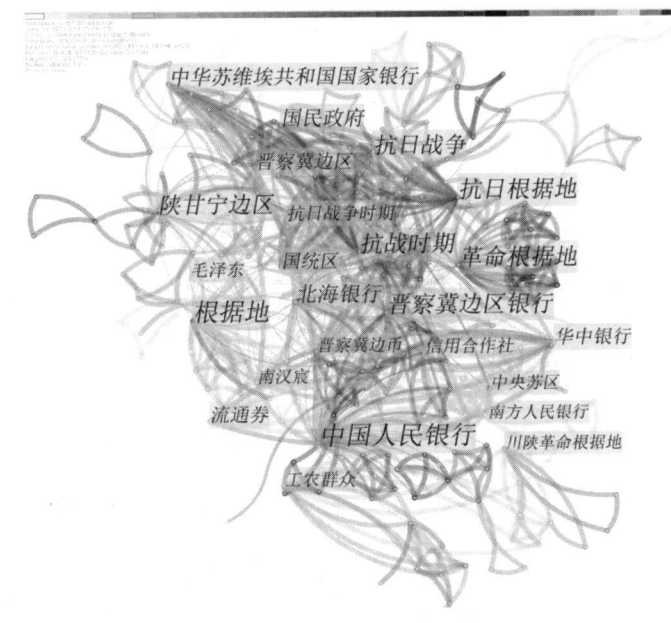

图1.7 国内边区金融研究领域关键词共现图谱

借鉴卡隆（Callon，1991）构建技术子簇的方法，即在构建的一个子簇中包含不少于 10 篇文献，将共被引矩阵中余弦指数最高的一对文献的研究方向作为该聚类的研究主题，来反映该聚类的核心内容。运用 CiteSpace 5.7.R3 进行文献计量，关键词网络聚类图谱显示，网络节点 N=4288，网络连接 E=1129，聚类模块值（Modularity Q）=0.7262，Q 大于临界值 0.3，说明聚类结构显著（见图 1.8）。在这些聚类关键词中，"根据地""陕甘宁边区""中国人民银行""晋察冀边区银行"位列前几大聚类。

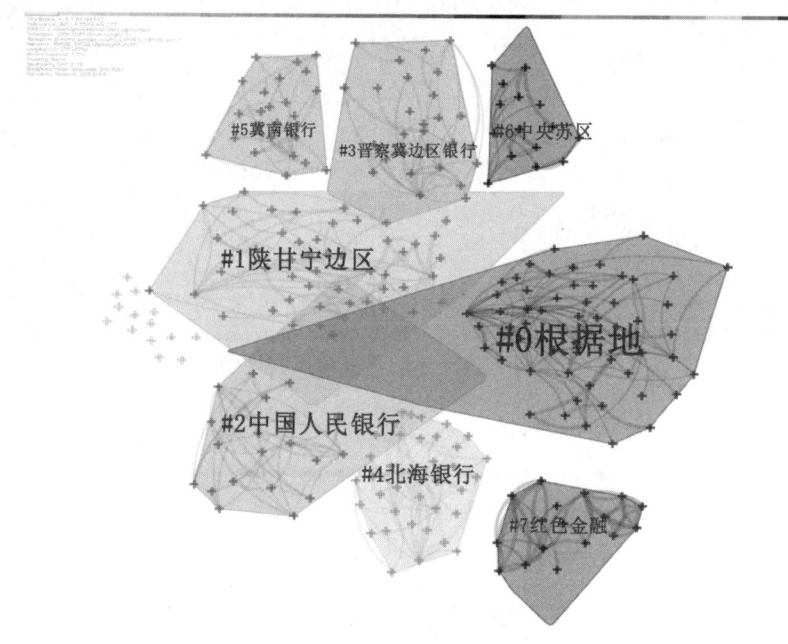

图 1.8　国内边区金融研究关键词聚类

关键词出现的频次和中心性是判断该研究领域研究热点的重要指标，也是判断学者关注焦点的重要依据（Chen，2017）。国内边区金融研究领域出现频次前 20 的关键词排序见表 1.1。

表 1.1　国内边区金融研究领域出现频次前 20 的关键词排序

排序	关键词	频次	时间/年	中介中心性	排序	关键词	频次	时间/年	中介中心性
1	中国人民银行	22	1993	0.28	11	信用合作社	5	1994	0.03
2	根据地	19	1992	0.29	12	流通券	5	1993	0.04

续表

排序	关键词	频次	时间/年	中介中心性	排序	关键词	频次	时间/年	中介中心性
3	晋察冀边区银行	15	1997	0.19	13	法币	5	2014	0.04
4	抗日战争	12	1995	0.13	14	农贷	4	1999	0.02
5	北海银行	12	1995	0.11	15	国民党	4	1994	0.02
6	中华苏维埃国家银行	10	1992	0.07	16	工农群众	4	1992	0.04
7	中央苏区	8	1993	0.06	17	华北人民政府	3	2000	0.02
8	国民政府	7	1992	0.03	18	农民协会	3	1994	0.01
9	人民币	7	1994	0.02	19	朱理治	3	1994	0.02
10	中国共产党	6	2013	0.03	20	晋冀鲁豫边区	3	2011	0.03

（2）边区金融领域演进脉络和研究趋势分析

为了从时间维度探索国内外边区金融研究的演进过程，本书采用VOSviewer工具中的叠加可视化和CiteSpace软件中的时区视图，分析边区金融发展研究热点随着时间动态演化的基本特征。在国外研究中，1990—2023年边区金融领域的高共词词频及研究热点动态演化趋势显示，该领域研究的阶段性特征较为明显，呈现出渐进式创新的演进特征。1990—2004年，文献较少且主题分散，有少数几个关键词，如cortex, neuron, macaque, connection等，反映了根据地和农村金融发展的结合尚未被广大学者接受；2005—2014年，country, republic, currency, pattern等聚类大量出现；2015—2023年，一些新兴领域，如policy, trade, northern border等新词、热词开始涌现。

进一步运用CiteSpace高频时区图来挖掘国内边区金融发展研究热点随着时间动态演化的基本特征。在国内研究中，1990—2000年关键词较为集中，学者研究活跃，如"晋察冀边区银行""抗日根据地""工农群众""流通券""北海银行"等研究热词均在该阶段涌现；2001—2010年，"华北人民政府""华北解放区""南方人民银行""南汉宸"等成为这一阶段的研究热词；2011—2023年，"晋察冀边币""法币"成为这一阶段的研究热词见（图1.9）。

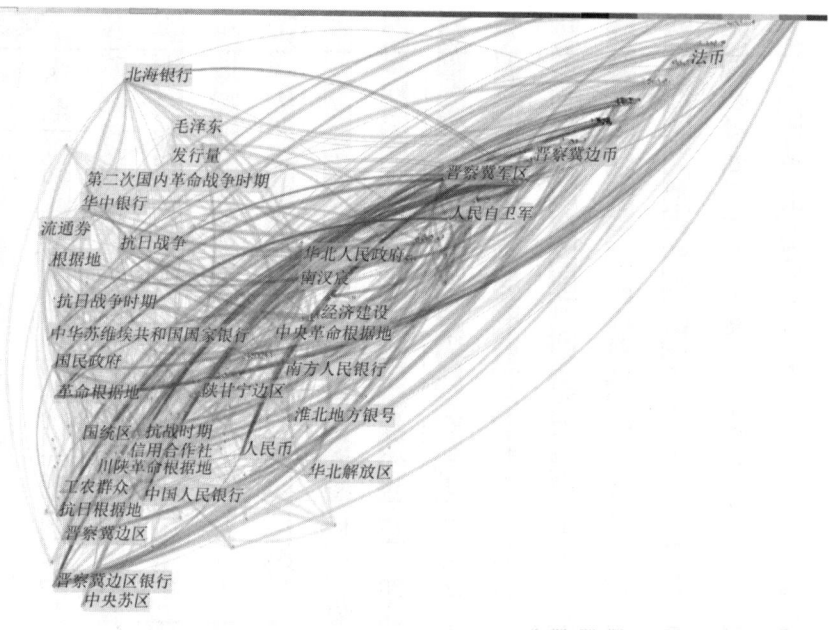

图 1.9　1990—2023 年国内边区金融研究关键词共现时区

通过对关键词聚类分析，探测出某时期出现的突现词。突现词是一定时期内出现频次比较高的词，其变化能反映出该时期学者对该领域研究的关注度，也是一种该领域演化发展趋势的判断依据（Chen，2014），可以从突现强度和突现持续时间清晰展现（李维安等，2017）。为了更深入地了解国内边区金融发展的演化趋势，本书设置 CiteSpace 5.7.R3 工具中 top N=20，以展示更多的突现词，最终得到国内边区金融研究领域的前 10 个突现词，结果见图 1.10。

关键词	实现强度	开始时间	结束时间	实现持续时间（1992—2023年）
根据地	4.47	1992	1998	
晋察冀边区	1.73	1992	1993	
陕甘宁边区	4.31	1997	2004	
革命根据地	1.89	2000	2006	
晋察冀边区银行	1.89	2006	2011	
中国人民银行	1.93	2007	2012	
山东抗日根据地	1.74	2012	2013	
中国共产党	1.8	2013	2018	
法币	2.01	2014	2018	
抗日战争	2.31	2019	2023	

图 1.10　国内边区金融研究关键词突现情况

从图 1.10 可以看出,"陕甘宁边区"突现持续时间最长(1997—2004年),达 7 年;"根据地"突现持续时间为 1992—1998 年;"晋察冀边区银行"和"中国人民银行"突现持续时间均为 5 年。2014 年后开始出现"法币""抗日战争"等突现词。

根据突现词的突现强度可以发现,"根据地"(实现强度为 4.47)、"陕甘宁边区"(实现强度为 4.31)突现强度非常高,说明这两个突现词对后续研究有重要影响。

1.2.2 学术史回顾

有关抗战时期和解放战争时期根据地、解放区农村金融方面的研究,在国际上较为少见,在国内独立系统的研究亦不多见,基于模型的实证研究则更为少见。

从目前搜集到的资料来看,国外专门针对中国抗战时期经济动员的研究并不多,但是对中国共产党领导的抗日根据地的研究已经不少。例如,斯坦福大学马若孟(Ramon H. Myers)所著《中国农村经济:河北和山东的农民发展 1890—1949》对河北顺义县沙井村、架城县寺北材村等几个村庄的土地、资本、土地所有制、劳动力、借贷、农民的收入和储蓄、土地继承、村的领导和组织,以及村和县的财政等方面进行了考察。[①]瑞典达格芬·嘉图的《走向革命——华北战争、社会变革和中国共产党 1937—1945》,对中国共产党领导的敌后抗日根据地建立前后的经济、政治变迁进行了分析。[②]澳大利亚大卫·古德曼的《中国革命中太行抗日根据地社会变迁》描述了抗日战争期间太行根据地的辽县、武乡和黎城三个邻近县的革命变迁过程。[③]美国学者伊斯雷尔·爱泼斯坦的《中国未完成的革命》,描述了中国抗战为什么能胜利,抗战胜利之后中国何去何从。[④]日本学者内山雅生的《二十世纪华北农村社会经济研究》分析了华北村庄内部自治领袖、生产合作关系、经纪人职能、1949 年以后的合作化基础。[⑤]

---

① [美]马若孟. 中国农民经济:河北和山东的农民发展 1890—1949[M]. 史建云, 译. 南京:江苏人民出版社, 2013.

② [瑞典]达格芬·嘉图. 走向革命——华北的战争、社会变革和中国共产党 1937—1945[M]. 杨建立, 等译. 北京:中共党史出版社, 1987.

③ [澳]大卫·古德曼. 中国革命中的太行抗日根据地社会变迁[M]. 田酉如, 等译. 北京:中央文献出版社, 2003.

④ [美]伊斯雷尔·爱泼斯坦. 中国未完成的革命[M]. 张立程, 付瑶, 译. 北京:中央文献出版社, 2003.

⑤ [日]内山雅生. 二十世纪华北农村社会经济研究[M]. 李恩民, 邢丽荃, 译. 北京:中国社会科学出版社, 2001.

自 20 世纪 80 年代以来，国内学术界围绕晋冀鲁豫边区的金融建设，主要从以下几方面进行了研究。

1. 关于边区金融机构和金融政策的研究

在抗日战争和解放战争时期，中共在边区建立的各金融机构是其开展边区金融业的开端。学界主要从以下三方面展开。

一是边区金融机构和金融体系的建立。有学者对晋冀鲁豫边区的上党银号、鲁西银行的创建成因、筹备经过、流通区域等进行了阐述（姜宏业，2008；王培英，1988；尹忠祚，2011）①；有的学者则对冀南银行的创建过程、机构设置进行分析（张转芳，1996；廉文煜，2015；刘庆礼，2016）②。边区银行的建立为发行边区货币、打破经济封锁提供了保障（李海东等，2021）③，也为1949年以后中国银行业的发展进行了实践探索（蒲晓蕾，2015）④。冀南银行有效防范金融风险、积极推进企业化改革和金融体系改革（郑志瑛，2020）⑤。晋冀鲁豫根据地金融机构与其货币发行呈现"由分散到统一，由辅币到本位币"的特征，表明中共红色金融建设逐渐走向成熟（王之扬等，2022）。⑥冀南银行和晋察冀边区银行合并为华北银行，为1949年以后筹备中国的银行和货币体系奠定了坚实基础（李蕴祺，2022）。⑦中共建立起统一的货币发行机制，搭建起金融政策体系，为边区金融发展提供制度保障（孙建国等，2022）⑧。

二是边区银行的货币发行与流通。货币发行是开展边区农村金融的工具，也是开展货币斗争的武器，在支援抗战和发展经济等方面发挥了不可替代的作用。迄今围绕边区货币发行与金融作用的研究成果较少。贝尔登（Belden，1949）分析了抗币发行、抗币准备金来源。⑨20 世纪 90 年代

---

① 姜宏业. 中国金融通史[M]. 北京：中国金融出版社，2008.
王培英，刑富亭，阎天佑，等. 上党银号与上党票[J]. 中国钱币，1988（4）.
尹忠祚. 鲁西银行与鲁西币[J]. 金融经济（市场版），2011（7）：53-54.
② 张转芳. 晋冀鲁豫边区货币史[M]. 北京：中国金融出版社，1996.
廉文煜. 华北抗日根据地最早发行的上党银号纸币[J]. 收藏，2015（17）：157-158.
刘庆礼. 冀南银行及其发行的纸币[J]. 理财（收藏），2016（12）：86-91.
③ 李海东，杨正荣，张武浩. 南梁革命根据地红色金融建设与启示[J]. 征信，2021，39（10）：9-11.
④ 蒲晓蕾. 边区银行的建立及对新中国银行业的贡献[J]. 中国城市金融，2015（5）：73-75.
⑤ 郑志瑛. 冀南银行金融实践的历史经验和启示[J]. 河北金融，2020（6）：70-72.
⑥ 王之扬，王欢，夏凡. 晋冀鲁豫边区红色金融实践与启示[J]. 河北金融，2022（10）：3-8.
⑦ 李蕴祺. 华北银行在红色金融史中的地位和作用研究[J]. 华北金融，2022（4）：86-93.
⑧ 孙建国，唐莹. 新民主主义革命时期红色金融体系的构建与发展[J]. 江西社会科学，2022，42（4）：123-134，207-208.
⑨ Jack Belden. China Shakes the World[M]. New York: Harper & Brothers Publishers, 1949.

前后，学者多是对冀南银行冀钞的发行背景、发行过程、历史作用等方面做了回忆与描述（汲津和李天才，1984；黄存林，1986；马宪玉，1989；武博山，1993）①。此外，刘庆礼（2014）对晋冀鲁豫边区生产建设公债的发行过程进行了描述。肜新春介绍了光华票、边币与流通券的接续发行，以及金融体系从支出型向建设型转变（肜新春，2021）。②张常勇和王向英运用历史分析方法，将抗战时期冀钞的发行分为两个阶段，从1939年10月到1942年底为第一阶段，即执行紧缩政策的发行阶段；从1943年到抗战胜利为第二阶段，该阶段多采用经济发行的方式。

以往研究对于中共根据地边币的考察往往局限在中共角度，而国民政府的反应与对策则被忽视。张燚明（2014）认为，国民政府对中共边币研究不足，导致其所制订的政策多停留在纸面而难以在形势错综复杂的抗战前线付诸实施。③

三是边区金融政策的实施与作用。围绕边区金融政策的实施与历史作用，学者各抒己见：晋冀鲁豫根据地抗币是应根据地经济建设和抗日战争的需求而产生并发行的，是对新民主主义革命时期中国共产党长期积累的战时金融思想的大胆尝试与延续升华（何伟，2015）④；边区政府通过清理各种土票杂钞和收兑根据地内各行政区发行的货币等措施，废除了旧的金融秩序，建立了独立统一的冀南银行本位币市场的新金融体系（王双进，2013）⑤；冀钞的顺利发行和地位的巩固在上党地区发挥了重要作用，在政治经济上产生了深刻的影响，有力地支援了抗日战争（裴健华，2016）⑥；边区金融政策既符合根据地的实际，也是党的新民主主义革命理论在经济活动中的具体体现，形成了鲜明的特点，对中国特色社会主义建设仍具有重要的启发和借鉴意义（霍庆跃等，2013；阚景阳，2013）⑦。刘居照等（2014）

---

① 汲津，李天才. 冀南银行在河南[J]. 金融理论与实践，1984（3）：57-58.
　黄存林. 略论冀南银行的历史作用[J]. 河北师范学院学报，1986（3）.
　马宪玉. 冀鲁豫边区金融史料选编（上册）[M]. 北京：中国金融出版社，1989.
　武博山. 回忆冀南银行九年（1939—1948）[M]. 北京：中国金融出版社，1993.
② 肜新春. 陕甘宁边区货币金融实践[J]. 中国金融，2021（6）：99-100.
③ 张燚明. 抗战期间国民政府对中共晋冀边币的应对与处理[J]. 抗日战争研究，2014（2）：58-79.
④ 何伟. 晋冀鲁豫根据地金融建设研究[D]. 太原：太原理工大学，2015.
⑤ 王双进. 晋冀鲁豫边区冀南银行币统一币制之考察[J]. 山西师大学报（社会科学版），2013（2）：143-145.
⑥ 裴健华. 抗战时期上党地区冀钞信用问题研究[J]. 金融经济（理论版），2016（5）：95-97.
⑦ 霍庆跃. 中国共产党抗日根据地经济政策研究[J]. 军事交通学院学报，2016，15（8）：74-77.
　阚景阳. 西柏坡时期四大根据地的货币统一与人民币的诞生——兼论华北银行的历史作用[J]. 中共石家庄市委党校学报，2013，15（6）：35-37.

基于货币供需机制的视角，分析了战时金融管制模式下的中央苏区金融发展问题。①姬雄华和殷丹丹（2017）对抗日战争时期国民政府和边区政府货币政策进行比较，得出国民政府货币政策失败的教训和边区政府货币政策成功的经验。②

2. 关于金融货币斗争与币值波动的研究

学者主要围绕在抗日根据地实行金融货币斗争的必要性、措施及货币斗争引发的币值波动等方面展开研究。

对于货币斗争的必要性方面。学术界普遍认为，抗日战争是中国人民在政治、经济、军事、文化各方面全方位地与日本侵略者进行的一场生死拼杀。经济战是这场战争的一个重要方面，其胜败直接关系到战争结局，而货币战是经济战的最高形式（戴建兵，1993；李小玲，1994）。③郭晓平（1995）进一步指出，根据地人民生活极度贫困、市场萧条、金融混乱，金融货币斗争和军事斗争同样是巩固太行根据地的重要方面和重要手段。④对于金融货币斗争的表现形式和采取的措施，学者从不同方面进行了阐述：在各根据地推行禁用法币（张燚明，2021）⑤，在敌占区、国统区、解放区"犬牙交错"的地方，表现在金融、贸易和市场流通领域上是敌伪币、法币和边币并行，土票和杂钞混用（黄存林，1985）⑥；各抗日根据地和政府采取了政治上加强宣传、行政上制定法令和经济上迂回驱逐等手段驱逐日伪币，以建立抗币的本币市场（高翠，2011）⑦；边区政府制定了奖罚分明的缉私政策，并动员广大人民和各级政府一道投入到货币斗争中去，最终实现了冀钞本币币值巩固（孙建刚和史红霞，2011）⑧；集市贸易刺激了根据地的生产，提供了军需，调剂了人民群众的物资联系，并战胜了伪币（魏宏运，1997）⑨；冀南银行通过货币斗争，统一了边区币制，改善了军民生

---

① 刘居照，杨晖，杨庆明，等.战时金融管制模式下的中央苏区金融发展问题研究——基于货币供需机制的视角[J].党史文苑，2014（22）：8-11.

② 姬雄华，殷丹丹.抗日战争时期国民政府和边区政府货币政策比较研究[J].中共南京市委党校学报，2017（5）：45-52.

③ 戴建兵.论抗日战争中华北抗日根据地的货币斗争[J].河北经贸大学学报，1993（3）：74-77.
李小玲.晋冀鲁豫根据地金融斗争史略[J].山西档案，1994（3）：48-50.

④ 郭晓平.太行根据地的金融货币斗争[J].中共党史研究，1995（4）：81-85.

⑤ 张燚明.一九四〇年至一九四二年的国共货币斗争[J].中共党史研究，2021（2）：70-84.

⑥ 黄存林.论抗日根据地的货币斗争[J].河北学刊，1985（5）：8-11.

⑦ 高翠.抗日根据地驱逐日伪币的斗争述论[J].延安大学学报（社会科学版），2011，33（6）：59-63.

⑧ 孙建刚，史红霞.晋冀鲁豫根据地货币缉私斗争述论[J].前沿，2011（10）：103-107.

⑨ 魏宏运.论晋冀鲁豫抗日根据地的集市贸易[J].抗日战争研究，1997（1）：145-158.

活，支持了军事斗争，巩固和加强了抗日根据地的建设（张颖，2015）[①]；冀钞在对敌斗争中，提高了币值（王梦佳，2022）[②]；各抗日根据地创建银行，实行独立自主的货币政策，构建独具特色的根据地金融网络，有力打击了伪造货币，维护了边币信用，稳定了根据地金融（徐德莉，2019）；[③] 在晋绥边区，通过农币与伪钞、法币和银洋等非本位币的斗争，改变了晋绥边区货币纷乱繁杂的局面，基本实现了货币统一（杜斌，2021）[④]；在山东抗日根据地，"排法"斗争中民众质疑与日伪打击相伴而至，中共在经历了失败与调整后最终获取民众信任，基本廓清根据地货币市场（钟钦武，2021）[⑤]；达格芬（Dagfinn，1983）归纳了边区通货膨胀的原因，并总结了通货膨胀的应对方法。

对于货币斗争引发的币值波动和物价变迁方面。抗日战争时期，货币斗争是晋冀鲁豫边区金融工作的重心，物价稳定工作又是货币斗争的焦点。而货币币值稳定与否，主要取决于物价是否稳定。于松晶、薛微（1999）通过分析边区抗战时期物价状况、物价波动成因和治理物价的经验与教训，认为抗日战争时期各根据地的通货膨胀主要是以有效供给不足为特征的需求型通货膨胀，根据地主要采取发展生产、增加有效供给并在货币政策上严格控制货币供应量的办法加以控制。[⑥]

抗战时期，晋冀鲁豫边区的物价呈波动上涨的趋势，岳谦厚和王星月（2016）从粮价与物价、货币与物价、交通运输与物价方面，分析了太行区物价变动情形。[⑦]学者进一步从以下角度分析了边区通货膨胀的原因和边区政府稳定物价的措施：边区市场对边币的需求量有限，从而造成边币流通量相对过剩，引发边币贬值（万立明，2015）[⑧]；面对边币贬值和通货膨胀，需要从发展生产、粮食专卖、货币政策、统筹贸易及财政税收政策五个方面进行应对（倪立敏，2009）[⑨]；实行进出口商贸货币兑换制，严厉打击法币黑市，加强对法币的政府控制，禁止法币在边区市场流通（李建国，

[①] 张颖. 对冀南银行发行币及抗日根据地金融斗争的探讨[J]. 长江丛刊, 2015（19）.
[②] 王梦佳. 抗战时期华北根据地驱逐伪币运动研究——以河北磁县为例[J]. 邯郸职业技术学院学报, 2022, 35（3）: 31-36.
[③] 徐德莉. 抗日根据地治理伪造货币的金融应对[J]. 中国高校社会科学, 2019（4）: 118-124, 160.
[④] 杜斌. 西北农民银行的创建与发展[J]. 中国金融, 2021（11）: 25-26.
[⑤] 钟钦武. "排法"：山东抗日根据地货币斗争新探[J]. 中国社会经济史研究, 2021（3）: 68-82.
[⑥] 于松晶, 薛微. 抗日根据地的物价管理[J]. 历史档案, 1999（1）: 125-130.
[⑦] 岳谦厚, 王星月. 太行解放区的物价问题——以《经济情报》及其相关资料为中心的考察[J]. 山西档案, 2016（1）: 140-143.
[⑧] 万立明. 抗战时期陕甘宁边区的通货膨胀及成因[J]. 江苏社会科学, 2015（5）: 214-220.
[⑨] 倪立敏. 抗战时期晋冀鲁豫边区物价问题探析[D]. 保定：河北大学, 2009.

2007)①；利用公营贸易，联合合作社，开展大规模平价运动（王强，2021）②；不拒绝财政赤字的货币融资，同时把物价上涨控制在可以接受的范围之内（余永定，2021）③；利用牙商（经纪）熟知市场规律、市场价格波动、货币币值等特点，平抑物价，防止涨落无定（张彦台，2020）④；通过募集金融公债、增加实物储备（杜斌，2021），调节货币流通量、打破根据地内部贸易壁垒等方面采取了一系列灵活措施，有效稳定了物价（王明前，2016；高聪明，2022）⑤。

3. 关于私人借贷关系变迁的研究

私人借贷关系的变迁是指中共从废除高利贷到减租减息，再到最终废除高利贷的政策演变过程。学者从不同角度对边区私人借贷关系进行了研究。目前，高利贷在学界有极端负面和较为正面的判断。高利贷反映了借贷供求关系的不平衡（李金铮，2016）。⑥有的学者探讨了私人借贷关系的主体，认为在乡村私人借贷关系中，地主富农和商人构成债权方主体，普通农民和小手工业者等社会中底层阶级则是重要补充，但陷于极度贫困的绝大多数中贫农和雇农是借债主力军（张玮，2011）。⑦有的学者从利率角度对私人借贷关系的变迁进行了探讨，1942年以后受民间借贷停滞影响，开始放开新债借贷利率限制，大多数地方利率由借贷双方自由议定，少数地方提高了利率标准。新债利率自由议定与禁止高利贷政策，利用高利贷与没有高利贷利率标准之间不可调和的矛盾，是边区借贷始终不活跃的直接原因（李金铮，2001）。⑧农民通过典与租佃等不同方式，降低了进入市场融资的门槛（龙登高和温方方，2014）。⑨高石钢和杨双利（2015）认为，到抗日战争后期，陕甘宁根据地最终形成以农贷为主导、结合信用合作社

---

① 李建国. 试论陕甘宁边区的通货膨胀与反通货膨胀措施[J]. 抗日战争研究，2007（2）：157-174.
② 王强. 抗日战争时期陕甘宁边区公营贸易的开展、整合与统制[J]. 党史研究与教学，2021（4）：38-48.
③ 余永定. 朱理治的金融思想及其现实意义[J]. 中国经济史研究，2021（4）：5-12.
④ 张彦台. 取缔与改造：晋冀鲁豫抗日根据地牙商政策的演变[J]. 河北大学学报（哲学社会科学版），2020，45（3）：141-146.
⑤ 王明前. 晋冀鲁豫抗日根据地货币斗争研究[J]. 党的文献，2016（1）：70-80.
   高聪明. 抗日战争时期晋冀鲁豫边区对冀钞的币值管理[J]. 中国钱币，2022（3）：44-54.
⑥ 李金铮. 释"高利贷"：基于中国近代乡村之考察[J]. 社会科学战线，2016（9）：93-104.
⑦ 张玮. 抗战前后晋西北乡村私人借贷[J]. 抗日战争研究，2011（3）：33-49.
⑧ 李金铮. 华北抗日根据地私人借贷利率政策考[J]. 抗日战争研究，2001（3）：35-53.
⑨ 龙登高，温方方. 论中国传统典权交易的回赎机制——基于清华馆藏山西契约的研究[J]. 经济科学，2014（5）：90-102.

贷款及合理的民间借贷的乡村借贷制度。①

有的学者围绕减租减息运动，辩证分析了减租减息运动中的功绩与出现的错误和偏差（赵秀山等，1995；高德福，1985；刘一臬，1989）。②聂磊（2013）分析了冀鲁豫边区减租减息运动的现实启示，认为深化土地制度改革是当前的重点工作，研究冀鲁豫边区的土地改革和减租减息运动，加强对历史的学习和经验总结，对于认识和把握历史规律并找到前进的正确方向和道路具有重要意义。③徐建国（2004）则认为边区政府通过减租减息运动，减轻民力负担，引起了农村社会阶级关系的显著变化和社会经济结构的一定变化。根据地的减租减息发展成政治运动后，其实际所涉明显超出租息范畴，并且呈现出鲜明的斗争性（王龙飞，2019）。④

对于中共在根据地、解放区的减租减息运动，国外学者从不同角度给出了政策评述。澳大利亚学者大卫·古德曼（2003）考察了太行根据地减租减息、土地问题等的实施过程，并力图将其纳入中国整个现代化进程中加以考察。⑤美国学者爱泼斯坦（2003）认为，抗战期间在中共减租减息运动中，债务和地租负担均显著降低，农民除缴纳基本公粮外已无其他税收剥削，并具体描述了中共如何推广减租减息政策。⑥美国学者爱德华·弗里德曼和马克·塞尔登（1985）认为，减租减息、实行累进税制等中共改革战略，很好地适应了华北的条件，共产党逐渐建立起作为抗日运动基本要素的广泛联合的基础。⑦美国学者马克·赛尔登（2002）认为，中共通过一系列新的经济政策的改革和调整，包括减租减息、互助合作等，为共渡困难起了重要作用。⑧日本学者田中恭子认为，抗战最初两年减租土地政策只

---

① 高石钢，杨双利."破旧立新"：中共革命政策与陕甘宁根据地借贷关系的恢复与重建[J]. 中国农史，2015，34（1）：68-83.

② 赵秀山，星光，冯田夫，等. 抗日战争时期晋冀鲁豫边区财政经济史[M]. 北京：中国财政经济出版社，1995. 高德福. 华北抗日根据地的减租减息运动[J]. 南开学报（哲学社会科学版），1985（6）：19-25. 刘一臬. 解放战争时期华北解放区的土地改革与农村政权[J]. 中共党史研究，1989（1）：73-78.

③ 聂磊. 冀鲁豫边区减租减息运动的现实启示[J]. 淮海论坛，2013（4）：16-17.

④ 王龙飞. 减租减息的演进——以太行根据地为中心[J]. 清华大学学报（哲学社会科学版），2019，34（6）：65-79，201.

⑤ [澳]大卫·古德曼. 中国革命中的太行抗日根据地社会变迁[M]. 田酉如，等译. 北京：中央文献出版社，2003.

⑥ [美]爱泼斯坦. 中国未完成的革命[M]. 北京：中央文献出版社，2003.

⑦ [美]爱德华·弗里德曼，[美]马克·塞尔登. 抗日战争最广阔的基础——华北根据地动员民众支援抗日的成功经验[C]// 南开大学历史系. 中国抗日根据地史国际学术讨论会论文集. 北京：档案出版社，1985.

⑧ [美]马克·赛尔登. 革命中的中国：延安道路[M]. 北京：社会科学文献出版社，2002：173-260.

在少数根据地以群众斗争形式得到贯彻,而且斗争极为激烈并逐步走向"极左"。①

4. 关于政府、银行的农贷的研究

农贷是边区政府和银行为扶持农民发展经济而采取的一项重要措施,体现了边区政府对农民的政策性优惠。农贷是商业贷款的重要组成部分,冀南银行自成立以来商业贷款总额快速增长,1943 年占全部贷款总额的 69.9%(武博山,1993)。②对于农贷,学者主要从实施效果和偏向两方面展开。李金铮(2000)以区域性的微观研究为基础,对华北抗日根据地、解放区,从政府态度、组织系统、对象与用途、利率与清偿、绩效与偏向五个方面实证分析和辩证论述了农贷。③国统区、晋冀鲁豫边区、友邻区的农贷政策和实施效果存在显著差异。抗战时期国民政府形成"政府-银行-合作社(合作金库)-农户"的农贷模式(黄正林,2012)④,其农业贷款直接贷款形式很弱,主要是以银行为中心的间接借贷⑤。国民政府农贷降低了金融机构的交易费用,却提高了承贷农民的交易费用(易棉阳,2011)。⑥陕甘宁边区农贷规避了传统灾荒赈贷制度的运行悖论,为推动边区农民收入和农副业发展,发挥了重要作用(王佳妮和杨乙丹,2019)。⑦抗日战争时期解放区的农业贷款,政府对农贷非常重视,农贷的作用不可替代(张水良,1980)。⑧农业贷款对于发挥传统合作互助起到积极作用,成为提高粮食产量的有效手段(王明前,2014)。⑨晋察冀边区农贷繁荣了边区经济,但也存在平均主义、借非所用、有借无还等一系列农贷制度与实践相脱节的现象(李春峰和贾钢涛,2017)。⑩农业贷款期间也出现过贷放重点不够

---

① [日]田中恭子. 四十年代中国共产党的土地政策[M]//南开大学历史系. 中国抗日根据地史国际学术讨论会论文集. 北京: 档案出版社, 1985.

② 武博山. 回忆冀南银行九年[M]. 北京: 中国金融出版社, 1993: 75.

③ 李金铮. 论 1938—1949 年华北抗日根据地、解放区的农贷[J]. 近代史研究, 2000(4): 178-212.

④ 黄正林. 农贷与甘肃农村经济的复苏(1935—1945 年)[J]. 近代史研究, 2012(4): 77-98, 160-161.

⑤ 陈立中, 曾耀荣. 南京国民政府以农贷抑制高利贷的二律背反现象分析[J]. 湖南大学学报(社会科学版), 2013, 27(2): 139-143.

⑥ 易棉阳. 民国时期国家农贷中的农贷悖论解读[J]. 中国社会经济史研究, 2011(4): 85-91.

⑦ 王佳妮, 杨乙丹. 回归与矫正: 陕甘宁边区农贷制度的一个经济史考察[J]. 农业考古, 2019(3): 68-75.

⑧ 张水良. 抗日战争时期解放区的农业贷款[J]. 历史教学, 1980(2): 33-36.

⑨ 王明前. 晋冀鲁豫抗日根据地的粮食工作与农业生产[J]. 周口师范学院学报, 2014, 31(1): 101-105.

⑩ 李春峰, 贾钢涛. 1938—1948 年晋察冀边区农贷研究[J]. 农业考古, 2017(1): 71-74.

明确、垄断贪污、平均分散、群众浪费和投机取巧等失误（戴建兵和毛海斌，2020）。[①]上述成果对开展农贷的时代背景均缺乏具体分析，对农贷中的实物贷款鲜有论及。

5. 关于农村信用社的研究

信用合作运动的开展及银行通过合作社向农村放款，是农村金融向现代化转型的重要标志，边区政府对此较为重视。因当时中共开展的合作社多为生产型的，信用合作社所占比重相对较少，加之各地发展很不平衡，相关研究成果尚不系统。研究晋冀鲁豫边区信用合作的代表性成果有：杨方勋的《开展农贷信用合作，发展边区农业》、连毅的《太行区的农贷和信用合作》、陈建华的《晋冀鲁豫解放区的信合机构》，以及王双进和宋建英的《略论晋冀鲁豫边区开展信用合作的时代背景与政府政策》四篇文章[②]，这几篇文献偏重回忆录性质，对晋冀鲁豫边区的信用社、信用合作社、合作社信用部等信用合作机构进行了描述，对信用合作的绩效与偏向未作评述。

李金铮（1999）重点讨论了华北抗日根据地、解放区的合作社，从建立合作社的必要性、曲折发展、资金来源、借贷原则、效果与局限等方面细致地分析了合作社的发展线索。[③]徐畅（2004）从农村合作运动的原因与目的、实际运作过程和绩效等方面探讨了国共两党农村合作的异同。常亮功（2004）提出，要靠近翻身农民和手工业者，开展农村信贷业务，组织农村信用社，为农民和城市手工业者服务，蓄积农民的劳力、物力，发展农村的生产力。[④]信用社的开展未能针对农村经济特点，有些偏向市镇（霍东升等，2021）。[⑤]澳大利亚学者波林·基廷分析了中国的农村合作社运动，认为发展合作社就必须重视政治、经济、文化等各个领域间的密切联系，

---

① 戴建兵，毛海斌. 晋冀鲁豫边区农贷运行特色及制度绩效[J]. 安徽师范大学学报（人文社会科学版），2020，48（6）：72-79.

② 杨方勋文章和连毅文章均参见武博山. 回忆冀南银行九年（1939—1948）[M]. 北京：中国金融出版社，1993.

陈建华. 晋冀鲁豫解放区的信合机构[J]. 中国金融，2016（1）：93-94.

王双进，宋建英. 略论晋冀鲁豫边区开展信用合作的时代背景与政府政策[J]. 开发研究，2009（6）：147-150.

③ 李金铮. 论1938—1949年华北抗日根据地和解放区合作社的借贷活动[J]. 社会科学论坛，1999（Z3）：106-109.

④ 常亮功. 抗战时期冀南银行资产保全办法[J]. 中国金融，2004（18）：70-71.

⑤ 霍东升，袁喜艳，李桢. 解放战争时期边区金融发展研究——以晋冀鲁豫边区为例[J]. 河北金融，2021（8）：66-70.

将劳动合作社看作中国农民革命变革的重要媒介。①关于农村信用合作贷款是高利还是低利，尚存在较大分歧。农村信用合作贷款利率随着物价上涨会有所上浮，但相对于农村传统借贷而言，其利率较低且利率上涨幅度也较小（成功伟，2016）。②而有学者持相悖的观点，认为边区农贷和合作贷款实质上是一种"新的高利贷"，农贷在遏制传统民间高利贷的同时也制造了新的高利贷（易棉阳，2011）③；民国时期的农贷一方面冲击农村高利贷，另一方面又导致高利贷更加猖獗（陈立中和曾耀荣，2013）④。

除上述梳理的学术论文和专著外，关于晋冀鲁豫边区金融发展的研究，还有部分史料出版，可分为综合性史料和专题性史料两种。

综合性史料主要有魏宏运主编的《抗日战争时期晋冀鲁豫边区财政经济史资料选编》，分为两辑：第一辑包括综合、财政部分，第二辑包括工农业生产、商业贸易、金融、附录太行区社会经济调查部分。河南省档案馆、河南省财政厅编写的《晋冀鲁豫抗日根据地财经史料选编》（河南部分）共包括四辑：第一辑是全边区财政经济史料，第二、三辑是关于太行区财经史料，第四辑是关于冀鲁豫地区财政史料。另有孔繁芝主编的《太行党史资料汇编》等。

专题性史料主要有：王静然主编的《冀南银行》（全二册），许毅主编的《中央革命根据地财政经济史长篇》（上下册），王晋三主编的《太岳革命根据地财政资料选编》（初稿），太行革命根据地史总编委会编的《太行财政经济建设——太行革命根据地史料之六》，张天乙主编的《太岳革命根据地财经史料选编》（上下册），赵秀山主编《抗日战争时期晋冀鲁豫边区财政经济史》，中共山西省委党史研究室编写的《太岳革命根据地财经史料选编》，中共河南省委党史委员会编的《河南解放区的土地改革》，中国财政经济出版社出版的《中国百年信用合作史料（1908—2013）》。

金融史研究横跨经济学和历史学两个学科，不同领域、不同学科的学者对边区金融史的研究呈现不同的学科特性。从现有成果看，研究者运用经济学研究方法，比较注重综合性的分析，从中提炼可以借鉴的历史经验和教训，以观照现实。但往往对具体的历史运行实态有所忽视，对历史复

---

① [澳]波林·基廷. 抗日战争时期合作运动的剖析[M]// 南开大学历史系. 中国抗日根据地史国际学术讨论会论文集. 北京：档案出版社，1985.

② 成功伟. 贱利抑或高利：抗战时期川省农村合作贷款利率研究[J]. 历史教学（下半月刊），2016（10）：56-62.

③ 易棉阳. 民国时期国家农贷中的农贷悖论解读[J]. 中国社会经济史研究，2011（4）：85-91.

④ 陈立中，曾耀荣. 南京国民政府以农贷抑制高利贷的二律背反现象分析[J]. 湖南大学学报（社会科学版），2013，27（2）：139-143.

杂性的认识缺乏历史学研究者的意识（潘晓霞，2020）。①历史专业的研究者比较注重对具体历史过程和个案的挖掘，从中发现根据地财政金融运行的脉络，总体上重实证、重个案。

进一步通过梳理文献发现，学术界对晋冀鲁豫边区金融发展的研究，大致可分为三个阶段。第一阶段，20世纪80年代，这是国内研究根据地经济的起步阶段，侧重于对根据地经济政策的回忆与描述。第二阶段，从20世纪90年代始，这是抗日根据地、解放区经济研究的初步发展阶段，学者开始运用经济学、社会学等方法研究边区经济。第三阶段，21世纪以来，学界从中共党史、革命史等角度转变为注重从经济、历史等多学科交叉研究和多种研究法的综合运用，探讨边区农村金融发展问题及政府政策与边区经济发展的关系。

这些成果对本研究或是给出了价值所在，或是提供了理论借鉴，或是形成了逻辑起点，无疑是重要和必须的。但由于研究目的所限，上述研究总体上存在以下不足：

第一，现有晋冀鲁豫边区经济史研究不平衡。重点表现为时段研究不平衡、区域研究不平衡和方法论研究不平衡。对于时段研究不平衡，现有研究主要集中在抗日战争时期，而对苏区时期和解放战争时期研究相对不足。对于区域研究不平衡，指对太行区和冀南区的研究较丰富，而对冀鲁豫区和太岳区的研究较少，对边区金融发展以古鉴今分析论证的专题性研究成果则更少。对于方法论研究不平衡，现有研究多注重史实的梳理与考辨，而对经济理论与方法的运用相对不足。

第二，对于新旧交织、传统向现代转型的多层次金融体系论证不够深入。对全面抗战前晋冀鲁豫边区所在地带的传统金融机构、现代金融机构及私人高利贷者等金融供给情况尚缺乏具体研究。对晋冀鲁豫边区民间借贷关系的实证分析尚有进一步发掘的空间。对边区开展农贷的时代背景缺乏具体分析，对农贷中的实物贷款研究尤为鲜见。

第三，信用合作研究史料挖掘不充分。由于中共在边区开展的合作运动多以生产合作为主，而信用合作则相对较少，上述成果从征引资料到评析论述也多是关于生产合作的，单独对信用合作论述的则较少，对开展信用合作的外部环境和所积累的经验鲜有论及。

第四，研究视角和研究方法有待于进一步丰富。在研究视角上，现有晋冀鲁豫边区经济史研究中"自上而下"的经验预判式研究较多，而"自

---

① 潘晓霞. 新世纪以来中共根据地财政金融史研究述评[J]. 中共党史研究，2020（5）：145-156.

下而上"的探索性案例研究较少。在研究方法上，常规史学研究方法居多，现有成果多采用史实叙述性和夹叙夹议的历史学研究方法，而基于文献计量的前沿热点、演进脉络和基于文本挖掘的质性分析鲜见。

上述国内外研究成果存在的不足，正是本书需要重点突破的问题。本书涉及了全面抗战前夕晋冀鲁豫边区农村金融状况、边区金融机构的创建与货币政策实施、冀钞的发行与币值波动、传统私人借贷关系的沿袭与变革、边区的低利惠农生产贷款、边区的农村信用合作等问题，这些问题的解决（或部分解决），将是抗日根据地、解放区农村金融发展的一个新进展，以期达到提升晋冀鲁豫边区农村金融发展研究的学术水平，为当今农村金融可持续发展提供现实借鉴的目的。

1.3 概念界定与研究方法

1.3.1 基本概念与研究范围界定

对于经济学、历史学中的一些基本概念和术语，由于其均有比较明确的内涵与外延，并已被广泛接受，本书将直接使用且不再做过多阐释。为了行文方便，对于与本书密切相关且在书中使用频率较高的两个术语，一并与本研究的时空范围进行界定。

1. 农村金融与农业金融

因一国国情的不同和同一国家或地区在不同历史时期社会经济状况的不同，农村金融的内涵与外延会有所差异。刘永钊主编的《新编金融词汇》中农村金融的定义为："农村金融是农村货币流通和信用活动的总称。在农村整个再生产过程中，从生产、分配、交换到消费，一刻也离不开货币资金，这些货币资金的融通，都是通过农村金融机构办理存款、贷款、现金收付和转账结算等活动来实现的。它像一条纽带一样，把农、林、牧、副各业、各部门、各单位的经济活动连接起来，使社会再生产过程能够顺利地进行。"[1]于海在《中外农业金融制度比较研究》中认为，"农村金融（或称农业金融），是指农村货币资金的融通，是以信用手段筹集、分配和管理农村货币资金的活动，是农村领域内相互联系、相互依存的货币流通、资

---

[1] 刘永钊. 新编金融词汇[M]. 北京：中国金融出版社, 1994：222.

金运转和信用活动的统一，是全社会金融活动的重要组成部分。"①王世英在其主编的《农村金融学》中写道："农村领域内货币流通、资金运动和信用活动三者的相互叠合部分，即农村货币资金运动中的信用关系，称为农村金融。"②

《外国农业金融》编写组认为，农业金融是农村中以农业为主，包括非农产业在内的资金融通活动。狭义的解释与农业信贷同义，是指对农业提供贷款和结算服务；广义的解释则认为，农业金融不仅包含农业信贷，还应包括与农业有关的储蓄、投资、保险等其他各项活动。③王志莘、吴敬敷在《农业金融经营论》中认为："所谓农业金融，普通可以有三种不同之解释。从最狭义言之，农业金融即农业经营资金之供给，换言之，即农业经营所需要之资金之贷与是也。农业资金之供给在农业上极为重要，故农业金融之研究，实非以之为中枢不可。其次，从较广义言之，农业金融不仅限于农业经营资金之贷与，且包括农业经营而产生的资金之存入。最后，从广义言之，农业金融乃包括农业界资金流通作用之一切经济现象，此中包括农业资金之贷与、借入及借入之方法，手续，贷与之机关，借入之机关，资金过剩与不足之现象，农业经营上余裕资金之存入及其利用，农业借贷之利率，以及其他关于农业金融现象之事项。"④

上面关于"农村金融"和"农业金融"的研究内容和研究对象的界定，可分别看作国内和国外、中华人民共和国成立前和中华人民共和国成立后对这一概念的代表性解释。需要指出的是，这两个概念是有差别的：农村金融是与"城市金融"相对应而言的，是以城市和农村的区域差别来划分的；农业金融是与"工商业金融"相对应而言的，是以产业的不同来划分的。由于两个概念含义非常相近，在中华人民共和国成立前也鲜有学者对此进行严格区分，故往往文中二者互用。对于本书中用到的"农村金融"与上述两个概念的内涵与外延又有所区别。晋冀鲁豫边区地处晋、冀、鲁、豫、苏五省连接的边缘地带，除了广大的农村以外，还有少数的县城，农村中除了经营农业以外，还经营手工业、商业等各种副业。为严谨起见，本书将"农村金融"作如下界定："农村金融"包括农村内部和城乡之间的资金融通，考虑到晋冀鲁豫边区农村的范围和研究的连续性，县域经济在必要时也在考察范围之内。"农村资金融通"中的"资金"不仅仅限于货币，

---

① 于海. 中外农业金融制度比较研究[M]. 北京：中国金融出版社，2003.
② 王世英. 农村金融学[M]. 北京：中国金融出版社，1992.
③ 《外国农业金融》编写组. 外国农业金融[M]. 北京：中国金融出版社，1988.
④ 王志莘，吴敬敷. 农业金融经营论[M]. 北京：商务印书馆，1936.

还包括实物,即既包括农户通过货币借贷发展生产和维持生活,也包括农户通过实物借贷发展生产和维持生活。"农村金融"中的"农村"系指中共在边区建立的根据地、解放区,沦陷区和国统区的农村金融不在本书研究之列。

2. 晋冀鲁豫边区范围的界定

因在战争环境下交战各方势力交错,边区土地不时易手,故在抗日战争和解放战争的不同时期,边区所辖区域和行政区划有所不同。据华北新华书店1947年7月出版的"晋冀鲁豫边区分区详解地图"所载,全区分为太行、太岳、冀鲁豫和冀南四个行政区,位于陇海铁路以北,正太、沧石铁路以南,汾河以东,津浦铁路以西,是横跨晋、冀、鲁、豫、苏五省各一部分的巨大梯形地带。

本书的研究区域虽然限定为上述范围,但力求"跳出庐山看庐山",跳出"就区域论区域"。笔者研究晋冀鲁豫边区,但不局限于晋冀鲁豫边区,而是将其置于一个更大的区域范围内进行考察,与友邻区、国统区和沦陷区进行多重比较,以彰显其个性并从中发现与其他区域的共性。

3. 研究时间界定

晋冀鲁豫边区的存续时间是从1937年10月晋东南区的开辟开始,直到1948年8月晋察冀与晋冀鲁豫两个边区政府合并为华北人民政府为止。鉴于晋冀鲁豫边区政府在1948年并入华北人民政府时具有临时性政府机构的特点,因此其在中央人民政府成立之前的这段时间仍具有重要的研究价值,应纳入考察范围。因此,本研究的时间界定为1937—1949年。本书的研究时限虽然限定在上述范围,但力求跳出"就时期论时期",只有将静态与动态结合起来对区域经济进行考察,才能更全面地发现其历史发展规律,同时为了弄清历史活动的来龙去脉,书中在时限上略有前伸和后延。

1.3.2 主要研究方法

本书吸收和利用以往取得的研究成果,试图沿着金融供给侧变革的视角,注重政党、政府和民众之间的互动研究,突出金融属性与金融主线,密切融合政治、经济、军事等方面的相关内容,在历史变迁中对晋冀鲁豫边区的金融发展进行系统研究,主要采用以下研究方法:

第一,注重采用文献考证、逻辑推证方法。围绕晋冀鲁豫边区金融发展问题,有大量的记录材料、相关文件等原始资料和后期文献资料汇编,本书在考证或勘正资料中某些纰缪的同时,对文献资料进行重新梳理和统计。文献梳理和理论分析相结合,探求历史发展脉络,力求论从史出,以便对历史作出客观评价。在晋冀鲁豫边区农贷和信用合作中,通过分析典型个案经验,逻辑推证边区金融供给政策实施的绩效与不足。

第二,宏观把握与微观剖析相结合,以整体史观统摄碎片化研究。根据研究需要,既要把晋冀鲁豫边区的金融供给情况置于华北抗日根据地、解放区这个整体中,从共性中发掘特性,又要结合具体历史环境对晋冀鲁豫边区的某个局部的金融发展情况进行微观考察,加强对边区金融供给考察的微观基础。力求规避预设立场、碎片化地断章取义截取史实,进而从历史经验的特殊性中去发掘实际存在的普遍性理论。

第三,采用经济学、历史学、社会学与现代科学技术相融合的方法。突出借鉴金融货币理论、汇率理论、土地经济理论、统计学等相关理论学科,将政府经济统制理论与市场竞争原理相结合,从经济学角度、运用经济学分析方法研究特定历史条件下的晋冀鲁豫边区金融供给情况,注重考察历史内容、历史影响和历史意义,并力图增加经济史学研究中的经济学含量。突出利用 Coredraw 和 Mapinfo 等软件绘制边区历史经济地理地图,利用 Visio 2016 软件梳理各复杂要素之间的关系,利用 Stata 对晋冀鲁豫边区经济地理要素进行数理上的统计分析。

第四,注重采用比较研究方法。比较经济史研究是一个复杂的综合体,既要注意比较对象的选择,又不能画地为牢。[1]突出问题意识和目标导向,既聚焦特殊历史时期晋冀鲁豫边区金融发展的独特属性和特殊问题,争取形成"晋冀鲁豫边区模式",又十分注意研究本身与中共开辟的友邻区及国民党统治的国统区的接轨性和对话性。对晋冀鲁豫边区、友邻区和国统区生产贷款和信用合作的外部环境、实施运作过程、成效与不足进行比较。

1.4 创新点与不足

1.4.1 创新点

本书的学术创新点,主要体现在以下几个层面:

第一,在研究视角上,基于金融供给端研究。突出政府和银行的金融供给,在历史变迁中研究晋冀鲁豫边区金融供给从无到有、从开展到组织实施的发展过程,从废除旧金融秩序重塑冀钞本位币市场新金融体系、减

---

[1] 倪玉平. 比较经济史:中国经济史研究的新路径[J]. 史学月刊,2020(1):31-33.

租减息、发放低利农贷、开展信用合作等金融供给侧改革角度，探寻中共早期金融发展思想的萌芽，分析边区战时金融体制改革的理论与实践及其在中华人民共和国成立以来农村金融发展进程中的地位与作用，并为当今农村金融发展提供现实借鉴与启示。

第二，在研究设计与方法上，突出政府与民众互动。政府的作用是在宏观层面上制定政策，建立边区金融供给保障机制。在宏观与微观相互结合、相互佐证的基础上，突破以往研究中的上层视角，注重考察中共战时金融体系创建与乡村社会的互动过程。如在政府的低利惠农贷款和信用合作中，通过对农贷户和村社等典型个案的成败得失分析，逻辑推证边区金融供给政策实施的成效与不足。同时，将科学文献计量、Python 文本挖掘与分析等多种研究方法引入并进行金融史研究方法论审视。

第三，针对传统阅读文献方式效率较低、处理信息的容量非常有限的弊端，运用"潜在狄利克雷分布"（Latent Dirichlet Allocation，LDA）方法，构建晋冀鲁豫边区金融供给主题模型。广泛收集中国历史文献总库·近代报纸数据库、中国历史文献总库·民国图书数据库、延安时期文献档案数据库、民国时期期刊全文数据库中涉及晋冀鲁豫边区、友邻区及国统区信用合作的文献，对图片型 PDF 进行文字识别后，利用 Python 强大的自然语言处理能力（NLP）对这些政策文本进行文本挖掘，通过调用 SnowNLP 工具库对晋冀鲁豫边区、友邻区及国统区信用合作进行主题分析、词频统计和词云图分析。

第四，在研究特色和主要建树上，本书契合国家加强"三史"研究的时代要求，是中国共产党百年奋斗历程的一个重要组成部分。这是该书的主要特色和主要建树。中华人民共和国成立前，中国共产党 28 年的奋斗历程中，绝大部分时间都是处于战时状态，其中全面抗战时期和解放战争时期是两个非常重要的历史时期。本书选择这两个时期的晋冀鲁豫边区的战时金融发展为研究对象，紧扣战时经济这个理论工具，战时经济与平时经济最大的不同在于，战时经济活动主要不是为了满足消费而是满足军需，主要依靠行政管制而不是依靠市场手段，主要是集中资源而不是分散资源。并从供给端的视角梳理了晋冀鲁豫边区的战时金融发展的过程，描述了晋冀鲁豫边区的战时金融发展的全貌，对于丰富中国共产党历史的研究作出了一定的贡献。

1.4.2 不足之处

鉴于笔者学识的制约、研究主题的约束和时间的限制，本书还存在一些不足之处。例如，在资料方面，本研究主要采用当时官方的调查数据，而缺乏一些田野调查资料和口述史作为必要的、有益的补充。在内容方面，如果将晋冀鲁豫边区农村金融的情况与中国其他地区作更多的比较研究，就可以彰显区域特色；如果从地主、富农的资金融出行为和贫苦农民的资金融入行为两个相对的角度对农户的金融需求进行分析，就可以较为全面地认识边区农村金融需求的特点。无疑，这些问题有待进一步研究。

中国地域广阔，各区域的地理特征和经济差异明显，晋冀鲁豫边区作为众多根据地、解放区中的一块，在自然环境、经济环境、社会环境、人文环境等方面均有其特殊性。同时，本书研究对象存续时间为抗日战争和解放战争时期，是战时动荡时期，研究涉及的范围为晋冀鲁豫边区，属于地域经济，因此有其自身的特殊性和时效性。这时的金融供给状况，和中华人民共和国成立后的和平时期，在全国范围的经济社会中的金融供给状况，不论是宏观环境还是微观条件都差距极大。研究地域和研究时期均具有特殊性，借由晋冀鲁豫边区战时金融发展总结出的现实借鉴，是否具有外部效度，能否推广到其他地区，有待进一步验证。

第 2 章　全面抗战前夕晋冀鲁豫边区金融状况

晋冀鲁豫边区地处晋、冀、鲁、豫几省交界区，全面抗战前夕，这一地带在中国农村面临破产、农村金融枯竭和高利贷盛行的大环境中，农民生活极端困苦，普遍负债。农民通过各种融资渠道举债度日便成为其延续简单再生产的必然选择。在论述具体的中共革命下的晋冀鲁豫边区农村金融之前，首先要了解边区开创前夕这一带农村金融的基本状况。本章将对全面抗战前夕晋冀鲁豫边区所在地带的经济概况、农村原有的借贷状况和农户各类融资渠道作一概述。

2.1　全面抗战前边区所在地带的经济概况

晋冀鲁豫边区，是在抗日战争中，中国共产党为打败日本侵略者而创建的一块重要根据地。本区是由八路军一二九师、一一五师三四四旅和山西新军决死队及其他抗日部队共同创建的。自 1937 年 11 月进军开辟，至 1940 年 4 月基本成型。1940 年以前，边区尚未形成统一的政权组织，此时只有晋东南（亦称晋冀豫）和冀南两个区。晋东南抗日根据地，包括晋东南、冀西和豫北三个地区。1940 年 8 月 1 日，冀南、太行、太岳行政联合办事处（以下简称"冀太联办"），在涉县东辽城成立，下设 15 个专署，共辖 115 个县。1941 年 7 月，边区临参会选举成立了边区政府，统一了冀南、太行、太岳、冀鲁豫 4 个区域，共设冀南、太岳、冀鲁豫 3 个行署（太北改为太行区，为边区政府直辖未设行署），22 个专署，159 个县。至抗日战争胜利前夕，全边区包括太行区 53 个县，太岳区 38 个县，冀鲁豫行署 68 个县，冀鲁豫行署 44 个县。①边区位于黄河和陇海路以北，正（定）太（原）、沧（州）石（门）铁路以南，汾河以东，（天）津浦（口）铁路以西，横跨

---

① 魏宏运，左志远. 华北抗日根据地史[M]. 北京：档案出版社，1990：340-346.

晋、冀、鲁、豫、苏五省各一部分的巨大梯形带，东西长500公里，南北长400公里，总面积约23万平方公里，人口3600万①，连接华北、西北、华中和华东，战略地位极为重要，是华北地区最大的一块抗日根据地。

在全面抗战期间，晋冀鲁豫边区为八路军总司令部和中共中央北方局所在地，是华北游击战争的神经中枢。在解放战争时期，本区为华北解放区的中央大门，是国民党发动内战的必争之地。在战争转入反攻阶段以后，又成为刘邓大军的大本营和大后方，也是陈谢大军和陈粟大军等各路反攻大军的主要供应基地。

在边区所辖的四个行署区中，人口分布情况是：太行区自然人口有500万，折负担人口450万；太岳区自然人口有300万，折负担人口250万；冀鲁豫区有自然人口1300万，折负担人口1100万；冀南区有自然人口700万。全边区可耕地共约7.5万平方公里，按一般调查统计，太行区每人平均3.4亩（1亩≈0.0667公顷，全书同），太岳区每人平均4亩，冀鲁豫区每人平均3.1亩，冀南区每人平均3.5亩。按自然人口计，全边区共有耕地9380万亩，按负担人口计算，共有耕地8390万亩。②

全边区1/3的面积是山岳地带，2/3是平原区域，山岳地带以太行、太岳、王屋、中条4条山脉形成一个"n"字形。边区西部为太行、太岳山区，东部仅有泰西平阿小块山地，漳河、沁河、胡卢河、卫河、黄河与运河纵横交流，构成东部土地肥沃、物产丰富的大平原。

边区物产丰饶，煤铁蕴藏丰富，上党、焦作、六河沟及磁州等地均为全国著名的煤铁产地，太岳的金、银、铅，阳城的硫磺、硝等亦均有名。农产品在平原地区最丰富，盛产棉花、小麦、小米，占全国出口的大宗。而豆类、高粱、玉蜀黍等在全区普遍出产。副产物在山地的皮毛、药材、山货，在平原地区的水果、枣子、花生、草帽辫、小盐等尤为民众收入的大宗。其他如阳城磁州的瓷器、东阿的阿胶，都为本区的特产。③下面就全面抗战前全边区物产资源和社会经济状况分别作一简要阐述。

2.1.1 社会经济状况

晋冀鲁豫边区面积广阔，物产丰富。在全面抗战前，就总的经济形态来说，边区所在地带是以分散的、个体的自然经济为基础的落后小农经济

---

① 中国老区建设促进会. 中国革命老区[M]. 北京：中共党史出版社，1997.
② 华北解放区财政经济史资料选编编辑组. 华北解放区财政经济史资料选编[M]. 北京：中国财政经济出版社，1996：146.
③ 冷冰. 介绍晋冀鲁豫边区[N]. 解放日报，1942-03-23.

与手工业生产方式的区域。一方面，这一带物产资源较为丰富，其中棉花产量较高，矿产资源尤其是煤层、铁矿等较为丰富；另一方面，由于落后的社会经济关系的羁绊，生产力发展缓慢，生产工具和手段极其落后，良好的物质基础开发很少，农民生活处于极端困苦之中。

1. 全面抗战前边区农民所面临的重负

在全面抗战前的晋冀鲁豫边区，农民面临的压迫和困境不仅是经济上的，还涵盖了政治、文化和社会多个层面。

①政治压迫：当时的边区往往处于地方军阀的控制之下，而这些军阀为了维护自身利益，经常与各方势力勾结，实施压迫。农民不仅承受高额的税负，还经常遭受兵役的征召，成为兵灾的直接受害者。

②经济压迫：除了前面提到的地租和税收问题外，农民还面临着其他经济压迫。例如，他们经常被迫以低价出售自己的农产品，而在购买日常生活用品时又遭遇高价。同时，农业技术的落后，农民的生产力得不到提高，导致他们长期生活在贫困线以下。

③文化和教育匮乏：在边区，农民受到封建思想和乡土观念的束缚，教育和文化普及程度低。农民的文化素养和教育水平普遍较低，导致他们在面对压迫时，很难有足够的知识和觉悟去反抗。

④社会地位低下：在当时的社会结构中，农民处于最底层。他们既没有话语权，也缺乏社会资源，使他们在社会中的地位极为低下。这不仅影响了他们的日常生活，也使他们在争取权益时处于劣势。

⑤自然灾害的威胁：全面抗战前的边区，由于地理位置和气候的原因，经常遭受各种自然灾害，如旱灾、洪水、虫灾等。这些灾害使农民的生活更加困难，他们往往因此丧失了全部的生计。

综上所述，全面抗战前晋冀鲁豫边区农民所面临的重负不仅仅是经济上的，还涉及他们的政治地位、文化教育、社会地位及自然环境等多个方面，这些重负构成了他们生活的沉重压力。

2. 边区的社会经济状况

主要体现在农业、手工业、矿业三方面。

（1）农业

全面抗战前，全边区是华北地区重要的耕作区，按农作物种类不同可分为粮食作物和经济作物。

粮食作物。边区的粮食作物主要有小麦、小米、玉蜀黍和黄豆四种。全边区大部都产小麦，冀鲁平原、晋南盆地是小麦的集中产区，在这些地区小麦种植可占全部耕地的70%。全边区各地都产小米、玉蜀黍、高粱、大豆，主要是产自山岳地带，上党"沁州黄"之小米，闻名三晋。少数高寒山区还种植荞麦、莜麦。全区耕地80%是种粮食，经济作物约占全部耕地的12%，每亩好年景平均每年可产粗粮1石3斗（约105千克）至1石5斗（约135千克）。

经济作物。边区的经济作物主要有棉花、烟叶、麻、花生，还有核桃、花椒、柿子、药材等山货特产。产棉区有冀南南宫、冀县、威县、新河等30余县，晋南曲沃、翼城、鲁西北临清、夏津、高唐、恩县、豫北安阳、汤阴、温县等都产棉，是全国重要的产棉区。其中以冀南区产量为最大，占华北棉产的40%，且都是优质棉，除自用外，多销至平津、济南、青岛等地；产麻区有晋东南长子、长治、和顺、沁源，鲁西肥城、泰安、东阿、平阴等县，所余多销往华北各地并出口日本；烟叶产区有晋南曲沃，豫北安阳、林县、沁阳，鲁西菏泽、嘉祥、金乡等地，除自用外，还可销往石家庄、开封、济南等地。冀鲁豫平原还盛产花生、大豆、大麻籽等，可制成黑油、白油、大麻籽油，畅销平津、济南、青岛、开封等地。上党小米、玉蜀黍可制成潞酒，销往冀南、豫北、鲁西南。济宁、平阴产玫瑰酒，销往平津、济南等地。

农副产品等山货特产的主要产区有上党平顺、左权、黎城、阳城，豫北涉县、林县、武安，以及冀西邢台、沙河等地产核桃、柿子、花椒。晋东南沁水、高平、陵川，豫北辉县、林县，冀西赞皇、鲁西曹县、菏泽盛产丝。上党出产药材甚多，有250余种，党参、连翘、麦冬等，出产尤多，是中国的主要产药地之一。晋东南沁源、介休等地有不少松林、柏林可做道木。①

（2）手工业

一般都是手工业式作坊，主要有纺织、草帽辫、造纸、榨油、制革等。

全面抗战前，边区民众大部分穿用土布，因此农村纺织业极为盛行，纺织工厂、毛织工厂等广泛分布于冀南、冀西、鲁西、晋南、豫北等地，这些地方几乎家家有织布机。有的县织出的土布，质优物美，销售颇广。冀南纺织土布驰名华北，在全面抗战时期平津一带有以此做西服者，其质量可知。

土法造纸是边区很多地方掌握的传统技能。边区富于麻、猪皮、桑皮等纸的原料出产，可以使造纸作坊就地取材，尽管手工生产的纸张质地粗

---

① 戎伍胜. 晋冀鲁豫边区经济概述[A]// 华北解放区财经史料选编（第一辑）. 北京：中国财政经济出版社，1996：147.

劣，但销路很好，在全边区广泛使用。农民因有利可图，故这些纸坊在全面抗战前生意颇好。

草帽辫也是边区盛产的一种重要手工业产品，同时编制草帽辫又是边区的一项重要手工业。上党潞城，豫北涉县，冀南南乐、清丰，鲁西观城，年产大量草帽辫，质量上乘，行销全国。

制革业，主要是对皮毛进行加工，为农业、运输业制造各种车马挽具。太行、太岳，因气候水草适合放牧，农民养羊养牛者甚多，冀南黄牛亦出产很多。晋东南屯留、长子、襄垣、潞城、安泽，因粮食多亦多喂猪，故这些地方在战前亦是皮毛、猪鬃盛产地，销往平津，出口日本、美国。冀南邢台和鲁西济宁为皮毛集散地，是华北著名的熟皮之地。

（3）矿业

截至全面抗战前，矿产大部分集中在山岳地带，整个太行山区，左侧由冀西的临城、沙河、磁县，到豫北的武安、安阳、汤阴、焦作、博爱、济源；右侧由山西的平定、昔阳、辽县、武乡、襄垣，到潞城、长治、高平、壶关、陵川、晋城、阳城，几乎都是产煤区域。太行山的西侧及太岳山脉的两侧，除有丰富的煤层外，还蕴藏有大量的铁矿。据当时各方面的材料估计，太行山的煤藏量为350亿吨，铁藏量为1.5亿吨。除煤铁外，还出产大量硫磺、硝、石灰石、瓷器原料，以及铜、锰、铝、石膏、云母、石棉、石英、长石等多种矿产。[①]

山东济宁一带，也蕴藏着大量的煤炭。山西运城盛产池盐，山西各地土法炼铁的作坊很多，晋东南阳城、晋城的铁货产量很大，品种齐全，行销华北，为农民的生产和生活作出了很大贡献。

2.1.2 社会经济关系

土地问题是近代社会问题的总根源，也是农村社会经济的根本问题，农村中其他问题，大都由此而生。同近代中国大部分地区一样，在中共的土地政策实施以前，晋冀鲁豫边区实行的是以地主土地所有制与自耕型的土地所有制形态为主要特征，并以前者为主导的土地制度。地主和军阀官僚一起操纵着社会经济命脉，统治着广大农村。他们除占有大量的土地外，用地租和高利贷对农民实行各种超经济强制，还把名目繁杂的苛捐杂税和其他赋税徭役摊派、转嫁到农民身上，广大农民在过重的负担下，过着极其困苦的生活。

---

① 齐武. 一个革命根据地的成长——抗日战争和解放战争时期的晋冀鲁豫边区概况[M]. 北京：人民出版社，1957：3.

下面拟从地权分配、租佃关系和农民负担几个角度加以评析。

1. 地权分配状况

土地占有是地权分配的中心环节，土地的使用权、管理权和收益权皆由此派生。但地权分配是一个相对完整的体系，占有权的变动要受到其他三项权利的制约。根据土地不同的集中程度和地主的经营形态，不同地区可分为不同的类型。下面先考察土地比较分散的地区。全面抗战前太行区各阶层的土地占有关系情形见表2.1。[①]

表 2.1　全面抗战前太行区各阶层户口及土地占有关系　单位：人，%，亩

阶层	地主	富农	中农	贫农	雇农	手工	商人	其他
户口	701	1831	8662	12503	432	176	238	325
百分比	2.80	7.20	35.00	50.40	1.60	0.70	0.90	1.30
土地	120753.6	115198.7	154813.6	86662.4	3931.8	687.8	1062.5	612.8
百分比	24.30	23.40	31.40	17.60	0.80	0.14	0.22	2.14

资料来源：李友九. 太行区社会经济调查（第一集）[M]. 太行区党委研究室，1944：2.

注：1亩≈0.0667公顷，全书同。

由表2.1可见，第一，地主占了近1/4的土地，且大部分为上等地，具有明显的优势，加上富农，二者就垄断了农村近一半的土地，这是地主、富农对农民进行各种剥削的物质基础；第二，贫农人口占了总人口的一半，中农的比重也较大，其户口比例与土地比例相仿。与全国的对应情况相比，战前太行区的地主户数比例稍多，所占土地比重则低很多；富农户数比例稍多，所占土地比例则高许多；贫农的户数比例低很多，而土地比例则相差无几。这说明了全面抗战前太行区的土地分配情况相对来说是比较分散的，农民的破产不太严重。

另据全面抗战前山西省屯留县的统计，其各阶层人口分布情况与地权分配情况分别见表2.2和表2.3。

表 2.2　全面抗战前山西省屯留县各阶层户口统计　单位：人，%

阶层	地主	佃农	富农	中农	贫农
户口数	20	2500	380	14330	3740
百分比	0.10	11.92	1.82	68.33	17.83

资料来源：高苗. 山西屯留县农村经济实况[M]//千家驹. 中国农村经济论文集. 上海：中华书局，1936：575-576.

[①] 需要说明的是，为与史料保持一致，本研究的计量单位统一采用市制计量单位，为简洁起见，下文中的计量单位，如市斤、市两、市斗、市亩、市尺、市分等分别简写为斤、两、斗、亩、尺、分等。下文不再一一说明。

表2.3　全面抗战前山西省屯留县各阶层土地分布统计　单位：亩，%

阶层	地主	富农	中农	贫农	公产	总数
耕地总数	170000	38000	430000	37000	25000	700000
百分比	24.29	5.43	61.43	5.28	3.57	100

资料来源：高苗. 山西省屯留县农村经济实况[M]//千家驹. 中国农村经济论文集. 上海：中华书局，1936：576-577.

从表2.2和表2.3可以看出，屯留县人口最多的是中农，占总人口的2/3多，中农的户口比例与耕地比重相近，中农占有耕地近2/3。次多的是贫农，占总人口的不到1/5。最少的是地主，人口只占0.10%，却占有土地总量的近1/4。与同时期全国平均水平相比，地主所占土地比例低许多，中农的户口比例远高于全国平均水平，同时贫农的比重也远低于全国比重，这也说明了屯留县的土地比较分散，农民的破产程度相对较低。

再考察土地比较集中的地区。据1933年河南省辉县4个代表村的调查统计，情况如表2.4所示。

表2.4　1933年河南省辉县的地权分配情况　单位：户，%，亩

阶层	地主	富农	中农	贫农及雇农	其他村户	总计
户数	19	35	107	251	21	433
百分比	4.39	8.08	24.71	57.97	4.85	100
所有田亩	2272	1702	2803	1473	10	8260
百分比	27.50	20.60	33.94	17.83	0.13	100

资料来源：钱俊瑞. 中国现阶段的土地问题[M]//左恭. 中山文化教育季刊. 上海：中山文化教育馆，1934.

表2.4显示，贫雇农人口最多，占全部调查人口的近六成；次多是中农，加之贫雇农，二者人口之和占总人口的82.68%；再次是富农；人口最少的是地主。但耕地的分配情况就完全不是这样的次序了，地主以4.39%的人口占了田产的27.50%，且多为上等地；而贫雇农以57.97%的大多数人口只占了土地的17.83%，且多为劣等地。地主与贫雇农的地权分配情况极端不对称、不平衡，这说明辉县的土地较为集中，而地权的集中意味着农民丧失土地，雇农队伍随之扩张，因此辉县的农民破产情况较为严重。同时，也说明了土地的集中程度在各地区之间存在很大差别。

若单从土地占有数量上来看，并不能完全说明土地问题的真实情况。不同阶层占有田地的质的差异是很大的，地主占有的土地不但数量多，而

且质量好,与之相反,贫农所占土地少且多为劣等地。据全面抗战前河北省赞皇县及山西省昔阳县、平顺县的统计,情况如表2.5所示。

表2.5 1937年赞皇县、昔阳县与平顺县各阶层占有田地的质量差异情况 单位:%

田地等级	地主	富农	中农	贫农
上等	40.0	20.0	15.0	12.0
中等	25.0	52.0	45.0	28.0
下等	35.0	28.0	40.0	50.0

资料来源:严中平.中国近代经济史统计资料选编[M].北京:科学出版社,1955:274.

注:原文献中贫农田亩百分比之和不等于100%,疑似有误。

边区其他地方的地权分配情况与上述太行区、屯留县和辉县的情况基本大同小异。一般而言,边区可分为土地较集中区和土地较分散区,前者如晋东南上党南部一带和豫北安阳、内黄一带,这里大地主操纵着社会经济命脉;后者如晋东、冀西、冀南、鲁西各县,这里大地主少,中小地主多,剥削状况也很严重。无论哪种区域,地主土地所有制在全面抗战前的整个边区的土地占有关系中居于统治与支配地位,地主凭借对土地的占有和垄断,无偿占有广大农民的剩余劳动。

2. 租佃关系

在全面抗战前,晋、冀、鲁、豫四省交界的区域,其农业商品化的兴起和发展,促使农村各阶层分化日益加速和严重,农村的租佃关系变得愈益复杂。在全面抗战前,边区流行的租佃关系和租佃方式主要有以下几种:

死租地。又叫白租地或包租地,占租地的绝大部分。在涉县悬钟村一带,这种租地占所有租地的95%。武乡县死租与活租的比例为10:1。这种形式,地主只出土地,规定一定租额,其余一切生产成本全由佃农负担。剥削残酷的地方,无论丰歉,一律交齐,如山西壶关县,缴纳定额谷物的包租地是土地租佃制的主要形式,无论天灾水旱。[①]此外,额外剥削也是非常沉重的,一般采取以下几种手段:①大斗收租,比通行斗大1升的最普遍,也有大2升的,甚至大3升的;②租地以少顶多,七八分地也当1亩收租,地边地沿也算亩垅;③剥削劳动,地主有事,佃户帮忙是最普遍的事,一般的劳动有帮地主送粪、秋天打场、担水等;④转嫁负担,一般是地亩钱归佃户出,田赋归地主,也有替地主交部分田赋的。此外,还有地

---

① 郭绍汤.从土地租佃制度所见农民生活苦况[N].新华日报,1938-01-17.

主收租时好吃好喝、年节送礼、预收地租等现象发生。

活租地。与死租地相反，按比例分收获物者，叫分种地，其中有地主供给与不供给成本之分，地主不分给成本者叫活租地。这种形式按收成分粮，以对半分为普遍，也有四六、三七分的，佃户拿六七是少数，柴草一般归佃户，有山货的一般归地主。安阳县清池村一带十之八九租地是这种形式。这种租佃关系中佃户没有保障，在佃权有变动的情况下，就影响佃户的生产情绪，以致生产不好。

伙租地。除提供土地外，地主还出一部分种子、牲口、肥料等，有些并借给承租人以粮食、草房等，收获时按成分粮。如果是种子、牛由主家出，则秋后除去地主付出的成本后，再对半分粮，也有四六、三七分的（佃户得四成、三成），视成本的支垫程度及地的好坏，佃户要给地主做些担水等家中杂事。这种制度，地主对佃农的束缚更厉害，其实质是农奴制的残余形式。

安庄稼。又叫寻庄稼、使庄稼、提庄稼、把牛地、把子地等。地主除土地外，还提供全部的种子、牲口、农具、肥料等，并且借给全年粮食、住房。秋后除了种子，对半分粮，柴草归地主，瓜菜伙吃，或四六、三七分（佃得四成、三成）。佃户或是全家住到地主家，为地主负担一切劳役，或是几个人凑班合伙种田，秋后按劳力强弱分粮，此种也要服各种劳役。此外，佃户常常要给地主捎种一些地。这种租佃关系，佃户的劳动强度很大，所受剥削亦很重。

顶地。又叫镢头地或托契地。逢各种灾荒年，外来人来开山，向山主出价，取得土地使用权，以后年年交山钱或地租。地主允许转顶一部分或全部，但不许转卖。转顶后新顶户仍需依约向地主交付山钱或地租，与原顶户不发生关系。顶地可分为三种：第一种是纯顶地，有永佃权；第二种是顶地带有租地性，在不欠租情况下有永佃权；第三种是顶地已变成租地，佃户开垦多年，年年交租。

包锄地。地主出一切生产成本并且把地种上，佃户只管锄苗三遍，以及收割打场，正产物三七分、二八分（佃户分三成、二成）。佃户除负责收割外，还要给地主担水、驮炭、修地甚至盖房应差等，有的秋后冬闲的时间为地主服役。这种关系实质上是集体打短工，但从分粮帮工及习俗称呼上是租佃关系的形式。①

老租。武安一带，有所谓"老租"，不管土地卖给谁家，也不管转了几

---

① 太行革命根据地史料丛书之五——土地问题[M]. 太原：山西人民出版社，1987：76-83.

道手，最初的地主仍保有契约上规定数量的租权。地主们把它叫作"皇粮"。①

此外，还有萝卜地、代地、包种地等形式。

以上种种无论形式如何，皆是地主利用占有的大量土地占有农民剩余劳动的手段，同时也伴随着程度不同的佃农对地主的人身依附关系。在土地的使用关系上，田产分割得极为狭小，贫农手中的小片的贫瘠土地不够维持自己及家人的生活，而地主占有大量肥沃的耕地，却又不劳动，破产失地的贫农只有忍受苛重的地租，才能继续经营农业生产，把自己变成佃农或半佃农，租种地主的耕地。"在政治、经济上支配着处于分散状态的农民且由租佃经营和雇工经营这两种经营方式而建立起来的地主制已渗透到华北农村社会里面去了。"②这就是边区产生大量佃农的根本原因。

3. 农民负担

全面抗战前边区农民可谓不堪重负，在税、租、息的层层重压之下，时时处于饥寒交迫之中。下面试从地主通过地租和债利，以及军阀官僚通过各种苛捐杂税两个角度来考察农民所受剥削和所承负担的严重程度。

（1）地租

全面抗战前边区的地租形态可分为三种：实物地租、劳役地租和货币地租，其中实物地租又分为实物额租和实物分成租。三种地租形态中，以实物地租为主，实物额租所占份额最大。

全面抗战前的山西省榆次县实物额租每亩纳4～5斗，祁县每亩纳4～5斗，长子县每亩纳4斗，屯留县每亩4斗，襄垣县每亩3斗，黎城县每亩8～10斗，壶关县每亩3斗。③各地租额极不平衡，山西一带通常每亩2～3斗，冀西通行秋三卖二，高者6斗，林县最高，达6斗至1石；一般租额以40%～50%为多，林县最高为75%，榆次县最低为30%。由于全面抗战前农村存在不同程度的经济恐慌，租额曾逐渐上涨。在邢台县西坡子峪有所谓"攻虫地"佃户争着租地，使租额提高。和顺县双峰村一带山地因外来佃户增多，也有租额提高的现象。有的地方租额占到了正产物的100%，农民明知种地赚不了，但为了得到瓜菜，也不得不租种。④山西省平顺县每亩4～7斗，实物分成租是主佃对半分或主4佃6。⑤在河北省的

---

① 齐武. 一个革命根据地的成长[M]. 北京：人民出版社，1957：108.

②［日］内山雅生. 华北农村社会经济研究[M]. 李恩民，等译. 北京：中国社会科学出版社，2001：38.

③ 实业部国际贸易局. 中国实业志（山西省）[M]. 南京：实业部国际贸易局，1935：29-30.

④ 李友九. 太行区社会经济调查（第一集）[M]. 邯郸：太行区党委研究室，1944：10.

⑤ 赵梅生. 山西平顺县农村经济概况（1934年7月28日）[M]// 千家驹. 中国农村经济论文集. 上海：中华书局，1936：561.

内邱县、元氏县，实物分成租按主 6 佃 4 比例分配产品。^①对于货币地租，河北省肥乡县每亩纳租 2 元，冀县每亩纳 3 元，磁县每亩纳 2 元。河南省辉县每亩纳租 2.1～10 元，林县每亩纳 3 元。山西省榆次县每亩纳租 4.5 元，介休县每亩纳 1～5 元，晋城县每亩纳 1～3 元。^②山西省平顺县，货币地租在学校、寺庙、村庄、官府的土地中最多，每亩纳 2～4 元不等。^③

此外，地主对佃农剩余劳动的占有还有押租、预租及各种额外的索取等，不再赘述。

由此可知，无论哪种地租形式，地主对佃农的榨取方法和榨取程度，并没有丝毫变更和减轻。地租和债利依旧是全面抗战前地主架在农民头上的两把尖刀，边区农民的全部剩余劳动甚至一部分必要劳动的生产品，经常被地主以地租的形式掠夺去。

（2）捐税

捐税在全面抗战前的晋冀鲁豫边区是农民经济负担的另一个重要组成部分。从捐税的性质与来源来看，捐税并不仅仅是一个单一的税种。它包括多种税费，如地税、人头税、战争捐款等。与地租不同，捐税是农民直接支付给政府的，而不是地主。但在实际操作中，地主常常作为税收的中间人，收取额外的费用，使得农民的负担更为沉重。同中国其他大部分地区一样，全面抗战前边区农民的负担并不因其经济的贫困而稍作减轻，苛捐杂税仍旧层出不穷，各种捐税的繁重程度可以说达到极点。"吾国农村凋敝之原因，最重要者为军队之骚扰，官吏之贪污，政令之繁琐，与捐税之苛杂。"^④腐败的军阀官僚通过多如牛毛的苛捐杂税刮尽民脂民膏，使得民不聊生，详述如下：

在战前的山西平顺县，捐税计有下列几种：①契税；②印花税；③烟酒税；④牙税；⑤畜税；⑥皮毛税；⑦斗税；⑧婚姻税；⑨岁税；⑩营业税；⑪牌照税；⑫产销税；⑬当捐；⑭附捐；⑮区款附加；⑯运输附加；⑰巡缉队捐；⑱官佣；⑲所得税；⑳村捐。从这些名目就可知捐税的苛繁了，而且其中印花税、六畜税、皮毛税三种并不是按一定手续征收，而是按户派捐。不管农民是否需要贴印花，也不管农民是否买卖牲畜，或是否

---

① 乌廷玉，等. 现代中国农村经济的演变[M]. 长春：吉林人民出版社，1993：170.
② 实业部中国经济年鉴纂委员会. 中国经济年鉴[M]. 上海：商务印书馆，1936：60.
③ 赵梅生. 山西平顺县农村经济概况[M]// 千家驹. 中国农村经济论文集. 上海：中华书局，1936：561.
④ 许涤新. 捐税繁重与农村经济之没落[M]// 陈翰笙，等. 解放前的中国农村. 北京：中国展望出版社，1985：455.

出卖皮毛，全是按户捐派。①

在河北省临城县，仅1933年存在的捐税尚有20种之多：①烟酒税，年包650元；②营业税，年收100元；③斗捐，年收250元；④牲畜正税，年收3500元；⑤牲畜附加，年包170元；⑥屠宰正税，年包2200元；⑦屠宰附加，年包900元；⑧牲畜经纪捐，年征500元；⑨地亩捐，年征5180元；⑩炸捐，年征500元；⑪炭捐，年收1000元；⑫岁捐，年收200元；⑬木厂捐，年收200元；⑭商捐，年收750元；⑮枣捐，年包800元；⑯柿子捐，年包300元；⑰田产税契二分牙佣，年收1200元；⑱田产典契中佣，年收250元；⑲状纸附加，年进150元；⑳税契正税及附税，年收6000元。此外，田赋年征2.4万元，区款、间款、检定所拍款，亦在万元以上。再者，全县各乡共有初级小学90处，每所以每年经费200元计，年需1.9万元许。②

边区的其他地方与此二县的情况大体相仿。上述这些名目繁多、不胜枚举的各类苛捐杂税，真可谓"苛政猛于虎"，有的直接征收于农民，有的间接征收于农民，无论如何，"羊毛出在羊身上"，最终的负担还是转嫁到农民身上。苛捐杂税是中国农民的一道催命符，它刮尽了农民的所得，消灭了他们的积蓄能力，加深了他们的贫困。

捐税对全面抗战前夕晋冀鲁豫边区的经济和社会产生了深刻影响。高额的捐税进一步压缩了农民的生活水平。在支付了高额的地租后，农民很难承受额外的税务负担，导致许多家庭陷入贫困或破产。农民对捐税的反感不亚于对地租的反感。重税导致农民与地方官员和地主之间的关系更加紧张，不少农民抗税或逃税，进一步引发社会冲突。

总之，在全面抗战以前，在地主的地租、债利和国民政府五花八门的苛捐杂税重重叠叠的征收、索取下，边区的广大农民不但没有能力进行扩大再生产，而且连简单的再生产也难以为继，他们长期在水深齐顶的沼泽中挣扎，一阵微风细浪就足以使他们处于水深火热之中。全面抗战前"就农村内部而论，并就农业生产方式本身而论，资本主义的生产方式虽已相当发展，可是半封建的零细经营还占优势。"③这种落后的、不合理的半封建土地制度和地主对农民剩余劳动的无偿占有，束缚了农村生产力的发展。

---

① 千家驹. 中国农村经济论文集[M]. 上海：中华书局，1936：572.
② 薛村人. 河北临城县农村概况[M]// 千家驹. 中国农村经济论文集. 上海：中华书局，1936：500.
③ 许涤新，吴承明. 新民主主义革命时期的中国资本主义[M]. 北京：人民出版社，2003：297.

2.2　农村原有的借贷状况

金融资产及其衍生工具的交易行为是商品经济中一切生产领域不可或缺的重要环节，在此融通过程中，债权债务关系是一种极为常见的经济关系。在这种借贷行为背后，隐藏着十分复杂的社会经济关系与社会经济发展规律。在中共开创晋冀鲁豫抗日根据地前夕，在农村经济凋敝、农村金融枯竭的大环境下，广大农户通过各种融资渠道而发生的借贷行为就显得尤为普遍。

如前所述，边区农民每年收入微薄，在租、息、税的沉重负担之下，多数仅能维持其贫困生活，而无相当储蓄的可能。倘偶遇不幸有不时之需，对于收支相抵者，则不免陷入负债的地步，至于入不敷出者，则更雪上加霜，尤有甚者，长期在饥饿和死亡线上挣扎。因此，愈益贫困的现实使大量贫苦农民以举债度日成为常态。

2.2.1　负债率和负债额

负债率，是指负债户或负债者占农村总户数或总人口的比例。下面通过 1934 年晋、冀、鲁、豫四省的统计来对边区农民负债情况进行考察。

表 2.6　1934 年晋、冀、鲁、豫四省负债农户占农户总数的百分比　单位：%

省份	山西	河北	山东	河南	四省平均	全国平均
借钱的	61	51	46	41	50	56
借粮的	40	33	36	43	38	48

资料来源：严中平，等. 中国近代经济史统计资料选辑[M]. 北京：科学出版社，1955：342. 根据原表计算整理。

表 2.6 反映出：第一，四省半数以上的农户都在负债中度日，借现金的农户平均占农户总数的一半，借粮的平均占总数的 38%，这两个数字均略低于全国平均负债率；第二，四省的负债程度相去不远，说明四省交界的边区，其负债程度也大体与此相仿，同时也说明了所列华北四省中，农民的贫困及其对资金的需求是非常普遍和迫切的。

若考虑到货币负债和粮食负债的重叠部分，则综合负债率更能反映负债者占农村总人口的比例。下面再看 20 世纪 30 年代太行山区的负债率情况（见表 2.7）。

表 2.7　20 世纪 30 年代太行山区各地负债率　　　单位：%

地别	负债率	地别	负债率
平顺县	80	磁县索井村	80
武乡县	33	武安沙洛村	95
武乡县东部某村	87	林县	85
襄垣县	20	临城县管等村	约 100
涉县四个村	60	平顺县高全村	70
内黄县李七吉村	41		

资料来源：①魏宏运. 二十世纪三四十年代太行山地区社会调查与研究[M]. 北京：人民出版社，2003：78. ②太行革命根据地史料丛书之五——土地问题[M]. 太原：山西人民出版社，1987：469. ③冀鲁豫区党委研究室研究资料（第二期），1943.

如表 2.7 所示，太行山区各地普遍负债，同时各地负债率相差很大，负债率高者如临城县管等村，竟高达 100%，几乎人人负债。低者如襄垣县和武乡县等少数地区，负债率在 20%、30%左右。应当指出的是，如临城县管等村，负债率接近 100%，说明部分小地主和富农也不免借债，但因他们信用能力强，偿还能力大，故借债利息一般较低，即所谓"贵人使贱钱，贱人使贵钱"，贫农的借款利息则较重，真正处于被剥削底层的仍然是广大的贫苦农民。同时，另一种相反的情况，如襄垣县和武乡县等地的负债率较低，这并不说明那里的农民生活稍为宽绰，也未必能真实反映实际的负债率。由于调查中的特殊情况和各地的不同习俗，许多地方债务人以负债为耻，宁愿自己忍痛吃亏，亦不愿泄密自己负债一事，于是会隐匿其负债情况而使实际负债率比调查数据要高，如武乡县的贫苦农民以负债为羞耻，有所谓"糊窗子，不敢叫透了气"的说法。①

另一个不容忽视的因素是，对于农民没有或较少负债的情形，非但不能说明其经济状况有所改善，而是情况恰恰相反。对一部分没有财产抵押、无法取得信用的赤贫户来说，他们是借贷无门的潜在负债者。如果考虑到这部分渴望借贷但又借不到款的赤贫户，则农民的实际负债率还会大幅增加。

下面考察边区农民的负债额。

据 1937 年内黄县李七吉村的债务调查，中农 4 户共负债 750 元，平均每户负债约 188 元；贫农 10 户，平均每户负债 110.5 元和制钱 22 吊。②

---

① 山西省地方志编纂委员会. 山西金融志（上册）[Z]. 内部资料，1992：137.
② 内黄县李七吉村的调查[J]. 研究资料，1943.

全面抗战前夕,在武乡县被调查的 10 个村中,共 79 户人家,债务 144 起。借钱最多的不过 3 起,一次 105 元,10 元以下的有 55 起。①

在山西平顺县,据 1934 年调查,30 亩以下的农民几乎家家负债,负债的农民占总人口的 80%。据推算,全县高利贷总额在 100 万元以上,若把它平分在负债的 80% 的农民身上,则平均每人负债 13 元,每户负债 73 元。而对于一个不足十亩地的农民来说,全年收入仅数十元。②

另据 1934 年全国土地委员会的调查,华北四省 55 县 60 万户中,平均每户负债 95 元。③不难推之,地处晋、冀、鲁、豫四省交界的贫困边区,农户的负债额不会低于此值。

细考各农户举债的原因,大体可分下列几种:土地少,农业生产力低下;年岁歉收;兵灾匪患;捐税负担过重;在商品交换中处于弱势地位;婚丧喜庆等额外开支等。这些因素既是农民贫困的原因,也是导致农民普遍借债度日的因由。

2.2.2 借贷来源

既然全面抗战前晋冀鲁豫边区的借贷关系是十分寻常的,农户普遍借债,那么他们借债的来源在哪里呢?即是说,他们向谁去借?谁是他们的债主呢?下面通过表 2.8 对此进行考察。

表 2.8　1934 年晋、冀、鲁、豫四省农民借款来源　　单位:%

省份	银行	合作社	典当	钱庄	商店	私人			合计
						地主	富农	商人	
山西	4.9	1.3	18.9	13.1	11.4	14.4	13.4	22.6	100.0
河北	3.3	11.9	5.1	10.7	13.8	13.2	19.8	22.2	100.0
山东	6.1	8.4	3.5	16.3	15.4	15.5	19.6	20.2	100.0
河南	1.7	1.3	6.3	6.5	15.7	28.8	16.6	23.1	100.0
四省平均	4.0	5.7	8.5	11.7	14.1	16.7	17.3	22.0	100.0
全国平均	2.4	2.6	8.8	5.5	13.1	24.2	18.4	25.0	100.0

资料来源:吴承禧. 中国各地的农民借贷[M]// 千家驹. 中国农村经济论文集. 上海:中华书局,1936:167-169. 根据原表计算整理。

---

① 山西省档案馆. 太行党史资料汇编(第三卷)[M]. 太原:山西人民出版社,1994:125.

② 赵梅生. 山西平顺县农村经济概况[M]// 千家驹. 中国农村经济论文集.上海:中华书局,1936:567.

③ 第二历史档案馆. 中华民国史档案资料汇编[M]. 南京:江苏古籍出版社,1991:38.

由表 2.8 不难得出：

第一，从表面上看，农民的借贷途径相当宽泛，既有银行、合作社等新式的现代金融机构，又有典当、钱庄等传统金融组织，还有地主、富农、商人等私人放债者。实际上，这些放债主体在农民的融资活动中所发挥的作用是不平衡、不对称的，农民借贷大部分来源于传统借贷形态，各种类型的高利贷资本仍然在农村借贷中居于统治地位。

第二，国民政府为推动农村金融的发展而开展的银行、合作社放款，揆其本意，是为农民提供一定数量的低息贷款以缓解农民资金饥渴和挽救农村破产，但从其实际效果来看，银行贷款在四省农民借贷来源中只占4.0%，全国平均水平则更低，其地位可见无足轻重。合作社贷款亦然，在农民借贷来源中只有5.7%，即使在信用合作社发祥地且合作运动较为普遍发展的河北省，合作社在借款来源中所占比重也仅有11.9%，远不及私人高利贷，其实际作用亦可想而知。

第三，典当、钱庄等传统金融机构占农民借款来源的比重较低。在四省借贷来源构成中，典当只占 8.5%，钱庄也仅占 11.7%，商店所占比例虽然较高，但亦仅占 14.1%，三者之和占借款来源总额的 34.3%，尚属不少，但与私人放债者相比相去甚远。

第四，农村中的地主、富农和商人在农民借贷来源中居于统治地位，这些私人高利贷者三位一体，是农民最大的债主。其中，在四省农民借贷构成中，地主占 16.7%，富农占 17.3%，商人占 22%，三者合计，已近农民借贷来源的 60%，低于全国平均水平，私人高利贷者在农村借贷关系中的霸主地位就在于此。

另据山西省农村借贷来源的一份统计，在全面抗战前，高利贷资本主要来自地主、富农、商业资本家和官僚，约占高利贷资本总额的 65%。其次，钱庄和典当业资本占 30%，山西省银行和合作社的资本占 5%。[①]这与表 2.8 的统计情况大体一致。

以上是对全面抗战前晋、冀、鲁、豫四省农民借贷来源的一个初步考察。由于地区越偏僻，经济越落后，农民负债率就越高，因此处于四省交界的边区，更是银行、合作社等现代金融机构开展的薄弱地区，农民对私人高利贷的依赖程度会更高。

---

① 山西省地方志编纂委员会办公室. 山西金融志上册（初稿）[Z]. 内部资料，1992：135.

2.3 农户各类融资渠道

如前所述,在晋冀鲁豫边区开创之前,这一带的农民普遍负债。在边区开创之后,边区的借贷关系发生了前所未有的根本变化。那么,在革命之前,农户的各种融资途径对农户的金融调剂作用如何?其运行方式和运行效果如何?与其他区域相比,存在哪些特点?只有弄清这些问题,才能对后来中共制定的借贷政策作出客观的评价。本节将围绕这些问题展开。

2.3.1 传统金融机构

在民国时期,传统金融机构和组织主要包括典当、钱庄与合会等,它们是民间借贷网络的重要组成部分,对农民的金融调剂曾起到一定的作用。但随着历史的发展和金融环境的变化,这些传统金融机构和组织的金融职能逐渐弱化,业务范围也逐渐变窄,并在当时的历史条件下具有一定的高利借贷性质。下面分别对典当、钱庄、合会等传统金融机构进行评述,并由此分析其衰颓原因。

1. 典当

所谓"典当",是指以财物为抵押品的限期、有息借贷银钱的社会经济行为,作为一种商业行业行为,通称典当业。[①]晋冀鲁豫四省交界区的典当业历史悠久,山西省曾是民国前全国开设典当最多的省份。这一带的典当业一般分为两种形式,当铺是一种比较大的组织,主要收当价值较高的物品,利率略低一点,当期一般在十几个月左右;质店是小型的高利贷组织,其有时兼营商业,对价值较低的物品也可收当,当期一般较短,利率较重。质店在名称上也有称为"典"的,如山西省晋城县的当铺,称恒裕典、升恒典、源泰典;也有在招牌上一面书"质",一面书"当"的,如左云县的志成庆、德庆、天义长,长治县的集兴当等。[②]当铺的当户多为贫苦农民和小手工业者。押品包罗万象,上至金银珠宝,下至破铜烂铁,只要有利可图就可押,但以衣服、首饰为主。

典当在一定程度上满足了晋冀鲁豫四省交界区城乡贫民的零星借贷需求,其放款手续较简单,无须保人,抵押时认物不认人,回赎时认票不

---

① 曲彦斌. 中国典当史[M]. 沈阳:沈阳出版社,2007:17.
② 山西省地方志编纂委员会办公室. 山西通志·金融志[M]. 北京:中华书局,1991:32.

认人。只要出典人有物可供抵押，典当便可放款，可解急需款户的燃眉之急；典当放款期限较长，在农村以 10~12 个月为多，相比银行、合作社、钱庄、私人高利贷等放款时间长；典当对物品估值较低，利息以 2 分、3 分居多，与其他借贷利息相比，不仅较为固定，而且稍低。值得注意的是，典当取利，虽然从表面上看来利率较轻，但实际上典当取利在其次，主要是任意低估农民所当物的价格，待逾过回赎期，就没收其押品。

民国以来，由于政局和战事的影响，晋冀鲁豫四省交界区的典当业或兴或衰，起伏不定。在晋东南，无论城市还是农村，典当业都相当普遍，仅据潞城县四分区的调查就有 190 家。①而在鲁西地区，则是另一番景象，那里许多当铺相继倒闭。山东济宁称典的 3 家大典当，因山东省钞和当地利济钱票贬值而赔累不堪，于 1928 年同时倒闭。山东省内其他地方的当铺倒闭者也甚多。至此，山东典当业已气息奄奄，平民急困告贷无门，外商乘机开设典当，进行高利盘剥，地方政府不得不鼓励华商重组典当。1931年 10 月，山东省政府第九次政务会议通过《山东典当业暂行规则》，规定典当利息不得超过年利 2 分，并不得有叠滚息及预扣息；质物取赎期为 12个月，满期应宽限 1 个月；典当对质物负全责，不许使用和出借，逾期不赎者，当业可自行处理。②由此可见，尽管典当业属于高利贷范畴，但对农民生活利弊参半，其急剧衰败，导致民间借贷凝滞更甚，因而引发政府的关注与思考。至全面抗战前，晋冀鲁豫四省交界区的大部分典当业已处于明显的衰颓之势，如长子县、屯留县和襄垣县等地方的当铺分别从 1921 年的 21 家、6 家和 11 家降至 1935 年的 12 家、2 家和 5 家。③在灵石县，全县当铺由兴旺时的 46 家减少到 1937 年的 2 家。④在沁源县，当铺在清末尚有 7 家，至 1931 年因历年赋税负担过重，全行倒闭。⑤其原因，大抵是民国以来，官僚资本和民族资本纷纷转向内地，典当的押品难以实现资本转换，加之广大农民生活加速贫困，"死当"日多，即使贱价也难脱售；再者，在战乱中，惹人注目的典当业易遭受掠劫，因此逐渐萎靡。

如前面农民借贷来源的统计所述，典当在晋、冀、鲁、豫四省农民的借贷来源中平均仅占 8.5%，处于一种非主流的补充地位。这主要是由于社会动荡不安、新式借贷机构的兴起与资本投入多元化，使民国时期全国当

---

① 王增. 从借贷关系谈到今天边区的利息政策[J]. 银行月刊, 1946（3）: 8.
② 山东省志·金融志[M]. 济南: 山东人民出版社, 1996: 171-172.
③ 实业部国际贸易局. 中国实业志·山西省[Z]. 实业部国际贸易局, 1937: 118-119.
④ 灵石县金融志编纂组. 灵石县金融志[Z]. 内部资料, 1991: 15.
⑤ 沁源县金融志编辑组. 沁源县金融志[Z]. 内部资料, 1993: 22.

铺数量普遍减少，晋冀鲁豫四省交界区自然也不例外。另外，对于终岁劳作仍落得食不果腹、衣不蔽体的贫苦农民来说，他们实在没有什么资产足以向人抵押，对于为普通平民做各种动产抵押的典当业，自然也就对广大贫苦农民愈益疏远。

2. 钱庄

钱庄在中国已有四百多年的历史，是适应商业发展而货币制度混乱的情况下产生的。近代晋冀鲁豫四省交界区钱庄的发展，与近代中国其他地区钱庄业的发展历程没有大的区别。当时通货计算单位不统一，银两与制钱之间的比价不一，钱庄通过发行、兑换，可以从中渔利，也为这一地带钱庄的发展提供了适宜的土壤。

民国初期，晋冀鲁豫四省交界区的钱庄大部分为商号兼营，在发展过程中逐渐变为专营，可分为独资、合资与公司三种。其中，合资一般习惯上为合伙制。公司制钱庄在民国初期并不多，而是随着公司法、银行法实施，逐步产生公司制的钱庄，业务主要有存款、放款和发行。这一地带钱庄的存放款业务，可分为借贷与往来两种。计利方法可分为四种：满加利、短期息、对月利和长年利，其中以满加利最为普遍。利率有静态利率与动态利率之分，并在一年中又分为四标，利率计算较为复杂。满加利每千元加利20元左右，短期利5天利息是每千元4元左右，长年利月利率7~8厘。①

与典当业的抵押放款完全相反，钱庄放款大部分是信用放款，全凭贷户的信用，无须实物或证券作抵押。而对于长期处于水深火热之中的晋冀鲁豫四省交界区的贫苦大众来说，他们很难有什么像样的东西取信于人，自然不会得到钱庄的青睐。加之民国以来整个钱庄业江河日下、风光不在，致使以融通商业资金为主的传统钱庄对贫苦民众的资金融通作用日益趋减。

如典当业一样，民国时期晋冀鲁豫四省交界区的钱庄也经历了盛极而衰的过程。民国初年，晋中榆次县、太谷县和晋南的曲沃县、安邑县等地钱庄十分兴盛。但至全面抗战前夕，由于多种因素这一地带的钱庄已失去昔日盛况。至1935年，山西全省的钱庄由1914年的561家降至1935年的182家，降幅达67.6%，其中榆次、太谷、祁县、长治、长子、潞城、晋城等县分别仅存10家、10家、2家、2家、2家、2家、5家。②民国初

---

① 山西省地方志编纂委员会办公室. 山西通志·金融志[M]. 北京：中华书局，1991：50.
② 山西省地方志编纂委员会办公室. 山西金融志上册（初稿）[Z]. 内部资料，1992：10-11.

年，山东济宁县有钱庄、银号33家，无论数量还是资金实力都颇具规模，山东临清县在20世纪一二十年代开设的钱庄、银号有9家。然而至1937年"七七事变"前，济宁县和临清县均只剩2家钱庄。[①]至全面抗战爆发后，山东各地的银钱业更是整体陷入停顿。在河北省，1931年后，由于银行业的发展，钱庄业务受到很大的威胁，相当数量的钱庄关闭。[②]在沁源县，清代末年，县城东关有钱庄4家，至民国初年田赋改征银圆，钱庄始全部停业关门。[③]在灵石县，因该县工商业欠发达，因而在民国初年只有两户粮店兼营钱庄业务，后于1937年和1938年先后歇业。[④]

造成晋冀鲁豫四省交界区钱庄盛极而衰以致亏空歇业的原因，主要是民国以来，随着帝国主义的入侵和资本主义经济的发展，各类银行迅速发展，逐渐占据了金融市场的主导地位，钱庄作为传统金融机构，其业务受到很大的威胁，多数因在竞争中经营不善致使其业务逐渐萎缩而一蹶不振。凡是银行发展薄弱的地方，典当、钱庄都是发展比较好的，这从反面印证了这一点。"不论银行的发展和其分布状况如何，在国民经济发展没有明显变化的情况下，在金融市场融资量既定的情况下，银行的增加，必然使各等传统金融组织减少，此进彼退，是金融界竞争的必然规律。"[⑤]另外，钱庄是中国近代社会实行银两与制钱并行的货币制度的产物，当时通货计算单位的不统一是其生存发展的养分，它必然随社会经济变革和政局的统一币制而渐次退出历史舞台。

3. 合会

合会是协会内部成员之间的一种轮番提供信贷活动和共同储蓄活动的组织，是农村中有着悠久历史渊源的农村亲戚朋友和本村农民等成员之间的互助性金融组织。

在晋冀鲁豫四省交界区，合会按照得会的方法进行分类，可分为三类：一是标会，在山西黎城县、昔阳县、寿阳县、榆次县等地亦称"拔会"，即通过投标的方式来决定会员得会次序的合会；二是摇会，即通过抽签和投骰子等方式来决定会员得会次序的合会；三是轮会，即按会员预先认定的固定顺序来决定得会先后的合会。合会的利率一般比典当和私人高利贷利

---

① 山东省地方史志编纂委员会. 山东省志·金融志[M]. 济南：山东人民出版社，1996：199，207，215.
② 河北省地方史志编纂委员会. 河北省志·金融志[M]. 北京：中国书籍出版社，1997：108.
③ 沁源县金融志编辑组. 沁源县金融志[Z]. 内部资料，1993：23-24.
④ 灵石县金融志编纂组. 灵石县金融志[Z]. 内部资料，1991：17.
⑤ 黄鉴晖. 中国钱庄史[M]. 太原：山西经济出版社，2005：127.

率要低。

合会本来是一种农民借贷的互助、自助性的信用组织，特别是老人会（丧）、小孩会（婚）、牛头会、驴会等，几乎完全是互助性质，既能免除高利贷者的剥削，又兼具借贷与储蓄的作用。但在近代中国高利贷盛行和农村破产的影响下，晋冀鲁豫四省交界区的合会流弊较多：其一，对于合会人数较少者，积累资金较少，力量薄弱；对于合会人数较多者，会期较长，又无连续性，风险性大，加之合会是一种临时性的、非正规的借贷组织，无法律保障。其二，标会具有很强的投机性质，容易给操纵者乘穷人急于用款之机，抬高利息。如全面抗战前太行区寿阳县，在开会时，操纵者故意制造紧张空气，散布高利消息，抬高利率，使急需得会的人多出利息，吃亏上当。①其三，合会易被私人高利贷者所利用，有悖于合会的互助互济性质。在磁武县花园村，从合会用途来看，请会后得会人对此项款的用途多为买庄置地，办婚丧事的较少，做生意买卖和别种用途的就更少了。毫无疑问，那些买庄置地的人就是地主、富农、商业高利贷者。②据涉县两个会的调查，随会者穷富皆有，地主1人，富农20人，中农29人，贫农31人，其他6人。这两个会运行的结果是，穷人急于花钱以高利先得钱，钱数较少，而富人以低利后得钱，钱数较大。穷人实际上是先得一批整款，以后逐渐交本利，与之相反，富人是逐渐放出小款，然后得一整批本利，从中不难看出，其高利贷性质是十分明显的。③其四，酒席铺张浪费现象较为严重，造成贫者愈加额外地背负一笔负担。如全面抗战前太行区平顺县，会员们普遍的愿望是"饭食只许办好，不许办坏"。合会甚至因饭谱而有"江米席会""扯面会""粥饭会""合落会"之称。④

综上所述，传统的典当、钱庄、合会等金融机构和组织在农民的生产和生活中发挥着一定的补充作用，成为方便农民生活、调剂农民收支的金融工具，在一定范围内为维持农村社会的金融平衡发挥了一定的作用，这是不容否定的。但同时应该看到，这些传统金融机构和组织到民国时期总体上已呈夕阳西下之势，对农民的融资作用亦渐趋微。

2.3.2 现代金融机构

全面抗战前夕，银行、合作社等新式金融机构已经逐渐渗入农村，并

---

① 刘传义. 一种社会经济互助组织——"会"[J]. 寿阳文史资料（第四辑），1989.
② 来因. 初步调查磁武县花园村钱会后的意见[N]. 边区政报，1945，34：17.
③ 太行革命根据地史料丛书之五——土地问题[M]. 太原：山西人民出版社，1987：86-87.
④ 刘瀛. 平顺农村生活习俗——"弄会"小议[J]. 平顺文史资料（第三辑），1989.

成为农户的融资渠道之一。其为农民提供的低息贷款,旨在改变农村借贷格局,使农民摆脱高利贷的盘剥。然而全面抗战前国民政府在农村开展的银行、合作社等的信贷业务却是在广受批评和讥讽中进行的,其对农民的融资贡献实际上微不足道。

1. 银行

资金由农村向城市集中,是中国近代以来经济发展过程中的一个普遍现象。至全面抗战前的 20 世纪二三十年代,已经形成农村资金流尽,而城市资金膨胀到无处宣泄的趋势。作为新式借贷组织的代表,各类商业银行一方面鉴于为过剩的城市资金寻找出路,另一方面鉴于"农村破产""农村经济总崩溃"的事实和呼声,国民政府遂提出要负起"救济农村""复兴农村"的任务,使"资金回到农村去"。在这样的号召中,银行是否真正做到了资金归农?是否对农业、农村、农民有实质性扶助呢?

作为现代金融组织,银行农贷的放款对象和放款数量是颇成问题的。正如吴承禧所言:"中国农村虽然只有这些农业银行,但它们的业务是否均以农业为中心,它们的活动是否均以农民为对象呢?事实说明,中国的农业银行很多名实不符。在名义上,它们虽然都以农工或农民为重,但实际上它们既不重农,也不重工,它们有的只在努力于钞票的发行;有的转变为商业银行,竟以投机为务;有的曾经经营不正当的业务;有的只是某一省的银行或某一市的银行,与农无缘,与工无涉。""而中国的农民,一向是散漫的,没有组织的。农村投资,如果采取个别往来的形态,则在农民方面,因为信用和知识的浅陋,一定无法可以和银行发生关系;而银行方面,也必以农民分散,贷款没有保障而裹足不前,所以现在的农村投资,大都是通过合作社而实现的。"①由此可知,银行资本是通过合作社或地主、商人的手进入农村的,而农村合作社多被地主、商人把持操纵。银行资本无论是通过合作社还是通过地主、商人首先承贷,而后再转贷给农民,都不免变成层层竞吸农民脂膏的工具,其结果都是小农未曾受益之前就已经先遭到了剥削。

银行对"复兴农村""资金归农"的号召为何与其实际行动相去甚远呢?

从银行的角度来看,农贷的利率最多 1 分,以 8 厘、9 厘居多,而存款所付利率,定期存款 1 年期为 7～8 厘,2 年期为 8～9 厘。由此而知,农贷不能给银行以丰盈的利润,与之公债投资相比,尚且利率差,更何况

---

① 吴承禧. 中国银行业的农业金融[J]. 社会科学杂志, 1935, 6 (3): 9.

在农村破产、农贷危机增大的背景下，农贷还存在亏折的危险。即是说，银行在农村的投资存在不容忽视的安全隐患。因此，若站在银行的角度看，农贷实在不是一种有优势的业务。

从借款农民的还款能力来看，在人谋臧否不定、灾荒频仍、农产品市场易受国外的廉价倾销产品所统治的大背景下，农产品的收获不定、价格不定，这无疑加大了农产品本身所面临的自然风险和市场风险，全面抗战前晋冀鲁豫边区的这两种风险尤甚，致使农民的还款能力无法得到保障。

另外，中国新式金融机构的发展大大受制于农业的极大落后与农村经济的破产，各类银行只在各省的主要城镇设立分支机构，尚未深入农村，在晋冀鲁豫四省交界地带自然也接近空白，而且这些银行各自为政，互不相通，对于农民各式各样的需要难以满足。尽管银行的放贷对象较广，其主要还是针对合作社与有组织的农民团体。而农民普遍负债，虽其贷借额一般较小，但偿还能力差，偿债风险自然也就较大。面对众多、分散、小额农户借贷，限于银行的操作成本和风险机制，银行自然也就与农民愈加疏远。

由上观之，在晋冀鲁豫四省农民的借贷来源中，对为何银行只占4.0%、为何农民与银行的关系如此淡薄、为何银行对农民的作用如此忽微等问题就不足为奇了。正如吴承禧所言："都市银行业者虽已投资农村相号召，但农村既不安靖，且又不能予银行资本以高利的报酬，则实际上它们不能以大量的资金贷于农村，殆亦势所必然，所谓投资农村借以拯救农村之崩溃云者，事实上原亦不过是一种粉饰门面的企图而已！"①因此，银行的各类商业投资流入农村，名义上虽然是复兴农村，而实际上是为自身牟利。

2. 合作社

合作社，尤其是信用合作社的发展，是农村借贷关系转型与近代化的重要标志之一。中国的信用合作组织，是1923年4月以中国华洋义赈会拟定的《农村信用合作社章程》为开端，并首先在河北省倡导试办的。

合作社作为一种新的借贷形式，无论其力量多么微薄，作用多么渺小，它总是对传统借贷格局的一点突破，这是值得充分肯定的地方。它给农民提供了一定数量的低息贷款，给社员带来了一定的直接利益和间接利益，同时在一定程度上打击了高利贷。例如，河北省肥乡县南刘村在20世纪30年代初农民借款情况如下：信用合作社放款1430元，商店、富农共放款870元，在农民融资的2300元中，信用社占62.2%，有力地打击了商

---

① 吴承禧. 中国各地的农民借贷[M]// 千家驹. 中国农村经济论文集. 上海：中华书局，1936: 169.

店、富农等高利贷者对农民的剥削。同县南阳堡村,全村农户共负债 2820 元,其中信用社放款 1100 元,占农户借贷总额的 39%,富户和商号各放款 1400 元和 320 元,信用社成为各种高利贷的有力竞争者。还有该县李白庄村,原来钱号、富户等高利贷者放款利息至少为月利 4 分,自信用社成立后,不但其放款额超过高利贷,而且使高利贷者的放款利息亦日日减低,村民皆称合作社为农民自救之金融机关。①

由此可见,信用合作事业能为农户提供低利资金,减轻日益盛行的农村高利贷问题,是解决农村金融涸竭问题、复兴农村的重要途径。但这种作用在各地区是极不平衡的,总体上也是相当有限的,与合作社的绩效相比,其缺陷尤为不容忽视。如前所述,合作社在四省农民借贷来源中只占 4.5%,即是说,作为新式借贷机构的另一个代表,与银行的作用大体相仿,合作社对农民的金融调剂作用在业务上亦处于从属地位。究其原因,大抵不外乎以下三个方面:

第一,信用社数量少、社员少、资金少、规模小,组织化程度低,难以真正发挥规模效应,也难以撼动高利贷在农村中的统治地位。如山西省,至 1935 年信用社仅 14 个,最大的是太行山区的襄垣县大池村的信用合作社,共有社员 70 人,股额 2364 元;其余信用社,社员既少,股额复微,如阳曲县柴村信用社,只有社员 9 人,股额 18 元;14 个信用社总计股额 2929 元。②即使在合作社比较发达的河北省,至 1936 年,社员人数亦不过仅占全省总人口的 2.07%。③

第二,农村的众多贫农,往往没有受教育机会,对于新思潮的合作运动,如何进行合作、怎样向信用合作社借款等不得而知,加之合作社组织上的不完备、群众基础薄弱,致使合作事业的发展往往被一些农村土劣所把持,真正的贫农却难沾实惠。合作社的组织者和骨干通常是掌握了地方上的政治、经济权利的地主、富农和商人,而居于弱势地位的贫苦农民多因无力缴纳股金,或因无抵押品、担保人而被排除在社外。"各地合作社内出现了豪绅滥用职权、包办转借的通病,即乡之强豪,常假名组织合作社,乃向农民银行借得低利之借款,用之转借于乡民,取利之高,条件之酷,实罕其匹。此种合作社非特无益于农民,反造成剥削农民之新式工具。"④

第三,国民政府开展信用合作的目的是企图利用其直接经济救济功

---

① 中国华洋义赈救灾总会. 河北合作——优良社之实况[Z]. 民国 24 年铅印本, 1935: 77, 98, 141.
② 山西省地方志编纂委员会. 山西通志·金融志[M]. 北京: 中华书局, 1991: 95.
③ 梁思达. 河北省之信用合作[D]. 天津: 南开大学, 1937: 265.
④ 刘椿. 抗战前国民政府的农村信用合作运动[J]. 南京社会科学, 2005 (6): 53.

能，既能克服农村金融枯竭，复兴农村经济，解决民生问题，又能增加政府的财政收入。但在农村破产、举世骚然的环境下，银行投入信用合作社的资金过于微薄，加之生产、供销、消费等合作社没有与之广泛的配合，最终的实际效果是农业生产依旧产能低下，农村经济依旧日益凋敝，农民生活依旧衣寒落魄。

由此可见，合作社的建立与发展，在个别地区曾在一定程度冲击了高利贷的盘剥，但因其经营主要取决于外部资金的供给，总体力量还非常薄弱，对农民融资的贡献十分微弱。加之运作中存在的种种缺陷，致使合作社发起的初衷与其运行效果严重背离。

综上所述，现代金融机构在农村开展信贷活动，这对于在一定程度上缓解农村资金匮乏、促进农业生产与农村金融的现代化的确起了一定的作用。但其存在制度设计和运作方式上的缺陷，导致交易成本过高，很多农民难以参与。这些未能及时克服的缺陷与弊端，使银行、合作社等现代金融机构未能在晋冀鲁豫边区开创前夕的农村金融中发挥更大的作用。其信贷活动既不能满足农民的生产生活需要，也远未能撼动私人高利贷在农村借贷关系中的霸主地位，对于抑制边区滋盛的高利贷效果亦不明显，这反映了农村借贷关系转型与现代化之艰难。

2.3.3 私人高利贷者

在传统金融机构如典当、钱庄逐渐失去影响力，而现代金融机构如银行、信用社在农村地区服务不足的情况下，农民缺乏足够的收入来源，导致他们不得不依赖高利贷来应对紧急的资金需求。同时，由于经济因素、金融体系不完善、法律和监管的缺失、社会文化因素和信息不对称等多方面因素的影响，助长了高利贷在一些地区发展并占据了农村借贷市场的一定份额。这种现象的成因十分复杂，需要从多角度进行深入分析和解决。如前统计数据所示，战前晋冀鲁豫四省农民的借贷来源中60%来自地主、富农、商人等私人高利贷，无论传统金融组织还是现代金融机构，皆难以与之等量齐观，广大贫苦农民依然深陷于私人高利贷者的盘剥之中。

需要说明的是，私人借贷包括农民之间的友情借贷和农民与地主、商业资本家等之间的高利贷。对于前者，由于在中共对晋冀鲁豫边区开辟前后，其借贷性质无本质变化，故本书不拟讨论，下面重点讨论后者。对于高利贷的定性定量描述，何种私人借贷、利息多高属于高利贷，至今学术界仍存在分歧。某种私人借贷是否属于高利贷，主要应从借贷利息及其与其他借贷利息的比较、债主获得的利润及其是否乘人之危放债、债户的贷款用途等方面来综合认定。简单地划定一个标准利率来判断是否是高利贷，显然是不妥的。

在全面抗战前的晋冀鲁豫四省交界区特殊的社会历史条件下，私人高利贷资本的活动形式、运作方式等更显得异常纷繁。在封建落后的经济基础上建立起来的中国农村高利贷，不同于资本主义制度下的正常借贷关系。下面就全面抗战前晋冀鲁豫四省交界区的私人高利贷的运行特点进行概略总结，并由此说明其对社会经济的消极影响。

1. 私人高利贷的特点

（1）私人高利贷活动形式五花八门，对贷户的盘剥异常苛刻

全面抗战前晋冀鲁豫四省交界区私人高利贷资本的活动形式和运作方式非常复杂，变化万千。按资本的活动方式，私人高利贷可分为单纯高利贷、商业高利贷及其不同形式混合交叉的高利贷；按借贷手段和资本的活动形式，私人高利贷又可分为信用借贷、押当借贷和农产预卖等；按借贷物形态，还可分为银钱借贷和实物借贷。

由于农民对私人高利贷的需求既普遍又迫切，而高利贷资本又严重的供不应求，使地主、富农等私人高利贷者以货币垄断之威势要挟债户，所以这些农村金融的统治者就有极大的自由度，他们居高临下、盛气勃勃地随时、随地、随人择用非常苛酷的盘剥方式，其名目纷繁错杂，花样百出，在边区地带仅见于有据可考的就不下二三十种。

利率高、盘剥重是高利贷最突出的特点，其不同的活动形式大部分是针对利率的不同索取方式而划分的。

第一，货币借贷。

银钱借贷是高利贷最常见、最普遍的一种形式，即以货币贷出，以现款、实物等收回本利的借贷。

①日利：借1元钱1天出利2~3分，最高达5分；月利：借1元钱1月出利3~5分；季利：以季为期限，每月1元钱最少2分5厘或更高。

②大加一。又叫"老一分""十利"，借1元钱月利1毛，10个月本对利。这种高利贷在战前太行区各地已经非常普遍，甚至有加一五，大加二的，如10月为期，期利150%或200%。

③子儿利。按天计算，借1元钱每日1个铜子，折合月利为75%，这是所谓的小利钱，款项不大，多半是妇女的鸡蛋钱、枕头钱、压岁钱等私下放的，不公开，期限短。或者是新兴的小债主，有所谓日夜忙（又叫臭虫利、圪蚤利），黑夜也按一天算，这样一天利两个铜子，月利15%。集头利是此集借钱下集还债。小商人常借这种债。

④驴打滚。又叫"轱辘地""梯梯利"。借1元还2元，利息高低视期限长短而定，1~3个月为期，月利33%~100%。在太行区武乡县，"驴打滚"是一年利高于本，本加利息翻一番。正如民间流传："本加利，利加本，一年来个驴打滚。"[①]鲁西一带的"驴打滚"，是借一还二，利息高低视期限长短而定。一般是1~3个月为期，月利7分5至10分。[②]济宁县的"驴打滚"，借期以1个月为限，利息3~5分，到期无力偿还者，利息加倍，利息再转为本钱。[③]

⑤现扣利。各地名称不一，又叫"先扣利""里除利""里扣利""倒抹利""倒坐利""二八扣""八顶十"等，都是契约上写的10元，实际上给的8元、9元甚至7元，而免头一期的利息，这是估计债户到期还不起的一种剥削。

⑥借纸还现。山西票子倒了以后，地主多放出纸币，文书上写的现洋，农民要用现金还本交利，吃亏极大。

以上是计利方法上的残酷剥削，在得到资产用于耕地方面有以下几种方式：

①限期文书，又叫虎头文书，武乡叫白牍纸，林县叫活押限期，一般是5分以上利率。一般以一分的利率为准，将本金与利息合并写入借贷契约，指房地使钱，期限短的三月，大至半年"到期钱文不到，地归钱主所有"（或归钱主承种），地由债主自由处理，将来拿出当时本利全数，才能赎回，或转成买卖典出关系。武乡还有一种开条子，与此相近，连本带利写成欠条，时间短，租息大，到期不付，债主即可将条子随便交给任何流氓无赖去债户家催债，所谓"凭条不凭人"。潞城的期票也是同样，到期凭条取钱，上写垫保人名字，限期迫要。

②死契活口，又叫死契活说。口头约定是活的，契约上写成死契买卖或典当，连本带利作为典价或卖价，而在契约上贴一小条子注明何时偿还本利，地归原主，过期就把条子撕去。这是估计农民永无翻身之日，延长一些期限也没有关系时使用。

③押红契。不立文书，直接说成买卖关系，连本带利作为卖价，把红契押到债主手上，到期还不了，地就是债主的，农民非万不得已不使这种钱。武乡有这种情形。

④银租。在榆社县一带很流行，安阳县叫死分租，磁县叫包租地。负

[①] 武安党史研究室.武安革命史稿[M].石家庄：河北人民出版社，1991：5.
[②] 齐武.晋冀鲁豫边区史[M].北京：当代中国出版社，1995：302-303.
[③] 林飞.济宁市金融志[M].济南：山东人民出版社，1995：89.

担留户出，借钱押地以租子顶利息，租额常常定得很高，有时收租且用加三大斗，农民一定交不起租，将租利作本再增加押地或加租，几年交不起就要破产，所谓"捉猪不离圈""就窝打兔"。

⑤边根拔。文书上连保人的庄基地产也写上，到期不能偿还债务，债主就可一得双份，又叫"双头马"。这是债主对债户的财产感到不满足的情形下产生的，武乡常见这种剥削。

⑥小押当。不出当票，期短利大，到期不赎即成死押，一天也不宽容，当的多是衣物等件，土地少，债主多是村里有势力的人，小宗的，不公开。

这些都是高利贷资本集中土地的方法，农民上圈套之后，十有八九是要丧失土地甚至破产的，这些方法流行于战前农民破产较急剧的地区。为了集中土地逼迫农民破产，高利贷者还要用尽各种连诱带骗的方法。

①对老实农民先松后紧，初借钱时，并不紧着要利钱，甚至稍让些步，使债户一面麻痹、一面感激，一旦紧得差不多了，就以各种借口立逼清债，导致农民破产。精明的高利贷者常能把债户财产不零不整地折合净尽，叫作"带龙头"或"套马杆"。

②对青年农民即引诱其赌博吸毒、堕落，拉其下债坑。某些浪荡少年因家长还在，不能自由处置财产，预先把土地作抵押，用重利借钱者不少，言明父死还债，这叫"孝帽钱"；有的是"父在行利，父死耕地，灵前鼓响，一并清起"，这叫"孝帽地"，都是一种诱骗。

③对正在向上闹事的，引诱其一起共事，借给其钱作生意，甚至买地，从中干涉，到时累起债务，一箭双雕，把其拖倒，生意、地都成了债主的。

④对某些殷实庄户多从商号拉拢主雇，建立常年买卖赊货关系，加大其家庭消费，从中累起债务拖倒。对穷户，估衣庄有时也用这种办法，在农民有丧事时借给农民估衣，建立债务关系。

⑤对某些较穷苦农民，常在青黄不接时去逼账，使另立文书，陷入更深的债务或者破产。最厉害者如辽县桐滩天与成喜家，腊月算账，农民还不起，就折成粮食（月粮价低），限来年春耕时交还，春荒时农民如何能有粮食，就再折成钱（当时粮价贵），这样下去只有破产。

⑥粉红白脸。有时东家是白脸，掌柜是红脸，有时债主是红脸，保人是白脸，所谓"送丧人不能埋到坟里"，使农民有苦说不出。

农民是极不愿放弃祖传土地的，债主就利用农民不识字，活押写成死契，或即私造文书，农民有理无处讲。平顺债主有威迫吊打强迫农民立死契，拿出红契者。林县一带债主常不得地，主要是得钱，但结果是一样的，农民只好变卖家产还债。

一般借债目的多为应付急用,如中贫农为了婚丧大事、买粮或借粮过春荒、借债还债。中贫农或借债随会者为多,少数是用于买房买地或做生意,借债为了改良生产的根本没有。据芦寨县27个典型债户调查各种用途的宗数及比例见表2.9。

表2.9　芦寨县27个典型债户用途调查　　　单位:元,%

项目	宗数	款项		每宗平均款额
		数目	占比	
捐款	8	414.5	8.9	51.8
婚丧	16	1090	23.3	68
买牲口	4	467	10	116.7
买米	13	931	19.9	71.6
生意	6	636	13.4	106
买地	3	530	11.1	176
其他	4	628	13.4	157
合计	54	4696.5	100	747.1

资料来源:李友九. 太行区社会经济调查(第一集)[Z].1944.

债户的成分,据涉县固新调查,富农为13%,中农为6%,手工业者为36%,贫农为5%,武乡民众在1934—1936年三年间被债主下地者,经营地主3户,富农11户,中农39户,雇农3户,佃农1户,共57家;林县芒寨调查债户中农约占二分之一,贫农占三分之一,富裕中农及富农占六分之一。可以看出,小地主与富农在战前受高利贷剥削也是很重的,债户的多数是小有财产的中农,贫农户数较多,而在债户中的比重不大,证明有部分赤贫户在战前是"借贷无门"的。一般来说,富农借钱利息轻,中贫农利息重。在农民破产的情形下,借钱以劳役偿还,或是破产后产不敷债去债主家当雇工、顶利息的,是很普遍的现象,有的给债主当十几年长工。林县有一个寡妇借了债主3元钱无法偿还,结果给债主弹花十余年。

高利贷的货币借贷形式之所以如此猖獗,主要是因为在全面抗战前的边区地带,商品经济已经有了长足的发展,货币已成为主要的支付手段,当农民急需钱而一时又无法通过其他途径融资时,便不得不高息举债。是哪些因素导致私人高利贷者的放债利率如此之高呢?一是农村资金和粮食的高度稀缺导致财粮的供求关系严重失衡,经济规律决定了高利贷利率必然居高不下;二是对于借债者中的广大贫苦农民来说,他们信用资质低、偿还能力差,债权人放债风险大,必然通过提高放债利率来补偿放债风险;

三是民国政府的现代农村金融机构开展不普遍，力量薄弱，难以承担提供大量低利资金的责任，从而使私人高利贷者居于农村借贷关系中的统治地位。

第二，实物借贷。

实物借贷，即高利贷者贷出实物，收回实物或本息，再折成货币的借贷。马克思说："借贷也可以不用货币而用实物形式的生产资料，如机器、厂房等等，但这时，它们所代表的是一定的货币额。""一个国家生产的大部分越是限于实物等等，也就是，越是限于使用价值，该国的高利贷资本就越是发展。"①这种借贷形式在自然经济尚占主要地位的战前边区所起的作用更加突出。"在自然经济占支配地位的前提下，对个体农民来说，货币借贷并不比实物借贷必要。而只有当商品经济发展水平已经较高，农民大多成为商品生产者时，货币借贷的必要性才会从经济生活中真正显示出来。"②由于晋冀鲁豫四省交界区域直到民国时期，商品经济的发展仍远逊于沿海沿江省份，自然经济的比重还不小，大多数农民是为救饥而举债，因此借粮还粮的形式较为盛行。全面抗战前晋冀鲁豫边区实物借贷的主要形式依地区的不同而略有不同。

在山西省屯留县，高利贷的利息不以货币计算，而以地租代替利息，这种借贷条件更苛刻。普通每3元出租米1斗3升（官斗）。在贷户不能纳租时，债主可没收所抵押的土地作为抵偿，没有亏本的危险。③

在太行山区安阳县，全面抗战前高利贷有两种，一种是高利息，一种是吃租子。放利息每百元1日利1元，吃租子每百元（买2斗米）为个租子，期限为春天借、秋天还，每个租子交息四、五、六斗粮食不等。④

在河南省汤阴县，地主每到青黄不接之际，将囤积之粮食、货币，放给有指望的农民，麦前放出1斗谷，麦后归还3~5斗。⑤

在山东济宁县有借粮"驴打滚"，不仅借粗还细，而且成番上涨。如春上借高粱1斗（合32斤），麦收后还小麦1斗，如还高粱，则为2斗；若秋后还不上，要还大豆2斗，假如第二年麦收后才还上，此时要还小麦4斗。⑥

---

① [德]马克思. 资本论（第3卷）[M]. 北京：人民出版社，1975：688，689.
② 郑庆平. 中国高利贷资本及其对农民的盘剥[J]. 经济问题探索，1984（4）.
③ 高苗. 山西屯留县农村经济实况[M]// 千家驹. 中国农村经济论文集. 上海：中华书局，1936：569.
④ 中共河南省委党史工作委员会. 河南解放区的土地改革[M]. 郑州：河南人民出版社，1991：202.
⑤ 中共山西省委党史研究室. 太行革命根据地土地问题资料续编[Z]. 中共山西省委党史研究室内部资料，1984：242.
⑥ 林飞. 济宁市金融志[M]. 济南：山东人民出版社，1995：89.

在太行山区淇县黄洞村，粮食借贷有"一加三""一加五"之说，即借地主1斗粮食，出门就得按1斗3或1斗5计算。每到青黄不接或灾荒年，利息更重，借1斗粮食，到麦熟的短短一两个月，就得还2斗，甚至还3斗。群众称之为"驴打滚利"。如该村贫农牛恒山，借了地主杨家2石5斗粮食，两年后连本带利滚成了22石，结果把8亩地全给了地主，还没还清债务。①

在邢台县西黄村有一种粮债，地主放斗账，借1斗粮，10个月为一期，每期3分利，还时1斗3升。②

在山西流行几种实物借贷形式：谷利，春借粮1石，秋后还5石，或借谷子还小麦；猪利或半利，富人买猪或牛，穷人喂，生了小的各半分，卖了大的除去本再各半分；放青，时间多在麦收前，"吃一还二"，麦前借1斗，麦后还2斗。③

由上可知，高利贷在农村异常滋盛和肆虐，不但形式非常复杂，利率亦十分苛重。需要指出的是，前面所述对高利贷的运行方式进行了简单分类，是为了叙述上的方便，实际上它们彼此之间无明确界限，既难以严格分开，又往往相互包含、相互转化。

（2）私人高利贷的利率高，且有愈来愈高的趋势

作为一种生息资本，在既定的高利贷资本的约束下，通过各种重利盘剥的途径使其自身不断增值，以实现利润最大化，是高利贷资本的本质属性。受多种因素影响，中国从未形成一个统一的资金供给市场，也缺乏形成社会平均利润的经济基础，导致农村形成差别较大的高利贷利率结构。全面抗战前农村经济的破产和高利贷资本严重的供需失衡，给高利贷提高利率带来了可乘之机。

首先考察战前各地区的高利贷利率的分布情况，详见表2.10。

表2.10 全面抗战前晋冀豫各区利率　　　　　单位：%

区别	晋中区	晋西区	潭北区	晋东区
最高	30	100	30	100
普通	30	30	25	30
最低	20	8	20	10

资料来源：太行党史资料汇编（第四卷）[M].太原：山西人民出版社，1994：401.

---

① 中共山西省委党史研究室.太行革命根据地土地问题资料续编[M].中共山西省委党史研究室，1984：297.

② 中共山西省委党史研究室.太行革命根据地土地问题资料续编[M].中共山西省委党史研究室，1984：107.

③ 山西省地方志编纂委员会办公室.山西金融志（上册）（初稿）[Z].内部资料，1992：136.

表 2.10 显示，全面抗战前晋冀豫各区利率普遍在 30%以上，最高者达100%。由此可见，全面抗战前晋冀豫各区的高利贷利率是比较重的。

下面再考察战前边区所在地带高利贷利率的变化情况。

据武乡县调查，1901 年以前（即民国以前），利息一般在一、二分之间，1913 年后 3～5 分者就不少，1919 年后 3 分、5 分者最多。邢台 1910 年以前为 1 分利，1930 年以前 2～5 分，1930 年以后逐渐上升为 3～5 分甚至 1 毛。赞皇县黄北坪村 1919—1920 年为 1 分利，1930 年前后最少为2.5 分，大部分是 3 分。①在河北省临城县官等村及附近各村，自 1929—1933 年，5 年之间利率增加 3 倍甚至 3 倍多。②在山西省屯留县，放债的只有地主和富农，他们虽有钱，但因举债者多而奇货可居，故其先前放债是月利2 分，1944 年涨至 3 分、4 分也贷不到款，普通都是月利 5 分，而且还得信用好、有抵押才可。③在河北临城县城镇附近，"贷款百余元以上者，尚可享有老 3 分之优渥，非有特别信用及情面者，势难以月息 2 分贷款，稽之乡中，一二十元之贷款，多系 5 分，而贷款者犹恐事生意外，故于贷款上，只书 2 分或 3 分，俗约'明三暗二'，10 元以下者，多系大加一，预先算入本银之中，另外行息。届所预算之期，本利未克清还者，以所质之产业没收"④。在太行山区武乡县，在全面抗战前租息猛增，每元钱的月息在 3 分以上，有的高达 1 角 5 分。粮息则更高，春借 1 斗，秋还 1 石。⑤在内黄县李七吉村，全面抗战前利息是 2 分半至 3 分，1937 年改变了借贷方法，放债不以货币作计算利息的标准而改用押地要粮的方法，即借出 80 元或 90 元押土地 1 亩，每年收息 1 斗麦，3 斗秋，按市价计算，麦子每斗 45 元，高粱和谷子每斗 26 元，那么周息则是 123 元，其利息比以前更重了。⑥

诚然，实际情况要远比这些实例来得复杂。即使同一时期、同一地方，也会因借期之长短、数额之多少、借贷之形式及借贷双方的不同而不同，所列的几个典型个案，只是全面反映抗战前晋冀鲁豫边区高利贷利率的总趋势而已。大体上说，商品经济相对发达的地区，小额、短期急用款项利率较重，荒歉年份尤甚，一年有索利高达本金五六倍者，亦不罕见；反之，利率较轻。高利贷的利率之所以在如此之高并且越来越高的情况下，仍有

---

① 太行革命根据地史料丛书之五——土地问题[M]. 太原：山西人民出版社，1987：88.
② 章有义. 中国近代农业史资料（第三辑）[M]. 北京：生活·读书·新知三联书店，1957：363.
③ 高苗. 山西屯留县农村经济实况[M]// 千家驹. 中国农村经济论文集. 上海：中华书局，1936：276.
④ 薛村人. 河北临城县农村概况[M]// 千家驹. 中国农村经济论文集. 上海：中华书局，1936：501.
⑤ 魏宏运. 二十世纪三四十年代太行地区社会调查与研究[M]. 北京：人民出版社，2003：53.
⑥ 内黄县李七吉村的调查[J]. 研究资料，1943（2）.

应接不暇的债户前来自投罗网，主要原因是大部分债户系贫苦农民，因天灾、婚丧、疾病等意外事变向富户借款，借款是用来救火救急而不是用来发展生产，救火救急、维持生命延续和简单再生产自然也就无暇顾及利率的高低了。

总结私人高利贷趁机提高利率的情形有三种：一是每到青黄不接之际，地主、富农便把囤积的粮食、货币等，放给预期有偿还能力的农民，从中获取暴利；二是地主、富农等乘年关之际，勒索债户，追加利息；三是在灾荒年，地主、富农等放债利息更高，变本加厉地盘剥农民，真是"歉年发大户"。

（3）地主、富农和商业资本家三位一体，相互奥援

全面抗战以前，随着晋冀鲁豫边区的社会半殖民地半封建化程度不断加深，私人高利贷的借贷形式愈加多样化，其不单纯是借贷本利的盘剥，并且与商业资本紧密结合，进行商业利润的剥削，成为高利贷者积聚土地、榨取农民与束缚农民于封建租息关系下的工具。这种结合的通常表现形式是地主经济结合商业资本，富农经营结合作坊、小手工业，或商业资本家兼营土地出租及发放高利贷。

据有关资料记载，长治县有些地主，如裴口（原文已辨认不清）堂，除了出租土地外，在天津、北平经商，赚钱后不是扩大再生产，而是用来对贫困农户乘人之危发放高利贷。[①]和顺县牛槽沟村地主开有酒房、油房、磨房、钱房，每年收利4000元。壶关县故村商号林茂唐在周围高利放债，年收利1.2万元。有的还通过当铺放高利贷。[②]山西省忻县城关的郜、王、张、石、连、程六大商业资本家，都是当地最大的地主和高利贷者。怀仁镇14户商业资本家，长治微子镇14户商业资本家也都是地主和高利贷者。他们对农民剩余劳动的占有，经常是将商业活动与高利贷、地租的剥削交织在一起。其具体表现如下：

有的利用农民现金缺乏的困难，实行赊销。赊销价较现价要高30%左右，甚至有高达50%者。

有的利用农民青黄不接的困难，先付少数现金，预购农民的未收产品。这种预购价和收获期的正常市价一般都相差40%左右。

有的商业资本家常常把农民的赊购货款，转为一种信用贷款或抵押贷款，一般月息皆在3分以上，有的高达7分，甚至10分。如长治县微子镇

---

① 太行革命根据地史料丛书之五——土地问题[M].太原：山西人民出版社，1987：164.

② 同①：468.

商业资本家韩根成每年放高利贷均在 1 万元以上，利息最低 3 分。微子镇贫农王文借兴永和中药铺的现洋 55 元，规定每元日息 1 个铜元，等于月息 7 分 5 厘。结果不到 3 年，除变卖全部家产抵偿利息外，还欠 100 多元。许多商业资本家又常常将抵押来的土地、房屋租赁出去，从中渔利。

有的利用借贷或租佃关系操纵市场，控制市价，贱买贵卖，差价一般在 40%左右，最大有一倍以上者。①

（4）农民借贷的取信方式以土地抵押借贷最为盛行

全面抗战前，晋冀鲁豫边区农民的借贷关系中，无须抵押的信用借贷较少，农民多以不动产抵押借贷。鉴于土地是农业生产中最重要的生产要素，是农户赖以生存的物质基础，也是最保值、最稳妥的财产，因此土地是用来得到信贷的重要资产项目，在不动产抵押中，以土地抵押取信于高利贷者居多。押地、典地通常通过中间人进行，"在一个可贷借的资金稀缺，不存在正式借贷制度的农村经济中，出借者的保障只能通过一个第三者或中间人提供，保证借债者能够还债"②。贷户借钱以田产作抵押，届期无力偿还，便用土地顶债。对农民来说，积聚土地实属不易，视土地为"祖业地"和身家根本，"在传统农村社会里，土里求财是农民最主要的甚至是唯一手段"③，非到万般无奈，不轻言放弃土地。毋庸置疑，质地负债农民对偿债而收回地产是不遗余力的，但农民一旦被迫跳入债坑，就会越陷越深，债台高筑，直至下地绝卖，最终形成地权转移。

据 1937 年全国土地调查委员会的报告，土地是 1936 年晋、冀、鲁、豫四省的农民用来获得借贷的主要担保品。④在全面抗战前的山西昔阳县，大额借款必须用房地契做押。两年以上债务人不交利息，债权人"得抵定土地去卸，自行承种或载他人承种。原约并不改写，仅每年照付债务人应纳钱粮若干，但债务人于有钱时备齐本利，准向债权人赎地抽约"⑤。据 1928 年、1933 年河南省辉县的调查，每亩土地抵押价格（即典出户所得借款）均为原价的 37%。⑥在太行区赞皇县黄北坪村，全面抗战前的借贷一般都有抵押并立文契，信用借贷是很少的。质地借钱有一种叫死契活口，债务人给债主写死契文约，其后贴张小纸条，上面写明还债期限，到期不还债，

---

① 山西金融志（上册）[M].山西省地方志编纂委员会，1992：135，136.
② [美]马若孟.中国农民经济——河北和山东的农民发展（1890—1949）[M].史建云，译.南京：江苏人民出版社，1999：56.
③ 李立志.变迁与重构：1949—1956 年的中国社会[M].南昌：江西人民出版社，2002：235.
④ 土地委员会.全国土地调查报告纲要[M].中央土地专门委员会，1937：52.
⑤ 乌廷玉，等.现代中国农村经济的演变[M].长春：吉林人民出版社，1993：104.
⑥ 行政院农村复兴委员会.河南省农村调查[M].北京：商务印书馆，1934：51.

即将文约后的纸条扯去,就把地变成死契了。在全面抗战前的太行区,借钱都得有抵押,贷户"指地使钱",私人高利贷者通过贷户的土地典当和土地抵押的信用方式兼并农民土地,方法主要有:第一种称"限期文书",贷户用房地产作抵押借钱,若到期债户还不上本息,则地归地主所有,待将来债户拿出当时本利全数,方可赎回,或转成买卖典出关系。第二种称"死契活口",如前所述。第三种称"押红契",不立文书,干脆说成买卖关系,连本带利作为卖价,把红契押到债主手里,到期还不了,土地即归债主所有。第四种称"银租",借钱押地以租子顶利息,租额常常定得很高,届期农民若交不起租,将利做本再增加押地或加租,直至农民破产。[①]在忻州一带盛行的"贯利死契"最为残酷,是把债务人的借本加上利息,全都作本写在契约上,言明到期不还土地便为承押人所有,不另换约,被押土地的价值必须要在借贷本的2倍以上。[②]

由此可见,"借钱之所以以土地抵押为最普遍,是因为债主目的是以高利贷来兼并土地"[③]。在土地抵押借贷关系中,土地不仅仅是清偿债务的一种保证,更普遍的情况是,在届期债户无力偿还时,债权人可以凭借契约而取得土地的使用权,形成地权异动。在各种信用方式中,土地抵押借贷是地主积聚土地的一种重要手段和惯用伎俩,同时也是农民加速破产的圈套和陷阱。

此外,战前晋冀鲁豫边区高利贷的运行特点还包括高利贷的用途以消费性为主,借贷期限越来越短,借贷款额小、实物借贷占据较大比重等,不再赘述。

2. 高利贷所产生的社会经济影响

高利贷对农民生产生活和农村经济所带来的影响是灾难性的。从一定程度上说,高利贷作为一个封建制度下的产物,作为对贫苦农民进行超经济强制的职能资本,对农村经济的破产和农业生产力的破坏有着直接的影响。更为紧要的是,它使农村中占80%的农民在高利贷的压迫下和破产的威胁下艰难喘息。无论贫苦农民怎样刻苦节俭,依然落得终年劳作,不得温饱,倘若偶遇意外开支或灾荒侵袭,便入不敷出,被迫乞援于高利贷之门,任其宰割,明知是饮鸩止渴,也不得不忍痛为之,最终也难以逃脱高利贷的魔掌,债额只有一年比一年高,以致倾家荡产,酿成悲剧。

---

① 魏宏运. 抗日战争时期晋冀鲁豫边区财政经济史资料选编(第二辑)[M]. 北京:中国财政经济出版社,1990:1326,1361.

② 赵秀山. 抗日战争时期晋冀鲁豫边区财政经济史[M]. 北京:中国财经出版社,1995:160.

③ 山西省档案馆. 太行党史资料汇编(第三卷)[M]. 太原:山西人民出版社,1994:126.

高利贷的一端，作为债权人的地主来说，他们虽然占有大部甚至全部的膏腴之田，但都是"雍容高枕""足不及田畴""未尝目观一拨土，耘一株苗"。换言之，这些地主都是四体不勤、五谷不分，在生产上未尝有过一举手、一投足之劳，而生产的结果，却有五成、六成、七成甚至八成以上被他们攫为己有。①

高利贷的另一端，作为债务人的农民来说，由此遭受的灾祸异常深重，"高利贷，驴打滚，利加利，本翻本。三翻二滚赔不起，倾家荡产卖儿女"。在太行山区涉县，流传有"早晨汤，晌午糠，晚上稀饭照月亮""天是老财的天下，地是地主的地，政府是有权势的富人们执掌着生杀之权，真是天下衙门朝南开，有理无钱休进来"②。"一个不能交付地税的人，假如他不愿意在监狱中过冬，就非借钱不可，高利贷者的门户，对他是开着的。"③这些都是对广大贫苦农民苦难生活的真实写照。

高利贷是一个陷溺和坑人的陷阱，但农民却又常常被贫困和不幸逼迫着自动跳进这个陷阱。只要一跳进去，就会越陷越深，永世不得翻身。④在太行区武乡县，如1920年大灾荒，阳邑镇大地主李孟春乘穷人之危，一年放粮600余石，收取了穷人20万块现大洋，收买了穷人400多亩土地、200多间房屋，使不少农民妻离子散、流离失所。⑤

高利贷盛行的原因之一，是自然经济向商品经济转变时期，商品经济有了相当发展而又不很发达。农民为了购买生产资料、生活资料和缴纳赋税，迫切需要货币，但流通于农村中的货币量却远不能满足农民需要。农村发生长期性的"钱荒"，使高利贷乘虚而入，当农民急需货币时就不得不向地主、商人和高利贷者借贷。⑥

辩证法告诉我们，没有彻头彻尾、完全一无是处的事物，高利贷也不例外。我们在对高利贷进行道德上的批判与拷问的同时，也应对其进行冷静思考。高利贷在中国已绵延几千年，在20世纪30年代全面抗战前夕的广大农村更为盛行。从生存经济角度而言，当时中国农村高利贷滋盛的现象不应被视为农村破产的原因，而是农村破产的结果。如前所述，在全面

---

① 傅筑夫. 中国经济史论丛（上）[M]. 北京：生活·读书·新知三联书店，1980：214，215.
② 中共山西省委党史研究室. 太行革命根据地土地问题资料续编[M]. 中共山西省委党史研究室，1984：114.
③ 华岗. 论中国佃农问题[M]// 陈翰笙，等. 解放前的中国农村（第一辑）[M]. 北京：中国展望出版社，1985：423.
④ 傅筑夫. 中国经济史论丛（下）[M]. 北京：生活·读书·新知三联书店，1980：545.
⑤ 武安党史研究室. 武安革命史稿[M]. 石家庄：河北人民出版社，1991：5.
⑥ 唐致卿. 近代山东农村社会经济研究[M]. 北京：人民出版社，2004：881.

抗战前濒临破产的边区农村，负债作为筹集资金的主要方式，已成为广大贫苦农民的被迫之举。由于高利贷多属生存性借贷，借款解决的是债户的基本生存问题，债户对借贷资金的需求呈现强烈刚性，没有其他的退却余地。与农户的生存权相比，高利贷利率的高低在生存型借贷的情况下已成为次要因素了。农民通过高利贷筹集维持生活和简单再生产所需资金，突破了一定时期农户自身积累率的限制，为其克服眼前的生死难关、苟延性命赢得了时间，否则许多情况下毙命就在眼前，生产生活的维系也就无从谈起。在这一点上，高利贷是对债户"命价"的一种贡献。正如著名社会学家费孝通所言："单纯地谴责土地所有者或即使视高利贷者为邪恶的人是不够的。当农村需要外界的钱来供给他们生产资金时，除非有一个较好的信贷系统可供农民借贷，否则地主和高利贷是自然会产生的。如果没有他们，情况可能更坏。"[①]从这个意义上说，高利贷在客观上也曾起到一点历史作用。

由是观之，全面抗战前边区农村资金严重的供不应求和农民的普遍贫困，是致使农村高利贷滋盛繁衍的缘由。高利贷对农民生产生活的延续，不仅是"续命汤"，更是"饮鸩酒"。高利贷建筑在超经济强制的基础之上，其剥削形态不但没有在生产资本的融通上起着推动生产力发展的作用，相反，由于它直接寄生在小生产者的贫苦基础上，不改变生产方式，却占有这些小生产者的全部剩余劳动，对农民有极大的奴役性，对社会经济具有强烈的腐蚀作用。

总之，在中共对晋冀鲁豫边区开辟之前，这一地带一方面物产资源丰饶，一方面农民普遍贫困并大部分举债度日。在农民的各类融资途径中，逐步深入农村并为农民提供低利贷款的现代金融机构与金融功能逐渐弱化的传统金融机构并存，居于农村借贷统治地位的私人高利贷者乘人之危向农民高利放贷与贫苦农民贷款难求的局面同在。在这一特殊时期的特殊地域内，新的借贷关系已经出现，传统的借贷关系已经开始被撼动。

---

① 费孝通. 江村经济——中国农民的生活[M]. 南京：江苏人民出版社，1986：201.

第 3 章 晋冀鲁豫边区金融机构创建与货币政策实施

早在土地革命时期，中华苏维埃共和国成立后，临时中央政府颁布了有关的金融政策并于 1931 年 11 月开始筹建国家银行。抗日战争时期，在晋冀鲁豫边区各根据地建立后，由于被日军分割包围，各自成为相对独立的战略区、在坚持抗日民族统一战线中独立自主的原则指导下，各根据地相继建立抗日民主政权，并为了发展经济、支持持久战争，晋冀鲁豫边区先后创建了上党银号、冀南银行与鲁西银行三个相对独立的金融机构。它们均为各自根据地的金融市场稳定、经济繁荣、保证抗战供给作出了贡献。

3.1 上党银号与上党票

抗日战争时期，为了发展经济、支持持久战争，晋东南军民创建了上党银号，为太岳抗日根据地的金融市场稳定、经济繁荣和保证抗战供给作出了突出贡献。

上党地区位于山西省东南部，东倚太行，与河北、河南为邻；西屏太岳，与临汾地区接壤；北交晋中；南临晋城，沁河、漳河纵贯其间，白（圭）晋（城）公路穿通南北，中部有广阔的平原，素有"上党盆地"之称。中共通过抗日统一战线组织创建的上党银号，就活跃在这一地带。

3.1.1 上党银号的创建

1938 年 4 月，八路军一二九师带领晋东南军民粉碎了日军的九路围攻，恢复并发展了以沁县为中心的抗日根据地。之后，中共晋冀豫省委随同总部也返回晋东南根据地三专署所在地沁县。由于根据地地处偏僻山区，经济落后，加之日军不断对根据地进行大规模的扫荡和侵袭，并实行经济封锁，使得根据地与沦陷区的贸易几乎中断。社会动荡、经济凋敝、民不聊生，全面抗战前流通的铸币大部分都被老百姓贮藏起来而退出市场，同时纸币也失去信誉，尤其是地方金融机构如银号、钱庄、当铺等传统金融组织大都被战火摧毁。在这种市场萧条、金融枯滞的情况下，民间出现了以小米代替货币的现象，买卖交易、工资、借贷等均以小米为计价单位。虽然晋东南根据地在各县发行了县银号票，但因发行机构涣散、流通区域受限，难以抵制伪币向边区市场渗透。①针对这些问题，晋冀豫省委在沁县召开会议，研究根据地的建设问题，在经济方面提出要建立自己的金融机构，以掌控根据地财政，抵制日伪钞的推行，同时为了根据地独立自主发展的需要，摆脱对蒋介石、阎锡山的经济依赖。基于上述需要，于1938年8月在山西抗日进步组织——牺牲救国同盟会及山西省第三、第五行政专员公署的支持和协助下，首先在沁县郭村成立"上党银号"，发行"上党银号票"（以下简称"上党票"），积极为抗日战争服务。②上党银号的具体事务由第三专署的秘书处、财粮科负责。时任上党地区第三专署专员薄一波后来回忆说："1938年秋，我们利用阎锡山拨给的一点经费，创办了上党银号，开始虽然资金不大，但这是独立自主地发展根据地，严防蒋介石、阎锡山利用经济卡我们的一种经济斗争办法。"③

上党银号成立后不久，便迁址到沁县郭村，办公地点设在刘生旺院内北屋。该屋为楼房，上下共10间，上为经理办公室，下为银号各股所在地。经理由薄一波兼任，副经理为侯振亚，王贺五为管理，王干卿为副管理。内部设会计股、发行股和总务股。银号人员配备齐后，有出纳员、兑换员、各股的干事及勤杂人员共20余人，配备有长短枪14支、骡马6匹、铁皮保险柜1个。1938年冬，又设立了长治分号、辽县分号和沁县分号。④

3.1.2 上党票的发行

上党银号发行的主要目的是刺激生产、打击伪钞与活跃金融。⑤上党银号的主要任务是发行货币、代理金库、兑换货币，兼办信贷、筹划财务。上党银号发行的货币，一般称为上党票，这是抗日根据地发行最早的一种

---

① 王志萍. 抗币——上党票的历史风云[J]. 文物世界, 2009（3）: 52-54.
② 山西省地方志编纂委员会办公室. 山西金融志（上册）[Z]. 内部资料, 1992: 71.
③ 选自《薄一波谈抗战初期的沁县·巍巍太行》, 1986年。
④ 山西省地方志编纂委员会. 山西通志·金融志[M]. 北京: 中华书局, 1991: 99.
⑤ 桂世镛. 戎子和文选[M]. 北京: 中国财政经济出版社, 1991: 4.

货币。为了保证上党票的顺利发行，在银号创办之初即建立了一定的准备基金，其中一部分是阎锡山给抗日部队的经费，一部分靠根据地军民自筹。具体情况是：三专署拨财政经费 20 万元（法币和省钞）①，三专署各县上缴的款项及各县士绅捐出的金银首饰、元宝等银财共计 30 余万元②，这部分约占总投资的 60%~70%。另据上党银号会计股长刘大枪同志回忆，当时各县财政也上交专署财粮科一部分收入，这些钱（包括中央票、山西票和银圆）全部存入上党银号作为基金不再付出。③为了激励根据地工商业的恢复与发展，上党银号还开办了信贷业务，对工商企业贷款一般期限为两个月，月息为 6 厘。

上党票于 1938 年秋开始发行，面额有伍元（两种）、壹元、伍角、贰角伍分、贰角（两种）、壹角，均为 1938 年版。在 1939 年 6 月前后，上党银号又在沁县桃卜沟村增印了壹分、贰分、伍分 3 种辅币。上党票的各种面额钞票的具体尺寸、色别、图案详见表 3.1。

表 3.1　1938 年上党票版别

名称	版别	面额	票幅（mm）	颜色	图案
上党银号	1938	伍分	96×46	深绿、蓝	山景
上党银号	1938	壹角	110×57	紫、紫	铁路小车站
上党银号	1938	贰角	125×57	紫、绿	山景
上党银号	1938	贰角	118×64	棕、棕	亭台森林
上党银号	1938	贰角伍分	127×63	蓝、紫	庙宇山景
上党银号	1938	伍角	130×64	蓝、棕	办公大楼
上党银号	1938	壹元	151×80	深绿、深绿	天坛
上党银号	1938	伍元	162×85	红棕、红棕	河边村落
上党银号	1938	伍元	158×73	棕、蓝	孙中山像

资料来源：张转芳. 晋冀鲁豫边区货币史（上册）[M]. 北京：中国金融出版社，1996：25.

上党票印好后，经过清点验收，打上号码，经发行股备案后才能发行。准予发行的上党币由银号发行股派专人押运，用驮骡走山路秘密送往沁县、

---

① 李国庆. 上党银号[J]. 山西文史资料，1998（49）.
② 山西省文史研究馆《文史研究》编辑部. 文史研究[M]. 太原：山西省文史研究馆《文史研究》编辑部，1990.
③ 王培英，邢富亭，阎天佑，等. 上党银号与上党票[J]. 中国钱币，1988（4）：52.

屯留等地，再转往其他分号。①

3.1.3 上党票的流通

1. 上党票的流通区域与流通情况

上党票发行之初，与法币、晋钞、银圆相同比价流通于晋东南抗日根据地三、五两个专署所辖的 28 个县，流通区域 2 万多平方公里，涉及 300 多万人口。之后上党票在晋南、晋中、冀南和太行山东麓的部分县也流通使用。②上党票初发行时，因其与银圆十足兑现，信誉高，又因其面值小，便于交易，民众乐于使用并深受欢迎。后因根据地惨遭日军扫荡，价格跌落，上党票流通区域逐渐缩小。至 1939 年夏，日军侵占沁县县城，上党银号先后转移到沁县北马营村、庶记村，沁源县塔则沟村等地。1940 年日军秋季大扫荡，沁县分号被迫停办。同时，上党银号总号随领导机关转移到沁县大林区。当转移到潘家山林时，遭遇日军，人员被打散，账簿资料尽失，上党银号的机构和人员并入冀南银行。③

上党票之所以不能继续流通，主要是因为：流通地域相对狭小，活动地域受到限制；当地市场多种货币混合流通，尤其是阎锡山控制的晋钞贬值垮台，使上党银号受到牵累；上党票发行之初由地方当局维持，受地方进步力量维护，"十二月事变"后顽固派势力增强，使上党票受到影响；上党票与其他抗日根据地的货币没有汇兑关系，不能互相支援，流通性差；④对用存款调节发行量也重视不够；1939 年 7 月日军占领沁县后，对根据地发动多次扫荡，基金蒙受损失且基金补充困难。

2. 上党票的购买力

上党票的购买力，主要受军事因素、政治因素和经济因素等多方面因素的影响。上党票发行之初，由于国共合作、统战形势较好，上党票币值稳定，同法币、银圆币值等同，购买力较强。一元上党票可顶一块银圆，一角上党票可购买鸡蛋十二三个，三角上党票可购买猪肉一斤。⑤至 1939 年底，阎锡山发动"十二月事变"，统一战线遭到破坏，局势动荡，加之其他原因，致使上党票大幅贬值。上党票购买力的具体情况见表 3.2。

---

① 韩元理. 上党银号在塔则沟[J]. 文史月刊，2004（7）：12.
② 王培英，邢富亭，阎天佑，等. 上党银号与上党票[J]. 中国钱币，1988（4）：56.
③ 姜宏业. 中国金融通史（第五卷）[M]. 北京：中国金融出版社，2008：140.
④ 桂世镛. 戎子和文选[M]. 北京：中国财政经济出版社，1991：5.
⑤ 张转芳. 晋冀鲁豫边区货币史（上册）[M]. 北京：中国金融出版社，1996：32.

表 3.2　1938—1940 年上党票购买力变化　　　　单位：上党元

名称	单位	1938 年	1939 年	1940 年
小米	斗	0.40	0.50	42.00
棉花	斤	0.30	0.35	28.00
盐	斤	0.10	0.12	5.60
肉	斤	0.30	0.40	14.00
土布	尺	0.05	0.07	4.20
火柴	包	0.05	0.60	2.10
纸烟	十支	0.08	0.10	—

资料来源：张转芳. 晋冀鲁豫边区货币史（上册）[M]. 北京：中国金融出版社，1996：33.

表 3.2 显示出，在 1938 年和 1939 年，市场物价稳定，上党票购买力较强，实践也证明了上党票与法币、银圆币值等同。至 1940 年，上党票大幅贬值，购买力锐减，仅相当于上一年度购买力的 1/6 左右。一元上党票仅等于法币六七角的币值。

造成上党票贬值的原因主要是：1939 年底，阎锡山发动反共高潮，制造震惊中外的"十二月事变"，进攻抗日根据地，造成社会动荡，致使物价暴涨。同时，日军侵占根据地内的交通干线白晋线，造成货币流通停滞，商品贸易断绝，加之上党银号在转移途中不幸与日军相遇，损失上党票 40 余驮，日军把抢到的上党票四处抛售，造成上党票大幅贬值。此外，日伪军、汉奸妖言惑众，宣传上党票为"上当票"，肆意诋毁其信誉，使上党票的流通区域不断缩小。

上党票流通的时间虽然仅有一年多，共发行 300 多万元[①]，但上党银号的性质不同于传统钱庄、银号，其发挥的历史作用不会因其被撤并而磨灭。作为新民主主义的金融组织，它是上党军民在中共的领导下同日、蒋、阎[②]进行经济斗争的有力武器，尤其是在 1939 年"十二月事变"后，蒋介石和阎锡山先后停发了八路军的军饷后，在经济极端困难的情况下，上党银号为八路军筹措了大量战时经费。如三专署曾派焦俊熙将 3 万元上党票作为劳军款交给 386 旅使用。1939 年，中共和八路军干部夏北方、朱瑞和赵平山到沁县时，专署秘书主任刘济荪一次批拨上党票 8 万元，支持其开展工

---

① 文史研究[M]. 太原：山西省文史研究馆《文史研究》编辑部，1990：19.
② "蒋"指蒋介石统帅的国民党军，"阎"指阎锡山统帅的国民党顽固派。

作。其他如资助去延安、回前线人员的差旅费等更难以统计。①同时，上党银号还开展一定数量的低利贷款，以扶助贫苦农民改善生活、减轻负担。如 1939 年，根据地政府为改善民生，出资举办了不少小规模的手工业工厂和合作社，还设立了地理借贷所，贷款给贫苦民众使其有营生机会。农历年节，政府所举办的上党银号额外拨出上万元做低利借贷。经过人民与政府的努力，人民的生活有若干改善，负担减轻了数倍。②此外，在货币斗争中创造和积累了宝贵的经验，为冀南银行的创建、冀钞的印制奠定了一定的基础，为冀南银行和全国货币的统一提供了一定的借鉴，同时也为太岳革命根据地财政金融的巩固与发展，发挥了重要作用。

3.2 鲁西银行的创建与发展

鲁西银行是冀鲁豫根据地银行。冀鲁豫边区是抗日战争和解放战争时期中共在华北创建的根据地之一，其地理位置大体包括京广铁路以东的豫北部分，京沪铁路以西的鲁西部分，漳河卫河以南的冀南部分，陇海铁路以北的豫、皖、苏部分及路南的萧县、宿县、永城和睢县、杞县、太康县等水东地区。该区域所辖晋、冀、豫三省毗连区域的 70 余县，东西阔约 300 公里，南北长约 340 公里，东障太行，西峙太岳，南北盘结嵯峨巨岭，幅员十余平方公里，人口 1200 万。③它北扼平津，南通江汉，战略地位十分重要。

3.2.1 鲁西银行的创建及其组织机构

冀鲁豫边区是全面抗战初期由直南、豫北、鲁西北、泰西、苏鲁豫等抗日根据地组成的。1938 年春，八路军一二九师和一一五师来到冀鲁豫边区，结合抗日武装，开展游击战争，着手创建抗日根据地。在这里，不仅八路军、蒋军、日军几种势力长期胶着存在，而且土匪当道，破坏活动异常猖獗，军事、政治斗争激烈复杂，各种灾荒严重，造成边区经济千疮百孔。在这种情况下，为了粉碎日伪军的经济封锁，使边区经济独立发展，保持全面抗战的持续供给，巩固与扩大根据地，冀鲁豫军民开始筹办金融机构，开办金融业务。1939 年 3 月，八路军一一五师与鲁西区党委联合组

---

① 山西省地方志编纂委员会. 山西通志·金融志[M]. 北京：中华书局，1991：101.
② 时事问题研究会. 抗战中的中国经济[M]. 抗战书店，1940：481.
③ 陈恒文. 晋冀鲁豫边区（河南部分）工运史料选编[Z]. 内部发行.

成鲁西军政委员会，统一领导鲁西地区各项活动。1939年秋，为了筹集抗战经费，有些县抗日政权发行了地方流通券，如长清县的"泰西银行长清分行币"、鱼台县的"鱼台县地方流通券"等。①1940年1月，根据中共中央北方局关于"鲁南、鲁西应统一发行纸币"的指示与中共中央山东分局关于筹办鲁西银行的指示，鲁西军政委员会在八路军一一五师的帮助下，于平湖西戴庙一带开始筹办鲁西区的地方银行——鲁西银行，并于同年5月正式成立②，同时发行鲁西银行币（以下简称"鲁钞"）。

鲁西银行成立后，经理由八路军一一五师供给部部长吕麟兼任，副经理张廉方，秘书主任兼业务科长方皋，会计科长谷采甫。鲁钞发行之后，泰西票停止发行。成立之初的鲁西银行是鲁西根据地的银行。1941年7月，鲁西区与冀鲁豫区合并，冀南银行冀鲁豫办事处并入鲁西银行，冀南农民合作社票停止发行。鲁西银行业务范围展延至豫北、冀南和鲁西南三个专署区。③这时鲁西银行成为冀鲁豫根据地的地方银行，张廉方担任经理，邓开祥任出纳科长。为了扩大业务，1942年春在鲁西北建立了鲁西银行第三分行。1942年秋，在"濮范观"（濮县、范县、观城县）地区建立了鲁西银行第二分行。未设分行的专区，由专署财政科办理银行业务，对外称鲁西银行某专属办事处。④1943年3月，为了统一对日军经济斗争的领导，鲁西银行与冀鲁豫工商管理局合并办公。抗战后期，为了便于对平原战略区的统一管理，冀鲁豫与冀南两区曾一度合并，鲁西银行与冀南银行冀南区行也随之合并，合并后继续沿用鲁西银行名称，银行经理由冀鲁豫区工商管理局长林海云兼任，韩哲一任监委。抗战后期，为了大幅度扩大鲁钞发行，根据地建立了鲁西银行印刷厂厂部，张子重任厂长，统一了各印刷所财务和业务管理。抗战胜利后，为了统一管理冀鲁豫与晋冀豫两战略区的经济，1945年11月，中共晋冀鲁豫中央局第一次扩大会议决定，由冀南银行统一管理两战略区的货币发行。随后，晋冀鲁豫边区政府于12月1日作出指示，确定鲁西银行并入冀南银行，自1946年1月1日起在冀鲁豫区发行冀南银行币，与鲁钞等值流通。同时，冀鲁豫行署也发出通知，建立冀南银行冀鲁豫区行，并与工商局分开，由张廉方任区行经理，李凌霄任副经理。冀鲁豫边区的金融机构从此纳入冀南银行系统，但对外仍保留鲁西银行名义，各级金融机构悬挂冀南银行和鲁西银行两个牌子，以维护

---

① 马宪玉. 冀鲁豫边区金融史料选编（上册）[M]. 北京：中国金融出版社，1989：2.
② 刘如峰，陈昆麟，张辉，等. 聊城重要历史事件[M]. 北京：中共党史出版社，2003：547-548.
③ 山东省钱币学会. 北海银行暨鲁西银行货币图录[M]. 济南：齐鲁书社，1998：248-249.
④ 姜宏业. 中国金融通史（第五卷）[M]. 北京：中国金融出版社，2008：143.

仍在市场流通中的鲁钞在民众中的信誉。

3.2.2 鲁钞的发行、用途分配与版别

鲁西银行坚持"稳定货币"的发行方针，强调货币要"根据流通的需要来发行，赶走一个（意指排挤法币），放进一个（代指发行鲁钞）"①。成立初期，鲁钞发行量较为保守，主要服务于战争经费筹措，仅少量发放用于贷款。随着抗战的不断深入，1941年后鲁钞开始扩大发行，流通券和大额本票也陆续发行。自 1940 年 3 月到 1945 年年底，鲁钞共发行本币 31 种，定期流通券 5 种。②从年度发行量的变化来看，鲁钞 1940 年发行量为 40 万元，1941 年为 795 万余元，1943 年为 13412 万多元，到 1945 年竟达 244853 万元。③可以说，鲁钞的发行基本上适应了战时经济和军事的货币需求。

鲁西银行的首要任务是发行鲁钞，统一根据地币制，稳定金融，根据流通的需要组织货币发行；其次是发放生产贷款和投资，包括农工业生产贷款、工商业投资等。此外，还开办了友邻根据地之间的汇兑、收购金银与外汇收兑等业务。

下面通过抗战期间鲁钞的各项统计数据来分析鲁西银行的货币发行特点及鲁钞的用途分配情况（见表 3.3）。

分析表 3.3，不难看出：

第一，从 1940 年 5 月鲁钞开始发行起，至 1941 年 7 月，这一阶段鲁钞发行较为保守。自 1941 年 8 月起，鲁钞逐渐扩大了发行，1945 年的发行量按名义货币计算比 1941 年增加了 351 倍。

第二，从鲁钞的用途分配情况来看，农工商业各类生产贷款、投资所占鲁钞发行总额的比重并不高，仅占 1/3 左右。在有限的生产贷款、投资中，用于工业贷款和商业贷款分别平均占发行总数的 17.54%和 11.08%，二者分别是农业贷款占发行总数的 3.68 倍和 2.32 倍，这使得稀缺的生产贷款资源用于工商贷款方面较多，用于农业方面则更少。而且从 1942—1945 年（除 1943 年外），比重逐年下降，这与抗战时期边区处于农村环境和中共的农村政策是不相符的，也说明鲁西银行贷款的资金来源主要是货币发行，并且在货币发行时，有一段时期生产观点是不明确的，生产投资较少，且多用于扶助商业生产及机关生产，没有足够力量去扶持农民生产。

---

① 尹忠祚. 鲁西银行与鲁西币[J]. 金融经济，2011（13）：53-54.
② 中国人民银行河北省分行. 冀南银行[M]. 石家庄：河北人民出版社，1989：163.
③ 山东省钱币学会. 北海银行暨鲁西银行货币图录[M]. 济南：齐鲁书社，1998：259.

表 3.3　全面抗战期间鲁钞发行与用途分配情况　　单位：鲁钞万元，%

年度	发行额	农业贷款		工业贷款和投资		商业贷款和投资		财政透支	经济建设
		款额	占发行	款额	占发行	款额	占发行	占发行	投资占发行
1941	483.7	18.2	3.76	—	—	6.45	1.33	91.28	8.72
1942	1715	152.56	8.90	152.77	8.91	697.09	40.64	54.41	45.59
1943	11214	2500	22.29	7100	63.31	1950	17.39	13.89	86.11
1944	61786	3500	5.66	11200	18.13	3020	4.89	76.43	23.57
1945	169655	5500	3.24	24500	14.44	21450	12.64	78.99	21.01
合计	244854	11671	4.77	42953	17.54	27124	11.08	63.00	37.00

资料来源：①"发行额"一栏数据源自马宪玉. 鲁西银行及其货币考[J]. 陕西金融（钱币专辑），1989（13）. ②农工商业贷款和投资数据源自魏宏运. 抗日战争时期晋冀鲁豫边区财政经济史资料选编（第二辑）[M]. 北京：中国金融出版社，1990：987-988. ③财政透支和经济建设投资分别占发行百分比源自赵秀山. 抗日战争时期晋冀鲁豫边区财政经济史[M]. 北京：中国财政出版社，1995：331.

注：①因数据源自不同资料，故鲁钞各类贷款及投资之和占总发行额比重与经济建设占发行比重略有出入，不影响定性分析。②1941年度是指1940年5月至1941年7月。

第三，从财政透支占鲁钞发行的比重来看，鲁钞发行之初的1941年，财政透支高达91.28%，说明这一时期鲁钞发行的主要任务是筹措抗战经费，保障战争供给。此后财政透支比重有较大幅度减少，更多鲁钞用于经济建设，这从经济建设投资占鲁钞发行总量比重的大幅提升也可反映出来。但至抗战后期，在开辟新收复区鲁钞市场和货币斗争全面反攻的情况下，财政透支和经济建设投资占发行总量的比重又有所波动。

对于鲁钞的发行版别，1940年5月鲁钞发行之初，面额有壹角、贰角、伍角和壹元4种。1943年鲁钞发行了贰拾元、伍拾元两种大额票币，此外，还发行了贰佰元、伍佰元两种临时流通券。抗战后期，鲁钞又发行了壹佰元、贰佰元、叁佰元和伍佰元大面额流通券。

总之，鲁西银行的金融业务从无到有，从小到大，从集中到分散，又从分散到集中，从地上转入地下，又从地下转入地上，从农村转入县城，支持了冀鲁豫边区的平原游击战争，在金融战线上发挥了应有的作用。尽管冀鲁豫边区的金融相对友区和邻区开展较晚，但进展较快，对于统一货币、活跃金融、稳定物价、调节流通、扶植生产、保障战争供给及开展货币斗争等方面作出了贡献。

3.3 冀南银行的创建及其组织机构

冀南银行是抗日战争、解放战争时期晋冀鲁豫边区的主力银行，是中国人民银行的前身。冀南银行从 1939 年成立到 1948 年中国人民银行诞生，为维护边区的经济秩序，进一步夺取抗战胜利作出了重要贡献。

3.3.1 冀南银行的筹建

抗日战争爆发后，八路军一二九师挺进晋东南，创建根据地，并以太行山为依托，向冀豫平原发展。1938 年 1 月，一二九师在陈再道、徐向前、邓小平的率领下进入冀南平原开展游击战争。为了坚持长期抗战，1938 年 8 月建立了抗日民主政权，成立冀南行政主任公署，杨秀峰任行署主任。刚刚创建的根据地，一方面不断地遭受日军的"扫荡"和"蚕食"，另一方面又遭受国民党顽固派多次发动的反共活动。在异常艰险的情况下，中共唯有建立根据地银行，坚定不移地走自力更生的道路，才能摆脱日军、投降日军的汪精卫伪国民政府军和国民党顽固派（下文简称"日、伪、顽"）的经济封锁。因此，要发展根据地经济，筹建根据地银行就成为新成立的抗日民主政权的必然选择。

在全面抗战初期，由于根据地内货币十分缺乏，致使集贸市场流通受阻，有的地方出现以物易物的现象，有的地方用牛皮纸印上"伍分""壹角"字样，代替纸币作为交易媒介和流通手段。在日、伪、顽三面夹击和华北地区持续水、旱、虫等自然灾害的袭击下，根据地党政军的生活异常困难，军民的日用必需品亦极度缺乏，正如毛泽东对陕甘宁边区描述的那样，"我们曾经弄到几乎没有衣穿，没有油吃，没有纸、没有菜，战士没有鞋袜，工作人员在冬天没有被盖"①。在这种经济极端困难的情况下，1938 年 9 月，冀南经济委员会在冀南行政主任公署的带领下成立，负责筹划组织冀南区的经济。1938 年 10 月，毛泽东在中共扩大的六中全会报告中指出：有计划地与日军发行伪币及破坏法币的政策作斗争，允许被隔断区域设立地方银行，发行地方纸币。②根据毛泽东的这一指示，1939 年 4 月，冀南经济委员会为调剂金融，统一币制，便商利贾，增强经济实力，增强军队给养，坚持持久抗战，遂提出成立地方银行的经济政策。在经济委员会制定的经

---

① 毛泽东选集（第三卷）[M]. 北京：人民出版社，1966：847.
② 中国人民解放军政治学院党史教研室. 中共党史参考资料（第 8 册）[M]. 中国人民解放军政治学院党史教研室，1979.

济政策的货币金融部分提到的任务为:"成立地方银行,划收调度金融,统制货币之效,并供给适合环境之流通工具,以利民商及增进游击区之经济活力。"同时,冀南游击区经济建设初步大纲又规定:"成立冀南银行并设立县区的兑换所与分所""发行冀南本位币"①。1939年的一天,邢台县县长胡震找到一二九师某支队队长张贤约,共谋印制钞票的相关事宜,因事关重大,随即张贤约向邓小平作了汇报。邓小平指示说:"你们先尽可能地收集工人,筹集机器、纸张、油墨和版,我们正想发行自己边区的票子,就是缺乏这些条件。不过筹备工作现在还要保密。"随后,印制钞票的筹备工作就由胡震放手去做。冀南银行的设立、冀南银行币的发行曾遭到国民党主席蒋介石、国民党河北省主席鹿钟麟、投日叛国汉奸石友三等人的阻挠破坏,蒋介石曾数次来电令冀南主任公署停止发行纸币,鹿钟麟、石友三则出布告"凡使用冀钞者枪决"。

1939年6月,冀南银行筹备成立,地址设在太行区黎城县西井村,在未正式营业的筹备期内的工作主要有四项:一是发行纸币,二是筹划账簿;三是练习技术,四是其他一切事宜。②1939年9月,冀南银行行政主任公署以财字第17号通令宣告成立冀南银行并发行冀南银行币(以下称"冀钞"),要求冀南银行成为"培养抗战经济的摇篮""保护人民利益的堡垒"。1939年10月,冀南银行在晋东南抗日根据地的黎城县的小寨村正式宣告成立。③

3.3.2 冀南银行的组织机构及主要任务

1. 冀南银行的组织机构

冀南银行成立之初,在太行区和冀南区同时建立机构,内部组织分营业、总务、发行三部,总经理高捷成,经理赖勤,副经理胡景沄。在太行区的机构设在山西省黎城县西井村;在冀南区的机构设在河北省垂阳县,由冀南行政主任公署领导,1943年改称冀南区行;在太岳区设立了冀南银行太岳区行。之后,在太行区各专署先后设立了五个分行,称第一、二、三、四、五分行。在太岳区各专署设立了第一、二、三、四分行。1940年五六月间,在冀南区和冀鲁豫区先后设立了县一级的银行机构,初步称办事处,后改称县支行。自此,冀南银行的机构设置业已完备,即分为总行、区行、分行、支行四级管理。后因边区各项经济事业的发展和对日军经济

---

① 罗青. 冀南游击区的经济建设工作[J]. 冀南行政主任公署成立周年纪念汇刊(五),1939.
② 冀南党史资料(第2辑)[Z]. 冀南革命根据地史编审委员会,1986.
③ 武博山. 回忆冀南银行九年(1939—1948)[M]. 北京:中国金融出版社,1993:1.

斗争的需要，在支行以下又设置了兑换所。冀南银行的机构设置和干部配备情况是：总行设总务部、会计部、发行部、业务部、监察委员会和直属的印刷厂；区行设政治秘书、行政秘书、业务秘书、监察委员和直属的印刷厂；分行设总务科、会计科、出纳科、业务科、稽核审计科、政治秘书；支行设会计股、出纳股、营业股。

后来为适应当时形势和环境，冀南银行的组织机构、干部编制及隶属关系曾有所变化。1942年9月总行机构改组，撤销总务部，下属各分行分为甲、乙二等，并增设政治指导员一人。1943年1月，总行决定实行监委制，总行设立监委会，各区行委派监察委员。1943年7月，为加强在生产救灾中心中的一元化领导，统一使用力量，冀南银行和工商总局曾一度合并。①

抗战胜利后，为适应晋冀鲁豫边区政治、经济和军事形势的变化，冀南银行的组织机构做了相应的调整。1945年8月，冀南银行总行从黎城县小寨村迁至涉县索堡镇，银行机构也随之迅速发展扩大。1945年12月1日，冀南银行总行峰峰会议决定，冀鲁豫、冀南、太行、太岳4个区行皆直接由总行领导，边区政府任命胡景沄为总经理，同时总行由涉县索堡镇迁至武安县。1946年3月，再由武安县迁至邯郸市，冀南银行与工商管理局分开办公，并在各县普遍设立县支行分支机构，银行开始由农村进入城市。1947年10月，中共中央华北财经办事处成立，统一领导华北各解放区的财经，此时冀南银行的组织机构有了较大发展，其下属机构已有4个区行，26个市分行，173个县支行，银行职工2000余人，形成了比较完备的金融组织机构。1947年11月，河北石家庄解放，晋冀鲁豫边区和晋察冀边区已联成一片，华北人民政府遂告成立，同时筹备华北银行。1948年4月，冀南银行总行迁至石家庄，与晋察冀边区银行联合办公。同年10月，两银行合并为华北银行，总行在石家庄。1948年12月1日，华北人民政府布告，以华北银行、北海银河和西北农民银行为基础，成立中国人民银行，总行首任行长为南汉宸，副行长为胡景沄。

2. 冀南银行的主要任务

冀南银行的主要任务是：发行冀钞，统一根据地币制；发放各类生产贷款，促进农工商业发展，支持内外贸易；经理金库、兑换，办理根据地各级政府机关款项收解及保管，兑换友邻区的货币、法币及日伪钞；管理

---

① 山西省地方志编纂委员会办公室. 山西金融志（上册）[M]. 山西省地方志编纂委员会办公室，1992：73.

外汇、金银，开展反假币斗争，保障根据地金融市场稳定。

值得提及的是，关于筹划五行通兑的业务问题，中共中央曾赋予冀南银行以特殊的职权。1940年4月，中共中央发出《关于财政经济问题的指示》，批准并转发了《中共北方局关于财政经济政策的指示》，又确认了冀南银行及所发冀钞的合法地位，指出各根据地"在尚无中央银行与统一发行货币的条件下，各地建立相互汇兑制度很好"。中共中央同意中共北方局提出的"由冀南银行负责筹划晋察冀边区银行、冀南银行、北海银河、西北农民银行的流通调剂办法，第一步做到各银行的沟通汇兑，以便开展华北各地金融流转"，并表示"陕甘宁边区银行亦愿参加此项"。中共中央的这一指示，在中共尚无中央银行的条件下，在一定程度上授予了冀南银行以特殊的地位，代行了某些中央银行的职权，使得冀南银行在以后逐步统一各根据地银行的金融货币中处于主导的地位。①

冀南银行是在炮火纷飞的战争年代诞生并为最终打赢战争而服务的特殊时期的中共金融机构，这就决定了其主要任务与金融职能跟和平年代银行的任务与职能是有很多区别的。冀南银行的创建与其业务的开展，在晋冀鲁豫边区初创时期财经发展中具有深远的战略意义，是边区军民全面贯彻中共中央关于独立自主地开展抗日游击战争、创建抗日根据地的指示的重大决策，是事关边区生死存亡的大事。冀南银行的深远意义和卓越贡献在于：其一，它是边区军民反对国民党顽固派的一次创举，为八路军摆脱对国民党的经济依赖，从而自力更生地克服财政困难，解决军民的抗战供给，提供了无可替代的经济保障；其二，积极举办信贷业务，及时解决了边区在工农业生产中资金短缺的困难，从而加速了农、工、商业的恢复和发展，直接支援了战争，为边区军民最后打败日军、蒋军奠定了雄厚的物质基础；其三，为边区持续开展对日军经济斗争，制止其利用伪钞掠夺边区物资，提供了有力武器，从而为边区独立自主地进行经济建设创造了条件，同时也为华北地区各抗日根据地金融业的开展提供了便利；其四，统一了边区币制、活跃了边区金融、保持了币值和物价的相对稳定，维护了边区的金融稳定和金融安全；其五，冀钞以币值最高、最稳，流通最广而享誉各解放区。同时，冀南银行为1949年以后中国的货币金融统一作了诸多准备，为中国人民银行的诞生和中国金融业的发展奠定了坚实基础，被誉为"新中国金融的摇篮"。

---

① 冯田夫. 抗日战争中的晋冀鲁豫边区的金融货币工作[M]// 师文华. 根据地经济建设研究. 太原：山西人民出版社，1997：227-228.

3.4 边区政府货币政策的实施

首先需要讨论的是,晋冀鲁豫边区各银行没有从专业银行分离出来单独行使中央职能,边区也没有较完善的金融市场,但客观上仍存在着公众对货币的需求,边区政府仍然对货币实行管理,即是说仍有"货币管理当局"实施着货币政策。因此,认为抗日战争和解放战争时期边区没有货币政策的看法是不妥的。黄达先生也认为,在特定的时候,客观真有需要,纵无货币政策之名,也有货币政策之实。[①]笔者认为,在抗日战争和解放战争时期,边区政府在抑制通货膨胀、缩小工农产品价格剪刀差、恢复发展经济的过程中,曾成功实施了货币政策。

晋冀鲁豫边区政府货币政策的实施,突出体现在以下方面:稳定金融货币体系;加强贸易管理,巩固货币信用;抑制通货膨胀,稳定币值。关于"抑制通货膨胀,稳定币值",将在下一章讨论,这里重点阐述前两个方面。下面先来归纳边区政府的货币政策。

晋冀鲁豫边区的货币政策因不同时期、不同地区,其侧重点有所不同。为了加强根据地的财经建设,1940年7月1日,"冀太联办"筹备组负责人、山西第三专署代理专员李一清主持召开了太北区财经扩大会议,在大会上李一清专员做了题为"从太北财政经济建设中巩固太北抗日根据地"的报告,对太北区的货币政策做了详细阐述。"冀太联办"成立后,1940年8月4日在涉县东辽城召开金融座谈会,"冀太联办"副主任戎子和就货币政策问题作出了十项规定。1941年8月16日,边区工商管理总局局长王兴让在太行与太岳区贸易局分、县局长及工厂厂长联席会议上谈到货币金融政策。邓小平于1943年7月在《太行区的经济建设》一文中谈到了货币政策。归纳起来,边区的货币政策是:建立统一的本币市场,严格取缔日伪钞,保护法币,收回杂钞,保护金银,使冀钞在晋冀鲁豫根据地的市场取得独占地位并不断巩固冀钞信用。具体来说:

第一,加强货币作用。保护法币,不让其流入沦陷区,且不为奸商操纵,如从外购买货物需要法币,须由边区政府批准。抵制日伪钞,发展生产事业,打通根据地间的贸易关系,对沦陷区以货易货,并普遍设立合作社,奖励私人开设商号。调剂金融,通货膨胀的地方,要吸收边区本位币,同时本位币不足的地方,要设法增加流通额,在市场上保持适当的货币,

---

① 黄达. 宏观调控与货币供给[M]. 北京: 中国人民大学出版社, 1997: 210.

以稳定币值，平抑物价。发展生产，刺激贸易。要用足够的资本投入生产事业，并与贸易密切结合，以调剂市场。

第二，保证货币信用。深入宣传，边区银行发行的抗日票如冀钞、鲁钞等，必须在民众中深入宣传，使民众了解其作用。发展生产事业，与生产事业密切结合，大力发放各类低利生产贷款，以建立货币的巩固的经济基础。限制货币发行额，以主动的经济发行为主，以被动的财政发行为辅。发展对外贸易，打通对外汇兑关系。扩大贸易，保护出入口货物，使边区的贸易发展到沦陷区。增加对外汇兑，实行冀南、晋察冀、北海、晋西北农民、陕甘宁边区银行五行通兑，发动商民进行汇兑，扩大冀钞流通区域。保证充足的准备金，储藏现金、现银及其他实物。①

3.4.1 稳定金融货币体系

抗日战争时期，边区的货币信用体系混乱、分散，而且根据地货币冀钞和鲁钞的发行与流通，是在犬牙交错的游击环境中进行的。为了保持根据地货币的币值稳定，扩大流通范围，保证军需民用，促进边区经济的恢复与发展，边区金融部门密切配合经济、政治与军事斗争，与日伪军和国民党顽固派展开了长期的尖锐复杂的货币战。

货币战是中共领导的抗日战争和解放战争的重要组成部分，是经济战线中的最高形式。金融掠夺是日军侵略中国的重要手段，也是美国帝国主义和蒋介石、阎西山掠夺大众、发动内战的经济武器。为此，在抗日战争和解放战争期间，中共领导边区军民开展各种形式的货币斗争，其主要任务，是根据战争形势的发展，努力扩大本币的流通范围，同时压缩日伪钞和蒋币②的流通范围，严禁其在边区根据地内流通使用，并适应对外贸易的需要来调节日伪钞、蒋币的储备和掌握外汇牌价，调剂出入境贸易，以达到巩固本币、及时压低日伪钞和蒋币币值，避免边区民众遭受损失并平抑物价波动的目的。

货币是力量的代表，本身又是斗争的武器之一，各个货币所代表的力量是经常变动的，这就决定了币值一般缺乏稳定。由于战争的发展，总的趋势是趋向币值的跌落，而斗争力量的消长与形势变化的复杂，又决定了

---

① 本书编写组.抗日战争时期晋冀鲁豫边区财政经济史资料选编(第一辑)[M].北京:中国财政经济出版社，1990:220.

② 蒋币指国民政府统治大陆的 22 年中，先后发行的三种货币，即 1935 年的法币、1948 年的金圆券和 1949 年的银圆券。

货币战的复杂性。①货币战主要包括四个方面：清理各地的土票杂钞、中日货币战、整治假票和排挤蒋币。关于清理各地的土票杂钞，将在后文第三章第一节"统一边区币制中的政府举措"中详述，这里暂不论及。

（1）中日货币战

日伪钞是日军侵略中国和掠夺边区民众物资的金融工具，是日伪政权的财政支柱。边区本币对日伪币的政策只有一条，就是坚决予以打击，严禁其在边区根据地流通。对于禁止日伪钞在根据地流通，边区政府是高度重视的。1939年8月，冀南行政公署发布了关于严禁伪钞的办法；1940年12月，"冀太联办"又制定了《打击伪钞的各项规定》②；1941年5月，"冀太联办"颁发了关于本区禁止伪钞暂行办法的通令，并附晋冀豫区《禁止伪钞暂行办法》③；1942年9月，晋冀鲁豫边区政府公布《禁止伪钞票暂行办法》④；1942年12月，晋冀鲁豫边区工商总局发出《关于加速打击伪钞的密令》⑤；1945年7月，边区政府又公布《沦陷区归来工人携带伪钞及物品处理办法》⑥。

边区政府制定的这些办法、规定等，为打击日伪钞提供了政策依据。为了更深刻地了解抗战中对日伪钞在各个侧面的争夺形式，下面将从几个方面加以分析，这几个方面被史料称为阵地战、比价战和金银战。

①阵地战。货币阵地战，就是使本币占领流通市场，巩固本币信用并把对方发行的货币驱逐出市场，从而掌握使用本币区域的经济命脉。全面抗战时期的中日阵地战最主要的经济措施是以充足的物资保证本币的信用，屏蔽日伪钞对货币金融市场的干扰，保证广大民众能用本币以合理的价格买到必需的物资。通过打击日伪钞，不仅贬低了其币值，更为重要的是经过币值的贬低与币值不稳而逐渐缩小了其流通范围，而流通范围的缩小，是更有效的贬值。对于已经侵入边区的日伪币，边区通过使用坡度贬值的经济手段将其逐出。就一般规律而言，边区中心区域本币的价值较高，而日伪币在交战双方的交界区域价值较高。边区掌控并利用了这种情况，采取从内向外对日伪币贬值的方法，逐步将其排除了根据地。由于抗战形势非常复杂，因而货币阵地战的具体任务会因不同的战场而有所不同。因

---

① 戎子和文选[M]. 北京：中国财政经济出版社，1991：48.
② 戴建兵. 金钱与战争[M]. 桂林：广西师范大学出版社，1995：211.
③ 晋冀鲁豫抗日根据地财经史料选编[M]. 北京：档案出版社，1985：73，74.
④ 同③：173.
⑤ 王庆宝，苏人，朱剑白，等. 太行区银行工商工作参考资料[M]. 太行区冀南银行总行工商管理总局，1945.
⑥ 张转芳. 晋冀鲁豫边区货币史（上册）[M]. 北京：中国金融出版社，1996：100，101.

此，边区政府规定，在边区力量占优势的巩固区，严禁使用伪币；在日伪势力较强的游击区折价使用伪币。在巩固区，主要是保证本币的单一币种流通，巩固本币信用；在新解放地区，则是快速及时地肃清日伪钞，加大冀钞的投放力度，尽快使冀钞占领市场，避免价格波动。如1945年在太谷县新解放区，由于冀钞紧缺，未能及时有力地占领市场，再加上日伪合流使形势更加不利，致使贸易呈现死滞现象，物价波动剧烈，发生以物易物的现象。①与巩固区和新解放区相比，游击区和边沿区的货币斗争则显得尤为激烈，其任务是尽可能地压缩日伪币市场并逐步扩大本币市场。"根据地有许多土特产要向敌占区出售，有一部分军用物资和生活必需品也要从敌占区买进。我们可与敌人断绝关系，但不能与敌占区同胞断绝来往。"②于是在那里建立了兑换所，发展沦陷区以冀钞为本位的钱条，变相地把冀钞打到了沦陷区内，在许多重要点上经常准备一部分资金，利用商人发展汇兑，保持了冀钞的币值稳定。

进行阵地战的一个基本经验是政治手段和经济手段二者要密切配合。政治手段一是深入动员宣传，宣传建立本币市场的意义；二是颁布行政命令，必要时明令限期兑换，逾期予以没收或处罚，甚至禁止日伪钞流通。无论是行政手段还是经济措施，忽视任何一方都难以在这场货币战中占据优势地位。

1945年抗日战争胜利前，货币阵地战形成了这样的格局：在沦陷区，伪联银券的货币阵地已被晋察冀边区银行、冀南银行、北海银行等根据地货币围困于大中城市之中。③

②比价战。所谓货币比价战，就是本着有利于本币币值稳定及有利于边区和沦陷区之间贸易的原则，根据双方物价水平、沦陷区出入境贸易状况和外汇供求情况，灵活适时地调整双方货币比价，以达到提高冀钞币值、贬低日伪钞币值的目的而进行的买卖货币的斗争。比价战的目的，一是打击日伪钞，提高本币信用和流通范围，并保证边区物价不受沦陷区物价波动的影响；二是配合对外贸易统制，低价购进必需品，高价输出山货土产，以实现边区的贸易平衡。由于货币比价反映着交战双方政治、经济、军事等各方面力量的对比和变化，因此它不仅具有重大的经济意义，而且具有重大的政治意义。1940年"冀太联办"在《禁止敌伪钞办法》中，对收兑日伪钞作出了限期限价折收换的规定。1941年5月，《晋冀鲁豫禁止敌伪

---

① 冀南银行太行区行总局研究室. 太谷县新解放区物价波动调查报告[J]. 经济生活，1945(9): 43.
② 戎子和. 晋冀鲁豫边区财政简史[M]. 北京：中国财政经济出版社，1987: 49.
③ 戴建兵. 金钱与战争[M]. 桂林：广西师范大学出版社，1995: 214.

钞暂行办法》中又重申了对根据地内、游击区的军政民及机关团体和商人可限期申请贬价兑换冀钞。此外，还公布了对俘虏所带日伪钞按1∶1的优待比价予以兑换的政策。①

1942—1943年，沦陷区物价轮番上涨，伪联银券币值不断下跌。冀钞与伪联银券的比价由2.5∶1下降到1.8∶1②，1944年10月又降为1∶1，至1945年8月日军投降时，冀钞1元可换伪联银券15元③。冀钞在比价战中取得了主动。

③金银战。全面抗战爆发后，特别是1938年初，日军第一次九路围攻晋东南根据地后，银币、白银、黄金、铜元、制钱作为储藏手段都被人们储藏起来，战前长期流行的银币、铜元退出了流通领域。但由于种种原因，银币、铜元的黑市、走私等活动没有杜绝，或明或暗地进行。④为防止日军掠夺根据地内的金银硬币在根据地内流通而妨碍本币的发行与流通，边区政府对金银和硬币采取了保护措施，准许民众收藏，并由银行吸收，但禁止在市场上流通。1940年12月10日，"冀太联办"颁布了《保护白银禁使银币办法》，规定银币及白银不能在市场上流通，并规定了银币及白银与冀钞的兑换比例，对于查获的运往沦陷区的白银一律没收，并对相关人员治以汉奸罪。1943年4月15日，边区政府公布了《关于修正保护现银禁使银币暂行办法的通令》（以下简称《通令》），规定凡民间收藏之银币及现银现金，自动向冀南银行兑换，其不愿者，听其自便，政府不得干涉和没收。《通令》还对兑换比例和奖励办法做了具体规定。⑤1945年5月，边区政府和太行区工商管理总局先后公布了《关于白银现洋统委托银行收买的命令》和《关于内地白银禁止私自买卖由银行统一收购的通令》，由银行负责收购白银，并限制白银出口。⑥

铜元、制钱等金属辅币和生铜生铁是制造武器装备的原材料，是日军千方百计从边区攫取的重要战略物资。对于这类金属辅币，边区政府也采取了保护措施以防资敌。

1939年11月，冀南行政主任公署签发了《严禁以铜元、铜块资敌》

---

① 河南省财政厅，河南省档案馆. 晋冀鲁豫抗日根据地财经史料选编（河南部分）[M]. 北京：档案出版社，1985：74.

② 本书编写组. 抗日战争时期晋冀鲁豫边区财政经济史资料选编（第二辑）[M]. 北京：中国财政经济出版社，1990：867.

③ 山西省地方志编纂委员会. 山西金融志（上册）[M]. 山西省地方志编纂委员会，1992：90.

④ 张转芳. 晋冀鲁豫边区货币史（上册）[M]. 北京：中国金融出版社，1996：112.

⑤ 同②：722.

⑥ 同②：767-768.

的训令，其中规定：凡往沦陷区者携带铜元不得超过 300 枚，商民不得借口营商，不得收碎铜烂铁运往沦陷区，违犯者概以汉奸罪论处。①1943 年 4 月边区政府又修正公布了《保护铜元、制钱兑换冀钞暂行办法》，其中规定：本区人民持有铜元制钱及生熟铜、铜制器具饰品也可按量折价兑换成冀钞，政府对兑换者给予奖励，对运往沦陷区者除予以没收外，按惩治汉奸条例惩处。②1943 年 8 月，边区工商管理总局发布《严禁铜锡出境》的通令，规定：边区各级工商管理局，应严予查禁各出入口及边境地区，并教育民众不卖给日伪。③

边区政府根据不同的情况，对金银硬币分别制定了不同的保护措施，既维持了冀钞在边区货币金融市场中的本币地位，又保护了金银硬币，使之免遭日军的掠夺。

（2）整治假票

战时破坏对方货币最直接的手段莫过于伪造对方的货币，凭借这一手段可以达到诋毁对方货币信用、扰乱货币金融市场、榨取对方物资、破坏其经济建设、削弱其军事实力的目的。

1940 年底，日军从武汉回师华北，对根据地实行经济分割和封锁，企图困死边区军民。这时在冀南分区出现了大量的冀钞五元券的假票，到 1941 年假票更多地出现在平汉路以西一带，波及地区更为广阔，太行区也出现了五元、二元、一元的冀钞假票。1941 年，在内丘、临赞等县，出现过百元假钞兑换真币三四十元的事例。④1942 年，在冀南分区的大名县以南，假票竟占到市场的 70%以上，其中五角票大部分是假的。到日军投降的时候假票的种类有二三十种之多。⑤1943 年春，日军伪造假冀钞 6000 万元，大量向边区倾销，其中运往太谷假冀钞 600 万元，运到平东昔东一带 100 万元。⑥

由于边区的物质条件差、纸币原料奇缺、印刷质量差和票版种类庞杂，给日军开了有隙可乘的方便之门。假票的危害是非常大的：首先，破坏金融秩序，引发金融市场混乱。假票所到之处会引起市面动荡与物价波动，

---

① 王静然. 冀南银行[M]. 石家庄：河北人民出版社，1989：184，185.
② 本书编写组. 抗日战争时期晋冀鲁豫边区财政经济史资料选编（第二辑）[M]. 北京：中国财政经济出版社，1990：721.
③ 刘洪奎. 河北革命根据地合作史料选编[Z]. 内部资料，1989：434.
④ 王静然，张以临，宋泽书，等. 冀南银行[M]. 石家庄：河北人民出版社，1989：213.
⑤ 山西省地方志编纂委员会办公室. 山西金融志（上册）[M]. 山西省地方志编纂委员会办公室，1992：91.
⑥ 晋冀鲁豫边区政府秘书处. 广泛开展反假票斗争[J]. 边府通讯，1943（3）.

使买卖双方因冀钞真假难辨而不敢交易。其次，它会破坏冀钞的信用，影响其流通。在有假票混杂的情况下，由于民众心存戒备而不敢使用冀钞，即使收受冀钞也会压低其价值或提高商品价格，这样势必缩小冀钞的流通范围并影响冀钞与日伪钞的比价。最后，日军直接用假票白白地掠夺边区物资，削弱边区的经济实力。

边区政府和银行逐渐认识到假票的危害并予以高度重视，对反假票作出一系列部署。1942年8月，冀南银行总行发出了《关于对付假票兑收法币管理外汇等工作的指示》，教育商民周知，引领群众力量对付认识假票并负责追究。①1943年4月，冀南银行二分行签发了《关于假冀钞事所发紧急通报》。②1943年5月，边区政府和冀鲁豫行署分别颁发了《关于反对假冀钞紧急指示》③和《查禁假鲁钞暂行办法》④。1945年4月，太行区行签发了《严防敌寇假票侵入，展开反假票斗争》的通令。⑤

边区工商总局和银行携手合作，将整治假票经常化。在具体情况下，组织必要的突击，把整治假票发展成为群众运动，肃清其流通，杜绝其来源，有力地揭破了日军阴谋，进一步提高与巩固了冀钞信用。

（3）排挤蒋币

在解放战争时期，国民党政府先后发行和流通的蒋币有法币、金圆券、银圆券三种。边区政府坚持独立自主的货币政策，与蒋币做了尖锐的斗争，采取各种措施排挤蒋币。

一方面，行政力量与群众自愿相结合。使用行政力量主要是打击蒋币的政治信用，取消其使用价值，以树立冀钞本位。而发动群众性的自觉抵制蒋币运动，是迅速肃清蒋币的关键，具体可通过明令禁止蒋币在解放区非法流通，镇压支持蒋币黑市的投机商人，集市交易一律通过冀钞结算，并启发群众自觉拒用蒋币等措施来肃清蒋币。

另一方面，在新解放区和收复区，限期迅速清除蒋币，在限期内只准往外携带，不准在市场行使，防止法币和金圆券掠夺边区物资。

边区军民以各种方式与蒋币进行了对抗，逐步排挤了蒋币，巩固了冀钞，保护了边区民众的利益。

---

① 本书编写组. 抗日战争时期晋冀鲁豫边区财政经济史资料选编（第二辑）[M]. 北京：中国财政经济出版社，1990：856.

② 同①：871.

③ 王庆宝，苏人，等. 太行区银行工商工作参考资料第二编[M]. 太行区冀南银行总行工商管理总局，1945.

④ 同①：874.

⑤ 同③.

3.4.2　工农业产品价格剪刀差的影响与缩减

1. 工农业产品价格剪刀差状况及其对农村金融的影响

工农业产品价格剪刀差是指在工农业产品交换中，工业品价格高于价值、农产品价格低于价值的不等价交换关系及其趋势。也就是说，工农业产品价格各自偏离了其自身的价值。①剪刀差反映了工农业产品之间的不等价交换，其实质是工农业产品价值的不等量交换。需要指出的是，由于抗日战争以前是近代中国工农产品价格比较稳定的时期，因而人们一般都着重分析这个时期特别是 1930—1936 年期间的工农业产品价格状况，有的还以此作为衡量 1949 年以后中国是否存在剪刀差或者剪刀差如何变化的标准。

在探讨晋冀鲁豫边区的工农业产品价格剪刀差之前，有必要对土地革命时期中共革命根据地的价格剪刀差做一简要回顾。

早在土地革命时期，中共革命根据地的工农业价格剪刀差问题就比较突出。根据 1930 年的调查，赣西革命根据地在革命前后因农产品的价格下跌和工业品的价格上涨，产生了严重的工农业产品价格剪刀差。类似的情况也存在于其他根据地，如在革命前，鄂豫皖根据地 1 石米可以买 5~6 斤盐，到 1930 年只能买 2~3 斤盐了。在赣南安远地区，由于蒋军的经济封锁加强，生产受到很大影响，民众生活日益困难，当时最突出的是食盐问题。由于奇缺，盐的价格不但上涨，昂贵的程度也令人难以想象，大米 3~4 角钱 1 斗，猪肉 1 元 8 斤，鸡蛋 1 角 12 个，而盐是 1 元光洋（银圆）8 两……如以米来换，则要 4 斗米才换得上 1 斤盐。群众反映的"米用箩挑，盐用纸包"实在一点不差，所以那时群众买不起盐，大多数人都吃淡。②这生动地描述了当时工农业产品价格剪刀差的状况。

抗日战争期间，由于日本军国主义的掠夺与摧残，战争的严重破坏与毁损，生产的大幅萎缩，不断蔓延的通货膨胀，使得工农业产品的价格剪刀差不断趋于扩大。"抗日战争和解放战争期间，工农产品比价的剪刀差，在战前已经增大的基础上，又进一步扩大到一个新的水平。"③在晋冀鲁豫边区，这种工农业产品价格剪刀差具体表现在边区山货土特农产品与工业品尤其是外来必需工业品之间。下面通过直观的价格指数表来考察晋冀鲁豫边区的山货土产与工业品之间的价格剪刀差情况。

---
① 曹英耀. 物价学概论[M]. 北京：中国财政经济出版社，1991：45，46.
② 许毅. 中央革命根据地财政经济史长编（上册）[M]. 北京：人民出版社，1982：588.
③ 黄达. 工农产品比价剪刀差[M]. 北京：中国社会科学出版社，1990：14.

先看抗日战争时期。首先通过全面抗战期间太行区左权县桐峪镇的物价指数来考察工农业产品价格剪刀差情况（见表3.4）。

表 3.4　全面抗战期间太行区左权县桐峪镇物价指数（以 1937 年 1—6 月为 100）

年度	小米	麦子	玉茭	棉花	食盐	植物油	桃仁	花椒	麻皮	总指数
1937	96.8	92.5	98.7	100.5	107.2	95.0	78.3	105.7	99.4	97.1
1938	101.8	92.9	99.9	85.7	145.0	107.9	115.2	189.4	106.4	116.0
1939	139.7	131.3	120.2	730.0	161.2	259.2	231.4	312.6	256.4	204.7
1940	880.4	681.8	927.5	717.5	365.1	950.0	570.4	942.6	1243.2	808.7
1941	937.5	869.8	1024.5	1778.5	1366.6	1188.1	829.2	1243.3	2058.4	1244.0
1942	2083.6	1963.6	2188.9	2251.5	4178.3	1889.0	1758.6	1525.6	2835.7	2297.2
1943	18279.2	14877.5	22146.3	5615.3	—	—	4874.5	3406.3	7743.8	10838.9
1944	43266.9	30871.2	55086.4	29951.8	26000.0	33863.7	252261.7	8887.5	31229.4	29634.4
1945	8687.6	8058.4	8892.3	31242.0	12505.7	15000.0	—	5182.1	45216.2	15606.4

资料来源：冀南银行总行. 银行月刊（创刊号），1946-03-01。

注：①本表指数系以简单算术平均法计算。②本表基期除桃仁以 1937 年 8 月为基数外，其余均以 1937 年 1—6 月之平均为 100。

为简洁起见，山货土产以花椒为代表，工业品以植物油为代表。在表 3.4 中，我们可以看出，左权县桐峪镇花椒的物价指数从 1937 年的 105.7 上升至 1944 年最高值 8887.5，至 1945 年又降为 5182.1；而食盐从 1937 年的 107.2 上升至 1944 年最高值 26000.0，至 1945 年又降为 12505.7。整个全面抗战期间，花椒的物价上涨 49.0 倍，食盐价格上涨 116.7 倍，花椒的物价上涨幅度远小于食盐的上涨幅度。

再考察全面抗战期间太行区涉县索堡镇工农业产品价格剪刀差情况（见表 3.5）。

如表 3.5 所示，涉县索堡镇花椒的物价指数从 1937 年的 100 上升至 1944 年最高值 6430，此后至 1945 年又降为 2700；而海盐从 1937 的 100 上升至 1944 年的最高值 50000，至 1945 年降至 15000。全面抗战期间，花椒的价格上涨 27 倍，海盐价格上涨 150 倍，同样得出花椒的物价上涨幅度远小于海盐的上涨幅度的结论。由此可知，抗战期间，边区的花椒等山货土特农产品与海盐等工业品之间存在严重的价格剪刀差。

表 3.5　全面抗战期间太行区涉县索堡镇各种主要商品变动指数

时期		小米（斗）	麦子（斗）	棉花（斤）	海盐（斤）	土布（尺）	花椒（斤）	桃仁（斤）	平均数
年度	月份								
1937	6	100	100	100	100	100	100	100	100
	12	141	100	110	167	133	72	50	104
1938	4	300	235	110	167	200	72	40	168
	12	211	176	130	201	333	86	70	174
1939	5	625	588	200	204	333	157	100	315
	12	1250	1176	400	204	367	217	140	536
1940	3	2500	2120	400	665	167	243	180	1095
	12	1625	1176	600	583	2165	472	440	1011
1941	3	1625	—	1200	833	3000	472	340	1245
	12	1625	—	1300	1000	3333	486	—	1936
1942	5	6250	5300	1400	1250	3830	472	460	2709
	12	6860	5880	1600	1667	4160	543	760	3067
1943	6	5000	35700	2000	5830	7500	1713	3000	15106
	12	100000	87000	20000	20400	41600	5000	12000	40857
1944	2	146000	109200	20000	23300	58300	6430	17000	56604
	4	101500	88700	22200	33300	50000	4280	13600	36940
	6	84000	36900	30000	50000	50000	2430	—	42221
	10	24450	16810	20000	24150	46700	2000	5600	19959
	11	22690	16810	16000	24150	50000	—	—	25936
	12	24450	18380	15000	17500	35000	1358	3400	16441
1945	2	28400	28900	—	20800	50000	2700	—	18629
	4	17500	17600	26000	15000	53300	—	4800	22367

资料来源：王庆保. 太行区物价问题的初步研究[J]. 经济汇编, 1945.

注：①本表中 1937 年以银圆计，1938—1939 年以法币计，1940 年以后以冀钞计。②桃仁、花椒以 24 两秤计，其他以 16 两秤计，土布以 16 码尺计。③以 1937 年 6 月为基准计算。

是什么造成边区山货土产与工业品之间产生价格剪刀差呢？这主要是边区山货土产与工业品尤其是外来必需工业品，二者在生产成本上存在不同的变化趋势。边区自然经济占据很大比重，劳动生产率低下，农用生产资料及农业收成受自然因素影响很大，其成本不能像工业产品一样有效地降低，而外来工业产品在总体上成本处于下降趋势。同时边区山货土产与外来必需工业品存在不同的交易价格，日、伪、顽的超经济强制是造成剪刀差的一个重要原因。超经济强制，违背了商品经济的一般规则，排斥了经济规律在农产品价格形成中的作用，使相对不变的固定价格不能真实反映农产品成本、价值及随市场供求关系变化的价格。

再看解放战争时期。先考察 1946 年邯郸市工农业产品价格剪刀差情况（见表 3.6）。

表 3.6　1946 年邯郸市物价指数

月份	农产品	本产工业品	外来工业品	月份	农产品	本产工业品	外来工业品
1	100.0	100.0	100.0	7	458.6	412.9	243.0
2	105.6	124.7	97.0	8	353.8	395.2	231.4
3	128.2	151.1	103.3	9	313.8	429.5	248.0
4	165.1	176.5	108.6	10	351.0	471.5	282.6
5	233.8	247.7	144.5	11	324.5	547.7	344.1
6	233.6	266.1	180.8	12	403.0	605.6	374.9

资料来源：中国人民银行河北省分行. 冀南银行[M]. 石家庄：河北人民出版社，1989：951.

注：农产品包括小米、小麦、棉花；本产工业品包括土布、植物油、炭；外来工业品包括海盐、火柴、白洋布、粉连纸、碱面等。所统计的三类商品包含上述商品。

由表 3.6 可知，邯郸市 1946 年 1 月农产品物价指数从 100.0 升至 12 月的 403.0，同时外来工业品的物价指数从 1946 年 1 月的 100.0 升至 1946 年 12 月的 374.9。农产品与外来工业品在 1946 年不存在价格剪刀差。

再考察 1947 年长治市、邢台市工农业产品价格剪刀差情况（见表 3.7）。

表 3.7　1947 年长治市、邢台市物价指数（以 1947 年 1 月为基期）

月份	小米（斤）		麦子（斤）		海盐（斤）		棉花（斤）		土布（尺）	
	长治	邢台	长治	邢台	长治	邢台	长治	邢台	长治	邢台
1 月	100	100	100	100	100	100	100	100	100	100
2 月	118.3	123.9	129.07	128.4	115.7	117.7	133.4	107.1	123.8	113.2
3 月	127.2	119.5	136.74	131.3	121	95.3	129.5	160.6	108.3	107.2
4 月	150	189.6	148.37	166.6	130	122.2	133.4	188.1	111.9	117.7
5 月	227.2	215.3	162.56	196.2	127	117.7	158	214.2	114.8	114.7
6 月	268.1	271.7	222.09	189.2	136	115	191.5	237.1	125.5	150
7 月	500	265.21	274.41	176.06	157.89	142.86	236.97	243.95	148.81	152.63

续表

月份	小米（斤）		麦子（斤）		海盐（斤）		棉花（斤）		土布（尺）	
	长治	邢台	长治	邢台	长治	邢台	长治	邢台	长治	邢台
8月	454.1	267.39	237.21	171.83	155.64	153.53	264.79	256	148.81	155.6
9月	354.5	269.5	220.93	174.06	154.13	149.16	210.2	203.5	136.9	167.66
10月	409.1	300	234.88	204.22	157.89	154.46	211.26	253.57	141.07	167.66
11月	459.1	360.86	297.67	263.38	209.22	216.98	254.57	271.42	151.79	190
12月	478.6	324.56	384.41	264.22	214.28	205.36	287.53	260.71	176.55	210.53

资料来源：太行贸易公司制，《统计资料》（油印本），1947年12月30日印制，依据长治市与邢台市1947年物价指数表综合制成。

注：土布以尺六码计，其余均以市斤计。

由表3.7可以得出，在长治市，麦子的价格指数从1947年1月的100升至12月的384.41，工业品海盐的价格指数从1947年1月的100升至12月的214.28。麦子等农产品的物价上涨幅度不小于海盐等工业品的物价上涨幅度，由此可知，在1947年长治市的山货土特产与工业品之间不存在价格剪刀差。通过边区贸易政策的实施，抗日战争时期边区山货土特产与工业品之间的价格剪刀差在解放战争时期得到明显抑制。

值得指出的是，工农业产品的价格剪刀差反映的是一种长期性现象，而非短期性现象。因为价值决定价格、价格与价值相符是一种长期趋势，而从短期或具体在每个时点上来看，价格往往是偏离价值的。但是若工业品价格高于其价值、农产品价格低于其价值只是一种短期的、暂时的经济现象，就不应把这种意义上的价格偏离价值视为不等价交换，不应该看作剪刀差。

工农业产品比价的剪刀差会对边区的农村金融产生一定的影响。工农业产品比价的剪刀差越大，对农业和农村经济的影响就越大，进而对整个边区经济也会产生很大影响。工农业产品的不等价交换在全面抗战前半封建生产关系统治下的边区就已经严重存在，成为边区贫困的一个重要原因。它使出入境贸易逆差不断扩大，边区军民掌握的物资大为减少，法币流往境外，作为外汇基金的日伪钞不断减少。同时，冀钞对日伪钞贴水增高，冀钞相对日伪钞不断贬值。

2. 缩小工农业产品价格剪刀差

巩固货币信用、缩小边区工农业产品价格剪刀差的一个重要条件是达到出入境平衡，为此必须加强贸易管理。

(1) 制定了贸易发展的政策

1940年"黎城会议"明确提出了边区的商业政策，即"对内贸易自由，对外贸易统制"。对内实行自由贸易政策，这样不但能促进边区各地正常的贸易往来，调剂余缺，互通有无，打破根据地界限，稳定物价，而且能促进生产发展。对外实行贸易统制政策，管理对外贸易，组织和发展边区与沦陷区之间的物资往来，争取有利交换，以边区的一些山货特产换回军民急需的重要物资，缩小山货特产与外来必需工业品之间的价格剪刀差。

为了繁荣边区商业及保护商民的利益，1941年1月"冀太联办"颁发了《冀太区贸易暂行条例》，指出冀太区内经营出入口贸易和商业受政府法律保护，并对奖励出入口、限制出入口、禁止出入口等的政府态度作了明确表示。①1941年7月漳北区公布了《管理对外贸易暂行办法》。②1941年9月冀西区颁布了《出入境货物统制暂行办法》。③1941年11月，边区发布了《特种出口货统制暂行办法》。④1942年8月，太行区公布了《出入口贸易统制暂行办法》，规定凡取得"经营出入口营业许可证"者，始得经营各种山货特产出口，凡向沦陷区输出特种出口货时，须开具出口货物清单，申请工商管理局批准许可，并经银行登记外汇或期票后，"办理普通入口时，须在登记纳税之稽征所交纳营业许可证领取等值之入口证"。⑤1942年9月，边区工商总局颁发《太行区出入口贸易统制暂行办法实施细则》，对出口种类、外汇使用、罚则等方面做了具体规定，其基本精神是加强对各种出入口的管理，对外实行严格的贸易统制，以服从服务于边区反日军经济掠夺全局。⑥

1946年8月，太行区工商管理局颁布了《出入口管理暂行办法》，10月，太岳区工商局、税务局颁布了《友邻区贸易税收管理办法》的联合命令。⑦1948年7月，太岳区工商管理第一分局作出了《关于准许敌美货在

---

① 王庆宝，苏人，朱剑白，等. 太行区银行工商工作参考资料[M]. 太行区冀南银行工商管理总局，1945-10-15.

② 本书编写组. 抗日战争时期晋冀鲁豫边区财政经济史资料选编（第二辑）[M]. 北京：中国财政经济出版社，1990：1010.

③ 同②：1012.

④ 同②：1013.

⑤ 抗日战争时期晋冀鲁豫边区财经史料选编（河南部分）[M]. 北京：档案出版社，1985：20.

⑥ 同⑤：469.

⑦ 本书编写组. 华北解放区财政经济史资料选编（河南部分）[M]. 北京：档案出版社，1985：584-585.

内地自由销售的指示》。①

边区各行政部门制定和颁布的这些条例、办法、实施细则等，对于开展贸易斗争和缩小边区山货特产与外来必需工业品之间的价格剪刀差，具有重要的指导意义。

（2）通过边区商业贸易机构，充分发挥了商业作用

晋冀鲁豫根据地开创初期，由于没有一个统一的贸易管理部门，各根据地自行其是，沦陷区与边区的物资实际上处于自由出入、无人问津的无政府状况。在这种情况下，私商掌握外汇，趁机捞取巨额利润，非必需品乃至毒品大量涌入边区，而边区急需的必需品却由于日军的封锁进不来，边区的土产也因沦陷区商人的操纵而被廉价吸收，冀钞与日伪钞比价持续下跌，导致边区必需的外来工业品价格不断上涨。

实践证明，各级贸易机构的建立与健全是开展商业贸易的基础。为了扭转边区贸易斗争的被动局面，边区政府和各级商业机构经过几年的努力，到1940年"黎城会议"前后，边区的贸易机构已经初步形成网络体系。冀南银行和边区贸易局的建立，打开了边区贸易的新局面。为了进一步贯彻"黎城会议"关于对内贸易自由的政策，边区成立了"冀太联办"贸易总局，统一管理冀南、太行、太岳区的贸易。1938年1月，山西三、五专署设立贸易统制局。1940年2月成立太行贸易总局。1941年9月，冀太联办生产贸易总局改为晋冀鲁豫边区工商管理总局。1942年7月，税务总局各工商管理总局合为晋冀鲁豫边区工商管理总局。②1940年春，鲁西行署成立后，建立了贸易统制局，同年10月，冀鲁豫行署亦成立了贸易统制局。③1941年7月，边区生产贸易管理总局在左权县铜峪镇成立。④至此，各级贸易机构已在全边区普遍地建立起来。

建立边区的各级工商管理机构和贸易机构，与建立边区的银行金融机构同样意义非凡，对边区各地抵制日货倾销、缩小工农业产品价格剪刀差、巩固冀钞信用等方面起到了重要作用。

（3）开展外汇贸易，实行对外贸易统制。

对外贸易统制，即有计划地严格管理出入口贸易。为了打破日军和蒋军、阎军的封锁与掠夺，边区政府对外实行了严格的贸易统制，目的在于

---

① 山西、河北省工商行政管理局史料编辑组. 晋冀鲁豫边区工商行政管理史料选编[Z]. 内部资料，1985：145-146.

② 晋冀鲁豫边区工商行政管理史料选编[Z]. 内部资料，1985：297.

③ 赵秀山. 抗日战争时期晋冀鲁豫边区财政经济史[M]. 北京：中国财政经济出版社，1995：181.

④ 晋冀鲁豫边区工商行政管理史料选编[Z]. 内部资料，1985：152.

巩固冀钞，对日、蒋、阎实行有利交换，发展边区生产以达到自力更生，同时打破对方封锁与掠夺物资的图谋。

1942年8月，太行区公布了《太行区出入口贸易统制暂行办法》，其基本精神是鼓励输出、限制输入、掌握外汇、巩固冀钞币值。该办法把法币、日伪钞和日伪票据等当做"外汇"，用其帮助边区的出口商组织出口。只有掌握"外汇"，通过输出土产换回必需品，发展生产，物价才不会受外来品及法币影响，这样就能打击日伪钞，缩小工农业产品价格剪刀差，巩固冀钞信用。具体做法是，规定特种出口货物必须进行外汇登记，并持有所属银行的清单，银行审查无误后，保留票据并发给登记证明；有外汇必须登记，买外汇必须经工商局许可，在银行进行交易。这样完善了管理，堵住了买空卖空的投机行为，消减了外汇黑市。尤其是银行直接参与办理贸易输出输入手续，不但帮助内地商贩组织输出，还可监督其按政策开展贸易，杜绝了奸商套取边区物资和外汇流失现象发生。[①]同时，在增加外汇收入的基础上，提高了冀钞对伪币的比价，使沦陷区按合理价格购进必需品，输出农产品，实现了根据地贸易平衡，有效地缩小了边区山货土产与外来必需工业品的价格剪刀差。

在解放战争时期，边区在贸易战线上与蒋、阎进行了激烈的斗争。在战争到来之前，边区军民积极积累物资，在边沿区投放了部分冀钞，对战斗有利的东西尽量输入进来，与战争无关宏旨的东西尽量限制输入，这样吸收了大量的粮食、棉花、土布、食盐等重要物资。在收购告一段落后，又积极准备战争抢运物资，把边沿区所存的物资设法转移到巩固的地区。在战争到来以后，又抓紧战争空隙，组织剩余土产出口，换回战争所需的物资，进行有利交换。总之，在对蒋军、阎军的贸易战中，边区军民抵制倾销、争夺物资、保障供给，有效地缩小了边区山货土产与外来必需工业品的价格剪刀差，稳定了冀钞币值，巩固了冀钞信用。

总之，抗日战争和解放战争时期，尽管中共中央授意中共北方局赋予冀南银行代行某些中央银行的职权，但冀南银行仍不具备独立制定货币政策的职能，它所实施的货币政策大部分是由边区政府制定的。因此，这一时期边区实行的货币政策，是边区政府为配合其他经济政策如财政政策、贸易政策而推行的，而且更多的是借助行政手段、军事手段，政策效果直接、明显，但引起的社会震荡也大。

---

① 张转芳. 晋冀鲁豫边区货币史（上册）[M]. 北京：中国金融出版社，1996：107.

第 4 章　冀钞的发行、流通与币值波动

冀钞是抗日战争和解放战争时期中共领导的晋冀鲁豫边区冀南银行发行的独立于国统区货币体系之外的为边区军民服务的货币。它是在对日军斗争中，对国民党统战既团结又斗争的环境下诞生的，具有鲜明的斗争性。从发行初始至完成使命的九年间，冀钞是边区军民活跃农村金融和发展生产的金融工具，也是边区军民开展货币战须臾不可离开的重要武器。因此，从对冀钞发行、流通与稳定币值的讨论中，也基本上能反映出晋冀鲁豫边区对加强冀钞作用与巩固冀钞信用的历程与成效。

4.1　全面抗战时期冀钞的发行过程

全面抗战时期冀南银行在不同阶段实行了不同的货币发行政策，这些政策出台的背景如何？如何公正评价这些政策？冀南银行的本票制度是怎么回事？其实施效果如何？货币发行的原则是怎样的？冀南银行在货币发行上是如何适应农村经济环境的？本节将围绕这些问题展开。

4.1.1　冀南银行的本票制度

1. 本票发行的客观环境

历史上晋冀鲁豫边区是一个灾荒频仍的地区，1942 年各种自然灾害肆虐，加之日军残酷的"扫荡""蚕食""封锁"等一系列惨绝人寰的恶劣行径，使边区千疮百孔。天灾和人祸犹如两只恶虎，虎视眈眈地觊觎吞噬着孱弱的边区军民。在这种背景下，物资紧缺，物价飞涨，边区内的本位币冀钞大幅贬值，购买力锐减，致使市场交易中作为支付媒介的冀钞所需数目较大，冀钞的信誉受到很大影响。

鉴于此，为紧缩通货、平抑物价、调剂金融市场、发展票据信用，1943 年 9 月冀南银行总行发布了《关于发行本票问题的通令》。通令详细阐发了

发行本票的目的，即为适应战时环境需要，便利公私工商企业、政府、机关、团体、部队、人民等使用、携带、收受点数之方便，强化通货管理和紧缩通货，节省和代替一部分纸币发行，代替汇兑，同时可以刺激生产，培养与提高农村信用观念，发展票据信用事业。[①]

2. 本票的版别

本票是由银行、银号、钱庄等发行的一种在交易中代替货币的信用证据。它不是一般流通货币，也不同于有价证券，最大的特点是定期流通性，票面上明确印有出票日期和到票日期，到期由发行者十足兑现收回。

本票的票面设计、印制等与冀钞的风格大体近似，均由图景和面额数组成，略有不同的是票幅尺寸大于冀钞，而且本票背面"背书栏"中有"转让人""保证人"表格和"本票使用说明"。本票在面额上有壹佰元、贰佰元、伍佰元、壹仟元4种，版别又分1943年版、1945年版、加盖"平原"版等。具体版别详见表4.1。

表 4.1　冀南银行本票版别

地区	面额	图案	颜色	票幅（mm）	出票日期	到期日期	备注
冀南区	壹佰元	楼	—	164×80	1943.09.29	1943.12.31	
	贰佰元	楼	—	160×80	1943.09.29	1943.12.31	
	伍佰元	村舍	—	154×69	1944	—	加盖"平原"
	贰佰元	村舍	—	153×73	1945	—	加盖"平原"
太行区	贰佰元	塔	红	172×88	1943.09.15	1944.06.30	
	伍佰元	塔	蓝	159×78	1943.09.15	1944.06.30	
	壹仟元	亭、殿	—	167×80	1943.09.15	1944.06.30	
	伍佰元	亭、殿	紫	143×73	1945.01	1945.12	
	伍佰元	亭、殿	绿	148×75	1946.01	1946.12	

资料来源：张转芳. 晋冀鲁豫边区货币史（上册）[M]. 北京：中国金融出版社，1996：85.

3. 本票的流通使用状况

本票的发行流通初期，因受灾荒影响，物价上涨，公营商店高价吸收粮食，造成本票拥挤上市，更助长物价虚高，使民众对本票心怀恐惧，本票的信誉自然受到影响。据当时计算，本票的购买力比冀钞要低3%～5%，而有些地方发行本票后粮价出现暴涨。如发行本票前，玉茭为80～100元

[①] 本书编写组. 抗日战争时期晋冀鲁豫边区财政经济史资料选编（第二辑）[M]. 北京：中国财政经济出版社，1990：723-724.

1斗，本票发行后就猛涨到1000元1斗。①民众反映本票面额太大，不但造成物价上涨，而且使用不便，无法找零，使用时背面还得签字并找保人盖章，太麻烦。但因其便利携带，节省点款时间，故深受商人喜欢。

待本票在市场流通一段时间后，物价上涨到一定程度并趋稳，如玉茭稳定在每斗450~500元，麦子每斗460~700元。这时本票的用途切合了实际需要，信用提高，民众、商人认为本票便利使用。同时，民众也逐渐认识到本票的发行是为掌握物资，为百姓打算谋福利。②

4.1.2 冀钞的发行原则

根据中共中央北方局和"冀太联办"的指示，冀南银行货币发行的基本方针是：独立自主，平稳物价，保护人民财富，保证生产发展。在这一方针的指导下，冀钞的发行坚持了以下几个原则：

1. 独占发行原则

独占发行原则，就是不依靠任何外力的支持，建立独立自主的冀钞本位市场，在冀南、太行、太岳三大行署区内冀钞独占全部流通市场，不和法币、日伪钞及其他杂钞同时流通。建立冀钞本位市场和冀钞独占发行的原则，在前文中已经做了相关阐述，这里不再赘述。

2. 分散发行原则

分散发行是指货币在晋冀鲁豫边区内部各行署区各自发行，各区之间互不流通。1940年4月，中共中央作出了《关于财政经济问题指示》，指出："各地建立互相汇兑制度""但需禁止各地货币互相流通，因为如此可扰乱各地货币政策"。③晋冀鲁豫边区遵照中共中央的这一指示，执行边区内各区货币分散发行的办法。各区分散发行货币也是由战时环境决定的，根据地在日军的分割封锁下，各行署区彼此隔断，在这样的战争环境下，欲做到货币的统一发行、统一流通，不仅是不可能的，而且是不必要的。原因大抵是，在日伪军的包围和封锁下，各行署区在区域上被分割而没有形成一个统一的整体，经济上没有形成一个统一的市场，经贸往来很少。同时，各行署区彼此相对独立，都实行"统筹自给，自力更生"的方针，这种分散的货币发行体系便于掌握各区货币，可以防止因各地币值不等和物价不平衡而引起的投机捣票并从中渔利的行为，还可防止日军因形势变化，用这一地区的货币掠夺另一地区的物资。事实证明，这种在各行署区

---

① 王静然. 冀南银行太行区第一分行发行本票工作总结[J]. 冀南银行，1949（1）：182-183.
② 王静然. 冀南银行[M]. 石家庄：河北人民出版社，1989：183.
③ 中央档案馆. 中共中央文件选集（第11册）[M]. 北京：中共中央党校出版社，1986：378.

之间分散发行和各区货币互不流通的通货管理办法，适合当时根据地被日军极度分割的战时环境。

在具体的冀钞印制和发行中，冀钞有普通版和加盖版（即地名券）的区别。普通版的冀钞可以在晋冀鲁豫边区内的任何一地流通使用。加盖版的冀钞，是在冀钞上加盖地区名称的地名券，与普通版的不同之处是，它只能在票面上加盖地名的地区流通使用，异地不允许流通。若发生货币跨区流入的情况，需要通过兑换和跨区贸易进行清理收回。

加盖版的冀钞是从1943年开始实行的。1943年3月22日，晋冀鲁豫边区政府召开财经会议并通过一系列决议，指出："防止通货滥流，以便于审查假票，决定采取如下办法：各战略区流通通货，均加盖各该战略区字样，太行区加盖'太行'二字，太岳区加盖'太岳'二字，冀南区加盖'平原'二字，字戳统一由总行刻制，同时开始加盖。"[①]如晋东南根据地内加盖"太行"二字版的地名券有：伍元券（红、绿色两种版），拾元券（紫、绿色两种版），伍拾元券（红色版），壹佰元券（蓝色版）。[②]冀钞加盖"太岳"二字版的有：贰元券、伍元券、拾元券、伍拾元券、壹佰元券等五种版别，1946年以前共发行3亿元。[③]冀钞加盖"平原"二字版的有：叁元券（绿色）、贰拾元券、贰拾伍元券、伍拾元券和新版伍拾元券五种。[④]

至抗战结束后，各根据地已连成一片，过去实行的货币分散发行和互不流通的环境发生了变化，这种政策若不及时加以改变，势必会妨碍全边区的财政统一，也不利于各区间的商品流通和贸易往来。于是1946年1月，边区政府宣布冀钞太行版、太岳版和平原版一律等值流通。至此，各加盖版的冀钞已胜利完成历史使命。

3. 紧缩发行原则

虽然冀钞的发行不承诺兑现金银，属于不兑现纸币，但冀钞先以法币为准备金，后以重要物资为准备金并以边区的物质力量为后盾，针对战时不兑现纸币易发生通货膨胀的趋向,边区政府和冀南银行在冀钞发行初始，就采取谨慎和严格的发行政策。下面就全面抗战时期中共几位重要领导人就货币的紧缩发行政策的论述分述如下：

---

① 本书编写组. 抗日战争时期晋冀鲁豫边区财政经济史资料选编（第一辑）[M]. 北京：中国财政经济出版社，1990：778.
② 太岳区经济局调查研究室. 经济工作参考资料（第一辑）[M]. 太岳区新华书店，1946：47.
③ 王少浩，田捷. 太岳区的金融工作[M]// 武博山. 回忆冀南银行九年. 北京：中国金融出版社，1993：284.
④ 太岳区经济局调查研究室. 经济工作参考资料（第一辑）[M]. 太岳区新华书店，1946：47.

1938年8月,中共中央主席毛泽东在《边区的货币政策》一文中阐述了边区的货币发行原则,指出:"保持边币的币值稳定,一是纸币发行不应超过市场上的需要数量;二是应该有准备金;三是要有适当的贸易政策做后盾;四是边区纸币应维持不低于伪币之比价,保持稳定汇率,同时,对于各种杂币,应设各种方法使其流到边区以外去。"①

1940年4月,中共中央北方局书记杨尚昆在黎城会议上做了《目前政治形势与统一战线中的策略问题》的报告,在谈到货币问题时指出:"提高对银行的认识,积极投资生产,反对眼睛只看到印钞机,要使大家了解,在农村中,一个人顶多发到2元,大城市也只能发到5元,票子发行是有限制的。要少发大票,多发小票。"②

1940年9月,八路军副总司令彭德怀在中共中央北方局党的高级干部会议上也指出:"发行钞票,必须有一定之基金,并发行一定数量之辅币整币,以适合当地经济条件为原则,一般在根据地内流通的货币数目,不得超过全人口每人3元。"③

邓小平针对掌握冀钞紧缩发行的方针,于1943年7月也有过重要的指示,他指出:"为了保障本币的信用,我们限制了发行额,大批地贷给人民和投入生产事业,取得了人民热烈拥护,本币的信用是很巩固的。"④

边区政府副主席戎子和在1946年冀南银行第二届扩大的区行经理会议总结报告中,提出了冀钞发行的四个根据,报告指出:"我们的发行,要小心谨慎,采取紧缩方针,不敢再犯错误。"⑤

以上中共领导人对边区的货币发行都一致指示要采取谨慎的发行政策,充分说明了边区政权以维护广大农民的切身利益为大局,严禁货币当局通过通货膨胀的方式掠夺人民财富,同时也说明抗战的总体利益与广大农民的利益具有统一性。

需要强调的是,这种紧缩的发行政策在冀南银行成立初期,对紧缩通货、稳定金融、平抑物价来说无疑是正确的,但其所带来的弊端也是不容忽视的。它在防控通货膨胀的同时,紧缩了生产事业,对生产建设的注意力和贯彻力不够,一味由军费开支来调节货币发行,一度造成了货币发行中的被动。

---

① 毛泽东文集(第2卷)[M]. 北京:人民出版社,1999:137.
② 本书编写组. 抗日战争时期晋冀鲁豫边区财政经济史资料选编(第一辑)[M]. 北京:中国财政经济出版社,1990:82.
③ 同②:128.
④ 邓小平文选(第一卷)[M]. 北京:人民出版社,1994:84.
⑤ 冀南银行总行. 戎副主席在第二届扩大的经理会议上的总结报告[R]. 银行月刊,1946(7):6.

另外，值得商榷的是，上述中共领导人以全面抗战前人均法币发行约数为基准来限制冀钞发行量，是否真的科学？若货币发行机械地执行所谓"人均三元标准"，似乎偏于僵化和保守，缺乏灵活的调节机制。一个区域的货币发行量，即货币总供给，作为外生变量，完全取决于货币当局，货币当局要通过限制货币发行以达到稳定金融、平抑物价的目的，就必须保持货币总供给和货币总需求的均衡。而货币总需求是货币流通范围大小、货币信用、农工业生产总值、市场交易周转次数和周转速度、财政金融政策、物价涨落水平等变量的多元函数，其中任何一个变量发生变化都会影响货币总需求，进而通过金融稳定的政策取向而传导至货币发行量。具体说，体现在以下方面：

①冀钞流通范围。由于当时处于战争状态，边区所辖面积时常发生扩大或缩小，货币发行也必须和紧缩相结合。当新地区建立冀钞本位时，冀钞流通范围就会扩大，使用冀钞的人口也随之增多，冀钞需求量增大，此时冀钞发行量应增加，以满足流通的需要；反之，流通范围缩小，使用冀钞人口减少，冀钞需求量减小，冀钞发行量应该缩减。

②货币信用。当冀钞币值坚挺、物价稳定、信誉度好时，民众对冀钞乐于持有、乐于消费，冀钞的需求量最大，冀钞的发行量也要求随之增加；反之，在建立冀钞本位币市场初期，若冀钞币值锐减，物价飞涨，民众必然失去对冀钞的信赖，其需求量和发行量也必然缩减。

③农工业生产总值。在灾荒减少、风调雨顺的好年景，或军民发展大生产的年份，农工业生产总值增多，冀钞需求量大，冀钞发行量也应随之增加；反之，农工业生产总值少，冀钞需求量少，冀钞发行量也应相应减少。

④农业生产的季节性特点。春耕、夏耘、秋收、冬藏，这是因气候条件的原因而使农业生产具有明显的季节性特点。通过调节货币发行量来克服农业生产的季节性所引发的物价波动将会有所作为。在青黄不接的春夏时节，贫苦农民普遍缺乏口粮，供求规律决定了粮价必然上涨，而粮价的上涨易带动其他商品的价格上涨，此时可以紧缩冀钞发行，出售库存物资回笼部分冀钞，平抑物价上涨。在秋收时节，大量农副产品上市，为防止谷贱伤农、增产不增收，政府职能部门可以通过增加冀钞发行来吸收粮食、棉花等战略物资，保护农民利益。随着不断总结经验和教训，边区政府和银行逐步对这一规律有了清晰的认识。1942年4月，在冀南银行分行主任联席会议决议中指出："由于季节性的关系，夏季应紧缩市场，把市面通货减少。"[①]1943年6月，中共太行分局在关于太行区经济建设的检查和决定

---

① 本书编写组. 抗日战争时期晋冀鲁豫边区财政经济史资料选编（第二辑）[M]. 北京：中国财政经济出版社，1990年版：771.

中也指出："可适应根据地的金融市场的规律，把紧缩经常化，而紧缩的主要时期，应该是生产贸易最不畅旺的时期，即夏季与秋初。"①1944 年著名经济学家薛暮桥也指出："由于根据地是农村，货币发行应当有季节性。秋冬增发抗币，大量收购农产品。到春荒时期，则应抛售农产品，回笼抗币。这样来保持物价的常年稳定。"②

⑤市场的交易次数和交易额度。货币作为一种流通手段，必须不断地周转，才能搞活市场，繁荣经济。市场中若人均交易次数多、交易额度大，则市场销售总额大，冀钞的市场需求量也大，发行量势必也要相应增加；反之，冀钞发行量则需紧缩。货币发行额不能超过当时市场的需要，货币需求量基本由市场上流通着的商品的价格总额来决定。

⑥财政金融政策。在全面抗战中期以前，财政收入不能满足庞大的抗战需要和军政开支，不得不通过冀钞的财政发行来弥补税收的不足，以保障抗战供给，这时冀钞的财政性发行比重较大。至抗战后期，中共的金融政策从冀钞的财政性发行转到财政、经济并重，此时冀钞发行比重的较大部分用于各类生产贷款以扶植农工商业。

⑦物价涨落水平。无论物价上涨具体原因如何，纵然不是由过多的冀钞供给所引发的，但通过紧缩冀钞发行、缩紧银根，这样在短期内对物价上涨有明显的平抑作用。反之，若物价下跌，通过适度松动银根，增加流通筹码，亦可短期平抑物价波动。

总之，货币发行受战争形势、货币流通范围、生产发展水平（包括农业丰歉）、商业贸易状况及发行的地区性与季节性等各种因素的影响和制约，货币发行必须全面规划、通盘考虑。"经济体系中到底需要多少货币，从根本上说，取决于有多少实际资源需要货币实现其流转并完成生产、交换、分配和消费相互联系的再生产过程。"③边区政府副主席戎子和曾说，货币发行除采取紧缩方针外，"同时还要看物价、市场、季节等各方面的情况，一句话，需要看发行的火候"④。因此，机械地规定一个"人均三元标准"的冀钞发行原则是不科学的，应根据上述因素的综合变化而适时适度地调整冀钞的发行与回笼，不论在任何情况下都以不引起市场物价的剧烈波动为原则，吞吐掌握冀钞，以保持冀钞供给和冀钞需求的均衡。事实也证明

---

① 本书编写组. 抗日战争时期晋冀鲁豫边区财政经济史资料选编（第一辑）[M]. 北京：中国财政经济出版社，1990：308.

② 薛暮桥回忆录[M]. 天津：天津人民出版社，2006：122.

③ 黄达. 货币银行学[M]. 北京：中国人民大学出版社，2000：312.

④ 冀南银行总行. 银行月刊. 1946-09-10.

了这一点。

4.1.3 冀钞的发行阶段

冀南银行在持久的抗日战争中的不同阶段，执行了不同的货币发行政策。根据冀钞发行方针的变化，其发行可分为两个阶段：从冀南银行成立初始的 1939 年 10 月至 1943 年 7 月为第一阶段，这一阶段的特点是冀钞发行主要为弥补战时财政的不足；从 1943 年 7 月至 1945 年 8 月抗战结束为第二阶段，这一阶段的特点是冀钞发行以经济发行为主，用于经济建设、生产投资方面的比重逐渐加大。

1. 财政发行阶段

财政发行，是边区政府和银行为了弥补财政赤字而进行的超过经济的正常发展需要而发行的货币，是通过财政支出渠道实现的。

从 1939 年 10 月至 1943 年 7 月，冀钞在发行政策上坚持紧缩发行原则，强调紧缩克服困难，注重保障抗战供给。这一时期微薄的财政收入远不能给养浩大的军费开支，巨额的财政透支只能靠货币发行来弥补，致使这一阶段的冀钞发行较为被动。关于全面抗战时期冀钞的发行量和财政透支、生产投资贷款所占比重的详细情况见表 4.2。

表 4.2 全面抗战期间冀南银行累计发行额及财政透支与生产投资贷款比例

年份	历年发行额（万元）	历年财政透支占发行的比例（%）	历年生产投资贷款占发行的比例（%）
1940	2975.25	81.10	18.90
1941	5987.84	57.20	42.80
1942	6201.47	50.05	49.95
1943	35587.10	25.10	74.90
1944	105918.15	0	100.0
1945	353769.40	59.49	40.51
1946	647417.24	19.54	80.46
1947	4711679.34	68.46	31.54
1948	4641901.06	51.37	48.63
合计	10511436.9	51.74	48.26

资料来源：①历年发行额参考张常勇，王向英. 抗战时期冀钞的发行及其历史作用[J]. 山西师大学报（社科版），2005（7）：35. ②历年透支和生产投资比重参考中国人民大学政治经济学系. 中国边区经济史（下册）[M]. 北京：人民出版社，1978：262. ③中国人民银行河北省分行. 冀南银行[M]. 石家庄：河北人民出版社，1989：165.

从表 4.2 反映的情况来看，1943 年以前冀钞实行紧缩的发行政策，发行量较为保守；1943 年后冀钞的发行政策有所转变，一改先前保守的发行思想，发行额激增。同时还可以看出，1943 年以前冀钞发行以用于财政透支为主，而发展生产的各类贷款所占比重较小，这一时期的生产观点尚不明确；1943 年后冀钞发行用于财政透支和生产投资贷款的主次关系发生逆转，冀钞发行开始转向扶植生产，1944 年还清了历年积累的财政透支。由以上两点说明，全面抗战期间冀南银行的业务和货币发行政策有一个渐变的过程，即由冀南银行成立初期的财政发行为主转变为财政发行和经济并重的发行政策，后又逐渐向基本的经济发行政策过渡。

如表 4.2 所示，1940—1942 年财政透支较高，分别占冀钞发行总额的 76.55%、65.48%和 53.85%，带有明显的超经济的财政发行特点，主要是由巨额的战事消耗引起的财政入不敷出造成的。1940—1942 年是抗战最艰苦的时期，一方面，日军不间断地对根据地进行"扫荡""蚕食"，推行"三光"（抢光、烧光、杀光）和"三网"（谍报网、公路网、碉堡网）政策，战争异常艰苦，军费消耗庞大；另一方面，这一时期各种自然灾害肆虐，使本已被战争摧残得千疮百孔的经济雪上加霜，财政收入微薄，财政收支相抵，财政处于拮据状态。为保障抗战供给，财政赤字要靠货币发行来弥补。八路军总部供给部统计，1940—1942 年军费来源情况如表 4.3 所示。

表 4.3　冀钞在八路军军费来源中所占的比例

年度	移借冀钞（万元）	占同期军费开支的比重（%）
1940	2185	69
1941	3359	96
1942	2684	51

资料来源：赵秀山. 抗日战争时期晋冀鲁豫边区财政经济史[M]. 北京：中国财政经济出版社，1995：330.

表 4.3 进一步显示，在 1940—1942 年的抗战中期，在残酷的战争年代和灾荒频仍的荒歉年代，在国民党、阎锡山先后停发八路军军饷的恶劣情况下，冀钞的财政发行对保证战争需要作出了重要贡献，但同时也说明八路军的经费并非完全依赖冀钞的发行，尤其在 1942 年，财政发行部分只占同期军费的一半左右。

客观地说，战时的财政发行是一把双刃剑。一方面，这种发行方式主要是财政向冀南银行透支、借款，实际上是边区政府被动的、不得已而为之的，其结果是冀钞发行出去后收不回来，最后导致通货膨胀，影响边区经济的稳定和持续发展；另一方面，在抗战中前期财政增收困难很大，一部分财政发行偏重保障战争供给是完全必要的，因为只有在军事上取得胜利，才会有根据地的巩固与发展，战争的胜利是当时广大人民的最大利益，从这个意义上说，财政发行对于筹集物资、保障供应、支援抗战具有重要意义。

2. 经济发行阶段

经济发行是财政发行的对称，是边区政府和银行根据边区经济的发展情况，按照商品流通的实际需要，通过银行信贷的渠道来发行。

如上所述，1943 年后冀钞的发行政策已由前一阶段的被动的财政发行转为以经济发行为主的主动发行阶段。这种政策的转轨是边区政府和银行在纠正了前一阶段冀钞发行中的缺点，以及针对新的历史形势和新的中心贯彻了中共关于经济建设的一系列决策决议后而逐步作出的。

早在 1934 年 1 月 23 日，毛泽东在《我们的经济政策》中就指出："国家银行发行纸币，基本上应该根据国民经济的需要，单纯财政的需要只能放在次要的地位。"[①]1940 年 12 月 25 日，毛泽东在《论政策》中强调指出："关税政策和货币政策，应该和发展农工商业的基本方针相结合，而不是相违背。认真地精细地而不是粗枝大叶地去组织各根据地上的经济，达到自给自足的目的，是长期支持根据地的基本环节。"1942 年 1 月，中共中央财政经济部的指示指出，财政上应努力发展私人经济特别是农业，以其税收收入来解决财政问题，而不能依靠发行钞票。[②]

1943 年 6 月，中共太行分局对太行区的经济建设进行了检查并作出决议，在肯定成绩的同时，对经济中存在的偏向和错误进行了剖析。1943 年 7 月以后，根据毛泽东发出的"发展经济，保障供给"的经济和财政总方针与中共中央作出的一系列扶植农工商业的方针政策，以及中共太行分局的决议精神，边区政府和银行坚决改进货币发行中的缺点。银行决定，"今后的货币中，无疑问的是应该以一切努力，放到增加生产，扩大财富上面。这就是要更加活泼我们的资金运用，尽最大限度，把力量放到生产战线中去，以扶助、发展和刺激一切工农生产事业的进行，加强农村经济建设并繁荣各种手工业生产和农业副产"[③]。1943 年 7 月 21 日，冀南银行分行主

---

① 毛泽东选集（第一卷）[M]. 北京：人民出版社，1968：120.
② 中央档案馆. 中共中央文件选集（第 12 册）[M]. 北京：中共中央党校出版社，1986：4.
③ 本书编写组. 抗日战争时期晋冀鲁豫边区财政经济史资料选编（第二辑）[M]. 北京：中国财政经济出版社，1990：908.

任联席会议在太行区涉县索堡镇召开并通过决议，决议制定了 1943 年度银行业务总方针，其中放款"以生产为主，扶植、发展及刺激农业生产，加强农村经济建设，配合救灾之进行，发展手工业生产及农村副业"[①]。在具体的任务执行中，配合边区的大生产运动，冀南银行各分行深入开展贷款，把资金尽最大力量广泛投入到农工业生产中去。

至此，冀南银行的发行方针基本转向以全面扶植经济建设为主。为适应发展大规模生产的任务，在这一阶段中，贷款被列为银行的主要任务，银行职员对生产贷款也比以前更加重视。无论生产贷款的绝对数目还是相对比重都比以前有了大幅增加，"在全面抗战期间，冀南银行共发放农工商业贷款总额达 20.10 亿元之巨，其中农业贷款 4.50 亿元，占 22.22%；工业贷款 6.96 亿元，占 34.37%；商业贷款 6.35 亿元，占 31.38%"[②]。"在银行资金比例数中，贷款占全部资金的 70%～80%，其他业务仅占全部资金的 20%～30%。而在贷款数中，生产贷款占全部贷款资金的 70%～90%，其他贷款仅占全部贷款资金的 20%～30%。"[③]从时序来看，在抗日战争期间冀南银行运营的 6 年中，生产贷款额度逐年快速增加，1939 年发放 0.078 亿元，1940 年发放 0.121 亿元，1941 年发放 0.257 亿元，1942 年为 0.697 亿元，1943 年为 1.952 亿元，1944 年为 3.449 亿元，1945 年为 5.104 亿元。[④]1945 年贷款发放额度是 1939 年的 65.4 倍，年均增长 36.4%。

从以上冀钞的两个发行阶段可以看出，冀南银行的业务重心是随着根据地不同时期的中心任务而转移的，尤其是对于生产贷款对根据地经济建设的重要性的认识有一个逐步深化的过程。无论哪一阶段，经济要适应战争情况和战争需要，军事上的胜利是根据地存在、巩固与发展的前提，而生产的发展和经济的繁荣是抗战持续供给的重要保证。可以说，冀钞的财政发行与经济发行是对战时财政收支不平衡的治标与治本的两种不同解决办法，也说明了抗战中每个时期有力的军事作战与持久抗战的最终胜利的对立统一性。正如当时中共中央财政部部长李富春所言："抗日战争是长期的持久的战争，要从经济上保障军事的需要与军事的胜利。因此，我们的

[①] 本书编写组. 抗日战争时期晋冀鲁豫边区财政经济史资料选编（第二辑）[M]. 北京：中国财政经济出版社，1990：803.

[②] 冯田夫. 晋冀鲁豫边区的金融货币工作[M]// 中外学者论抗日根据地. 北京：档案出版社，1993：410.

[③] 王静然. 冀南银行[M]. 石家庄：河北人民出版社，1989：814.

[④] 武博山，王立章，阎达寅，等. 回忆冀南银行九年（1939—1948）[M]. 北京：中国金融出版社，1993：698.

政策不能不是战时的政策，但又不能不是从长期着眼通盘筹划的政策，以便在战争中建立能够支持长期战争的自力更生的经济基础。"①

4.1.4 冀钞的发行特点

1. 实行独立自主的货币体制

在抗日战争的早期阶段，边疆地区出现了各种货币的流通状况。这种货币的出现和流通给边区的金融市场带来了混乱，同时也对冀钞的发行和边区的经济发展构成了直接的威胁。因此，冀南行政主任公署实施了一系列措施，包括"禁止伪造货币、清理杂钞和联合发行法币"，并正式命令将冀钞确定为该地区的官方货币。之后，各类非法货币被彻底清除，并在定期打击伪联币和保护法币的政策推动下逐步得到实施。到1941年末，冀南银行实施了从联合法币向保护法币转变的策略，这意味着不再允许法币在市场上流通，冀钞成为所有交易和纳税活动的主要货币单位。这实质上是对法币的回收和拒绝使用，目的是让冀钞从法币的限制中解脱出来，建立一个自主和独立的货币制度，这样就能更加灵活地调节金融市场，为物价稳定奠定坚实的基础。

1942年冀南币在边区市场上独占鳌头，这一方面得益于根据地政府对金融工作的高度重视，另一方面也是由于边区政府采取了一系列行之有效的措施来保障其币值稳定和流通秩序正常运行。在此背景下，冀南银行遵循经济增长、人口分布和市场需求的准则，同时考虑到与敌对势力的经济对抗需求，将银行的核心利益与广大人民的福祉紧密相连。在货币发行过程中，坚持实行"平准"政策，采取多种方法进行回笼工作，积极筹措资金。冀钞的声誉逐渐上升，已经变成了一个强大的工具，用于组织边区的社会和经济活动，促进边区的各种生产活动，并与敌人进行斗争。1946年6月，国民党违背了国共双方签署的停战协议，对解放区展开了大规模的军事进攻。作为对此的回应，边区政府发布了禁止使用任何合法货币的命令。

2. 与法币保持固定的比价

冀南银行于1939年开始发行货币，当时边区范围内除了流通土杂币外，法币的流通量也占有相当大的比重，在群众中有一定的声望。为保证冀钞迅速进入市场流通，扩大冀钞影响力，特规定冀钞和法币兑换比例为1∶1。这一举措虽有效地肃清了伪钞和杂钞，但却无法摆脱法币管制，事

---

① 延安共产党人编委会. 对抗日根据地财政经济政策的意见[J]. 共产党人，1941（18）.

实上使冀钞处于法币从属的地位，致使边区物价随国统区价格起伏。这也是所谓"双轨制"存在的一个理由。皖南事变发生后，边区经济与人民生活受到间接损失，与此同时，国民党政府针对革命根据地及人民军队采取了一系列的限制、弱化与打击的手段，边区政府被迫由保护法币改为停止流通与使用法币，从而使冀钞脱离了同法币的固有纽带。随着物质力量向边区的逐步涌入，冀南银行准备金的发行方式不再是"大量吸纳法币"式的，而逐渐转向用物资来支持冀钞的发行。

3. 财政性发行逐年减少，生产投资发行逐年增加

在全面抗战初期，由于日军占领了大城市，民主抗日政权多数设立在广大乡村和山区。除了一些小规模的手工业得到一定程度的发展外，其他行业都是零散的个体农业。加上日军的破坏和封锁，边区财政来源非常有限，无法满足战争时期巨额开支的需求，因此不得不通过大量发行钞票来填补财政缺口。这在当时是迫不得已、势在必行的做法。然而，为了弥补财政透支，发行的钞票比例逐年减少。1940年财政透支占发行总额的81.1%，1941年为57.2%，1942年为50.05%，1943年下降到25.1%。从1944年开始，冀钞的发行目标已从主要用于弥补财政透支转变为支持农业、商业、手工业生产和投资等领域。到解放战争时期，财政透支已不能满足战争需求。到1946年，只有总发行额的19.54%被用于透支发行。在解放战争时期，随着战争进展和人民斗争需求的增长，财政状况日益紧张，财政透支不断增加，逐渐超过了生产和流通中的支出。到1947年，随着人民解放军转入反攻阶段，财政透支再次上升，占总发行额的68.46%。1948年，华北形势趋于稳定，开始转向发展生产，因此生产和贸易的比重增加，导致财政透支比例下降至51.37%。

4.2 全面抗战时期冀钞统一边区币制

4.2.1 边区货币的庞杂情况

晋冀鲁豫边区是根据地、沦陷区、国统区犬牙交错的地方，全面抗战初期，边区所辖各行政区各自为政，边区政权尚未形成统一建制。在冀南银行与鲁西银行创建前夕，边区各地的金融货币市场十分混乱。在金融贸易和市场流通方面表现为日伪钞、法币、冀钞、鲁钞并行，土票与杂钞混用。当时市场上流通的货币种类极为庞杂，除了国民党政府发行的法币流

通于全边区外，还有三类：一是国民政府地方省、县政府，金融机构，社会团体，大小军阀，地主豪绅及富商等发行的各种土票杂钞；二是在游击区和边沿区流通的各种日伪钞；三是抗日民主政府发行的各种货币。下面就冀钞统一币制之前晋冀鲁豫边区流通的货币的庞杂情况做一梳理。

除中央银行、中国银行、交通银行、农业银行外，经国民政府许可的中国实业银行、浙江实业银行、大中银行、中南银行、中国垦业银行、北洋保商发行的钞票也在市场流通。同时，各省有省钞，各县有县票或当铺票，如山西省银行、晋绥地方铁路银号、山西盐业银行、山西垦殖银行等省四行发行的钞票，还有阎锡山的山西省钞、新印的"大花脸"，也在市场上流通。在冀南地区流通的有河北省银行发行的钞票，各县一般发行地方流通券，如南宫、衡水、枣强、巨鹿、清河、晋县、束鹿、宁晋等县发行的县票，其中南宫县发行数量最多，达 100 万余元。①此外，还有只通行于一村一镇的地方流通券，这种流通券的发行量很大，仅冀南一地，全面抗战开始时便有 300 余万的地方纸币流通于农村。②在冀鲁豫区流通的有山东民生银行、河北官钱局、山东平市官钱局发行的钞票。国民党鲁西行署、孙秉贤的山东二区、宋世勤的山东十一区发行的流通券，还有石军团及河北省直南专署丁树本发行的流通券，也流通于鲁西和冀鲁豫地区。另外，许多地方的私人银号、钱庄、粮行、商店发行的土杂钞也在当地市场流通。在一些经济比较落后的地区，还有使用银圆的习惯。③在犬牙交错的游击区，货币流通紊乱、品种繁多，比价计算困难，在这种情况下，有些地区使用某些实物货币，如以小米为价值尺度的实物货币，甚至物物交换也是经常出现的交换方式。

土票杂钞名目繁多、杂乱无章。在市场上流通的各种纸票不下数百种，流通区域又限制得非常严，各把一方，各据一地，县票不能出县境，省票不能进邻省。有的地区发钞无度，难以兑现，货币信誉很差。

在土票、杂钞泛滥的同时，1938 年以后日军又策划成立伪政府并建立伪中国联合准备银行、伪中央储备银行和伪蒙疆银行，发行伪"联银券""中储券""蒙疆券"等日伪钞。为打击法币信用，伪中国联合准备银行在其运营的八年中，极度超额印发钞票。据日本统计资料，"联银券"的发行额为 1.62 亿元，1939 年为 4.58 亿元，此后一路狂飙至 1944 年的 158.41 亿元，至 1945 年 8 月抗战结束，其发行额更是达到惊人的 1326.03 亿元，是

---

① 陈廷煊. 抗日根据地经济史[M]. 北京：社会科学文献出版社，2007：86.
② 齐武. 一个革命根据地的成长[M]. 北京：人民出版社，1957：148.
③ 赵秀山. 抗日战争时期晋冀鲁豫边区财政经济史[M]. 北京：中国财经出版社，1995：123.

发行初年的 819 倍。①另据"同盟社"统计，1938 年伪"联银券"发行 1.3 亿元，在正式禁止法币流通之前的 1939 年初发行额即超过 2 亿元。②

此外，在根据地内部，在冀钞未发行之前，各行政区发行的货币也不统一。如晋东南根据地各县发行的县银号钞票、山西第三专署发行的上党银号钞票，流通于晋东南山西第三、第五专区；山西第五专署发行的救国合作社兑换券，也流通于山西第五专区所属各县。当时公开流行的有专区合作社兑换券，有潞城、壶关、平顺、长治、高平、晋城、阳城、陵川等各县银行发行的县票。③山西省黎城县在 1942 年又发行了一种地方流通券——"黎城县金库流通券"，在屯留县、长子县、潞城县等邻近县相互使用。④另外，边区政府成立后，根据地军政机关为适应战争环境，保证流动性大的部队和党政人员及参战民工的粮食需要，曾发放过各种兑米票和餐证，共达 62 种之多。⑤

钞票种类之多、发行之滥，是全面抗战初期根据地的特色之一，这种币值的紊乱带给根据地贻患甚多。日军发行的各种伪钞是其侵略中国的罪证，也是掠夺根据地军民的武器，故日伪钞的种种害端自不待言。各种土票杂钞的贻害也是显而易见的，它扰乱了边区市场和金融秩序，妨碍根据地本币占领市场，造成投机盛行、物价腾跃、商贸阻滞、经济衰败。根据地内部发行的各等地方票的危害也是不容忽视的，它不利于根据地的金融协调和宏观金融调控，不利于货币流通、物价稳定，对内不利于贸易自由，对外不利于贸易统制，不利于边区经济的发展等。

由上可见，货币币种异常繁杂、金融市场混乱，这为边区统一货币市场、进行金融建设提供了契机。面对这种极为杂乱的货币流通局面及其带来的种种负面影响，急需通过发行根据地本位货币加以整顿，肃清各等土票、杂钞、日伪钞，收兑根据地内各地发行的抗日币，从而建立一个独立自主的边区内本币市场，以达到控制和调剂货币流通数量、稳定金融、平抑物价的目的。

4.2.2 统一边区币制中的政府举措

确定根据地本位币独占发行的原则是中共的既定政策。1940 年 7 月，

---

① [日]浅田乔二，等. 1937—1945 日本在中国沦陷区的经济掠夺[M]. 袁愈诊，译. 上海：复旦大学出版社，1997：188.
② 延安时事问题研究会. 日本帝国主义在中国沦陷区[M]. 上海：上海人民出版社，1958：83-84.
③ 参考《解放日报》，1944-12-06.
④ 黎城县金融志编委会. 黎城金融志[M]. 澳门：人文出版社，1993.
⑤ 张转芳. 晋冀鲁豫边区货币史（上册）[M]. 北京：中国金融出版社，1996：89.

根据当年4月中共中央北方局召开的"黎城会议"关于财政、经济、贸易、税收等政策规定，冀南行政主任公署与太行、太岳两区抗日民主政府商定，确定冀钞为冀南、太行、太岳三大战略区的法定本位币。1941年2月"冀太联办"在"统一货币、巩固金融布告"中规定：凡本区内一切贸易，一律以冀南银行钞票为本位币。①为了建立边区独立自主的经济体系和统一的货币制度，以稳定金融、发展生产，打破地方贸易壁垒，促进商品流通，巩固根据地，对不同性质的钞票禁止其在市场流通，边区政府制定了一系列方针政策并相应地采取了不同的举措。除了上一章已讨论的严厉打击日伪钞外，主要还有清理土票杂钞和收兑根据地内各行政区发行的货币。

1. 清理土票杂钞

对各种土票杂钞，在边区政权建立后，采取排挤政策，以政府名义公布禁止使用。为了稳定边区的金融秩序，使货币发行和流通逐步走上正轨，1938年冀南行政主任公署成立后，在其施政方针中明确指出，整理地方土票并逐渐收回，以澄清金融市场。具体指导思想为，有计划、有步骤地收回土票杂币，减少地方金融上的紊乱状态。②1939年4月，晋冀鲁豫边区成立冀南经济委员会，颁布了《经济建设计划大纲》，提出有计划、有步骤地收回土杂票币。冀南银行自成立之日起，发行冀南银行钞票作为根据地本位货币，并开始回收各种地方杂钞。③1940年1月至2月，冀南行政主任公署先后发布了四则废除土票杂钞的命令和布告，分别是《限期注销各县所存农工、保商、大中、实业、中南等废钞的命令》《禁止一切河北省银行钞票在冀南区流通》《重申严禁河北省银行钞票在冀南区流通》《关于发行冀钞五元券，禁止各地土票流通的布告》，④这些布告和命令都明令禁止了各地土票杂钞在市场上流通。随后，"冀太联办"又颁布了《1941年财政计划》，对统一币制、整理土票杂钞提出了具体的要求和措施。1940年11月，冀鲁豫边区在《半年来财经的报告与总结》中指出，河北银行票、山东民生、山东平市官钱局等土票杂币，在根据地政权建立后，即采取排挤政策，以政府名义公布，禁止使用。当时因市场缺乏零票代替，故未能全部收效，仅河北银行1元以上票币，在根据地市场内不能行使。⑤

通过行政命令和宣传禁止土票杂钞流通，勒令发行者限期收回，由边

---

① 中国人民银行金融研究所. 中国革命根据地货币（下册）[M]. 北京：文物出版社，1982：49.
② 王静然. 冀南银行[M]. 石家庄：河北人民出版社，1989：137-138.
③ 郭晓平. 太行根据地的金融货币斗争[J]. 中共党史研究，1995（4）.
④ 本书编写组. 抗日战争时期晋冀鲁豫边区财政经济史资料选编（第二辑）[M]. 北京：中国财政经济出版社，1990：706-707.
⑤ 同④：769.

区银行收兑等措施，至 1941 年，土票杂钞在边区基本被肃清。这一成就，既为冀钞占领市场打下了坚实基础，也为物价的标称与衡量创造了一个良好的金融环境。

2. 收兑根据地内各行政区发行的货币

根据地内各行政区发行的货币主要涉及三类，分别是各县银号票、第五行政区救国合作社兑换券和上党票，对于这些根据地内的地方票币的收兑问题，"冀太联办"曾先后作出重要部署。

1940 年 12 月，"冀太联办"颁发了《1941 年财政计划》，对统一本位币市场和整理杂钞等事项做了具体的部署，还规定上党票、五区票、各县流通券等，在 1941 年 1 月前收回，做到冀钞货币一元化。具体执行任务是，以国家收入收回上党票，一元上党票准兑换冀钞 7 角，限期 1941 年 3 月收完；对五区合作社票由五区负责以货物收入收回，限期 1941 年 1 月收完；对各县流通券，2 角 5 分以上的大票子限期 1941 年 1 月前收完，2 角 5 分以下的小票子限期 1941 年 3 月收完。[①]1941 年 1 月，"冀太联办"发出了《关于各县收回之杂钞及上党票绝对不准再行使出的通令》，指出，为整理金融、安定民生，经决定统一币制、巩固冀钞；凡上党票、五区合作社票以及各县流通券，必须限期用公款收回，分别呈缴或呈准烧毁；已收回者，一概不准再行使出，如收回后再行推出，以扰乱金融论罪。[②]

在"冀太联办"的部署下，对各县银号票、五区合作社券和上党票的收兑的具体执行情况分述如下：

①对于各县银号票的收兑。在太行区收兑各县发行的纸币过程中，为避免民众吃亏，根据地政府规定，民众可用杂钞缴纳 1940 年度的田赋或到公营合作社购买货物，并张贴布告，限期缴纳或购买，逾期将不予受理。在政府的号召下，仅两个月通过田赋公款和合作社卖货收回的各县票就有 30 多万。银号票收回后，得到上级政府的批准，完全烧掉。[③]

②对于五区合作社券的收兑。晋东南第五专署在中共中央北方局的指示下，决定以合作社货物销售收入收回兑换券。开始时拿出 40% 的准备金收兑，后来由于现金紧缺，牺牲救国同盟会长治中心区又将粮食、布匹、桌椅等顶替现金，兑回极少数没有收回的兑换券。到 1940 年底，五区合作

---

① 王静然. 冀南银行[M]. 石家庄：河北人民出版社，1989：147-148.
② 本书编写组. 抗日战争时期晋冀鲁豫边区财政经济史资料选编（第二辑）[M]. 北京：中国财政经济出版社，1990：740.
③ 太行对敌货币斗争一角[N]. 解放日报，1944-09-12.

社发行的兑换券基本收兑结束。①

③对于上党票的收兑。1940年7月太北专区召开财经扩大会议,决定将上党票以田赋、税收和向冀南银行借贷的办法,按七折兑换收回。"冀太联办"成立后,于1940年8月召开冀太区军政民各界金融人士座谈会,着重讨论了以冀钞收兑上党票的问题。1941年8月,中共太岳区党委紧急通知,以国家收入七折收回上党票。至1942年初,上党票的收兑基本结束。②

总之,在中共和根据地行政机关的组织下,通过行政手段、经济手段与宣传教育手段相结合,根据地军民团结一致,坚决、迅速、彻底地肃清土票杂钞及地方票。经过一年多的艰苦斗争,终于在1940年底基本上完成了金融市场整顿,废除了旧的金融秩序,建立了独立统一的冀钞本位币市场的新金融体系,为稳定金融、平抑物价、发展边区经济准备了条件。

值得注意的是,虽然边区各政权机构收兑和肃清了各县银号票、五区兑换券、上党票等根据地内各地方票,但它们所发挥的作用和作出的贡献却不会因被肃清而磨灭。在晋东南抗日根据地开辟初期尚未有统一的银行和本位币的情况下,这些地方票币在两年多的流通中缓解了地方财政的极端困难,增加了各地方用于交换的货币筹码,弥补了法币辅币严重短缺的不足,解决了市场找零的困难,同时用地方票代替法币流通,避免了法币被日军利用。总之,这些地方票币为各地的经济恢复和发展、市场的繁荣及抗战军民的供给等,作出了重大贡献。另外,鲁钞是抗日战争时期晋冀鲁豫边区中冀鲁豫战略区的本位币,冀鲁豫区在建立独立统一的鲁钞本位市场的过程中,也打击了日伪钞并清理了各种土票杂钞,这里不再赘述。

4.3 解放战争时期冀钞信用的巩固

4.3.1 统一新收复区币制

1. 国共两党谈判时期

从1945年8月到1946年6月,这是一个由抗战胜利转向国共两党谈判又转为全面内战的过渡时期。这一时期内,晋冀鲁豫边区不断扩大,除广大农村外,还收复了80多个中小城市。这些地区刚刚摆脱日军和蒋介石

---

① 田秋平. 谈抗币"山西省第五行政区救国合作社兑换券"的发行[J]. 文史研究,1991(3).
② 张转芳. 晋冀鲁豫边区货币史(上册)[M]. 北京:中国金融出版社,1996:71-72.

的统治，面对战争遗留的无尽创伤，百废待兴，百业待举。这些新收复区的市场特点是日伪钞或法币占领市场，虽然在军事上日军和蒋军被打败，但由于日伪钞或法币的存在，在经济上还未能摆脱日军和蒋军的掠夺。因此，当时最紧迫的事情就是迅速废止日伪钞和法币，建立冀钞本币市场，统一全边区的货币制度，以恢复这些新收复区的市场秩序。

在这些新收复的城镇中，有的在抗战期间被日军统治多年，有的则一度被蒋介石和阎锡山接管，因此民众日常使用的货币不是日伪钞就是法币。这些城镇在获得收复初期，由于日伪钞和法币禁止流通，冀钞奇缺，加之一部分商人担心政局不稳，对冀钞持怀疑态度，宁可把做生意赚来的钱换成粮食、布匹等实物而不愿保存和持有冀钞，这些因素一度造成了市场的半停顿状态。如在太谷新解放区，由于冀钞筹码奇紧，致使贸易呈现死滞状态，物价没有标准，发生以物易物的现象。1945年8月下旬，油4斤换小猪1头，油2~3斤换棉花1斤，这种贸易死滞伴随而来的就是货物缺乏、物价高涨。如太行六分区有些新区民众买不到海盐，海盐每斤要200元，油1200元1斤，小米200元1斤。同样也有相反的情况，由于交易不畅、销售不快而发生的物价下跌的现象也不为罕见。赞皇县1945年9月8日棉花50~55元/斤，海盐7~8元/斤，植物油30~32元/斤，香油46~60元/斤，麦子3.4~3.5元/斤。①

针对这种情况，边区政府采取了"大力发行推广冀钞，坚决禁止法币、日伪钞及一切杂币流通，使冀钞完全占领根据地和新解放区市场"的方针。在这一方针指导下，根据各新收复区不同的货币占领情况，边区政府和银行采取了一系列行之有效的措施：

针对本币筹码不足问题，首先大力组织新老区间贸易，使货币流入新区，不能只靠冀南银行总行向新区发行。同时组织山货粮食进入新区市场。其次是从边区内部调一部分款，善加利用，煤的销路打开以后，每天可收入500万元，即可购买棉花等，不能完全靠贷款来恢复经济，贷款只能起到引导作用，主要的还是使物资交易起来。②如赞皇县刚收复后，因为由日伪钞市场突然变为本币市场，原来粮食1斗为伪钞价格3000元，要变成本币价格，商人的粮食、棉花、土布等物品不知如何标价。在这种情况下，边区政府组织力量推行冀钞本币，公营商店拿出一部分粮食到市场上出售，1斗麦子卖150元。商人根据商店的粮食价格标准，才敢于要价售货。同时，因民众只有物品没有冀钞，商店便用海盐换些土布、线子。大量推行

---

① 一月经济——八月中旬至九月中旬[J]. 经济生活，1945（9）：43.
② 胡景沄. 新形势下的新任务[J]. 经济生活，1945（9）：1.

本币，赞皇县的市场很快开始繁荣。①

行政手段和政治宣传手段相结合。一方面禁止法币、日伪钞及其他杂币在市场流通，打击扰乱破坏冀钞的不法分子；另一方面积极宣传当时政治、军事形势及中共在边区的货币政策，使冀钞深入人心。如邢台市收复以后，边区政府用行政命令和宣传组织动员双管齐下，首先布告日伪钞限期 15 天流通期，限期过后禁止使用。针对民众心理，步步紧跟，最后完全清除伪钞。②

边区政府宣布在日军完全投降以后，以冀钞、鲁钞作为边区统一的本位币，准许冀钞加盖"太行""太岳""平原"与鲁钞相互流通，取消抗战期间的地区限制，以后也不再发行地名券，使各区在经济上可以相互支援。同时，冀钞收兑其他种类的解放区货币，确立全边区的冀钞本币地位。经过半年多的努力，至 1946 年 7 月内战爆发后，冀钞逐步形成了独立的货币体系，全边区的币制实现了统一。

2. 第三次国内革命战争时期

1946 年 6 月，蒋介石撕毁停战协定，发动全面内战，至 1949 年 10 月，这是第三次国内革命战争时期。这一时期，关于新收复区问题，可分为三种情况：第一种为解放区与国统区毗邻的边沿区和游击区，这类地区的特点是在军事上处于相互拉锯状态；第二种为首次获得解放的新收复区，这类地区的特点是在地理形势上通常是一面临解放区、一面临国统区，在经济上与解放区相对独立，贸易上曾与国统区存在密切联系，政治上则由于国民党的长期统治，民众对中共的边区政策不了解，甚至是怀疑和不信任；第三种为原是解放区，但曾一度被蒋军占领后又被收复的地区，这类地区因曾有中共的基础，在经济上与老区关系密切，在政治上了解中共政策。

上述三种地区在统一币制中采取了不同的策略。

在第一种地区，因战争最为艰巨，针对进攻和防守的不同阶段应采取灵活的斗争方法，及时转变方式。在进攻时，配合军事行动，利用一切可能的手段使冀钞深入蒋币市场，争取合法的混合流通。在混合流通市场则努力做到逐渐使冀钞占据优势，进而挤出蒋币，将其打入黑市，建立统一的本币市场；在防守时，即使冀钞迫于形势非退出市场，务求尽量坚持阵地或转入黑市，以待时日转入反攻。同时，采取武装游击的方式，制裁少数仇视冀钞的商人，使冀钞在黑市中广泛流通。如寿阳县是太行区的边沿

---

① 李锋. 收复赞皇城后的商店工作[J]. 经济生活，1945（9）：32.
② 于习之. 新市场恢复工作的几点经验[J]. 经济生活，1945（11）：7.

区，解放战争以前，全县的输出品是牲口和羊只，1947年以前的三年间牲口减少三百余头，造成春耕困难。县政府经过讨论决定，此后要设法制造副产品输出换回必需品。该县南坪合作社组织编簸箕、竹箩，南凹合作社试办造纸厂，有的组织榨黑豆油，有的组织纺织。总之，拿这些东西输出换回必需品卖给群众，买卖用冀钞计算，取消过去那种一切交易以小米为单位记账的办法，这样逐渐引导群众使用冀钞，扩大本币市场。①又如冀鲁豫区五分区是深入蒋军的一个游击区，经过蒋军反复扫荡，许多主要市场都成了蒋币本位。冀鲁豫区的统一货币斗争采取了一元化斗争的方式，经过用蒋币在市场上反复兑换冀钞和改造集市，群众存的冀钞大量上市。随后宣布了蒋币不合法，禁止流通，征款一律用冀钞，并在各个集市设交易所，一切交易须经交易所，非冀钞不准成交。这样经过几天时间，即由蒋币市场变成冀钞市场。配合解放军的游击活动，凡是五分区各行政执法力量能到达地方，蒋币市场都变成了冀钞市场。②

在第二种地区，因蒋币在此有着根深蒂固的基础，蒋军也千方百计地维持其存在，并想尽办法来破坏边区金融。故在这种情况下，蒋币不能立即停止流通，冀钞也不能马上占领市场，中间大多有一个限期流通和混合流通的过程。具体可采取组织民众输出蒋币换回物资的"排挤"方式，辅之以适当的兑换。"为了刺激人民迅速推出蒋币，可采取逐渐降低牌价及蒋币币值农村比城市低、内线比外线低的办法。在物价上一开始不应强调低物价，即使比老区及敌占区稍高也是不可怕的。通过物价币值的掌握，一方面排出了蒋币，换回了物资，一方面打通了物资交流，在新区的本币就有了支持。"③通过一段时间对蒋币的限期混合流通，逐步过渡到本币市场。当蒋币逐渐被肃清时，必然引起市场的暂时萧条，这正说明蒋币外贸被挤出市场，山货土产上市，冀钞占领市场。在恢复市场的过程中，边区各职能部门一方面继续组织新老区物资交流，另一方面通过发放贷款扶植当地各类生产复业，积极发展当地经济，保证市场上的主要商品使用冀钞，只要群众拿冀钞能买到必需品，如此群众就会拥护、持有和使用冀钞，冀钞信誉就会日益巩固。

在第三种地区，应采取坚决迅速清理蒋币的办法，发布命令宣布蒋币立即停止流通。一方面要最大可能地挤出蒋币，另一方面为避免民众蒙受

---

① 寿阳县开展本币市场的办法[J]. 银行月刊，1947（12）：3.
② 冀鲁豫区货币工作对蒋币斗争总结[J]. 银行月刊，1947（13）：2.
③ 关于新收复区货币工作的指示[J]. 银行月刊，1947（14）：1-2.

损失，要做好突击性的货币兑换，同时组织、发动民众排挤蒋币，换回有用物资。

总之，边区各职能部门相互联手、相互配合，在"一切获得解放的市场上，彻底肃清蒋币，建立单一的本位币市场"原则的指导下，针对不同类型的收复区，对蒋币灵活地采取了立即清理、限期流通、混合流通等不同策略，逐步完成了新收复区的货币统一，扩大了冀钞的流通范围。

4.3.2 冀钞扩大为华北解放区本位币

1947年以来，随着军事、政治、经济形势的日益好转，晋冀鲁豫边区在各行政区联成一片的基础上又进一步扩大，边区的金融机构和业务也在不断扩展。冀南银行的各级分支机构由1946年的161个扩大到1947年的203个，银行的业务重点也逐渐转向扶植生产建设，业务种类也随之增加。随着解放战争各条战线的开展，华北各解放区已基本联成一片，各地之间的贸易往来和经济联系日趋密切，各解放区之间的银行汇兑业务发展很快。由于各解放区货币不统一，货币比价不固定，给各区之间经济发展和统一对蒋斗争带来了巨大障碍，并使野战军的军事供给遇到很大困难。因此，这一时期，冀钞与友邻区的货币交流兑换、互相流通问题便成为其中一项重要任务。1947年5月，华北财经会议指出，各友邻区必须联合起来才能争取对蒋经济斗争的胜利，必须便利邻区间的货币兑换，适当规定兑换牌价，不得强压邻区货币，双方牌价应力求相当一致，兑出兑入减少差额。①1947年冀南银行总行召开第三次区行经理会议,强调了对友邻区的货币应采取"相互支持""公平兑换""互不流通"的态度。在币值上采取相互支持、共同提高的原则，在兑换和汇兑价格上须接近合理的自然价格。②当时因战争形势的需要，解放军的部队已改编为野战军，如晋冀鲁豫野战军，经常穿梭于各地作战，这种各解放区互不流通的货币对野战军的给养带来了障碍。因此，各解放区的货币如何按统一的标准进行兑换，打破友邻区之间货币互不流通的限制，从金融上促进各解放区之间的经济交流、相互依存、相互发展，就成为当时亟待解决的问题。

1947年5月，根据中共中央关于召开华北财经会议的指示，华北财经办事处筹备处在河北邯郸召开会议，筹备成立华北财经国内办事处，以调整各解放区之间的货币贸易关系。会上还就晋察冀、晋冀鲁豫、山东、晋

---

① 华北解放区财政经济史料选编（第一辑）[M]. 北京：中国财政经济出版社，1996：291.
② 王静然. 冀南银行[M]. 石家庄：河北人民出版社，1989：980.

绥、陕甘宁五个解放区如何统一财政经济，如何使财政保证军费开支，如何统一各地区间的货币发行以支持野战军的作战需要等问题进行了研究。

为贯彻华北财经会议关于解放区货币"相互支持、一致作战"的原则，晋冀鲁豫和晋察冀两区政府经过协商，1947年8月冀南银行所辖的冀南区行和晋察冀边区银行所辖的冀中分行拟划定边沿区货币混合市场并建立兑换所。冀中区东自交河、富庄驿等10个村镇，冀南区东自霞口、土山等20个村镇，以上划定地区为混合市场，在双方混合市场以内的村庄为混合带，并在两区混合市场的较大集市上设立兑换所。在混合市场及混合带内，群众有携带、保存、行使、兑换晋冀鲁豫的冀钞和晋察冀的边币两种货币的自由，两区政府不加任何干涉。①

1947年10月，中共中央华北财经办事处成立，统一领导华北各解放区的财经事宜。同时中共中央批准了华北财经会议决定，其中关于各解放区货币的兑换比价按"邯郸会议"决定的货币兑换比价执行。具体的货币兑换比价如下：

晋察冀边币与冀南银行币兑换比价为10∶1（1948年4月15日开始执行）。

晋察冀边币与冀南银行币、北海银行币兑换比价为10∶1∶1（1948年10月5日开始执行）。

西北农民银行币与冀南银行币兑换比价为20∶1（1948年11月20日开始执行）。

西北农民银行币与晋察冀边区银行币兑换比价为20∶1（1948年11月20日开始执行）。

冀南银行币与华中银行币兑换比价为1∶1。

冀南银行币与陕甘宁贸易公司流通券兑换比价为1∶20。

冀南银行币与陕甘宁边区银行币兑换比价为1∶400。

决定指出，按以上兑换比价，各解放区货币可以互相流通。②

以上各币种兑换比例，不是由行政力量和长官意志决定的，而是根据当时各币种的实际购买力而确定的。例如，冀钞与晋察冀边币之所以比价是1∶10，是因为一元冀钞买到的东西与10元边币买到的东西差不多，这可以通过1947年4月14日几种货物的比价得到证实，具体比价如下：

---

① 贾章旺. 晋察冀边区银行[M]. 北京：中国金融出版社，1988：280.
② 王静然. 冀南银行[M]. 石家庄：河北人民出版社，1989：981.

冀南区耿庄桥（冀钞：元）		冀中区宁晋（边币：元）
小麦（每斗）	3100	29000
小米（每斗）	2250	26000
棉花（每斤）	1450	10625
食盐（每斤）	250	2800
油（每斤）	880	8715

如果单按一种东西来比较，有的差得较多，但总体算起来是差不多的。同时，1 比 10 是整数，折算便利。①

在各边区本位币不同的情况下，这种公平合理的兑换措施对于打破各区间的商贸隔断，促进各区之间的贸易往来，维护商民利益等方面，发挥了积极作用，同时也为其他解放区之间的货币相互流通提供了借鉴。

1947 年 11 月，华北重镇石家庄被攻克，自此晋冀鲁豫边区和晋察冀边区已经完全联成一片。蒋军造成的分割局面已被打破，贸易往来、商民互通、货款流通与日俱增，两边区统一的条件已经成熟。1948 年 5 月，根据中共中央的决定，晋冀鲁豫和晋察冀两边区合并，在河北省平山县成立了中共中央华北局和华北军区。

1948 年 4 月 17 日，由冀南银行总经理胡景沄、副总经理陈希愈及晋察冀边区银行经理关学文共同签发通告，宣布冀南银行总行与晋察冀边区银行总行于 1948 年 4 月 12 日迁至石家庄中华路联合办公。通告指出，4 月 15 日后，两区连接地带的混合市场逐渐扩展，该地原有的兑换机构根据情况酌情撤销。同时，指示冀钞和边币以固定比价在华北解放区任何地方均可流通。不久，晋察冀边区银行的边币停止发行，冀钞成为华北解放区的统一货币。

随着中共革命范围的不断扩大和形势的需要，冀南银行和晋察冀边区银行联合召开扩大行务会议，对城市银行业务做了部署。1948 年 7 月 22 日，冀南银行和晋察冀边区银行奉命合并为华北银行，行长为南汉宸，副行长为胡景沄、关学文。同年 10 月 1 日起，两行各地分支机构改称为华北银行分支行处所，开始使用华北银行印鉴。

华北银行成立后并未发行本行的货币，整个华北解放区仍以冀钞为本位币。此时冀钞的流通范围东至津浦线，与山东解放区接壤；南至陇海路，与中原解放区相接；西至同蒲路，与晋绥解放区相接；北至平绥路及北宁路、平津段，与冀察热辽解放区相接。在这庞大的流通区域内，包括太行、

---

① 贾章旺. 晋察冀边区银行[M]. 北京：中国金融出版社，1988：282-283.

太岳、冀南、冀鲁豫、冀中、冀东、晋中等行政区，34个专署，277个县、市。①

随着晋冀鲁豫、晋察冀、晋绥和山东解放区逐渐连成一片，全国性胜利已经曙光在前。为了适应快速发展的革命形势的需要，在中共中央的倡导下，筹建中央银行、发行统一货币被提上议事日程。1948年12月1日，华北人民政府发布统一华北、华东、西北三大战略区货币的通告，宣布华北银行、北海银行和西北农民银行合并为中国人民银行，以华北银行总行为中国人民银行总行，在河北省石家庄市正式成立，即日起发行中国人民银行货币"人民币"，同时作为中华人民共和国的第一套本位币。至此，冀钞完成其历史使命。

4.4 冀钞的币值波动、稳定措施与成效

4.4.1 冀钞的币值波动与物价上涨

货币是各种经济力量的综合代表，货币币值的稳定是经济建设和经济斗争共同作用的集中体现。衡量货币的币值通常以物价的变动为基础，货币币值的稳定主要取决于物价是否稳定，物价高低是货币币值高低的直接反映。通货膨胀是战争状态下交战各方共有的普遍经济现象，没有哪一方能完全摆脱战争因素的影响而独善其身，对于处于战争年代的晋冀鲁豫边区来说，也不例外。冀钞在这一时期也经历了不同程度的通货膨胀，其币值也发生了一定的波动，随之物价也有一定程度的涨落。

由于战争对生产直接间接的破坏与消耗，生产量相对减少，消费量相对增加，加上国民党军队封锁分割，交通不畅，战斗频繁，边区在经济关系上与国统区又不能绝对隔绝，因此物价波动很大，往往以波浪或跳跃形式上涨。如果边区不能加以掌握，任物价波动发展，则其对于边区经济发展、保证供给及对战争之胜负关系至巨。所以掌握物价政策使其稳定，是整个经济政策中的一个重要内容。

1. 供求关系是物价涨落的基本规律

物价是商品（货物）的价值在交换时所表现的形式（一般是以货币形式表现出来）。物价涨落的基本规律是供求关系，供过于求则落，求过于供

---

① 张转芳. 晋冀鲁豫边区货币史（上册）[M]. 北京：中国金融出版社，1996：149.

则涨，但此种供求关系是错综复杂的，下面简述几个主要问题。

（1）在晋冀鲁豫边区内市场商品本身的供求关系

各种不同商品的价格（物价），是随各个市场与季节供求关系的不同而变动的。假如商品的价值不变，但因供求关系的变化，其价格往往高于或低于其本身的价值，如一布的价值与 100 米的价值相等，但因二者的供求关系不同，当布求过于供，而米的供求关系不变时，一布的价格便会超过 100 斤米，反之，便低于 100 斤米。布的供求关系不变，而米的供求变化时亦如此，或二者的供求关系起了相反的变化（如布供过于求，米求过于供），或虽变化相同而供求数量不同时，其价格亦因之上涨，单纯从边区内部市场来说，表现为以下几个主要规律：

第一，在时间与季节方面，农产品在收获后价低，如麦收后，一斤麦换不了一斤小米，至次年 4、5 月，二斤多小米换一斤麦；换季需要更换衣物时，布匹需求增加，往往会引起市价上涨，这在贸易上表现明显，一般是旺月物价涨、淡月物价落（也有相反的情形），在平时与战时，一般是战时物价涨、平时物价落。

第二，在地区方面，一般产粮区粮价较低，工业品价格较高；而产布区布价较低，粮价较高。交通便利的地区以及与敌方接壤区域，通常物价较高；而在交通闭塞的地区及边区中心区，农产品价格相对较低，工业品价格则相对较高。

第三，在农产品与工业品方面，由于边区以农业为主，工业不发达，一般工业品价高、农产品价低。有些奸商便利用这些规律操控物价，造成物价不稳，奸商从中发财。

（2）货币与商品的供求关系

由于商品的交换（买卖）一般通过货币进行，所以市场上货币流通量的增减直接影响物价的涨落。货币与商品的关系与主要规律如下：

第一，市场上货币流通总量与商品流通总量不变，物价是随各个商品的供求关系的变动而涨落，但平均物价指数一般是不变的，二者如有一方增减，或双方各有增减，则平均物价指数一般与之成正比例涨落。

第二，在生产发展、贸易繁荣、货币市场扩大和信用巩固的情况下，即使货币大量发行、流通量增加，物价指数往往不变，或比货币增加的指数小；反之，货币量虽不增加而物价指数往往增加，或增加的指数，比货币增加的指数大。

第三，在使用同一货币的友邻区的物价高于晋冀鲁豫边区时，友邻区的货币即流入边区，往往引起物价上涨；反之，货币外流，往往引起物价下落。

（3）与国统区的供求关系

在晋冀鲁豫边区未实行出入口管理及本位货币以前，边区与国统区城市在经济关系上是殖民地半殖民地的性质，低价卖出农产品，高价输入工业品（主要是非必需的消费品与奢侈品），形成极不等价的交换。

自边区发行边币、建立本位货币并管理出入口以后，边区与国统区城市的关系开始变化，凡边区禁止与限制出口的货物，尤以粮食为重，国统区不得不以高价收购；凡非边区所必需之商品，已大大减少输入，过去极不等价的交换关系及物价完全受国统区支配的形势已渐渐发生变化（如1945年以前，边区物价指数几乎与沦陷区以同样速度上涨，1946年天津物价指数上涨6倍，晋冀鲁豫边区涨2.5倍）。不过因边区独立自主的经济，主要是工业必需品的生产尚未建立起来，出入口管理不严，加之货币信用尚不够巩固，以致边区独立自主的物价尚未完全树立起来，仍未能完全脱离国统区物价的影响。

晋冀鲁豫边区物产丰富，大量输出，自边区开始管理出入口与实行边区货币一元化政策后，日军对必需品采取了高价收购，大量走私，以顽币侵入，以暗流或化装为汇票形式在晋冀鲁豫边区市场上流通，或以伪造币及吸收友邻区边币等方式套取边区物资，对边区必需品则禁止输出。这样，边区出多入少，物品输出后，一部分换回物资，一部分停留在国统区，一部分带回的是边币顽币或汇票，导致边区商品量减少、货币量增加，而物价因之上涨。

2. 国统区与沦陷区的物价政策

物价可以作为测量经济形势的寒暑表，国统区的严重经济危机从其物价的波动上可以表现出来。从天津的几种主要物价（大米，小米、麦子、洋抄、洋布、花油等）来看，至1947年5月初，粮食比全面抗战前涨三万多倍，洋布、面粉、花油涨四万多倍，以1946年1月的综合物价指数为100，1947年1月为700，涨了6倍，至1947年2月底为1040，至5月初为2480。如以1946年年底为100，1947年1月下旬为128.3，2月下旬为208，至5月3日为496，四个月上涨约四倍。

1947年2月，由于黄金与外汇问题引发了一场严重的物价风波。为平息这场风波，国民政府颁布了《经济紧急措施方案》，将黄金收归国有，禁止买卖，冻结外汇汇价，并对工人和公教人员的生活指数进行限制。同时，当局还动用各种野蛮的掠夺手段和特务行动，暂时在表面上稳定了局势。但为时不久，到4月份，各种物价又普遍上涨，并且这次是以粮食为主导的，且涨风愈来愈猛，波动时间比2月份更长，国民政府对此毫无办法，但已引起国统区的社会混乱和民众的革命化。除民变武装已遍及国统区的十数个省份外，工人罢工、学生罢课、教员罢教已相当普遍地发生于国统区各大城市。这种由物价所反映的国统区的严重经济危机，与其军事、政治危机是密切结合的。此后国统区物价涨风愈来愈猛，直到其经济发生崩溃。国统区物价问题如此严重，是蒋介石政府内战独裁所引起的政治，军事、经济危机的后果。如果单从经济方面来说，国统区物价暴涨的根本原因在于，社会生产总量和国民财富的绝对减少与社会消费总量中蒋家集团财富却在不断增长这一基本供求矛盾。而蒋介石政府在经济上推行封建买办式的军事掠夺与垄断政策，使得社会消费总量中用于军事开支、内战经费及蒋家集团庞大的官僚机构支出大幅增加，用于人民生活和生产所需的部分则显著减少，从而进一步加剧了物价的上涨与经济的混乱局面。

  国民政府为了解决以上基本矛盾，采取了以下饮鸩止渴的政策：第一，超量发行法币，以法币作为向人民掠夺财富的重要武器，结果造成恶性通货膨胀，加剧物价暴涨和混乱。第二，大量向美国借外债，因这些外债都是在非常苛刻的卖国条件下成立的，所借之债又是主要用于内战，结果使美货大量涌入，美国经济势力进一步掌握中国的经济命脉，加深了国统区经济危机和殖民化程度。同时因国民政府的货币以美金为后台，一旦美国经济危机到来，国统区经济势必更陷入极大的混乱。第三，向广大民众借内债，如短期库券、战争公债、特种公债等，这是变相地发行货币、直接向人民掠夺的办法，用公债收回的法币很快被用作财政支出。同时法币仍不停地大量印发，结果只有更加速其通货膨胀。第四，除用以上办法向人民掠夺，把人民的财富集中于蒋、宋、孔、陈四大家族之外，还利用物价上涨与不稳，投机操纵，向人民趁火打劫。其"经济紧急措施"乃是进攻工农中小资产阶级以大发危机财富的残酷手段。国民党所通过的经济改革方案，只是为了加强四大家族官僚资本对全国的经济控制，特别是要将其统治扩展到乡村中去。这种穷凶极恶的掠夺办法，只能更加剧其经济崩溃和官僚资本内部倾轧而已。第五，国统区各大城市多采取了主要物资许入不许出及定官价限制人民买卖等办法，反映了蒋家集团官僚资本内部倾轧与用野蛮强制力量掠夺人民最低限度的生活。总之，国统区的物价，反映了其经济危机已达空前严重程度，国民政府所采取的各种措施不能解决其供求的基本矛盾，反而使之更加剧烈。

3. 边区物价情况与稳定物价措施

(1) 边区物价情况

在 1945 年以前，晋冀鲁豫边区的物价波动在很大程度受到敌占城市经济形势的牵动和影响，并且农产品上涨指数比城市低，而工业品上涨指数高。1946 年除因战争情况发生三次较大波动外，物价一般较稳定，如国统区物价平均上涨六倍，边区则平均上涨 2.5 倍。1946 年 4 月底的物价，均因国统区 3 月与 4 月两次波动而波动，波动情况见表 4.4。

表 4.4　1947 年 1—4 月边区与国统区物价指数比较（以 1946 年底为 100）

种类	1 月下旬		2 月下旬		3 月下旬		4 月下旬	
	边区	国统区	边区	国统区	边区	国统区	边区	国统区
大米	166	145	211	211	231	209	342	426
小米	120	137	171	224	172	214	211	507
麦子	132	146	205	212	213	225	157	429
花油	108	136	282	227	248	272	450	480
大布	102	122	173	158	162	161	202	283
土布	106	—	157	—	137	—	181	—
洋纱	—	104	—	156	—	163	—	329
煤油	117	108	262	268	223	191	245	306
平均	121	128	208	208	198	205	255	394

资料来源：冀东《经济汇刊》，1947 年第 1 卷第 4 期。

从表 4.4 中看出，国统区在四个月中物价平均涨四倍，边区涨两倍多。在各种货物中，以粮食、花油上涨指数最大，经国统区输入的大布、煤油上涨指数却较小。可以看出花油上涨指数大，洋布、煤油上涨指数小，是符合高价输出、低价输入政策的；粮食上涨指数大，主要反映了由于国统区高价收买大量走私物品所致边区物价变动。整体物价水平是由边区内部市场、货币与商品的供求关系，以及与友邻区、国统区方面的供需关系共同决定的。在这些供求关系中，对物价起主导作用的则是粮食、洋纱、大布、土布、花油等市场上供求量的增减及顽币比值的高低，自边区实行专卖及地区禁止输入后，洋纱、大布对物价所起的作用会逐渐减少，土布则主要是对边区内部市场起的作用更大。

1947 年 2 月、4 月这两次物价波动，主要是受国统区的影响。当时国统区、边区物价悬殊，而冀钞和法币比值变动不大，于是法币侵入，直接、间接地套取边区物资，引起物价波动后，亦影响到冀钞信用，导致商民多抛出冀钞收存货物。这一时期边币发行量尚不到 20%（以 1946 年年底为

100），但物价指数却涨了 200%多。内地供求的季节性，对这两次波动的影响是不大的，所以两次波动的损失完全是国民政府造成的。

（2）边区物价政策

为了发展与保护边区经济，边区必须建立独立自主的、稳定的物价，并争取高价输出、低价输入。对此，边区政府采取了一系列行之有效的稳定物价的措施。

①发展生产，力求自给，并争取出超，这是建立独立、自主与稳定物价的基础。边区物资丰富，但因没有自给工业，所以工业必需品仍多依赖于国统区。解放战争后期，开始大力发展工业必需品的生产，减少工业消费品的输入与农产品的输出，增加工业原料与工具的输入及农业、手工业制成品的输出。以实物代替货币充当一般等价物是根据地保持币值相对平稳，减少通货膨胀等不利影响的主要原因（Arthur, 1965）[①]。

②加强出入口贸易的管理，这是边区对敌进行经济斗争、实现边区物价政策、改变半殖民地经济的重要手段。在管理方面，主要采用行政力量对出入口加以管理，加强边区的工商管理、专买专卖等具体实施。在掌握方面，主要是通过边区贸易部门，联合商贩，统一对敌，掌握国统区与边区的供求规律，实现高价输出、低价输入。

③掌握供求规律，进行市场调剂，这是稳定物价的重要措施。要掌握旺月与淡月、平时与战时，根据边区内各个市场、边区与友邻区、边区与国统区的供求规律，进行商品调剂，打击不法商贩，使物价保持稳定。

④掌握货币政策对稳定物价甚为重要。扩大与巩固边币市场，缩小与摧毁法币市场。管理与掌握外汇，防止法币内侵与暗流。掌握发行及市场上货币和商品的供求规律，根据其规律及时调整货币政策，保持市场上的货币不过度膨胀或紧缩。管理出入口商人，严格取缔国民政府及票贩子扰乱金融的活动。

自解放战争以来，晋冀鲁豫边区在经济工作上取得了大量经验，实现了对国民党经济斗争上的主动与优势，形成了独立自主的稳定物价政策。

4.4.2 与国统区、沦陷区、友邻区的币值比较

1. 从冀钞自身币值波动的绝对变化角度来考察

唯有多角度、多侧面、多参照系地进行考察，才能更臻于事实地概览

---

① Arthur N Young. China's Wartime Finance and Inflation 1937-1945[M]. Cambridge: Harvard University Press, 1965.

冀钞发行 9 年中的币值波动及其购买力变化的全貌。下面分别从冀钞自身币值波动的绝对变化角度、与国统区和沦陷区比较的相对变化角度，以及与友邻根据地、解放区的横向对比角度来考察冀钞币值的变化情况。

冀钞发行以来，其发行指数、货币购买力及边区的物价指数的变化情况详见表 4.5。

表 4.5 冀钞发行以来发行指数、物价指数及货币购买力统计　　单位：%

年份	发行指数	以六种物价计算		以八种物价计算	
		物价指数	货币购买力	物价指数	货币购买力
1940	100	100.0	1.0000（元）		
1941	285	144.1	0.69396		
1942	436	298.5	0.33834		
1943	1255	2248.6	0.04447		
1944	2739	4865.5	0.02553		
1945	8927	2355.8	0.04245	100.0	1.0000（元）
1946	132565	13047.4	0.00766	553.8	0.20484
1947.9	382481	25667.0	0.00390	1089.6	0.18300
1948.6	706295	57819.0	0.00173	57819	0.00173

等于 8 种物价的右栏数据：1945 行后两列应为 100.0 和 1.0000（元）；1946 行 506.5 和 0.19700；1947.9 行 973.5 和 0.10295。

资料来源：①冀南银行总行. 银行月刊，1947（20）：20. ②"发行指数"源自王静然. 冀南银行[M]. 石家庄：河北人民出版社，1989：168. 原表中数据包含鲁钞，因鲁钞印刷截至 1945 年年底，故 1940—1945 年数据是把原表数据中鲁钞部分除去经过计算而得。③1948 年 6 月数据源自财政部科研所. 财政研究资料——晋冀鲁豫边区财政经济史座谈会资料集[Z]. 内部资料，1985：47. ④《冀南银行总行关于货币发行工作报告》。

注：①六种物价是指小米、麦子、棉花、土布、植物油、海盐。②八种物价是指小米、麦子、棉花、土布、植物油、海盐、煤炭、颜料。③左栏（以六种物价计算）为以 1940 年全年平均物价为基期，右栏（以八种物价计算）以 1945 年全年平均物价为基期。④计算方法为加权算术平均。

通过表 4.5 中的数据，经过分析可以得出：第一，1943 年以前，即在冀钞处于被动的财政发行阶段，冀钞严格执行紧缩的发行政策，保障抗战供给。这一时期，尽管边区遭遇各种严重的自然灾害，但经过军民的共同努力，开展生产自救，物价是基本稳定的。1941 年发行指数比 1940 年增加了 1.85 倍，而同期物价只上涨 0.44 倍。1942 年发行指数比 1940 年增加了 3.36 倍，而物价只上涨了不到 2 倍。第二，从 1943 年至抗战结束，即在冀钞处于主动的经济发行阶段，1945 年发行指数是 1943 年的 7.11 倍，而 1945 年物价指数基本与 1943 年持平，这两年度的冀钞购买力也基本无异。第三，从抗战结束至 1948 年 6 月，这一时期冀钞发行量激增，1948 年 6 月的发行指数是 1945 年的 79.1 倍，而物价只上涨了 24.5 倍，物价上涨倍数远低于冀钞发行增加倍数。从右栏数据也可以得出同样的结论。第四，总的来看，从冀钞 1939 年开始发行至 1948 年停止发行的 9 年间，发行指数上升 7062 倍，虽然 1 元冀钞的购买力降为 1940 年的 0.00173 倍，但冀钞总额购买力比 1940 年增加了 12.2 倍。同时，同期 6 种主要商品的物价指数上升 578 倍，可见物价上涨指数远远小于冀钞发行的上涨指数。这些都是良好的发行情况，是正确方针政策实施的结果，同时也说明冀南银行的货币发行是严肃、谨慎的。因此，透过上述这些数字，可以说整个抗日战争和解放战争时期，冀钞的币值和购买力及物价是比较稳定的。

2. 从与国统区和沦陷区的相对变化角度来考察

在抗日战争和解放战争时期，随着晋冀鲁豫边区的不断巩固与扩大、各类生产的逐步发展、经济建设的日臻完善，冀钞发行量虽然年年递增，但是边区的物价上涨指数仍远低于冀钞发行增长指数，说明冀钞保持了相对稳定。而国统区和沦陷区却是完全相反的情况，物价上涨指数高于货币发行指数。下面分别通过与国统区和华北沦陷区比较，来考察冀钞币值的稳定性。

第一，与国统区对比。自全面抗战以来，至 1948 年 8 月法币停止发行，晋冀鲁豫边区和国统区的货币发行指数、物价指数和货币购买力的变化情况详见表 4.6。

表 4.6　晋冀鲁豫边区与国统区货币发行指数、物价指数及货币购买力的对比

时间	货币发行指数		物价指数		货币购买力	
	蒋币	冀钞	国统区	边区	蒋币（元）	冀钞（元）
1937.06	100.0		100.0		1.0000000	
1937.12	116.3		95.5		1.0475000	
1938.06	122.6		101.0		0.9900000	
1938.12	163.2		122.5		0.8150000	
1939.06	186.4		136.0		0.7350000	
1939.12	298.3		206.5		0.4845000	
1940	554.1	100	922.0	100.0	0.1085000	1.00000

续表

时间	货币发行指数		物价指数		货币购买力	
	蒋币	冀钞	国统区	边区	蒋币（元）	冀钞（元）
1941	1066.1	285	2326.0	117.9	0.0430000	0.72500
1942	1703.0	436	6394.0	258.0	0.0156300	0.38800
1943	5325.0	1255	26507.5	811.0	0.0037750	0.12330
1944	13492.0	2739	60530.0	8619.5	0.0016500	0.01158
1945.08	39500.0	—	179500.0	3500.0	0.0005400	0.02858
1945.12	73200.0	8927	140500.0	3798.7	0.0005200	0.02635
1946.12	264200.0	132565	268800.0	18710.0	0.0000916	0.00635
1947.09	1202000.0	—	1865800.0	34653.4	0.0000256	0.00265
1948.06	—	706295	—	57819	—	0.00173
1948.08	47070500.0		155100000.0			

资料来源：①国统区 1937 年 6 月至 1944 年货币发行指数和物价指数及全部法币购买力数据源自冀南银行总行. 银行月刊，1947（16）. ②国统区 1945 年 8 月至 1948 年 12 月数据源自 1985 年版的《中国近代金融史》。③晋冀鲁豫边区 1937 年 6 月至 1947 年 9 月数据源自冀南银行总行. 银行月刊，1947（20）. ④晋冀鲁豫边区 1948 年 6 月数据源自王静然. 冀南银行[M]. 石家庄：河北人民出版社，1989.

注：国统区物价指数根据 1937 年 6 月至 1944 年重庆 22 种重要物价指数之食品类及纤维类平均计算，1945 年后为重庆基本商品批发物价总指数。

由表 4.6 可见，国统区物价随蒋币[①]发行量的增加而快速上涨，1940 年物价上升快于蒋币量的增长，差距逐渐增大，成为物价走势的一个转折点。从表中数据看，1937 年 6 月至 1945 年 8 月的整个抗日战争期间内，蒋币的发行指数上涨了 395 倍，而这一时期内国统区的物价上涨了 1795 倍，物价上涨的速度是蒋币发行增加速度的 4.54 倍，说明法币贬值、通货膨胀的程度较高。而同时期的冀钞则呈现出完全相反的现象。全面抗战期间晋冀鲁豫边区物价的上涨速度非但没有高于冀钞发行指数，反而前者远低于后者。经过计算，1937 年 6 月至 1945 年年底边区的物价上涨指数仅为冀钞发行指数的 0.425 倍，说明与蒋币相比较，抗战期间冀钞的通货膨胀是较忽微的，其币值是相对坚挺的。至于到解放战争时期，则更加印证了这一结论。从 1945 年 8 月到 1948 年 8 月蒋币（法币）寿终正寝，其发行指数

---

① "蒋币"指国民政府统治大陆的 22 年中，先后发行的三种货币，即 1935 年的法币、1948 年的金圆券和 1949 年的银圆券。

增加了1191.7倍，国统区物价上涨了864.1倍，蒋币发行指数增加数仍比国统区物价上涨指数的增加数高出近4成。而从1945年12月至1948年6月，冀钞发行指数增加了85.1倍，同期边区物价上涨了15.2倍，物价上涨倍数是冀钞发行指数增加倍数的0.18倍。以上说明抗战期间冀钞币值的贬值程度相对来说是比较轻微的，到解放战争时期则更加证实了这一结论。

从表4.6还可以看出，全面抗战期间内，蒋币购买力从以1937年6月为基期，到1945年8月抗战胜利后仅为0.000540，仅相当于全面抗战初始购买力的1/1852，而抗战结束时冀钞的购买力是其发行初始的购买力的1/38，冀钞购买力减弱的程度是蒋币的1/49。由表中1940年至1948年6月的数据，经计算，冀钞总额购买力增加了12.2倍，而在大致相同的时期内，1947年9月法币总额购买力为1940年的0.51倍。同一时期两种不同货币总购买力的一升一降，说明与蒋币相比，冀钞的购买力较强，贬值幅度较小，物价相对平稳。

下面再具体根据冀钞与蒋币的比价情况来考察抗日战争时期冀钞币值的变动情况，详见表4.7。

表4.7　全面抗战时期冀钞发行以来与蒋币币值的比较

时期	1940年	1941年	1942年	1943年	1944年	1945年
1月	1.00	0.90	0.74	2.69	3.10	3.73
2月	0.99	0.93	0.82	2.43	3.48	3.20
3月	0.97	0.75	0.74	2.66	3.08	2.80
4月	0.96	1.00	0.80	2.14	2.98	2.80
5月	0.92	0.93	0.97	2.43	2.90	3.00
6月	0.91	1.00	0.97	2.18	3.53	3.00
7月	0.87	0.90	1.05	2.20	2.77	2.80
8月	0.83	0.80	1.13	3.00	3.30	3.20
9月	0.81	0.84	1.23	3.00	3.30	—
10月	0.77	0.60	1.27	3.50	3.50	—
11月	0.77	0.50	1.60	3.20	3.58	—
12月	0.77	0.65	1.77	3.10	3.67	—

资料来源：本书编写组. 抗日战争时期晋冀鲁豫边区财政经济史资料选编（第二辑）[M]. 北京：中国财政经济出版社，1990：989. 原表印刷错误已纠正。

注：此表是太行区平均市场价格。

从表 4.7 中可以看出，冀钞自发行以来，宣布与蒋币（法币）等值流通，但从表中数据来看，整个全面抗战期间冀钞相对蒋币的币值呈现出先走低后走高的特点，其中 1942 年 7 月出现拐点。从 1940 年 1 月至 1942 年 6 月，冀钞币值不敌蒋币，冀钞与蒋币币值相比在 0.5~1.0 波动。至 1942 年 7 月，冀钞币值反超蒋币，自 1943 年 8 月至 1945 年 8 月抗战结束，冀钞与蒋币币值之比基本维持在 3.0 以上。再从二者比值波动幅度来看，冀钞与蒋币币值波谷为 0.50，波峰为 3.73，冀钞相对蒋币最高升值幅度达 7.46 倍。从以上来看，全面抗战期间冀钞的币值相对蒋币是稳定的。

再来看解放战争时期冀钞购买力的相对变化情况。下面从冀钞与蒋币平均购买力的对比情况来分析，如表 4.8 所示。

表 4.8　1945—1947 年边区与国统区货币购买力对比表（基期：1945 年 12 月）

年月	国统区 米、金、美钞平均购买力	解放区（邯郸） 小米、赤金平均购买力	冀钞与蒋币平均购买力 对比
1945.12	1.0000	1.0000	+0.028
1946.06	0.3055	0.4203	+0.369
1946.12	0.1682	0.2763	+0.642
1947.06	0.0203	0.1499	+6.375

资料来源：冀南银行总行. 银行月刊，1947（16）.

注："+"表示增加。

表 4.8 反映出从 1945 年 12 月至 1947 年 6 月，解放区和国统区的米和赤金平均购买力都持续下降，但解放区的降幅在速度和程度上均显著小于国统区。至 1947 年 6 月，冀钞的购买力比蒋币高出 6.375 倍。

我们还可以截取解放战争时期的一个局部来透视冀钞与蒋币的币值变化情况。下面是晋冀鲁豫边区自 1947 年 7 月进入战略反攻后半年来的冀钞与蒋币币值变化情况，见表 4.9。

表 4.9　1947 年下半年冀钞与蒋币的比值和指数

月份	7	8	9	10	11	12
比值	1∶18	1∶20	1∶20	1∶25	1∶30	1∶50
指数	100	90	90	72	60	36

资料来源：王静然. 冀南银行[M]. 石家庄：河北人民出版社，1989：420.

如表 4.9 所示，蒋币与冀钞的比值从 1947 年 7 月的 18∶1 变化为 12 月的 50∶1，从比值指数也可得出这半年内蒋币相对冀钞，其币值跌落

64%。这说明随着刘邓大军南下后,解放战争的整个战局已转入战略反攻,冀钞已占绝对优势,其信用日益巩固,在民众心理上逐渐成了真正的本位币。而蒋币随着军事的失利濒于破产,逐渐丧失了信用。

蒋币币值的迅速跌落,也可从另一个侧面得到反映。从 100 元法币购买力的变动来看,1937 年可买黄牛 2 头,1945 年只能买鸡蛋 2 个,1946 年只能买固体肥皂 1/6 块,1947 年只能买煤球 1 个,1948 年 8 月 19 日只能买大米 0.002416 两。①这说明冀钞的币值、信用与蒋币相比,已占压倒性优势,二者不能同日而语。

第二,与华北沦陷区对比。全面抗战期间,晋冀鲁豫边区和华北沦陷区的货币发行指数和物价指数的变化情况详见表 4.10。

表 4.10 晋冀鲁豫边区与华北沦陷区的货币发行指数、物价指数对比

时间	货币发行指数			物价指数	
	伪联银券	伪蒙疆币	冀钞	华北沦陷区物价指数	晋冀鲁豫6种物价指数
1940	100	100	100	100	100
1941	—	122	285	—	—
1942	—	151	436	—	—
1943		360	1255		
1944	2128	1062	2739	6481	2321
1945.08	—	3538	—	—	2485

资料来源:①除伪蒙疆币和冀钞的数据外,源自清庆瑞.抗战时期的经济[M].北京:北京出版社,1995:572. ②伪蒙疆币数据源自居之芬.日本对华北经济的掠夺和统制[M].北京:北京出版社,1995:978.据原表数据整理计算而得。

由表 4.10 可见,从 1940—1944 年,伪联银券发行指数增加近 21 倍,伪蒙疆币增加近 10 倍,同期华北沦陷区的物价指数增加近 64 倍。形成鲜明对比的是,同期晋冀鲁豫边区的物价指数上涨 23 倍,而冀钞发行指数增加 27 倍,物价上涨指数的倍数小于冀钞发行指数增加的倍数。限于数据不完整,若到抗战结束,这一数据肯定更甚,对比会更加鲜明。由此可知,华北沦陷区日伪钞贬值和通货膨胀较重,物价上涨较剧烈,与之形成强烈对照的是,冀钞贬值较轻,通货膨胀和物价上涨较为温和。

冀钞与日伪钞的币值波动和购买力变化还可以通过汇率反映出来。汇

---

① 贾秀岩,陆满平.民国价格史[M].北京:中国物价出版社,1992:417.

率是两种货币所具有的价值或所代表的价值的对比关系,决定汇率的基础是单位货币所含的价值量。在与黄金脱钩的纸币本位制度下,纸币不再代表或代替金币流通,相应地,金平价也不再成为决定汇率的基础。按马克思的货币理论,纸币没有价值,纸币是价值的一种代表,两种纸币之间的汇率可用两地区纸币各自所代表的价值量之比来确定。因此,冀钞和日伪钞所代表的价值量是决定二者汇率的基础。下面根据晋冀鲁豫边区自冀钞发行以来与伪联银券的比值[①],即汇率,绘制成图4.1,可以更加形象地了解二者汇率的变化关系。

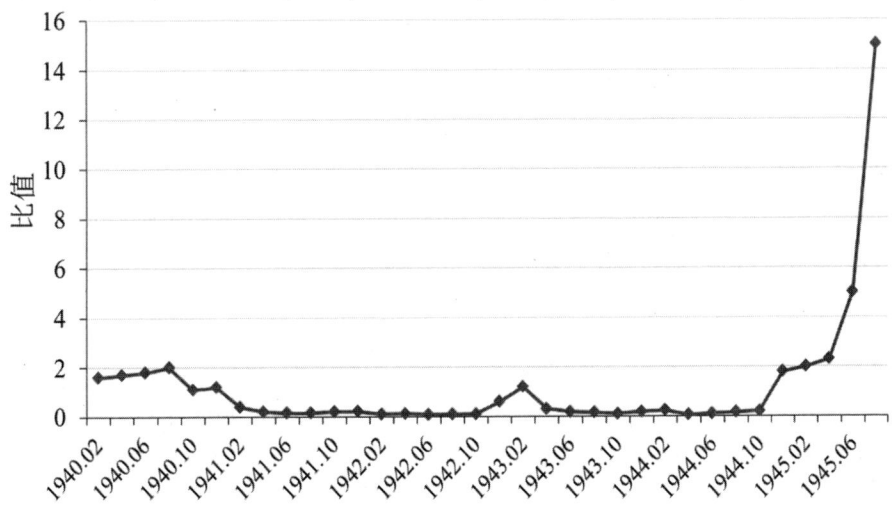

图 4.1　冀钞发行以来与伪联银券的比值对比

从图 4.1 中可以形象地看出,冀钞与伪联银券经历了一个复杂的斗争过程,在 1940—1945 年,二者汇率的变化幅度较大,大致可划分为以下三个阶段:

第一阶段:1940 年 1 月至 12 月。总的来看,这一阶段冀钞币值高于伪联银券,1 元冀钞大抵可兑换伪联银券 1～2 元,冀钞的购买力略占优势。其原因主要是,一方面,冀钞本来就是为与日伪钞作斗争而诞生的,自冀钞发行初始,边区政府就对日伪钞采取严禁使用、坚决打击的政策,致使大部分商民慑于政治压力而不敢持有、使用日伪钞;另一方面,此阶段日伪钞的势力尚未深入农村,伪联银券同冀钞没有大规模的正面斗争。这些因素造成冀钞在比价上暂时占有优势。

---

① 根据魏宏运主编的《抗日战争时期晋冀鲁豫边区财政经济史资料选编(第二辑)》第 990 页绘制。

第二阶段，1941年1月至1944年10月。这一阶段冀钞在币值上相比伪联银券总体上处于劣势，最低时1元冀钞仅能兑换1角伪联银券。其原因主要是这一阶段晋冀鲁豫边区物价高涨。另外，日伪钞倚仗日军强大的军事优势流通于全华北地区，并随日军的扩张而扩大了市场占领。因此，造成冀钞在币值上处于相对劣势的局面。

第三阶段，1944年11月至1945年8月抗战胜利结束。这一阶段伪联银券随着日军军事的逐渐失利而难挽颓势，一路狂跌，直至成为毫无价值的一堆废纸。其原因是，1944年随着国际反法西斯力量的日益强大和日军在太平洋战场的失利，边区军民携手华北各根据地，在中共的领导下，发起对日军最后一战。日伪钞的流通区域迅速缩小，信用丧失殆尽，币值也随之一落千丈。在与日伪钞的斗争中，冀钞最终取得了彻底胜利。

3. 与友邻根据地、解放区横向比较

如果说上述与晋冀鲁豫边区比较的国统区和沦陷区，其币值的大幅贬值和物价的飞涨在很大程度上是战争的失利造成的，与这些地区相比，晋冀鲁豫边区的物价稳定和冀钞币值坚挺是情理之中的，那么与同属于中共领导下的各友邻边区①相比，情况又怎样呢？具体情况详见表4.11。

表4.11 各友邻区货币发行指数和物价指数对比

年份	货币发行指数				物价指数			
	陕甘宁边区边币	晋察冀边区边币	晋绥边区西农币	山东解放区北海币	陕甘宁边区	晋察冀边区阜平	晋绥边区	山东解放区
1937					105.2			100
1938		100			143.1	100		140
1939		496		100	237.3	272		270
1940	100.0	1332	100.0	2540	500.6	1092		690
1941	879.7	2176	300.0	7033	2228.9	899		2000
1942	3806.8	3406	850.0	21831	9904.0	1469		8400
1943	59841.8	5729	8793.8	46475	124078.4	9774		6000
1944	190934.4	45534	29423.7	166116	616487.4	34483	1.00	7000
1945	686306.0	196755	263467.9	644731	1591495.4	54601		19300
1946		2615830		4851240		703247		135500

---

① 晋冀鲁豫边区的友邻根据地、解放区包括晋察冀边区、晋绥边区、山东解放区，为增加代表性，把中共中央所在地的陕甘宁边区也列入考察范围。

续表

年份	货币发行指数				物价指数			
	陕甘宁边区边币	晋察冀边区边币	晋绥边区西农币	山东解放区北海币	陕甘宁边区	晋察冀边区阜平	晋绥边区	山东解放区
1947		6262358		26321224		1714361	160.5	603250
1948		13527000				2449521		

资料来源：①陕甘宁边区边币发行指数源自陕甘宁边区财政经济史编写组. 抗日战争时期陕甘宁边区财政经济史料摘编（第五编金融）[M]. 西安：陕西人民出版社，1981：122，142-144，182. ②晋察冀边区边币发行指数和物价指数源自贾章旺. 晋察冀边区银行[M]. 北京：中国金融出版社，1988：41. ③晋绥边区西农币发行指数源自杨世源. 西北农民银行史料[M]. 太原：山西人民出版社，2002：45. 物价指数源自杨世源. 晋绥革命根据地货币史[M]. 北京：中国金融出版社，2001：104. ④山东解放区北海银行币发行指数源自中国人民银行金融研究所，中国人民银行山东分行金融研究所. 中国革命根据地北海银行史料（第四册）[M]. 济南：山东人民出版社，1988：565.

注：山东解放区的物价指数1937年后为法币价，1943年后为本币价。

回看表4.4，结合分析表4.11数据并通过晋冀鲁豫边区与各友邻区相比可知：

先与陕甘宁边区相对比。从1940—1945年，陕甘宁边区银行币发行指数增加了6863倍，这一时期陕甘宁边区的物价指数上涨了3179倍，物价指数上涨的倍数小于边币发行指数增加倍数，说明陕甘宁边区的物价上涨是不剧烈的。根据前面晋冀鲁豫边区的冀钞发行指数和物价指数计算得知，抗日战争时期内晋冀鲁豫边区冀钞币值贬值更小，物价更稳定。另外，1943年1月冀钞与法币比价为2.69[①]，同时期内陕甘宁边币与法币比价为2.10[②]，可算出冀钞与陕甘宁边币比价约为0.8:1，而据1947年10月中共中央批准的华北财经会议规定的各解放区兑换比价，冀钞与陕甘宁边币比价为1:400，同年11月陕甘宁边区银行与晋绥边区西北农民银行合并，边币完成其历史使命，说明从1943年1月到边币停止发行的不足5年时间内，冀钞相对陕甘宁边币升值了500倍。

然而与晋察冀边区相比，从1940—1948年，边币发行指数增加了10155

---

① 本书编写组. 抗日战争时期晋冀鲁豫边区财政经济史资料选编（第二辑）[M]. 北京：中国财政经济出版社，1990：989.

② 陕甘宁边区财政经济史编写组. 抗日战争时期陕甘宁边区财政经济史料摘编（第五编金融）[M]. 西安：陕西人民出版社，1981：260.

倍，同时期晋察冀边区阜平的物价指数上涨了 2243 倍。在这一时期内，晋冀鲁豫边区的物价指数上涨倍数与冀钞发行指数增加倍数之比为 0.08，两区相比，晋冀鲁豫边区冀钞的币值更稳，物价上涨更缓。另外，据统计，在 1943 年 3 月 1 日，冀钞 1 元相当于晋察冀边区银行币 1.25 元，1947 年 10 月 24 日中共中央批准的华北财经会议规定的各解放区兑换比价，1 元冀钞相当于晋察冀边区银行币 10 元。①换言之，在这 4 年半的时间内，冀钞对边币升值 8 倍。

再与晋绥边区相比。因没有掌握该边区的系统的物价统计资料，难以准确说明，可以通过间接因素来反映。据统计，在全面抗战时期，1943 年 3 月 1 日，冀钞 1 元相当于晋绥边区西农币 5 元。1947 年 10 月 24 日，据中共中央批准的华北财经会议规定的各解放区兑换比价，1 元冀钞相当于西农币 20 元②，说明在上述 4 年半时间内，冀钞对西农币升值 4 倍。另外，从表中数据可以看出，从 1940—1945 年，晋绥边区西农币发行指数增加了 2635 倍，而同一时间段内冀钞发行指数增加了 8927 倍。从 1944—1947 年，晋绥边区的物价指数上涨了 160.5 倍，而同时期晋冀鲁豫边区物价上涨了 4.02 倍。不难看出，前一时间段内，西农币的发行指数增加得比冀钞少，而晋绥边区在后一时间段内物价上涨的倍数又远大于晋冀鲁豫边区。由此可推断，整个抗日战争和解放战争时期，与晋绥边区相比，冀钞的币值更坚挺，物价涨幅更小。

最后与山东抗日根据地、解放区相比。从 1940—1947 年，山东解放区北海银行币的发行指数增加了 10362 倍，同时期内物价上涨倍数为 874 倍，物价上涨倍数为北海币发行增加倍数的 0.084 倍。在同一时期内，冀钞的发行指数增加了 3825 倍，同时期内物价指数上涨倍数为 257 倍，后者倍数为前者倍数的 0.067 倍。这说明山东抗日根据地、解放区和晋冀鲁豫边区在抗日战争和解放战争时期的物价都是比较稳定的，但二者相比，还是后者的币值更稳健，物价上涨幅度更小。

通过以上与四个友邻区相比较得出的具体的数字，可以看出晋冀鲁豫边区的物价是相对稳定的。正如邓小平所说："太行、太岳物价之低，在很长一个时候，为他区所不及。"③从各个革命根据地来说，冀钞的比价，除与北海银行币和华中银行币等值外（即 1 元兑 1 元），在黄河以北，均高于

---

① 王静然. 冀南银行[M]. 石家庄：河北人民出版社，1989：233-234.
② 同①.
③ 邓小平文选（第一卷）[M]. 北京：人民出版社，1994：83.

其他各解放区的货币币值。①

总之，通过上述对比分析可以得出，从抗日战争到解放战争时期，冀钞币值变化的特点体现在三个方面：一是边区的物价上涨指数低于冀钞发行指数；二是边区物价指数的上涨倍数与货币发行指数的增加倍数之比远低于国统区和沦陷区的对应数值；三是边区的物价上涨指数低于各友邻解放区，且冀钞币值也高于各友邻解放区货币币值。这三个方面是冀钞币值相对稳定的主要标志。冀钞作为无发行准备货币，是货币史上一个值得研究的典型案例。②

需要指出的是，在整个抗日战争和解放战争时期内，晋冀鲁豫边区物价的相对稳定和冀钞币值的相对坚挺是总的趋势，但并不排除在短时间内在局部会出现物价波动较大、冀钞贬值较快，甚至物价暴涨暴跌的现象。

4.4.3　冀钞币值的稳定措施与成效

如前所述，在战争环境下若保持货币币值和物价的绝对稳定是不可能的。为什么面对日伪钞和蒋币的恶性通货膨胀，冀钞却能保持币值相对稳定呢？

金融稳定的基础是多方面的，包括货币价值的稳定、银行系统的稳健、金融市场的有效运作及金融政策的适应性。在这些因素中，银行系统的稳健和币值稳定尤其关键，因为这直接关系到金融体系的信用创造能力和整体的金融安全。冀钞币值的稳定是一项复杂的综合治理工程，需要金融战线协同各有关部门分工合作，一方面抓对日、对蒋经济斗争，一方面抓边区经济建设，任何单一的行为举措都势必无济于事，唯此才能减少币值波动。在边区政府、银行和商贸部门采取的一系列措施中，既有行之有效的成功之举，也有徒劳无功的失败之处。在这些措施中，除了本章前面论述的肃清庞杂的货币市场并统一使用冀钞本位币、实行紧缩的冀钞发行和分散发行的原则、结合物资掌握冀钞发行并适时适度组织冀钞回笼等三项措施外，边区各职能部门还采取了另外几项措施。下面分别对这些措施进行论述并由此说明所取得的成效。

1. 发行建设公债，吸收定期存款

为发展边区各种事业建设，紧缩冀钞流通，借以稳定金融、平抑物价，1941年8月中共晋冀豫区党委发布《关于推销生产建设公债的指示》，决

---

① 王静然. 冀南银行[M]. 石家庄：河北人民出版社，1989：158.
② 高聪明. 抗日战争时期晋冀鲁豫边区对冀钞的币值管理[J]. 中国钱币，2022（3）：44-54.

定发行公债600万元。①同年9月,为筹措加强各项事业建设的经费,晋冀鲁豫边区政府公布并施行《生产建设公债条例》,公债定额600万元,公债利率为年息5厘,每年9月付息一次,十年还清,公债用途限于水利建设、工农林畜等生产事业、重要公营工业、商业等。②由于战争环境不稳定,加之战前北洋军阀和国民党等历届政府以公债名义对民众进行摊派勒索所造成的恶劣影响,民众普遍不愿购买也无余钱购买公债,使得根据地公债的推销面临许多困难,各区预先分配的推销公债任务未能如期完成。例如,至1942年9月,太行区推销出去的公债款数约占原定数的47%,收到的款项占推销任务数的43%;太岳区推销公债款数占任务数的25%,实收款数占任务数的65%。③未销出的债券不再推销,有的妥为保存,有的被焚毁。可以说,发行公债是失败的,有的地区几乎连印刷成本都没有收回来。

定期存款在一定时期暂时离开了流通领域,银行通过提高存款利率来吸取定期存款,一来可以达到回笼货币、紧缩市场通货的目的,二来可以增大银行营运资金、扩展银行业务。因此,提高利率以鼓励定期存款也是调整货币流通量的一种举措。然而实际情况是,对笼罩于战争阴霾下的冀南银行来说,吸收存款实在不是一件容易的事。一是边区位置偏远,地瘠民穷,广大民众普遍举债度日,根本没有余资进行储蓄;二是战时环境下的通货膨胀率往往比存款利率还高,存款的利息所得不仅不能给储户增加效用,甚至补偿不了货币贬值而产生的损失。在既得资源约束下的效用最大化原则决定了储户不会选择这种会给自己带来负效用的经济行为。例如,1940年冀南银行的定期存款分为3个月至1年,对应利率为月息5厘至9厘,④以最高9厘计,即年利率10.8%,而1941—1943年晋冀鲁豫边区的物价指数分别比1940年上涨44.1%、198.5%、2148.6%,显见微薄的利息所得在很大程度上被愈益高涨的物价上涨指数所淹没。也就是说,存款时间越长,损失的货币购买力越大,储户存得越多,损失也就越大。到1944年冀南银行提高存款利率后,依然存在这样的现象,不再赘言。由此观之,吸收存款业务所起的作用实在忽微。

发行建设公债、吸收定期存款等金融措施的实际效果之所以并不理

---

① 本书编写组. 抗日战争时期晋冀鲁豫边区财政经济史资料选编(第一辑)[M]. 北京:中国财政经济出版社,1990:1167.
② 同①:1169.
③ 同①:597-598.
④ 本书编写组. 抗日战争时期晋冀鲁豫边区财政经济史资料选编(第二辑)[M]. 北京:中国财政经济出版社,1990:883.

想，其根源就在于边区没有一个完善的金融市场，对于处于战争环境下、以农业经济为主的边区来说，单靠纯粹的金融手段势必难以发挥应有的作用。

2. 以粮食、棉花等重要物资作为冀钞的发行准备

货币发行准备制度是为约束货币发行规模、维护货币信用而制定的，要求货币发行者在发行货币时必须以某种金属或资产作为发行准备。"冀太联办"成立后不久，曾在太行区的黎城县西井镇召开了冀南银行准备金展览会。展览会分成银币、元宝、黄金三个展区，就银币展区来说，各种银币构成高2尺半、长3尺、宽2尺的大型立方体，场面十分壮观。这次准备金展览会使得民众知晓了冀钞不仅有准备金，而且准备金十分充足，同时提高了广大群众对抗日政府和冀南银行发行货币的信任。[①]为了保持冀钞币值的稳定，如前面所述，冀钞先以法币为准备金，后以重要物资为准备金、以边区的物质力量为后盾。1941年4月，"冀太联办"指示冀钞要改变以法币为基金的观点，改为以边区生产品的总收入及硬币、生金银为基金，以摆脱法币贬值的影响。事实证明，在战争年代，以重要物资代替金银作为冀钞币值的保证是最有效的手段之一。

当时著名经济学家薛暮桥先生曾说："过去有人认为发行货币要有金银来做保证，根据我们几年来的经验，在今天战时的农村的情况下，金银对货币并不能起多大的作用，而真正起作用的是几种重要物资。"[②]他还说："马克思说货币是各种商品的一般等价物。货币不一定同金银联系，也可以同其他商品联系。只要我们适当控制抗币的发行数量，并掌握着充分的物资，能够在必要时用来回笼货币，平抑物价，就完全可以使抗币为人民所信任。……我们采取的是'物资本位'。抗日民主政府控制货币发行数量，勿使超过市场流通需要。每发行10000元货币，至少有5000元购存粮食、棉花、棉布、花生等重要物资。如果物价上升，就出售这些物资回笼货币，平抑物价。反之，如果物价下降，就增发货币，收购物资。用这些生活必需品来做货币的发行准备，比饥不能食、寒不能衣的金银优越得多。"[③]这段话说明了一个深刻道理，在战争环境中物资普遍缺乏的情况下，金银准备对不兑现纸币的币值稳定不再具有决定意义，对纸币币值影响最大的是货币当局所掌控的综合经济实力及其所实施的货币政策。

---

① 武博山. 回忆冀南银行九年[M]. 北京：中国金融出版社，1993：187-190.

② 薛暮桥. 抗日战争时期和解放战争时期山东解放区的经济工作[M]. 济南：山东人民出版社，1984：18.

③ 薛暮桥回忆录[M]. 天津：天津人民出版社，2006：125.

历史实践证明，在抗日战争和解放战争时期，冀钞和北海币的币值是最高的，二者就是靠掌握重要物资来保持币值坚挺，实现物价的相对稳定的。

3. 发展生产，增加财富

从抗日战争到解放战争，边区在中共革命下的敌后经济战线包含了两个不可分离的环节：一个是在根据地和解放区开展经济建设，一个是对日伪和蒋、阎开展经济斗争。在中共中央的号召下，晋冀鲁豫边区开展了轰轰烈烈的以农业为主的大生产运动。币值稳定、物价平准的最根本方法是发展生产，增加产品的有效供给，增加社会的物资和财富。马克思曾经说过："任何一个民族，如果停止劳动，不用说一年，就是几个星期，也要灭亡，这是每一个小孩都知道的。"①没有生产发展，没有雄厚的物质基础，边区军民欲坚持长期抗战并最终打败日军是不可能的。发展生产，对于边区来说，首要的是搞好农业生产。边区深处农村，农业自然是边区经济的命脉，是边区军民吃饭穿衣以至抗战的依靠。因此中共历来都是非常重视农业生产的，全面抗战以来颁布了一系列的有关农业生产的指示、决定等。自1938年春开始，每年都发动广大农民进行春耕生产运动，并把扶植农民发展生产作为边区政府的一项重要任务。晋冀鲁豫边区开展大生产运动的着手点是发展互助合作运动，将提高技术、改良品种和发展农副业相结合。

在生产发展的基础上，一方面，边区人民的负担明显减轻了，收入增多了，民众抵御天灾人祸的能力比以前大大提高了。根据太行一分区7县7村的调查，总计4415户中，1942年每人平均收入为2.21石，1943年为2.9石，1944年更是增加到3.37石。到1945年，许多村子达到了耕三余一②。另一方面，1944年边区农业普获丰收，物资大为丰富，从而极大程度地改善了边区军民的供需矛盾，物价开始逐渐下降，打破了战时环境下货币贬值、物价上涨的一般规律。

总之，在中共的统一领导下，边区军民在积极开展对日军和蒋军经济斗争的同时，大力展开经济建设，稳定了冀钞币值，平抑了边区物价。冀钞的发行、流通实践表明，货币发行必须建立在相应的物质实体基础上，离开了物资的背后支撑，离开了边区财政、金融、商贸等政策的协同联动，单纯货币的理念是不能解决货币问题的。历史经验证实，在战争中还没有

---

① 马克思恩格斯选集（第四卷）[M].北京：人民出版社，1972：368.
② 解放日报，1946-02-06.

一个国家不会发生严重通货膨胀的，而冀钞发轫于偏僻落后的边区，不仅支持了军队、支持了战争、支持了生产，而且没有发生严重的通货膨胀，仍然保持币值的相对稳定，不能不说是一个奇迹。

第 5 章 传统私人借贷关系的沿袭与变革

土地革命、减租减息、土地改革，是农民土地斗争的几种不同形式，也是不同时期革命根据地农民土地斗争的中心内容。在抗日战争和解放战争时期，中共领导的晋冀鲁豫边区在私人借贷关系上相继实行了减息清债政策和废除一切传统高息旧债的政策，完成了农村借贷关系的变革。在这一过程中，高利贷被禁止，但边区出现了严重的民间借贷停滞的现象。为活跃农村金融，边区政府采取了多项缓解措施。

5.1 全面抗战时期的减息清债运动及其政策演变

私人借贷政策是土地政策中的一项重要内容，只有把全面抗战时期减息清债的内容与过去及以后各个时期的土地政策和借贷政策加以比较，才能了解自土地革命以来私人借贷政策的发展历程。

5.1.1 全面抗战前传统借贷关系的政策回溯

减息政策曾是中共在第一次国共合作时期提出并在部分地区实行过的政策。1926 年 7 月，中共第四届第三次扩大会议在对农民的运动决议案中，提出借贷利率不得超过 2 分。同年 9 月，国民党联席会议作出了"禁止重利盘剥，最高利率年利不得超过 20%"的规定，减息遂成为国共两党的一致主张。

在土地革命前期，1927 年 9 月中共执行的废债政策是，工农穷人之间来往账目及商家交易之账须还，但欠土豪、地主之债不还；禁止高利贷，各地普通利率以上高利债务，本利不还；借贷利率规定为 1 分至 1 分 5 厘。[①]

在土地革命中期，1930 年 3 月中共在《借贷条例》中规定，各地民众

---

① 参考《革命根据地财政经济史长编（土地革命时期下）（送审稿）》，1978 年。

债务及来往钱款,自暴动之日起一律取消,但工钱及商账例外。1931年在《借贷暂行条例》中又规定,取消和废止一切高利贷形式的借贷,苏区中的借贷利率,最多者短期每月不得超过1分2厘,长期周年不得超过1分。①

在土地革命后期,1933年中共中央在《关于土地斗争中的一些问题的决定》中针对债务问题规定:"在革命前,凡地主、富农,以金钱或物品贷付与工、农、贫民者,除店铺货账外,本利一概取消。凡工、农、贫民,以金钱或物品,存放于地主、富农者,应予归还;依靠高利贷剥削,为全家主要生活来源,其生活状况超过普通中农者,叫作高利贷者。高利贷者,照地主成分处理;在革命后的债务,凡不违背中国民主中央政府颁布之暂行借贷条例者,均应归还。"②

1937年4月,中共中央所在地陕甘宁边区宣布,"以前农民借地主的债,如果利息超过本钱或者与本钱相等的,则不再付利,没有超过本钱的酌情减轻",以后借债,"最高利息不得超过5厘"。③

1937年6月,中共中央在《民族统一纲领(草案)》中提出:"整理农民债务,减低利息,禁止高利贷,规定最高利率,提倡农民信用合作社,增加农村贷款,改良贷款办法,使农村银行及其他贷款机关,真正成为贫苦农民所利用。"④

1937年7月,中共中央机关刊物《解放》周刊发表《抗日民族统一战线阶层上的农村革命纲领》一文,文中提出:"整理农民债务,禁止高利盘剥。"

以上这些不同阶段的规定,是抗日战争爆发前中共关于民间借贷政策的演变轨迹。由此可知,全面抗战前中共一贯主张废止高利贷,但为避免农村金融出现死滞局面,允许民间借贷利率存在并大体限制在月利5厘至2分。这些规定为抗日战争时期减息清债政策的制定提供了历史依据。

5.1.2 减息清债运动的开展与政策制定

抗日战争爆发后,随着民族斗争取代阶级斗争成为主要矛盾后,中共开始从土地革命时期没收地主土地、废除传统高息债务的充满革命性质的土地政策和借贷政策向较为温和的减租减息政策转变。"全面抗战开始后,

---

① 参见《革命根据地财政经济史长编(土地革命时期下)(送审稿)》,1978年。
② 陈翰笙,薛暮桥,等.解放前的中国农村(第一辑)[M].北京:中国展望出版社,1985:86.
③ 回苏区的豪绅地主要收租还债怎么办[N].新中华报,1937-04-23(349).
④ 中共中央1937年6月27日关于民族统一纲领草案致共产国际电[M]//陈廷煊.抗日根据地经济史.北京:社会科学文献出版社,2007:4.

为了与国民党结成抗日民族统一战线，中国共产党显然对其革命策略做了调整，不仅降低了革命调子去强调孙中山的'三民主义'，而且不再号召没收和分配地主的财产并对他们进行武装斗争。"①

1937年8月，中共中央在洛川会议上决定把减租减息作为抗日时期解决农民问题的基本政策，并将其列为《抗日救国十大纲领》的内容之一。

减租减息政策的制定，旨在以国家民族利益为重，兼顾农民和地主两方面利益。"减租减息只是土地革命的暂时停止而不是终止，是在抗日第一的形势下作出的让步"②，这种让步是有原则和有条件的。减租减息是中共在特定历史时期所实行的一种特殊的土地政策，兼具革命与改良双重性质，体现了中共斗争策略的高度机动性和灵活性以及斗争方式的多样性和复杂性。

减租减息是中国抗战时期土地政策的一体两面，其中减息反映了自土地革命时期中共取消和废除封建债务向削弱和限制传统高息债务的息借政策转变。

在中共中央和各根据地制定的抗战期间的土地政策中，有关减租减息的条例、指示和办法等，一般都是作为一个整体颁发的，除中共中央颁布的《关于债务问题》的附件、晋冀豫区颁布的《关于减息清债的指示》和山东根据地颁布的《山东省借贷暂行条例》以外，专门的减息条例和借贷条例较为罕见。

纵观晋冀鲁豫边区的减息清债运动，由于各地情况有别，运动开展的时间先后也不尽一致，其贯彻施行过程具有明显的阶段性和不平衡性。总体上说，历经了一个逐步深入的发展过程，大致可分为四个阶段，下面分而述之。

1. 第一阶段（1938—1939年）：宣传和酝酿发动阶段

全面抗战伊始，中共中央在《抗日救国十大纲领》中提出的减租减息政策就逐步在晋冀鲁豫边区得到贯彻。1938年初中共的活动分子会议及建立太行山根据地会议召开时，均提出要在根据地实行减租减息政策。此后，太行区每次较大的会议，都提出要实行减租减息。由于种种原因，这一时期的减租减息停留在仅作为一个纲领性口号的宣传阶段，各地尚未普遍开展。

1939年太行区召开中共太行区委第一次代表大会，时任中共太行区党

---

① 费正清，费维恺. 剑桥中国史（13卷）[M]. 北京：中央文献出版社，2003：149.
② 李占才. 中国新民主主义经济史[M]. 合肥：安徽教育出版社，1990：171.

委书记的李雪峰在会上指出，全区减租减息"实际执行得不好"，要求各地中共党委和农会广泛深入地教育，发动减租减息斗争。①自 1939 年秋开始，在太行区和太岳区的部分县区做过具体的部署并选择少数村庄做过试点，如辽县、武乡、沁源、安泽等县，曾举办过多种形式的中共干部训练班，结合学习《抗日救国十大纲领》，安排和部署了宣传要点，开展了从合理负担政策到减租减息政策的群众运动，但大多数仅停留在宣传上，并没有普遍认真地彻底实行。即使是在试点试行的村庄，由于当时地主在农村的势力还相当强，一部分不知晓政策的人对减租减息持抗拒态度，有的虽然形式上减了租息，但实际上并未认真执行，发生了明减暗不减的现象，佃户和债户把自己已经减去的租粮和债息暗地里给地主送回。更为普遍的情况是，晋冀鲁豫边区的大多数地方还只是把减租减息当作一种宣传口号，既未发布法令，更未动手实行。还有少数地方执行得更为不力，像潞城等地，民众对此甚至一无所知，可见对这方面连宣传也都没有。据山西长治县农救会 1939 年 12 月的统计，该县已经减了 5852 亩地租，计 833 户，减息 254.6 元，计 1020 户。虽然不能说没有一点成绩，但是还有许多县差不多一点也没有进行。②

造成这一阶段减租减息运动没有深入开展而几乎陷入停滞的可能原因是，当时八路军一二九师及其他主力一方面深入晋东南敌后开辟抗日根据地开展游击战争，忙于战勤；另一方面，政府推行合理负担政策，旨在减轻农民负担并满足军政开支的需要，因此在一定程度上无暇全力推动减租减息政策的贯彻执行。而且，减租减息是中共推行的一项较为复杂的新政策，缺乏现成经验可资借鉴，只能在实践中不断探索和完善。因此，从政策制定到基层落实，必然需要一个过渡过程，在此期间，新政策自然难以全面、彻底地执行。另外，减租减息政策作为一个外来的强制性制度变迁安排，其变迁的目标、方式、路径等，与地主利益相悖，这时必然出现"上有政策，下有对策"的情况，致使制度变迁的效果大打折扣。同时，旧价值标准的废止和新价值标准的确立，需要一个逐步适应的过程。"晋东南群众没有充分深入的主要原因之一，就是民生的改善做得非常不够，以致不能如晋察冀边区人民所普遍感到的'抗日比不抗日好'"③。

鉴于上述原因，这一时期的减租减息运动并没有真正开展起来，只是在一些基础较好的县、区进行了初步试行，而群众性的运动尚未形成。虽

---

① 李雪峰回忆录（上）[M]. 北京：中共党史出版社，1998：128-129.
② 山西省档案馆. 太行党史资料汇编（第三卷）[M]. 太原：山西人民出版社，1994：120-121.
③ 山西省档案馆. 太行党史资料汇编（第三卷）[M]. 太原：山西人民出版社，1994：120.

然这一阶段减租减息运动进行得并不深入彻底，但减租减息政策的公布、宣传和初步试行，在一定程度上减轻了佃农和债户的封建剥削，削弱了农村封建势力，为下一阶段减租减息政策的普遍实行奠定了基础。

2. 第二阶段（1940—1941年）：初步实施阶段

1939年以后，抗日战争进入相持阶段，随着国民党顽固派策划并发动第一次反共高潮，抗日民族统一战线出现危机。为了进一步发动和依靠广大农民，克服国民党顽固派的反共危机，同年11月，中共中央作出了《关于深入群众工作的决定》，明确指示："在八路军、新四军活动区域，必须实行激进的有利于广大抗日民众的经济改革和政治改革。在经济改革方面，必须减租减息，废止苛捐杂税与改良工人生活。凡已经实行的，必须检查实行程度。凡尚未实行的，必须毫不犹豫地立即实行。"①中共中央的决定精神给晋冀鲁豫边区减租减息运动的普遍开展注入了动力。

1940年4月，中共中央北方局黎城会议要求在晋冀鲁豫全边区范围内"切实实行减租减息"，同年8月"冀太联办"根据黎城会议的决定颁布了《减租减息暂行条例》。随着太行区、太岳区、冀南区减租减息法令的颁布，三区在一些县、区的模范村前一阶段试行的基础上，开始大张旗鼓地发动、组织群众开展减租减息运动。1941年10月，晋冀鲁豫边区政府又颁布了《土地使用暂行条例》，进一步统一了全边区的减租减息条令，也大大推动了全边区减租减息运动的深入开展。

与友邻区晋察冀边区相比，晋冀鲁豫边区贯彻"双减"运动是比较迟缓的，也不如晋察冀边区开展得普遍，直到1941年末，在太行区41个县中有11个县认真执行了减租减息政策。在冀南区，执行减息者约占30%。另外，晋冀鲁豫边区各区之间减租减息运动的开展是极不平衡的。就不同区的比较，太行区较为彻底；太岳区次之；冀南区因1942年后根据地被严重分割，大部分变为游击区和沦陷区，直到1945年对日反攻后，才在反奸清算的斗争中，实现了减租减息。冀鲁豫区群众的发动，也主要是1943年以后的事。在每一行署区内部，发展也是很不平衡的。

如前所述，晋冀鲁豫边区的减息清债虽不如晋察冀边区开展得普遍，但也取得了一定的成绩。例如从1939年后半年至1940年前半年，平顺县阳高村以清债为主，全村218户，其中114户清理了债务，占全村总户数的一半以上，清理银圆9460元。②据1941年6月晋冀豫农救会不完全统

---

① 中共中央党校党史教研室. 中共党史参考资料（四）[M]. 北京：人民出版社，1979：124.
② 太行革命根据地史料丛书之五——土地问题[M]. 太原：山西人民出版社，1987：471.

计，仅黎城一个县在1941年减息不到一个月就减了104890元利息，并收回押地7590亩（约506公顷）。①但同时，减租减息运动的开展仍然是不普遍、不平衡的，有的地区只把减租减息当作一般任务，没有将其视为发动群众、巩固根据地的关键环节来对待，减租减息的成效自然就较差。例如冀南区至1941年8月，实行减息的不到1/3，据1941年5月统计，鲁西（包括冀鲁豫）8000个村庄中，实行减息的只有228个村；在第二专区的1878个村中，减息的只有42个村。②这说明已经减了租息的地区，农民传统债务的债息减轻了，收入增加了，同时也说明前一阶段各地区减租减息开展得极不平衡的现象并未得到完全克服，一部分地区群众运动尚未将之提高到应有的位置，致使减租减息运动开展得较为缓慢，成效甚微。

通观这一阶段的减租减息运动，原来各地区开展得极不平衡的状态得到了一定程度的纠正，并开始扩展，在各区的中心区域或更大的范围内逐步形成了普遍的群众削减租息的斗争局面。从各地开展减租减息运动的规模来看，触及到了50%~70%的农村和农民群众。同时，虽然各地普遍进行了减租减息并取得了一定的成效，但新生的边区政府在这一阶段缺乏具体的执行细则，有的基层政权未能深刻领悟到减租减息政策的精神及在实践中执行得不彻底，致使运动开展中存在诸多问题。从政策层面讲，真正用于指导减租减息的只有减租减息条令，缺乏具体执行法令的方法，使许多地方减租减息执行起来几近无章可循；从实践层面讲，由于各地租息关系复杂，千差万别的具体情况令减租减息条令无法给出恰当解释，各地的执行办法很不统一，每县每村都有自己的削减租息办法。上述存在的问题诱发了各种异常现象的出现。

值得指出的是，前一阶段减租减息运动通过行政方式"自上而下的发动"逐渐向"自下而上的奋起"方面转变，在这一转变过程中，群众对地主的行为出现了较为偏激的倾向。群众发动起来后，一些地方发生了不交租不交息的现象，把减租减息运动实际变成了废除地主地租、债务的运动。甚至有的地方，在"无地主不顽固，无顽固不汉奸""地主穷不了，穷人发不了"等偏激口号的渲染下，酿成了乱罚、乱打、乱杀、乱没收的"以打为快""以杀解恨"的过火过激行为，导致许多地主逃向沦陷区，统一战线面临破裂的危险。对此，邓小平指出，应把群众的经济斗争、政治斗争约束于统一战线范围之内。为解决这个问题，邓小平又提出了七条指导思想，

---

① 黄韦文. 关于根据地减租减息的一些材料[N]. 解放日报，1942-02-01.
② 黄韦文. 关于根据地减租减息的一些材料[N]. 解放日报，1942-02-01.

其中第三条指出：减租减息是"削弱封建而不是消灭封建。我们的方针是既要改善群众的生活，也要使地主保持一定的经济地位"①。由于这些正确的思想没有得到严格的贯彻执行，以致酿成上述较为偏激的行为发生，这不能不说是一个深刻的历史教训。

3. 第三阶段（1942—1943年）：深入开展和形成高潮阶段

1942年后，由于战争日益频繁，各项生产破坏严重，民力消耗过大，农业生产下降，种种困难局面越来越显得不能充分适应战争的需要。为了克服这种困难局面，充分发挥广大农民的抗日和生产积极性，巩固和扩大抗日民族统一战线，1942年1月中共中央在总结全面抗战以来各根据地减租减息的经验教训后，颁布了《关于抗日根据地土地政策的决定》（以下简称《决定》）及关于地租及佃权额外问题、关于债务问题、关于若干特殊土地的处理问题3个附件，对减租减息政策的基本原则和具体办法均做了明确的规定。决定指出："承认农民是抗日与生产的基本力量……实行减租减息，保证农民的人权、政权、地权、财权，借以改善农民的生活，提高农民抗日与生产的积极性。承认地主的大多数是有抗日要求的，一部分开明绅士是赞成民主改革的……实行减租减息后，又须实行交租交息，保障地主的人权、政权、地权、财权，借以联合地主一致抗日。"②同年2月，中共中央又专门对党内发出了《关于如何执行土地政策决定的指示》（以下简称《指示》），对《决定》及其附件精神实质和贯彻执行中应采取的策略，做了充分的说明。《决定》和《指示》这两个文件的颁发，更进一步完善了减租减息政策，给各根据地提供了统一的指针，大大推动减租减息运动广泛深入开展起来。

《决定》和《指示》的颁布，成为晋冀鲁豫边区全面深入开展减租减息运动的政策依据和法律依据。1942年3月，中共中央政治局委员刘少奇在从华东返回延安的途中，先后对晋西北区、太行区、太岳区的减租减息运动，作出了一系列的指示。根据中共中央的文件精神和刘少奇的指示，晋冀鲁豫边区结合本地区的具体情况，进一步完善了有关减租减息的条令，同时发布了相关指示并召开了有关会议。1942年10月，晋冀鲁豫边区政府颁布了《减租减息布告》。1943年9月边区政府修正了《土地使用暂行条例》。中共中央北方局还根据华北各地学习土地政策提出的问题，印发了《中央土地政策决定的讨论提纲》，详细阐述了中央土地政策的基本原则与

---

① 邓小平文选（第一卷）[M]. 北京：人民出版社，1994：68，71.
② 时连泉，王启云. 山东的减租减息[M]. 北京：中共党史出版社，1994：31-32.

斗争策略，对处理减租减息中的地租、佃权、债务和特殊土地等重大问题，提出了具体意见。在上述法令的推动下，晋冀鲁豫边区各行署区的减租减息运动也以蓬勃之势广泛开展起来。

在太行区，1942年10月中共太行区党委关于如何执行土地政策作出指示，以减租、保佃、清债、退押为中心的减租减息运动以群众斗争的形式表现出来，并且此起彼伏、连绵不断。在武乡、黎城、平顺、赞皇、辽县等群众基础好的县区采取了召开群众大会的方式，以"拉""打"的策略形式同地主展开说理斗争，取得了清理旧债、退还抵押与借约的胜利。在武安、涉县等封建势力比较强的地区，以反"维持"、反贪污、反摊派为中心，党政带领群众同恶霸地主进行斗争，清理债务，索回土地财物，逐渐把群众运动推向高潮。在武安县，经过减息清债运动，1942年间的3个月内，清债22.6万元、铜钱8.2万多吊、粮8.1万斤。涉县截至1943年初，清债超过35.1万元。①在偏城县，自1942年5月至1943年3月，在减息清债中涉及债主1552户，债户5197户，清债约35.1万元。②

在太岳区，1942年7月太岳区农救总会制定了《土地斗争纲领》，对清理旧债、收回押地及回赎旧有典地做了具体规定。1942年12月和1943年6月，中共太岳区党委先后两次召开群众会议。第一次会议主要交流了减租减息的进展情况，总结了基本经验，统一了有关政策，要求中共各级党委和政府都必须把实行减租减息当作中心任务来开展。第二次会议着重讨论研究了进一步广泛深入开展减租减息运动的问题。薄一波在会上做了题为《太岳区群众运动的新阶段与今后方向》的报告，总结了全区正反两方面的经验，指出了以后应继续注重和克服的两种错误倾向。③

在晋冀豫区，1942年3月晋冀豫区农救总会颁发《农民土地斗争纲领》。同年4月，中共晋冀豫区党委召开了扩大干部会议，总结了太行区过去几年中的减租减息运动，研究如何贯彻执行中共中央和边区政府的土地政策决定的问题，并于4月15日颁发了《如何执行土地政策的指示》。1942年8月，豫晋联办颁布了《减租减息暂行条例》。1943年6月，中共晋冀豫区党委相继颁布了《关于减息清债的指示》《麦后清偿债务的办法》和《关于减息清债的补充指示》。这一系列相继颁发的纲领、条例、指示、办法等，成为晋冀豫区发动群众斗争、把减租减息推向深入的行动指南。

---

① 田酉如. 太行革命根据地史稿[M]. 太原：山西人民出版社，1987：166，168.
② 山西省委党史研究室. 太行革命根据地土地问题资料续编[Z]. 内部资料，1984：124.
③ 杜玉芝，张国祥. 山西抗日根据地的减租减息运动[M]// 师文华. 根据地经济建设研究. 太原：山西人民出版社，1997：23，26.

在冀南区，1943年3月，为解决债务纠纷，活跃农村借贷关系，以增强农村团结、安定民生，经冀南行署第七次临时署会决议，制定了《关于解决债务纠纷办法八项》。这一阶段的冀南区，大部分地区还是游击区和沦陷区，减息清债难度较大。

总之，在这一阶段，随着有关减租减息的条例、办法、决定的制定、修正与颁布，以及有关指示的贯彻与传达，晋冀鲁豫边区的减租减息运动以前所未有的姿态声势浩大地发展起来，并且很快推向高潮。

4. 第四阶段（1944—1945年）：老区深入查减，新区①减息清债运动阶段

中共中央北方局在《关于1944年的方针的指示》中强调指出："不经过减租减息，广大群众的生产积极性无法提高。"②1944年10月，晋冀鲁豫边区政府颁发了《几个土地问题处理办法的决定》，对收复区、游击区减租清债问题和根据地的典当地问题的处理方法做了明确具体的规定。1945年1月，中共中央在关于彻底发动群众实行减租减息等问题给冀鲁豫分局的指示中强调："冀鲁豫区尚有广大地区未实行减租减息，务必在今年彻底发动群众实行。"③1945年4月，太岳区制定了《关于典地旧债纠纷押地问题之处理办法》。在上述一系列条令的指导下，老区进行减租减息的扫尾工作并把重点逐步向新收复区转移。

在这一阶段，老区农村的租息问题已通过1942年和1943年深入开展减租减息运动基本得到解决。故在这一时期的查减租息阶段中，主要解决老区中少数村庄减租减息不彻底的问题，在进行检查赎地、退约与减租减息的扫尾的同时，重点开展了新区农村的减租减息运动。在太行区，据黎城、平定、临城、和东、偏城5个县和壶关、黎北、太谷、武安4个县（大部分村庄）等9个县的统计，通过1944—1945年的查息减息，广大农民获得了许多实际利益：清债退粮98石，银洋52321元。④在太岳区，据1945年春统计，全区已有58%的行政村完成了减租减息的任务，使广大农民得到了翻身解放。仅以安泽县为例，1944年即买进土地1640亩（109.33公顷）、窑洞962孔、房屋689间。农民有了土地、房屋，生活好转，结婚成家者与日俱增。⑤

---

① "新区"指新解放的原日军统治的地区，而过去的根据地、解放区称为"老区"。
② 《中共中央北方局》资料丛书编审委员会. 中共中央北方局抗日战争时期卷（下册）[M]. 北京：中共党史出版社，1999：967.
③ 本书编写组. 抗日战争时期晋冀鲁豫边区财政经济史资料选编（第二辑）[M]. 北京：中国财政经济出版社，1990：562.
④ 太行区减租减息的发展[N]. 解放日报，1945-07-30.
⑤ 师文华. 根据地经济建设研究[M]. 太原：山西人民出版社，1997：36.

查减运动的开展，进一步减轻了农民身上的重担，更加充分地调动了他们抗战和生产的积极性，从而保证了抗战的最后胜利。

总之，晋冀鲁豫边区的减息清债运动经过上述四个阶段，边区农村的社会经济发生了可喜的变化。减息清债运动减轻了农民的债息负担，限制了农村高利贷对农民的剥削，全面抗战前晋、冀、鲁 3 省的利率多在 3 分左右，减息之后一般只有 1 分半左右，降低了近 50%。通过减租减息，地租率显著降低，地租中超额剥削和高利贷剥削得以消除。①由此，削弱了农村的地主经济势力，增加了佃户收入，改善了农民生活，调动了农民的生产积极性，激发了农民的抗日热情，支持了持久的民族战争，引起了农民土地所有关系和社会阶层关系的深刻变化。

5.1.3 减息清债运动成效欠佳的原因

在减息清债运动取得上述成绩的同时，也应看到，在实施减息政策的过程中也曾出现过种种问题，主要表现为：有的执法者对新债机械地加以规定，如规定不能超过 3 分或未超过 3 分者不限制；有的在减息中与减租一样，从利钱中减去 15%；有的机械执行减息政策，有息就减，普遍退粮，加剧了农村的金融停滞；不少农民存在种种落后表现，不敢也不愿减息，这给减息清债带来了不少阻力。待群众被发动起来后，有些农民的表现由保守转为偏激，在清债过程中，农民普遍有退回超过 2 倍利息的要求。②1944 年后，有的地方发生了"为追旧账，可以上溯高曾，旁及亲族"③的行为。上述这些不同程度的种种偏向无疑给减息清债的顺利开展带来了阻碍。

值得指出的是，在整个抗日战争期间的减租减息运动中，减租和减息所取得的成效是不对称的，相比减租增佃，减息清债则显得成绩微微。减息方面未能像减租一样充分深入开展起来，分析个中原由，大抵有以下方面：

首先，抗战后的边区借贷关系与抗战前已有很大的不同，因战乱关系许多债主已相继逃亡，未逃亡者，也宜早不宜迟地逼迫债务人以各种动产或不动产折成粮款还债或以此为质。于是相当一部分债权债务关系已经消除了，大家都两相无怨。

其次，中共的减息清债政策使很多地主将高利贷资本暂时隐藏起来，

---

① 李蓉. 论晋冀鲁豫抗日根据地的创立及其地位和作用[J]. 中国延安干部学院学报，2017，10(3)：111-118，136.

② 太行革命根据地史料丛书之五——土地问题[M]. 太原：山西人民出版社，1987：127.

③ 齐武. 晋冀鲁豫边区史[M]. 北京：当代中国出版社，1995：330.

拒不出贷，放债的债主锐减，边区农村之间的借贷关系严重萎缩，减息清债自然也就无从谈起，正是"皮之不存，毛将焉附"。

再次，如第一章所述，许多地区的贫苦农民以负债为羞耻，对负债之事三缄其口，唯恐泄密，即"糊窗子，不敢叫透了气"。而边区执法者在民众中不懂债户心事，缺乏策略，逢人便问，使借贷双方均感紧张，不肯坦白自己的息借关系，在减息中隐瞒不报或拒不受清理。

最后，减息是难以贯彻的，如果涉及取消本金或旧债的自然增长的利息，那么减息也可能比看上去更为激烈。这些损失加上新贷款的低利率常常使潜在的债主把钱束之高阁。农村信贷的收缩使农民陷入困境，因为许多贫苦农民需要贷款活命，特别是在华北的春荒季节，头年的存谷已所剩无几，而越冬作物要到五六月才有收成。而且并非所有的借主都是富商或地主，贫农和中农或许有点现金，但由于数额太小，不足以投资于土地或商业，他们把这点钱借出去以谋取额外收入。缺乏劳动力的家庭——寡妇或无儿女的夫妇——可能卖掉他们无力耕种的土地，换成钱出借。因此，只有根据地政府自身有充分的财力，使得按规定利率的信用贷款可以借到时，减息才能成功。①

下面再把全面抗战时期国共两党的土地政策做一简要对比。晋冀鲁豫抗日根据地作为中共开辟的 19 个抗日根据地的典型代表，其所贯彻施行的减租减息政策基本反映了中共在抗战期间的土地政策的全貌。尽管国共两党在减租减息政策的主要原则上是一致的，但两党在土地政策的出发点、内容、施行过程及实施效果等方面均存在本质的不同。造成二者迥然而异的主要原因在于：中共是中国广大劳动群众利益的代表，采取了群众路线的方法；而国民党的利益是与大地主、大资产阶层利益相一致的，其根本利益与广大劳动群众的根本利益是相悖的。因此，在国难当头之时，国共两党作出了完全不同的行为选择，中共能以广大劳动群众的利益和全民族的利益为重，主动让步，把激进的土地革命政策调整为有利于顾全大局的减租减息的土地政策，并能一以贯之。事实证明，中共成为抗战力量的中流砥柱；而国民党则是被迫提出战时土地政策并且未能真正执行，抗战中其始终未放弃大地主、大资产阶层的利益，坚持消极抗日、积极反共，自然也就得不到广大农民的支持。这是导致国民党军队正面战场节节溃败的主要原因，也是国民党政府在解放战争时期迅速垮台的主要原因。

---

① 费正清，费维恺. 剑桥中华民国史（下卷）[M]. 北京：中国社会科学院出版社，1994：748.

5.1.4 债息限定和债务清偿的政策沿袭与演变

1. 废止高利贷

禁止高利贷，是边区继土地革命时期以来一以贯之的政策。在中共开辟的众多抗日根据地颁布的减租减息条令中，几乎都明确规定了废除各种形式的高利贷。在冀南，1940年政府财政会议决定，严禁庄头剥削及大粮、杂租、小租、送工等额外附加，同时严禁扣制、剥皮利、臭虫利、印子钱等高利贷。[①]1940年8月成立的冀太联合办事处根据黎城会议的决定，颁布了减租减息的法令，禁止上打利、日得利、利加利、驴打滚等高利贷剥削。[②]1940年10月，冀南、太行、太岳行政联合办事处减租减息暂行条例中规定："现扣钱钱会及一切高利贷，一律禁止，违者受刑事处分。"[③]1941年6月，冀南行署在《最高租额息率暂行条例》中规定："现扣利及一切高利贷，一律禁之。"[④]1942年8月豫晋联办在《减租减息暂行条例》中规定："现扣利及一切高利贷，一律禁止，违者受刑事处分。"[⑤] 1943年3月，晋冀鲁豫边区政府冀南行署在《关于解决债务纠纷办法八项》中指出："禁止现扣利（借时从本中扣利之、利滚利）等高利贷。"[⑥]1944年7月，晋冀鲁豫边区政府冀鲁豫行署、冀南行署在《关于减租增佃中几个问题的决定》中指出："佃户因生产向地主所借口粮的高利贷剥削，应严加禁止，违者则依法处理。"[⑦]

由此可见，废除各种形式的高利贷是中共坚定不移的主张，不但明令予以禁止，而且要求违反者负法律责任，甚至追究刑事责任。

2. 最高息率限定的政策沿袭与演变

查阅全面抗战时期晋冀鲁豫边区有关减租减息条令中对利率的规定，关于最高息率限定的政策沿袭与演变可分为前后两个时段。

第一时段，从1937年11月晋东南抗日根据地开辟到1942年9月，新债旧债不加区分，年利率一律减至1分或1分半以下，主流是分半减息。

---

① 陆诒. 冀南在进步中[N]. 新华日报，1940-03-15.
② 李永芳. 晋冀鲁豫抗日根据地的减租减息运动[J]. 中国社会经济史研究，2005（4）.
③ 本书编写组. 抗日战争时期晋冀鲁豫边区财政经济史资料选编（第二辑）[M]. 北京：中国财政经济出版社，1990：570.
④ 河北省档案馆. 河北减租减息档案史料选编[M]. 石家庄：河北人民出版社，1989：32.
⑤ 同③：580.
⑥ 同④：58.
⑦ 同④：184.

1938年，太行区在"六月决定"中规定"减息2分以下"。①1939年9月，时任中共晋冀豫区党委宣传部部长的王卓如在《关于合理负担与减租减息的意见》中指出："适当的分半减息，是发动群众参战的有利条件。"②在晋东南，1939年12月利息已逐渐由"分半减息"进至"1分减息"，当时的利息大部分是年利1分，以致长治县民间全年的利金已由从前的4000元减至1935元，即不到从前的一半。③在冀南，1940年政府财政会议决定，实行分半减息，并由政府保证贷款人不得抗息，以维持双方权利。决定指出：债主之利息收入，不论新债旧欠，年利一律不得过1分5厘。④1940年8月，"冀太联办"成立后，在《施政纲领》中规定"年利率不得超过1分"。1941年4月，中共中央北方局发布了《对晋冀鲁豫边区目前建设的主张》，规定了"减息减至1分半为标准"。⑤1941年6月，冀南行署在《最高租额息率暂行条例》中规定："月利率最高不得超过分半，旧债务超过者一律照减，不及者听之。"⑥1942年下半年，太行区磁县政府在《关于实现农民斗争纲领具体办法》中规定："战前欠债，按分半减息，收回原约，订立新约继续付息，1940年10月前之欠息免缴，1940年10月后之欠息，按分半计息支付。"⑦1942年8月，豫晋联办减租减息暂行条例中规定："债权人之利息收入年利率不得超过15%，凡年利率超过15%者，另换新契约；年利率不及15%者，依其原约定。"⑧

由上可见，这一时期边区对债务的年利率限定为1分或1分半，这与土地革命时期先后规定的最高年利率为1分、1分2厘、1分5厘、2分的利率政策大体相似，体现了中共借贷政策的沿袭性和连续性。

由于各根据地建立的时间及其发展情况存在差异，关于减息清债的规定和实施进程必然也不无差别，尤其是在最初阶段。在债息的削减幅度上，有的地方减息至2分，有的地方分半减息，有的地方1分计息，有的地方无息，可见各地方对利率的限定不一而足。随着抗日根据地的逐渐巩固和各级政权的相继建立，以及对减息实践中经验和教训的及时总结，中共中

---

① 李雪峰回忆录（上）[M]. 北京：中共党史出版社，1998：128.
② 本书编写组. 抗日战争时期晋冀鲁豫边区财政经济史资料选编（第二辑）[M]. 北京：中国财政经济出版社，1990：542.
③ 时事问题研究会. 抗战中的中国经济[M]. 中国现代史资料编辑委员会，1940：484.
④ 陆诒. 冀南在进步中[N]. 新华日报，1940-03-15.
⑤ 中共山西省委党史研究室. 文献选编（二）[M]. 太原：山西人民出版社，1986：300.
⑥ 河北省档案馆. 河北减租减息档案史料选编[M]. 石家庄：河北人民出版社，1989：31.
⑦ 同⑥：44.
⑧ 同②：580.

央对减息清债政策有了更为明确具体的规定。

第二时段,自 1942 年 10 月至 1945 年 8 月抗战胜利结束,债务以旧债新债加以区分,并且有不同的债息限定。关于旧债新债的时间界定问题,旧债分为两种,一种是全面抗战前遗留的债务,一种是抗战后至所颁布条例公布之日这一时间段内发生的债务;新债则指所颁布条例公布之日后发生的债务。不同债务的利率限定也有不同的规定,详见各减息条例规定。

1942 年 10 月,晋冀鲁豫边区政府在减租减息布告中指出:"减息系指清理过去(一般以全面抗战以前)旧债而言,过去旧债须一律清理,至今后人民借贷利息之多寡,由人民自愿决定,政府不加干涉。"[①]亦即说,此时边区的减息条令对新债的借贷利率已取消年利率 15%的限制。为何在减息的过程中边区政府反其道而行之,取消最高利率的限定呢?究其原因,主要是此时边区由于减息清债运动的开展,农村的高利贷受到很大打击,造成抗战后农村金融停滞、农民借贷无门的现象,致使农村民间借贷不能开展,并且这已经成为中共开辟的各个根据地的普遍现象。实际上,早在 1942 年以前中共中央就意识到了这一问题。为了改变这种情况,1942 年 2 月,在《中共中央关于如何执行土地政策决定的指示》中强调指出:"抗战以后是借不到钱的问题,不是限制息额的问题。各根据地均未认清这个道理,强制规定今天息额不得超过 1 分或 1 分半,这是害己的政策。"[②]根据中共中央的这一指示精神,边区各地对旧债新债加以区分,并取消原定的分半减息的限制,新债利率多由借贷双方自由议定,但以不高于 3 分为宜。

1943 年 3 月,冀南行署在《关于解决债务纠纷办法八项》中规定:"凡战前之债务纠纷,按分半减息处理……抗战后至 1942 年底之债务纠纷,仍按分半减息处理;1943 年元旦后之借贷,原则上由债权人、债务人双方依当地社会经济关系自由定约。如有纠纷,政府以 3 分最高息率处理之。"同时规定了实物借贷利率:"凡实物(如粮食等)借贷,应以实物计息,息率最高不得超过 3 分"。[③]1943 年 11 月,太行区在《土地使用暂行条例施行细则草案》中规定,土地使用条例第 62 条所称"本条例颁布之前之利息,应减为年利率 15%,系指过去借贷契约而言;今后新订之借贷契约,其利率得由双方自由约定之,但亦不应过高,形成超经济的剥削"。[④] 1944 年

---

① 本书编写组. 抗日战争时期晋冀鲁豫边区财政经济史资料选编(第二辑)[M]. 北京:中国财政经济出版社,1990:545.
② 中共中央文件选集(12)[M]. 北京:中共中央党校出版社,1986:22.
③ 河北省档案馆. 河北减租减息档案史料选编[M]. 石家庄:河北人民出版社,1989:58.
④ 同③:101.

10月，边区政府发布了《几个土地问题处理办法的决定》，指出："凡未偿清之战前旧债，如继续此债务关系时，其利率在 3 分以下者依其原约定，超过 3 分者减至 3 分，新的债务关系依其约定。"①

由此可见，关于新债利率，中共倡导应与当时当地社会经济关系所许可的程度相适应，由借贷双方自行商定，利率既不应定得太低，以免使民间借贷关系停滞，影响根据地私人借贷的正常开展，也不能定得太高，形成高利剥削，以年利率 3 分为限。

值得指出的是，在借贷关系中不乏有实物借贷的情况，且有的地区减息条令中限定的实物借贷的最高利率比货币借贷利率要高。1942 年冬天至来年春天，冀鲁豫区出现了严重灾情，全区 3/4 为灾区，鲁西北较重，沙区最严重，沙区民众外逃者占 2/3。在这种情况下，灾民为了度荒不得不忍受高利贷的剥削而向地主求借，其中实物借贷，特别是粮食借贷在冀鲁豫区较为盛行。针对这种情况，1943 年 6 月冀鲁豫区《麦后清偿债务的办法》中规定："一、借粮还粮者，凡在去冬今春借粮 1 斗，约定麦后还麦数斗者，在基本区利率可降低到 30%，在近敌区不得超过 50%；二、借钱还钱者，即去冬今春约定借钱若干，可按借钱粮价折成粮食按粮生息，利息与上同。籽粒地，又名扎青地，即借贷后以租佃形式交付地租，如系去年秋天所成者，即按当时的粮价折成粮食按以上利率 30%～50%偿付处理。"②另外，1941 年 6 月，冀南行署在《最高租额息率暂行条例》中规定："佃农依当地习惯向地主借种子或借粮食者，以借几还几为原则。"③1945 年中共冀南区党委在《关于发动群众中几个政策的决定》中指出："减息标准，可按群众旧有'银三粟五'的习惯去做，即借一定期间，借款按 3 分行息，借粮按 5 分行息。"④通过上面几则对实物借贷最高利率的限定可知，实物借贷的利率比货币借贷的利率要高。考虑通货膨胀因素，货币借贷的实际利息所得要除去因货币贬值而带来的损失，而实物借贷不涉及此项损失，理应比货币借贷利率低。而为什么实际情况恰好相反呢？这完全是由借贷资本的供求规律所使然。与货币借贷相比，实物借贷者多为度荒济急，需款更急，无暇再顾及利率高低。若政府对具体情况不加区分，实物借贷与货币借贷一律等同视之，一律照减，只能使富户闭借，灾民告贷无门，结

---

① 本书编写组. 抗日战争时期晋冀鲁豫边区财政经济史资料选编（第二辑）[M]. 北京：中国财政经济出版社，1990：588.
② 马宪玉. 冀鲁豫边区金融史料选编（上册）[M]. 北京：中国金融出版社，1989：188，190.
③ 河北省档案馆. 河北减租减息档案史料选编[M]. 石家庄：河北人民出版社，1989：31.
④ 同③：387.

果会更糟。

3. 债务清偿的政策沿袭与演变

1940年10月,"冀太联办"颁布的《减租减息暂行条例》中规定:"欠租欠息在2年以上者,本条例减租减息后,对出租人或债权人一年应得之租息得于5年内分期偿还,结束所积欠之租息,其因灾荒致欠者并得减少或免付""清理多年旧债应按年利率1分、一本一利计算清债,其已付利息超过原本者,停利还本,其已付利息超过原本2倍者,本利皆免付"。①

1942年1月,中共中央在《关于抗日根据地土地政策的决定》附件中指出,对于全面抗战前成立的借贷关系,"如付息超过原本1倍者,停利还本,超过原本2倍者,本利停付。至于抗战后的息额,应以当地社会经济关系,听任民间自行处理,政府不应规定过低息额"②。这项规定成为晋冀鲁豫边区处理债务清偿问题的政策依据。

对于付利超过原本2倍或不足2倍者如何处理呢?1943年11月,太行区在《土地使用暂行条例施行细则草案》中规定:"债务人已付利息超过2倍者,即作为还清,但超过之部分,不论多寡均不退还。超过1倍在1倍半以下者,停利还本;超过1倍半或恰为1倍者,补至2倍即作偿清。"③

对实物借贷的清偿办法,与货币借贷相似。1943年6月,冀鲁豫区在《麦后清偿债务的办法》中规定:"去年秋前成立之借贷关系(籽粒地,借粮)按下列规定处理:已偿利息等于原本者,停息还本后,解除债务关系;已偿利息等于原本两倍者,本息停付,解除债务关系;已偿利息超过原本,未满2倍者,按30%(基本区)或50%(接敌区)利率,调解结束债务关系。"④

另外,在清债的过程中还会遇到种种特殊的情况,如债权人拒不履行清债或借故推诿,应该执行怎样的政策?具体如何处理?"债权人不履行清债者,政府得强制执行之。对于原文约失掉者,得由债权人出据,加盖手印及村公所令记,交由债务人收存,如确系抵赖者,政府得依法处罪;对于托病或外出,借故推延时日,政府得依限期办理,过期得强制执行。"⑤再如,清理债务是否受年限限制?"债务之清理,不能以年限限制。凡是

---

① 本书编写组. 抗日战争时期晋冀鲁豫边区财政经济史资料选编(第二辑)[M]. 北京:中国财政经济出版社,1990:570.
② 时连泉,王启云. 山东的减租减息[M]. 北京:中共党史出版社,1994:35.
③ 同①:583.
④ 马宪玉. 冀鲁豫边区金融史料选编(上册)[M]. 北京:中国金融出版社,1989:190.
⑤ 晋冀鲁豫边区政府第一厅. 减租减息疑问解答[M]. 延安:华北新华书店,1940:25.

有文契、人证及其他证据者，皆得依法清理之。"①又如，因不可抗拒的原因债务人无力偿债，将如何处置？1942年1月，中共中央在关于抗日根据地土地政策的附件中指出："凡抗战后成立的借贷关系，因天灾人祸及其他不可抗之原因，债务人无力履行债约时，得请求政府调处，酌量减息或免息还本。"②

值得注意的是，债务清偿过程中经常涉及不同货币之间的折算与纸币贬值问题。借贷契约上有的以银圆计，有的以银两计，有的以制钱计，货币单位不一而足，而新旧货币之间不同的折算标准和换算比例及纸币贬值，直接关系到债主与债户双方的切身利益，因此经常发生纠纷。那么，在具体的债务清偿中应执行怎样的货币换算标准呢？"一般以4吊（或千）折银币1元，以7钱纹银折银币1元，再以银币与本币贴水计算。若因货币跌价或银圆与钞票折合，而致引起纠纷者，应照债户债主双方之利益，可按1银圆折4元冀钞为标准计算。"③1945年4月，太岳区在《关于典地旧债纠纷押地问题之处理办法》中规定："旧债清偿时，如因货币折算发生纠纷，应按债务性质与双方经济状况，在照顾贫苦人民利益的原则下，酌情处理之。"④对于债务清偿中的纸币贬值问题，1942年1月中共中央在关于抗日根据地土地政策的附件中指出："凡纸币跌价，债务人用纸币还债而发生争议，由政府适当调处之。"⑤

对于因典地借贷所产生的地权转移而形成的债务清偿，将在本章后面讨论。

5.2 解放战争时期对传统旧债的政策沿袭与调整

5.2.1 减租减息政策的延续

抗战胜利结束至进入解放战争时期的一段时间内，中共为了争取在和

---

① 晋冀鲁豫边区政府第一厅. 减租减息疑问解答[M]. 延安：华北新华书店，1940：25.
② 江苏省财政厅，江苏省档案馆. 华中抗日根据地财政经济史料选编（第一卷）[M]. 北京：档案出版社，1984：26.
③ 晋冀鲁豫边区政府第一厅. 减租减息疑问解答[M]. 华北新华书店，1940：33.
④ 本书编写组. 抗日战争时期晋冀鲁豫边区财政经济史资料选编（第二辑）[M]. 北京：中国财政经济出版社，1990：594.
⑤ 江苏省财政厅，江苏省档案馆. 华中抗日根据地财政经济史料选编（第一卷）[M]. 北京：档案出版社，1984：26.

平民主的基础上改善农民生活，逐步实现"耕者有其田"，解放区依然实行减租减息政策。早在抗战胜利前夕，1945年4月，毛泽东在《论联合政府》的报告中指出，抗日期间，中共的减租减息政策是正确的，这个政策，如果没有特殊阻碍，准备在战后继续实行下去。①紧接着，在苏联刚刚参加远东战争、日军快要投降的时候，毛泽东曾指示一切新老解放区要普遍实行减租减息，发展生产。②1945年12月，毛泽东在《1946年解放区工作的方针》中强调指出，各地务必在1946年，在一切新解放区，发动大规模的、群众性的减租减息运动，在老解放区，复查减租减息的执行效果。③1946年1月，全国各党派的政治协商会议通过了中共代表团提出的《和平建国纲领》，其中规定："实行减租减息，保护佃权，保护交租，扩大农贷，严禁高利盘剥，以改善农民生活，并实行土地法，以期达到'耕者有其田'之目的。"④

由上可知，全面抗战后中共相继在有关文件中不断重申在解放区继续推行减租减息这一基本精神，并对其进行部署，这些都表明了中共在抗战胜利后对减租减息政策的继续推行做了真诚的努力。

在中共中央的指示下，晋冀鲁豫边区结合本区具体情况，安排部署了减租减息的任务。1946年1月，晋冀鲁豫边区政府在行政方针中指出："最迫切最基本的任务是减租减息之贯彻。在新收复区要刻不容缓地放手进行。在老解放区查租查息，彻底解决一切遗留下来的问题……要深刻认识只有群众真正发动与组织起来，才能贯彻减租减息政策，而不致明减暗不减……只有真正贯彻减租减息，调整生产关系，减轻农民高租重息，提高广大农民生产情绪，促进农村团结，才能更好地发动农民进行生产。"⑤

边区中的新解放区在这一时期的减租减息运动，与反奸清算、查租查息紧密结合，清算日伪时期地主通过各种形式的高利贷从农民手中夺去的财产。这一阶段的减息清算运动取得了一定的效果。截至"五四指示"颁布前夕，太行区和顺县的5个新区解决债务问题146件，昔阳县7个半新区解决租佃债务等问题10192件，长治县新区1个村解决债务1251件。⑥

---

① 毛泽东选集（第三卷）[M]. 北京：人民出版社，1966：977.
② 减租与生产[N]. 解放日报社，1945-11-26.
③ 毛泽东选集（第四卷）[M]. 北京：人民出版社，1966：1071.
④ 王贵宸. 中国农村合作经济史[M]. 太原：山西经济出版社，2006：57.
⑤ 本书编写组. 华北解放区财政经济史资料选编（第一辑）[M]. 北京：中国财政经济出版社，1996：123.
⑥ 太行革命根据地史总编委会. 太行革命根据地史料丛书之七：群众运动[M]. 太原：山西人民出版社，1989：237-238.

在太行区一专署，自1946年初的3个月来，没有参加减租减息的村庄只占10%。据沙城等7个县18个区统计，3个月来清理债务3581件。另据临城等5个县11个区不完全统计，斗争果实中含冀钞3733363元，银洋8669元，粮食5150石。①黎城县在这一阶段也取得了较好成绩，全县贫苦农民向地主、富农共清算出银洋352509元，冀钞9459484.5元，铜币、制钱205294.5斤，各种金银首饰4320.58斤，银圆宝80个，黄金1.34斤，珍珠2543颗等。②在涉县，1945年冬，清债272件，解决债务问题4089起；至1946年6月，清债1524450元，退洋9735194元。③

5.2.2 由减息清算到废除传统高利旧债

抗战胜利后一段时间内，广大的新解放区还结合减租减息运动开展了声势浩大的反奸、清算、控诉等形式的群众运动。对于解放区的广大贫农来说，他们已经不满足于减租减息，而是迫切要求解决土地问题。从表面上看，中共在全面抗战期间及抗战胜利后不久不再像土地革命时期那样注重社会变革。然而，"在全面抗战初期中共只不过是暂时将其革命目标掩盖起。事实上，中共根本就没有放弃其革命目标。随着战争的发展，中共中央的领导人和中共在根据地的活动者们，对其社会变革计划变得越来越关注。特别是太行根据地，中共要根本改变社会政治环境的努力，并没有停止太久的时间"④。由于国民党想要发动全面内战，国内各阶层之间的关系发生了根本性变化，地主与农民的矛盾上升为主要矛盾。中共唯有依靠和发动广大农民来支援自卫战争，才能粉碎国民党的军事进攻。而发动农民的关键是进一步解决土地问题，实现"耕者有其田"。在这样的形势下，中共中央于1946年5月4日颁发了《中共中央关于清算减租及土地问题的指示》(也称"五四指示")，其中指出，中共坚决拥护群众从反奸、清算、减租、减息、退租、退息等斗争中，从地主手中获得土地，实现耕者有其田，在清算租息、清算霸占、清算负担中，地主出卖土地给农民清偿负欠。⑤这一文件的颁布，标志着解放区由减租减息政策向"耕者有其田"的政策转变，同时中共的借贷政策也由减息清算向废除一切封建剥削的政策过渡。

---

① 河北省档案馆. 河北减租减息档案史料选编[M]. 石家庄：河北人民出版社，1989：423-424.
② 中共黎城县党史研究室. 中国共产党黎城县简史：1937—1949[M]. 北京：新华出版社，1991：215.
③ 中共山西省委党史研究室. 太行革命根据地土地问题资料续编[Z]. 内部资料，1984：138，140.
④ [澳]大卫·古德曼. 中国革命中的太行抗日根据地社会变迁[M]. 田酉如，等译. 北京：中央文献出版社，2003：149.
⑤ 中央档案馆. 解放战争时期土地改革文件选辑[M]. 北京：中共中央党校出版社，1981：2，4.

"五四指示"是根据时局的变化，在减租减息的基础上，采用灵活变通的温和方式，由"群众所创造，为中央所批准的适当方法"①。刘少奇后来在全国土地会议上做过深刻的说明："'五四指示'是由减租减息到彻底平分土地的过渡政策，有其历史的来龙去脉。从'五四指示'当时的情况和环境条件来看，要求中央制定一个彻底平分土地的政策是不可能的""为了既不脱离全国广大群众，又能满足解放区群众要求，二者都要兼顾，使和平与土地改革结合起来，结果产生了'五四指示'"。②

在"五四指示"精神的指导下，晋冀鲁豫边区中央局于1946年6月在邯郸召开会议，结合本地区的实际情况，对土地改革做了全面部署。在接到中共中央"五四指示"后，晋冀鲁豫边区展开了对地主阶级的彻底清算，并在全区范围内推进"填平补齐"运动，以纠正此前根据是否存在租息或债务纠纷等因素分配土地的做法。边区政府指出，清算等做法仅是为了在程序上获得合法性，其根本目的在于实现土地的公平分配，消除赤贫与贫农阶层，推动农村社会结构的根本变革。③1946年9月，晋冀鲁豫地区中央局又发出了为贯彻"五四指示"彻底实现耕者有其田的指示，根据不同地区的不同情况，规定了不同的方针。在新解放区，进行翻身大检查和填平补齐运动；在老解放区，如在已实现耕者有其田的地方，不搞填平补齐，而用调节仲裁的办法解决个别遗留问题。

经过持续的减租减息和反奸清算，以及自"五四指示"颁布以来一年多的土地改革，地主及其高利贷资本受到严重打击。1947年5月，在华北财经综合报告中指出，近代中国的地主经济是与商业高利贷资本结合着的，它们已在中共的减租减息和土地改革中销声匿迹。④

至1947年初，仍有1/3的解放区没有解决土地问题，在已经实现"耕者有其田"的地方，也存在着程度不同的不彻底性。这说明"五四指示"是特定历史时期制定的具有过渡性质的政策，其历史局限性使得土地改革的普遍性和彻底性受到一定影响。在全面内战已经爆发，特别是1947年7月后，在中国人民解放军已经转入战略反攻的新形势下，"五四指示"已经不再适合时局的发展，只有彻底解决土地问题，才能进一步获得广大农民支持和拥护人民解放战争向全国推进，这就需要贯彻执行更加明确彻底的土地政策。为此，1947年7月17日至9月13日，中共中央在河北省西柏

---

① 中央档案馆. 解放战争时期土地改革文件选辑[M]. 北京：中共中央党校出版社，1981：7.
② 刘少奇选集（上卷）[M]. 北京：人民出版社，1981：386.
③ 参考自《解放战争时期土地改革文件选辑》。
④ 参考自《华北解放区财政经济史料选编（第一辑）》。

坡村召开了全国土地会议,总结了各地的土地改革经验,决定实行彻底平分土地的政策,制定了《中国土地法大纲》(以下简称《大纲》),并于同年10月10日由中共中央正式公布实行。《大纲》规定:"宣布废除封建性及半封建性剥削的土地制度(包括没收一切地主的土地、公共土地和征收富农的多余土地),实行耕者有其田的土地制度。"如果说全面抗战时期对农村的债务关系是采取分半减息原则,那还是承认地主的债权的,那么这一时期对农村的封建性债务关系,则是采取完全否定的态度。《大纲》又规定:废除一切农村中在土地制度改革以前的债务(中共中央后来加注说明:本条所称应予废除之债务,系指土地改革前劳动人民所欠地主、富农高利贷者的高利贷债务)。[①]这一规定,预示着农民将从对地主的高额债息中解脱出来。但是土地改革前的债务并不都是封建债务,还有劳动群众之间,以及与银行、信用社等金融机构之间的正常借贷,若废除则不利于流通金融和发展生产,故中共中央后来对这一规定进行了补充和修正。对于地主仰赖土地多年盘剥农民而积累起来的财富,《大纲》还规定:农村、农会接收地主的牲畜、农具、房屋、粮食及其他财产,并征收上述财产的多余部分。这样既可满足农民对生产资料和生活资料的急需,又进一步减少了地主东山再起的可能。[②]《中国土地法大纲》的颁布施行,是中共借贷政策由减息清算转向彻底废除传统高利旧债的标志。

1947年12月,晋冀鲁豫边区政府颁布《中国土地法大纲补充办法(草案)》,指出:"大纲第四条所称'废除一切农村中在土地改革以前的债务',不包括商业买卖的债务关系。"[③]1948年2月,中共中央在《关于土改中民主政府、银行、信用社的贷款债务不应废除给邯郸局的指示》中指出,政府、银行及信用社贷款,"因非封建性质,原则上不应废除""关于农村中各种性质上不同的债务亦应分别处理"。[④]

1948年2月,《中共中央关于土地改革中各社会阶层的划分及其待遇的规定(草案)》[⑤]对1948年后普通债权人的低利与高利放贷的认定,以及先前传统高利债权的废除与减息等问题的处理办法,做了具体规定。

1948年2月19日,邯郸局关于政府、银行与合作社贷款是否应该废除向中共中央请示。10日后中共中央给出答复,指出:"土地法大纲第四

---

① 张玉鹏,李振华. 河南解放区的土地改革[M]. 郑州:河南人民出版社,1991:7,9.
② 董志凯. 解放战争时期的土地改革[M]. 北京:北京大学出版社,1987:130.
③ 人民日报,1947-12-31.
④ 中央档案馆. 解放战争时期土地改革文件选辑[M]. 北京:中共中央党校出版社,1981:168.
⑤ 参考自《解放战争时期土地改革文件选辑》。

条废除农村中一切旧债应解释为废除农村中一切封建的旧债""凡不属封建高利贷的债权,原则上以承认为宜,故三年前老账在法律上亦不必宣布废除,如借者不肯还,贷者认为只好算了,则可听其自然废除"。①

通过以上分析可知,在革命战争年代,从经济人角度来看,中共是在战时和极端情况下,利用政权力量和政治手段,强制性地剥夺了地主等债权人的权利,使债权债务关系无偿消灭。从表面上看,中共解除了劳苦民众等债务人的债务负担,使他们轻松地投入到一个新的生产循环中,实际上,中共获得的是一种政治结果,使原来的债务履行主体农民来支持革命,保证政权的巩固。

5.3 由土地抵押、典当借贷引起的地权变动

5.3.1 土地抵押与土地典当借贷

中共的借贷政策,从抗日战争时期的减息清债到解放战争时期的废除一切封建债务,其中的"息"和"债"都是针对地主、富农的封建性高利贷而言的,而这种借贷的保证方式主要有两类:一类是信用借贷,即建立在信用基础上的不需要抵押品的借贷;另一类是抵押借贷,即以抵押品为保证的借贷。如第一章所述,在抵押借贷中,抵押物主要是不动产,尤以土地田产抵押最为盛行。费孝通曾对此作出解释:尽管农民重视情义、讲究面子,个人信誉担保在一定程度上比城市居民更为可靠,但由于所借款项多未用于生产性用途,导致到期还款时,借款人常常因经济能力不足而难以兑现承诺。为此,债主为防范风险,通常会要求债户提供田契作为抵押。这种做法并非限制借款用途于农业生产,而是债主为应对借款人无力还债时所采取的一种保障措施,即在万不得已的情况下,可通过出售土地来收回债权。②

土地抵押和土地典当是取得物权信用的两种不同方式。土地抵押借贷的特征是,借贷双方签订契约,债户借得款物后,所抵押地产的权属不转移,届期债户偿清借款本息,双方债权债务关系消灭,所抵押地产解除抵押,债主对此地产也不再有任何特权。土地抵押作为一种信贷关系,债务

---

① 参考自《解放战争时期土地改革文件选辑》。
② 费孝通文集(第二卷)[M].北京:群言出版社,1999:440.

人一旦不能如期偿还债务，土地有时会最终形成地权转移，有时则以地权买卖的形式表现出来。

还有一种物权信用方式——土地典当。与土地抵押不同，土地典当一开始就转移地权，是一种活卖，是土地关系而非一般借贷关系，故兼具土地抵押借贷与土地买卖两种性质。土地典当也是抵押借贷的一种，其特征是以土地作抵押以贷取款物，债户是出典者，债主是承典者，抵押期满后土地可以赎回，在出典者未能偿清债务时，承典者暂时拥有土地的经营权，可自己耕种，也可以出租，还可转典他人，承典者有着相当大的权力，从承典土地获取的收益即为出典者支付借贷所付的利息。与普通典铺和当铺在当期内典主对当品无权处置相比，上述这些特征是土地典当与普通实物典当最大的区别。"对于土地典当的期限，与一般典当正相反，通常在期限之内不允许回赎，满期方可回赎。土地典当以地租为利息，有一季的收成即有一季利息，所以回赎时只需归还原典价。期限之内不允许回赎，目的就在于保证典主可以获得一定量的地租。另一方面，也是由于典主每季都可得到利息，有时土地典当并不规定期限，只在典契上写上'钱到回赎'。"[①]农户往往因为贫困而借债济急，借贷的利息居高不下，于是将自有地产当出，较为合算。地产当出以后，地产所有者即无耕种权利，当期未满之前可以回赎，此间或由承典者耕种，种地无租粮，借钱不生息，或以租地的形式租给他人继续耕种，以租代息。

土地抵押和土地典当是两种不同信用方式的信贷关系，土地作为清偿债务的一种保证，只要届期无力偿清债务，债务人都有丧失土地而形成地权转移的危险。一般来说，典地与押地是既相互联系又相互区别的两个概念。典地，通俗讲，是指地无租、钱无息之活买活卖的土地买卖关系；押地是指质地借钱的银钱借贷关系，是债务关系表现在土地关系上的结果。"承典人依法交付典价订约税契后，在典权存续期间，享有使用出典人土地收益权利者为典地""债务人向债权人不转移其土地使用，而只抵押其土地以担保偿还债款本息者为押地"。[②]对于典地，一般称活契，出典人用一定的典价和年限把土地使用权典出去，土地所有权仍保留着；对于押地，押出土地者为债户，多是贫苦农民或少数落魄户，押入者为债主，往往是高利贷的债权人。

据调查，典地在边区农村盛行，在陕甘宁边区神府县和兴县，"土地革

---

① 史建云. 近代华北土地买卖的几个问题[M]// 王先明，等. 农村社会文化与权力结构的变迁. 北京：人民出版社，2002：136.

② 齐武. 一个革命根据地的成长[M]. 北京：人民出版社，1957：315-316.

命以后，借贷关系很少。由于当时把反高利贷看成是反对一切借贷，所以有钱人也不敢出借。'借钱难借到，100元月利20元，人家都不借，因为票子刀人，倒还不如典地'。显然典地比借贷更为可靠，利息又高。这也说明为什么借贷不发达，而典地者较多"①。在晋冀鲁豫边区也是如此。在全面抗战前一般是中农、贫农将地典当给地主、富农居多，减租减息运动开始后，出典人多是贫农、中农或破产地主，他们急需货币，却又不愿把土地根本卖掉，故只好典出；承典人多是一些条件上升的中农、贫农，由于有了部分积蓄但又一时买不起土地，便承典一部分土地，订立契约，有一定的赎回土地的期限。由此看来，边区内典地双方不存在较重剥削。而押地则不同，出押者多为破产的中农、贫农及破产的地主、富农，主要是因借贷关系而将其土地抵押的。承押土地者多是地主高利贷者，借钱押地是其剥削农民、掠夺兼并农民土地的主要手段。押地一般息额高、期限短、条件苛，因而被认为是一种高利贷剥削行为。边区政府对典地与押地进行了区分，土地典当与土地抵押不同，其已转移地权，与买卖土地不同之点，仅是在一定期限以内，出典人有按照原价回赎的权利。而土地抵押是一种借贷关系，债务人按借约交付利息，土地仅仅是偿还本利的担保品。因此，在处理土地纠纷事件中，二者应分别处理。典地双方均按民间习惯处理，而土地抵押则按减息办法处理，对押地行为反对其高利贷剥削，支持押地农民在抵押期限内抽回土地。当币值发生变化引起纠纷时，边区政府以不使农民吃亏为原则进行调节。

5.3.2　由押地、典地借贷引起的地权变动及政策演变

1. 地权转移的几种方式

抗日战争和解放战争时期，晋冀鲁豫边区的地权转移方式大体有以下几种：

①由土地抵押变为买卖关系。此种是以土地作为抵押，担保还本付息，并不转移地权，土地仍由原主耕种，是一种普通的借贷关系。如果抵押期满后，债户不能清偿借款本息，债主挟权势优势地位即要求债户以借款本息作为买价，订立买卖契约。若借款本息少于应付地价，可补齐所缺钱款，加价订立买卖契约。

②由土地典当变为买卖关系。典当是活卖，在华北抗日根据地，典当往往是土地买卖的前奏。农民作为出典者，积聚地产不易，与土地相依为

---

① 参考自张闻天《神府县兴县农村调查》，1944年。

命,"非到万不得已,不轻言放弃土地,已到万不得已,犹存日后回赎之想,所以愿典地不愿卖地,但既已到万不得已的境地,典当期满后回赎也难,因而土地先典后加价找绝的情形相当普遍"①。而对于承典人来说,地主典入土地而非买进土地,可用较少的资金提前获得土地的经营权,先典入土地,待典当期限内债户不能回赎时再加价买绝,这无异于分期付款,提前获得地产。按民间习惯,土地典当在两年三季或三年后,债户可以随时用典价回赎。由于可以回赎,故典价总是低于卖价,通常情况是典价仅是卖价的一半左右。典当期满后,出典人无力回赎时,出典人和承典人任何一方均可提出添付一部分地价改订为买卖契约,即所谓"添价找绝"。

③"死契活尾"。这种方式形式上是买卖关系,但在买卖契约中又附加规定若干年后可用原典价回赎,若届期不赎,则变成正式买卖关系。按民间习惯,"死契活尾"到期以后还需要改订买卖契约,即把"活尾"除去,否则债户即卖地人仍有要求回赎土地的余地。"死契活尾"的卖价比典价一般要高,大体相当于普通卖价的2/3,变成绝卖时一般不再添价。

④一次性绝卖。一开始买主就交付全部地价,订立正式买卖契约,形成绝卖。实践中,农民很少采用这种方式出卖土地,更普遍的是经过上述三种方式,届期无力偿还债务时,农民才被迫把土地转成正式买卖关系。

2. 关于押地、典地借贷的政策演变

(1)押地借贷问题的政策演变

"冀太联办"、边区政府、太行区、太岳区、冀南区、磁县等各级各地政府在不同的减租减息条令中,对押地借贷的清偿方式、抽回押地的条件、押地的处置、押地变为买卖关系或典地关系的处理方式等问题做了具体规定。

①关于押地借贷的清偿方式。

1940年10月,"冀太联办"在《减租减息暂行条例》中规定:"债务人向债权人质地借钱,欠租欠息在2年以上或是多年债务关系者,本条例减租减息后,对出租人或债权人1年应得之租息得于5年内分期偿还,结束所积欠之租息,其因灾荒致欠者并得减少或免付",按相关规定"换成借贷契约继续借贷关系。债权人不得因欠息关系,处置所质土地。如已处置者,应将原质土地交还债务人"。②1943年9月,晋冀鲁豫边区在修正的土

---

① 史建云. 近代华北土地买卖的几个问题[M]// 王先明,郭卫民. 乡村社会文化与权力结构的变迁. 北京:人民出版社,2002:137,138.

② 本书编写组. 抗日战争时期晋冀鲁豫边区财政经济史资料选编(第二辑)[M]. 北京:中国财政经济出版社,1990:570.

地暂行条例中规定："押地于债款已到偿还期而未能偿还者，得依习惯继续休息；其不能付息或契约注明到期必须偿还本利者，得改为典地契约，如债务人不愿改为典地契约时，债权人得申请法院（或县政府）按市价出卖该土地，以其卖得之地价偿还其债务；剩余之地价归交债务人""同一押地担保数债权者，其卖得之地价按各债权之债务契约先后依次清偿之""对于本条例颁布前之押地，得以下列办法清理之：一、契约载明之利息，应减为年利率15%者，另换新约，不及者依其约定。二、债务人已付利息超过原本2倍者，即作为还清，由债务人无条件收回押地。债权人因债务人未能交付利息，以致收回押地者，该押地之收益，作为已交约定利息计算。三、押地已成买卖关系或典地关系者不得变更。但未经税契者，按债务关系解决之"。①

②押地的抽回条件。

1942年，太行区磁县政府在《关于实现农民斗争纲领具体办法》中指出："凡欠债押地，未变为死契者，可按一本一利清债，收回押地。凡欠债押地已变为买卖关系，而未红契者，仍按一本一利清债，收回押地。押地时，债主曾找贴一部分地价者，无论红约与否，一律不再收回。凡因欠债押地变为典当关系者，按一本一利清债后，收回押地。押地上的收益，作为已付利息计算，但押地收益，如超过一本一利者，超过之数不再追还。民国元年前已死之押地，一律不再追究。押地已转卖者，不再取回。"②1942年7月，太岳农救总会在《土地斗争纲领》中规定："清理旧债收回押地——旧债已交利息超过本钱1倍时，停利还本；超过2倍时，本利停还，无条件收回押地。每年的地租或纯收获物按当时粮价折合计算，没有交过利息或交的利息不到本钱1倍的旧债，根据双方情况以分半行息调节清理，或更换契约继续付利。已变成买卖关系的押地不算旧账。没旧契的或'死契活口'的押地回赎。"③1942年10月，晋冀鲁豫边区政府在减租减息布告中规定：减息后，须交出原文约，退还押地。④

③押地的处置及其变为买卖关系或典地关系的处理方式。

1942年8月，豫晋联办在《减租减息暂行条例》中规定："债权人不得以欠息关系处置所质土地。如已处置者应将原质土地交还债务

---

① 本书编写组. 抗日战争时期晋冀鲁豫边区财政经济史资料选编（第二辑）[M]. 北京：中国财政经济出版社，1990：574.
② 河北省档案馆. 河北减租减息档案史料选编[M]. 石家庄：河北人民出版社，1989：44.
③ 同①：578.
④ 同①：546.

人。"①1943年11月，太行区在《土地使用暂行条例施行细则》中规定："土地使用暂行条例第六十二条第三款所称'押地已成买卖关系者或典地关系者不得变更，但未税契者，按债务关系解决之'，如于条例颁布后税契者，亦应按债务关系解决之。"②1945年4月，太岳区在《关于典地、旧债纠纷、押地问题之处理办法》中指出："转押地得援用典地处理办法"，即承押人得将其押地转押或出租于他人，但转押期限不得超过原押地期限，转押价不得超过原押价。"押地因天灾而被消灭者，债权人不得再要求押地""如因债务关系，被迫形成押地情形，亦未税契者，仍按债务关系处理之"。③1945年12月，中共冀南区党委在《关于发动群众中的几个政策的决定》中指出，在新老解放区，"由于借贷抵押土地房产，尚未正式变为买卖关系或典当关系者，也实行清债，土地房产之收益，作为已交利息论。在新老解放区，自民国元年以来，凡地主高利贷盘剥、乘人之危、带霸占性质地夺去群众之土地、房产，为各阶层所不满，并有许多人证明属实，只要双方仍未改变原来成分，可实行清理，由地主无代价地偿还。如已转交他人，可以地主现有土地房产偿还"④。

（2）典地借贷问题的政策规定及演变

中共中央、晋冀鲁豫边区政府、边区各行署，对于典当土地和"死契活尾"者，能否回赎、回赎期限、回赎办法、不同阶层之间的回赎、货币折算、损失赔偿等涉及典地的问题，均做了明确规定。

①能否回赎。

1942年1月，中共中央在《关于抗日根据地土地政策的决定》附件中指出："凡典地尚未转成买卖关系者，出典人随时可用原典价依约赎回土地，不得用抽地换约的办法。如已转成买卖关系者，不得赎回。因纸币跌价而在赎回典地时所生之争议，由政府调处之。"⑤

②回赎期限和回赎办法。

1942年3月，晋冀豫区农总会在《农民土地斗争纲领》中指出："旧典地在3年以上60年以下者，出典人应在2年以内，用原典价赎回。逾期不赎，作为死契，今年秋收整理完毕。"⑥1943年9月，晋冀鲁豫边区在修

---

① 本书编写组. 抗日战争时期晋冀鲁豫边区财政经济史资料选编（第二辑）[M]. 北京：中国财政经济出版社，1990：580.
② 河北省档案馆. 河北减租减息档案史料选编[M]. 石家庄：河北人民出版社，1989：102.
③ 同①：594-595.
④ 河北省档案馆. 河北减租减息档案史料选编[M]. 石家庄：河北人民出版社，1989：387-388.
⑤ 时连泉，王启云. 山东的减租减息[M]. 北京：中共党史出版社，1994：36.
⑥ 同①：543.

正的土地暂行条例中规定,"典地自立约之日起3年之内不准赎回",这样可以制止少数地主、富农在典地过程中的投机行为,保障承典人对典地至少有3年使用权。同时,为了支持农民赎回战前典出的土地,又规定"其3年以上30年以内出典人得随时以原典价赎回,有约定年限者,依其约定。超过30年者,经承典人将原典契当作卖契税契后,典地所有权即归承典人","典期不明之典地,在30年以上60年以下者,准出典人于2年内设法赎回;逾期不赎者即以死契论,不准赎回。其未满30年者,概以典产论,准其依法赎回","承典人不得出卖典地,在本条例颁布前,出卖典地业已税契者,应由承典人依出卖时地价补偿出典人之地价,如未税契者,其出卖关系无效"。①1944年10月,晋冀鲁豫边区政府发布了《几个土地问题处理办法的决定》,其中针对根据地的典当地处理问题指出:"出典(出当)人系因逃避负担,典当土地,在典当期间以灾荒及土地变质等原因,承典(承当)人未获得之收益者,典当期限延长原期限1/3至1/2。如出典(出当)人生活困难须赎回时,按契约执行手续外,得再给予承典(承当)人原典(当)价额1/3至1/2之补偿","出典(出当)人系贫苦农户,当时典出土地确因生活无着,得按原契约原典价赎地,不延典当期限,但承典(承当)人在土地上所出之各种改良费用,出典(出当)人须依情酌予补偿"。②1945年4月,太岳区颁布了《关于典地旧债纠纷押地问题之处理办法》,对典地的处理办法基本与《几个土地问题处理办法的决定》规定相近,另外规定:"出典人抽回甲地、出典乙地时,原承典人有承典之优先权","因承典人之过失,以致典地或其附属物遭受损失者,承典人应按损失情形负责赔偿之","典地回赎时,如因典价发生货币折算纠纷,应根据双方家庭经济状况,酌情处理之"。③

③不同阶层之间的典地回赎。

1944年8月,冀鲁豫行署、冀南行署签署关于赎地问题的决定的命令,规定:"同等阶层、富力相等买卖之土地,得改为典当关系;地主、富农买中、贫农之土地,准由卖主按原价赎回。如买主尚未耕种一季者,由卖主按卖价2分行息归还买主;中、贫农买地主、富农之土地,不得赎回,如卖主生活实难维持者,按双方富力情形进行调节;中农买贫农之土地,准贫农赎回一半,一半改为当契;贫农买中农之土地,准中农赎回一半,

---

① 本书编写组.抗日战争时期晋冀鲁豫边区财政经济史资料选编(第二辑)[M].北京:中国财政经济出版社,1990:573-574.

② 同①:588.

③ 同①:594.

或一半改为当契","依本决定改为典当关系或原系典当关系者,典期均以2年为限,期满即准出典人以原典价赎回。低于2年者,按原约处理。贫农买中农之土地改为当契者,典期得改为3年至5年","卖主或出典人、承典人双方同意,愿将卖地或典地改为正常买卖或典当关系者,按目前市价找补,重立新约;贫苦农民赎地无钱时,在买主同意下改为借贷关系,3分行息,或改为典当关系"。①

在具体处理土地抵押和土地典当等土地纠纷时,在认真执行上述条令中相关规定的同时,边区人员本着适当兼顾双方生活、注意生产的原则,在尊重契约的前提下,适当照顾典价与保护农民的土地使用权,区分是普通买卖关系,还是乘人之危、凭借权势,强行廉价掠夺土地,抑或是地主反对减租减息,借口抽地而实行假典地等不同情况、不同性质,进行调节,以解决各地土地纠纷。

值得指出的是,许多地区在实际处理土地典当、土地抵押问题时发生了很多偏向。有的执法人员没有掌握土地政策的精神,单纯按契约规定执行,概不调节,客观上鼓舞了地主向农民的反攻,而农民依靠农会等的组织力量与地主针锋相对,形成双方对立局面;有的没有从保护农民的土地使用权出发,单纯从典价上着眼;有的机械执行条令规定,不分双方生活情况,不管战前战后的典地,不顾货币是否贬值,一律按照原典价赎回。此外,少数执法人员企图使农民与地主在生活上完全均等,在调节方式上,对农民不加说服,对地主以大道理压服,更是错误的。上述种种偏向,使土地政策的执行效果打了折扣,也不同程度地破坏了抗日民族统一战线。

3. 由押地和典地引起的地权变动

农民土地抵押、土地典当借贷能否引起地权转移,债户是否会最终失去土地,主要取决于以下几个要素:债户通过土地抵押、土地典当所借的款额大小,借款利息、还款期限等接待条件的苛刻与否,借款用途,债户能否如期偿还借款本息,减租减息中抽地换约、典地回赎的政策执行力度等。下面就全面抗战期间太行区各阶层因土地抵押、土地典当借贷而引致的地权变动的趋势进行分析。

随着中共减租减息政策的逐步深入开展,全面抗战期间边区农户收回押地和回赎典地的数量明显增加,现就有关材料,将太行区农户土地抵押、土地典当借贷引起的地权变动情况制成表5.1、表5.2和表5.3。

---

① 河北档案馆. 河北减租减息档案史料选编[M]. 石家庄:河北人民出版社,1989:194-195.

表 5.1　1938—1941 年辽县、武乡县、沙河县 13 村地权变动情况　　单位：亩

项目	典入	抽回	买入	典出	被赎回	卖出	共入	共出	增减
地主	—	121.8	—	430.18	1400.5	136.8	121.8	1519.6	-1397.8
富农	82.5	235.4	24.8	284.8	715.1	264.1	313.7	1260.7	-947.0
中农	658	595.1	197.5	283.5	424.3	162.3	1450.6	871.1	+579.5
贫农	147.9	211.3	356.4	82.1	86.8	134.9	695.7	304.5	+391.2
雇农	21.1	10.6	—	—	7.2	—	31.1	7.2	+23.9
商人	69.9	8.2	56	0	25.8	—	79.3	25.8	+53.5

资料来源：太行革命根据地史料丛书之五——土地问题[M].太原：山西人民出版社，1987：110，123。

注：表中使用土地面积计量单位"亩"，以保持跟史料一致。1 亩按 0.0667 公顷计算。

表 5.1 反映的是减租减息运动宣传试行阶段的土地所有权变动情况。由表中数据可知，第一，地主、富农卖出和典出的土地总亩数多于买入和典入的土地，中农、贫农、雇农买入和典入的土地总亩数多于卖出和典出的土地，以中农地权变动后得到的土地最多，贫农次之。这是中共土地政策执行的结果。第二，在表中所列时期内，地主典出土地占土地总变动的 26.2%，说明这一时期地主仅仅是暂时主动退却，心中犹存将来重振雄威之念。第三，地主典出、被赎回、卖出土地 4 年共计 1519.6 亩，而赎回土地仅 121.8 亩，出入相抵地主土地共减少约 1398 亩，富农与此相仿，说明中共的土地政策使地主、富农的经济地位大为降低。同时，地主赎回土地 121.8 亩，一部分是生产情绪较高的地主，把假典地赎回，一部分是破产地主赎地。这说明减租减息后，许多地主感到出租土地和放高利贷的利益不大，考虑到利用这些土地和资金来进行规模较大的生产。第四，中农是增加土地最多的阶层，他们典入、抽回、买入土地共计 1450.6 亩，典出、被赎回、卖出土地共计 871.1 亩，出入相抵，净增加 579.5 亩。贫农也净增加土地 391.2 亩。第五，土地关系从地主集中占有走向中贫农分散占有，中贫农向中富农发展，地主向富农过渡。

上述材料还反映出，由于全面抗战初期减租减息运动未能深入开展，可以设想税收是引起上述地权变化的主要因素。不容否认，合理负担和统一累进税使地主、富农等承担了主要的经济负担，重税之下使他们不得不卖出自己的部分土地。总之，在中共土地政策的贯彻施行下，地权变动的趋势是，地主经济势力被大幅削弱，富农也被削弱，土地所有权由地主和富农向贫农、中农和雇农手中转移，也向分散的方向发展，这种转移和分

散导致了农村各阶层土地占有关系的变化,逐步向"耕者有其田"过渡。

下面结合由土地抵押所引起的纠纷统计表来考察农户押地的收回情况(见表5.2)。

表5.2 1938—1940年黎城县4个区、襄垣县下良镇与昔东县解决押地纠纷统计

阶层		地主	富农	中农	贫农	佃农	雇农	共计
债主	户数(户)	36	55	52	27	1	—	171
	百分比(%)	21.1	32.2	30.4	15.8	0.5		100
债户	户数(户)	—	9	65	210	17	6	307
	百分比(%)		2.9	21.2	68.4	5.5	2.0	100

资料来源:山西档案馆.太行党史资料汇编(第四卷)[M].太原:山西人民出版社,1994:414-416.据原表整理。

从表5.2可以看出,在解决土地抵押纠纷事件中,地主、富农解除被押土地占53.3%,而贫农通过清债收回押地占了近七成,说明在中共减租减息的土地政策下,地主、富农通过质地借钱而掠夺农民土地的现象受到遏制。同时,农民通过减息清债,或直接清偿债务,或使债息大为减少,大量收回被抵押土地,从而大大减轻了封建高利贷剥削。此外,土地向中农和贫农分散,农民因负担减轻和土地等生产资料的增加,有了向上发展的可能。表中数据还说明,地主、富农与中农、贫农的租借关系最多。

接下来考察减租减息深入开展阶段太行区各阶层的地权变动情况,详见表5.3。

表5.3 1942—1945年太行区15个村各阶层地权变动情况　单位:%

时间	地主	经营地主	富农	中农	贫农	雇农
1942年以前	100	100	100	100	100	100
1942年以后	35.4	53.1	72.2	137.4	98	147
1944年以前	22.6	47.1	98.9	140.3	88	138
1944年以后	15.5	35.5	90.6	161.8	88.3	73.1

资料来源:太行革命根据地史料丛书之五——土地问题[M].太原:山西人民出版社,1987:137.

注:以1942年群众运动前土地占有量为100。

表5.3显示,地主阶级,包括经营地主,继续被削弱,富农阶级亦被削弱,地主、富农的土地大为减少,同时中农的土地迅速增加,一部分贫雇农转为中农,使得贫雇农继续减少。表面上并未触动地主土地占有状况

的减租减息，之所以会不断削减地主、富农的土地占有，同时增加原无地、少地农民的分散占有，从而使自耕农增加，原因在于减租减息是限制甚至完全废除地主的超经济强制，而这种超经济强制量的多少直接影响其对积聚土地的投入；同时，通过减息清债运动，地主、富农原来占有的土地，通过押地被抽回和典地被回赎、卖出等各种途径部分转移到了贫农、雇农和中农手里，使通过土地抵押和土地典当借贷而形成的地权转移情况得到逆转。

再看减租减息运动中收回押地、回赎典地的成效。

减租减息政策的贯彻实施，取消了地主租息中的超经济强制，削弱了地主与富农的经济势力，同时改善了边区广大农民的生活状况，农民身上的债务负担得到大幅减轻，这使全面抗战前农村土地转移的方向有了很大程度的扭转。贫苦农民通过清理旧债的"抽地换约"运动，将"未死"之押地，按规定的减息后的利率订立新约，抽回被地主和旧式富农乘人之危而掠夺的部分抵押土地。同时，边区政府在不使地主过分吃亏的情况下，又帮助农民赎回了大量典地。下面按年度加以叙述。

据太行区统计，在1940—1941年，农民从减息方面得到的利益还是初步的。减息中普遍实行的是清债收回押地，一般是利息超过本金两倍的无条件抽回押地，超过一倍的停利还本。黎城县4个区抽回押地7704亩，昔阳（东）抽回押地9575亩，在农民中影响较大。①河南林县人孙三只，家中人多地少无法度日，仰赖高利贷。至1940年之前，孙三只历年借贷累积共欠粮60多石，光景越过越困难。中共来之后，实行了减息政策，把地主、高利贷等剥削去的土地夺了回来。孙又买了土地和毛驴，经过努力生产，孙三只终于翻身成为富农。②据1941年不完全统计，太北17县至少解决提地纠纷6712件，在先进区以抽回押地案件为最多，占37%～50%；在薄弱地区以赎回典地为最多，漳北区典地案占81%，而押地占12%。③

1942年平顺县3家债主被抽回了2831亩地，左权县抽地2419.3亩，黎城县3个区抽了1531.97亩，涉县抽了4942亩。④在平顺县杨威村，1942年在减租减息运动中对该县最大的地主宋氏兄弟展开了斗争，迫使他们交出220张契约，100多户农民收回土地158亩、房间41间。另据该县33个村的统计，从3家大债主手中收回土地2831亩。左权县退土地2419亩，

---

① 太行革命根据地史料丛书之五——土地问题[M]. 太原：山西人民出版社，1987：11，117.
② 李长远. 太岳革命根据地农业史资料选编[M]. 太原：山西科学技术出版社，1991：779.
③ 太行革命根据地史料丛书之五——土地问题[M]. 太原：山西人民出版社，1987：117.
④ 同③：166-167.

黎城县3个区退土地1531亩，榆社县一个区退土地1966亩，农民群众得到了实实在在的经济利益。①和东县的几个村在1942年的群众运动中，地主出卖、出典土地占其总土地亩数的53%，富农占36%；昔东县3个村10个地主一年减少土地占总土地亩数的60%；平东县4个村9个地主土地减少59%。②1942年武乡县韩壁村地主魏孝三的土地约占全村土地总量的40%。经过群众清理旧债斗争，魏退出文书1000多张，退出土地10亩，典出土地36亩。③太岳区第四专署的阳城等县农村，1942年后半年经过减息运动，群众从地主那里抽回押地1503亩、典地507亩，地主退回土地3561亩。④

截至1943年初，涉县农民抽回文约8474张，清出押地4642亩，清出房屋1691间。1943年冬，边区的中心地带在中共中央普遍开展查减运动的指示下，都进行了大规模查减。由于真正发动了群众，这次的运动是空前彻底深入的一次。据黎城等9个县的不完全统计，延期与恢复典地4464.5亩，清债退粮98石，银洋52321元，抽地505.2亩，退租换约1359.2亩，银洋17591元，其他包赔损失等共计得地（租地抽地）20422亩，粮3930.8石，计银洋444369元。⑤

1944年下半年，黎城县孟家庄、上桂花等11个村共退出土地656亩，涉县19个村解决土地典当问题74件，磁县、武安县9个村解决典当地86件。⑥1944年据太行区44个典型村统计，处理典当土地问题273件。15个县处理典地问题2917件。⑦

总之，至1946年"五四指示"颁布前，边区在减租减息运动中抽回押地和赎回典地取得了一定的成绩。由于地主大多数又是高利贷者，而农民借贷一般都是拿自己的土地做抵押。随着清债的进行，绝大部分被押土地转回到农民手中，这部分土地约占地主土地的很大比重，有的甚至占其土地的绝大部分，同时各种未转成正式买卖关系的典地也最大程度地被农民赎回。

---

① 田酉如. 太行革命根据地史稿[M]. 太原：山西人民出版社，1987：166-167.
② 本书编写组. 抗日战争时期晋冀鲁豫边区财政经济史资料选编（第二辑）[M]. 北京：中国财政经济出版社，1990：632.
③ 太行革命根据地史料丛书之五——土地问题[M]. 太原：山西人民出版社，1987：232-238.
④ 中共山西省委党史研究室. 太岳革命根据地纪事[M]. 太原：山西人民出版社，1989：378.
⑤ 太行区减租减息的发展[N]. 解放日报，1945-07-30.
⑥ 河北省档案馆. 河北减租减息档案史料选编[M]. 石家庄：河北人民出版社，1989：276.
⑦ 同②：1425.

值得指出的是，在抽回押地、赎回典地取得上述成效的同时，也出现了种种偏向，尤其是在政策方面，对清理旧债、抽回押地和回赎典地问题上，仍存在押地一律收回、典地至一定年限后无代价赎回或抽地换约的规定。这样实际上否定了押地的抵押作用，使典地纠纷仍层出不穷，结果不利于巩固统一战线。

5.4 民间借贷关系的停滞与缓解

5.4.1 民间借贷关系的停滞

1938年开展减租减息后，边区原有的各种形式的高利贷受到严重打击，长期以来压在农民头上的高利贷剥削仅作为残余而存在，边区广大农民在惠及减租减息成果的同时，也付出了沉重的代价。渐趋没落的地主高利贷者不敢公开放债，纷纷隐蔽起来，紧闭出借之门，其结果是，农村金融停滞，民众告贷无门，民间借贷活动陷入萎缩状态。实际上，早在全面抗战以前的土地革命时期，在中共苏区的革命根据地，农民借贷停滞的现象就已经出现了。中共在实行废除一系列传统高利旧债的政策以后，农村曾出现过"利息过低，富人闭借，农民不利，各地得斟酌情况规定利息为1分至1分5厘或其他相当利率"[①]的状况。下面分别简述抗日战争期间和解放战争期间的民间借贷停滞现象。

1939年9月，中共晋冀豫区党委宣传部部长王卓如在《关于合理负担与减租减息的意见》中指出，全面抗战以来减租减息政策"因实际上执行得不好，今天佃农比过去要多，今天的贫农借不到钱，或者更加高利钱。有的形式上分半减息，实际上5分、6分，因这样借不到钱"[②]。在减息清债运动中，"人们发现，规定一个太低的利息率，实际上会使那些有钱借出的人感到沮丧。党注意到，这样做的后果之一是，对农民来说事情变得难办了。"[③] "全面抗战以后，借贷关系基本上陷于停滞状态。"[④]

---

① 许毅. 革命根据地财政经济史长编. 土地革命时期·下[M]. 北京：人民出版社，1978：1191.
② 本书编写组. 抗日战争时期晋冀鲁豫边区财政经济史资料选编（第二辑）[M]. 北京：中国财政经济出版社，1990：542.
③ 解放日报，1942-02-06.
④ 齐武. 晋冀鲁豫边区史[M]. 北京：当代中国出版社，1995：323.

1946年1月，冀南银行在1946年上半年的方针与任务中指出，高利贷的信贷制度基本已经摧垮，虽然在解放区某些农村地区，已开始自流地生长出一些新的借贷形式，但大部分农民仍然苦于农村金融的死滞，陷入再生产资本缺乏的困难。①1948年2月，邯郸局在关于借贷问题向中共中央的请示报告中提出："自抗战以来，经过减租减息、反奸清算与填平补齐等运动，我区封建性高利贷债务实际上早已废除，一般农民不是苦于高利贷，而是苦于借不到钱。"②在山西省，据中央农业实验所统计，1934年山西、河北、河南三省农民的现金负债率为51%，粮食负债率为39%。③而到了1948年土地改革结束时，据9个乡的典型调查，私人借出户数只有12户（其中贫农2户、中农9户、富农1户），占总户数的0.45%；借入户数28户，占总户数的1.05%。④农村民间借贷关系基本上废止。

由上可知，随着全面抗战历年来减息清债及土地改革中清算高利贷的进行，一方面，边区广大农民大大减轻了以往所受的高利贷剥削，并在经济上逐渐翻身；另一方面，边区发生了民间借贷停滞的流弊，农民深陷告贷无门的窘境，对以后互济度荒及发展生产造成了困难。

到底是哪些因素造成了民间借贷关系的停滞呢？

（1）私人高利贷者的放债能力锐减

原来在农村民间借贷中居于统治地位的私人高利贷者，在中共明令禁止各种类型的高利贷、及统一累进税制和减息清债等一系列的政策下，不但其债息收入大为减少，而且负担大幅增加，两相夹击，使地主、富农等私人高利贷者的经济地位和放贷能力大不如前。这主要表现为地主通过各种方式转移出去的土地增多和经济地位的下降。如1942年太行根据地和（顺）东几个村，地主出卖出典之土地即占其总土地数的53%，富农占36%，昔（阳）东3个村10个地主一年减少土地占其土地总亩数的60%。平（顺）东4个村9个地主减少59%。赞皇富农、地主的土地，变化也很大。⑤地主、富农经济势力的大幅削弱，使他们的出贷能力也大为减弱，在边区内仅有少量暗存的高利贷发生。

---

① 参考自《华北解放区财政经济史资料选编（第二辑）》.
② 中央档案馆. 解放战争时期土地改革文件选辑[M]. 北京：中共中央党校出版社，1981：260.
③ 李金铮. 近代太行山地区的高利贷[M]// 李金铮. 近代中国农村社会经济探微. 北京：人民出版社，2004：332.
④ 参考自中共山西省委农村工作部编的《土改结束时期，1952年、1954年山西省20个典型乡调查资料》，1956年5月印.
⑤ 中共山西省委党史研究室. 太行革命根据地土地问题资料续编[Z]. 内部资料，1984：74.

到解放战争时期,经过持续的减租减息和反奸清算,地主、富农的经济地位继续下降,尤其是经过彻底的土地改革后,地主、富农的经济地位更是每况愈下,表征地主财富的土地及土地所有权一概被废除,许多地主沦落为贫雇农的水平。在太行区,经过"五四指示"和土地改革,在老区,地主占全人口的 8.48%,土地仅占 4.27%,富农占全人口的 9.95%,土地占 8.32%,地主只保留其原有土地的 14.4%,富农保留其原有土地的 49.5%;在新区,地主人口占 6.12%,土地仅占 2.68%,富农人口占 8.23%,土地占 6.45%,地主平均保留其原有土地的 22%,富农平均保留其原有土地的 45.6%。[①]

下面再看冀南区土地改革后各阶层的经济地位对比情况(见表 5.4)。

表 5.4 冀南区夏津县 19 个村土地改革彻底实现后的调查材料

成分	原地主	原富农	富裕中农	中农	贫农
每人平均土地(市亩)	3.0	4.1	4.8	4.4	3.8
每人平均产量(市斤米)	126.6	104.6	127	86.3	100

资料来源:李成瑞. 中华人民共和国农业税史稿[M]. 北京:中国财政经济出版社,1962:64.

注:为跟史料保持一致,表中土地面积、粮食产量分别使用当时的计量单位"市亩、市斤米"。

表 5.4 说明,原来的地主经过彻底的土地改革后,每人平均土地面积都不超过中农水平,收入和中农、贫农也大体一致。土地改革使这些农民获得了大致相等的土地,原来各阶层之间的巨大差别基本被消除。也就是说,土地改革后,地主与贫农的那种"人为刀俎,我为鱼肉"的巨大经济地位差别已改换了天地,各阶层的经济地位已经被初步均等化。无论旧日地主,还是昔日贫农,都已远远今非昔比。

由此不难看出,在经过土地改革后的边区,无论是禁止高利贷的政策环境,抑或是原来地主、富农的出贷能力,都使高利贷这种剥削现象根绝了。然而在土地改革极大地解放了农村生产力的同时,不可避免的是,作为土地改革衍生出的经济现象,民间原有的一个重要私人借贷来源也随之根绝了。

(2)民间高利贷金融组织纷纷倒闭

原来在民间借贷关系中居于第二位的各种高利贷金融组织,在全面抗

[①] 张玉鹏,李振华. 河南解放区的土地改革[M]. 郑州:河南人民出版社,1991:255,257.

战期间倒闭的倒闭，停业的停业，以致农民原来的一个重要民间融资渠道也严重受阻。在日军的铁蹄下，"整个太行区公私经营商店、合作社及工厂等，损失在 854466.3 万元以上"①。在太行区，1938 年日军第一次深入腹地，在各大市镇摧残，商号大都停业，地主掌握的一套商业高利贷资本的机构如账庄、当铺等几乎全部停顿或被摧毁。②1942 年太行区四、五分区清理钱会不少，如磁武县 4 个村有 30 个会，共 1588 股，已得会者按分半减息还债，共减息 2.7 万余元。③至解放战争时期，这些民间高利贷金融组织早已灰飞烟灭，化为历史遗迹了。

（3）过低的利率使富者"闭借"

经济学常识告诉我们，借贷资金的安全性和保值增值性是任何一个理性资金融出者首要考虑的因素。在全面抗战期间，边区政府的减息条令机械地限制利息标准，边区银行存放款利率又特别低微。这样的结果是，一方面，从债主的行为选择来看，中共的利率政策是一律把新债利率按 1 分或 1 分半支付利息，而原来民间借贷的习惯利率普遍是 3 分左右，这样一来，放债者的债息收入在名义上就减少了一半以上，若考虑通货膨胀因素，实际债息则减少得更多。另外一个不容忽视的因素是，有的地方群众运动发动起来后，拒不交息甚至废除债务的现象屡见不鲜，放债者资金的受偿风险无疑加大，因此放债者债息收入的锐减与出贷资金受偿风险的加大，自然使地主、富农等潜在放债者规避风险而紧闭出借之门。再从债户的行为选择来看，经过减息清债和反奸清算运动，地主的高利贷已渐趋没落，农民的反抗意识已经觉醒，不愿再像过去那样任人宰割。另一方面，减息清算后，在边区的借贷关系中，边区政府、银行及信用合作社的低利借贷已居于主导地位，这样新式金融机构的及时补位必然对传统民间借贷产生很大的冲击，加剧民间借贷关系的萎缩。

此外，窖藏之风日盛也是民间金融停滞的一个不容忽视的原因。在商品经济尚未充分发展的农村，半封建社会的地主、富农素有窖藏货币的旧习，加之长期残酷的战争环境和中共劫富济贫的土地政策，富人窖藏货币之风益盛。于是经过减租减息及土地改革中清算高利贷的剥削，民间金融的供求双方之间产生了矛盾：余粮下了窖，饿肚的得不到粮；游资入了柜，劳力得不到资本。1940 年 7 月，太北财经扩大会议认为："社会游资很多，

---

① 参考自《晋冀鲁豫边区财经史料选编（第一辑）》。
② 本书编写组. 抗日战争时期晋冀鲁豫边区财政经济史资料选编（第二辑）[M]. 北京：中国财政经济出版社，1990：1364.
③ 太行革命根据地史料丛书之五——土地问题[M]. 太原：山西人民出版社，1987：127.

有许多资本游离在生产过程和流通过程的领域",其中的一个重要原因是"有资本的人觉得社会不安定,一切制度没有很好地建立,生产没有保障,怕合理负担,怕货币跌价,怕蚀本,因此把资本藏起来,或流到外区或敌区去"。①

战争的摧残破坏,民众损失严重,农村购买力愈加低下,也是民间金融枯滞的一个重要因素。在太岳区,"日军投降后,环境已处于相对和平,手工业产品逐渐下降,工业产品因产品滞销多数停顿,商业利润低微,市场营业冷淡,最后表现为金融死滞、市场萧条。在此情况下,工业者多抱'存款不如存货'的心理,这样更加重了金融死滞的程度"②。

5.4.2 边区政府采取的缓解措施

面对农村出现的严重的民间金融停滞现象,中共中央和晋冀鲁豫边区政府已逐渐认识到其中的危害程度,并多角度、多渠道地采取了一系列措施。

1. 减租减息后,规定农民必须交租交息

团结地主一致抗日,兼顾农民与地主双方的利益,是中共全面抗战期间减租减息政策中的一项既定原则。

在政策层面,地主的减租减息与农民的交租交息是政府法令两方面的规定,不应畸轻畸重,无论减租减息或部分地交租交息,均受政府法律保护。1940年12月,毛泽东在为中共中央起草的《论政策》的党内指示中,强调减租减息必须兼顾农民和地主两个阶层的利益,明确指出:"关于土地政策。必须向党员和农民说明,目前不是实行彻底的土地革命的时期,过去土地革命时期的一套办法不能适用于现在。现在的政策,一方面,应该规定地主实行减租减息,方能发动基本农民群众的抗日积极性,但也不要减得太多","另一方面,要规定农民交租交息,土地所有权和财产所有权仍属于地主"。③1942年1月,中共中央在《关于抗日根据地土地政策的决定》中规定:"实行减租减息后,又须实行交租交息","农民有交租交息的义务,不得抗不缴纳"④。1942年10月,晋冀鲁豫边区政府在《减租减息

---

① 本书编写组. 抗日战争时期晋冀鲁豫边区财政经济史资料选编(第一辑)[M]. 北京:中国财政经济出版社,1990:211.
② 李绍禹. 太岳区存放款工作的一点经验[J]. 银行月刊,1946-03-01(17).
③ 毛泽东选集(第二卷)[M]. 北京:人民出版社,1966:724-725.
④ 时连泉,王启云. 山东的减租减息[M]. 北京:中共党史出版社,1994:31-32.

布告》中规定:"减租减息后,须依法交租交息,如不依法令,故意不交租付息者,亦当依法办理。"①

在执行层面,鉴于中共已逐渐意识到因减息而给民间借贷带来的停滞现象,在具体的政策执行中,采取了灵活机动的策略方式。对于减息问题,不算陈年旧账,应算到多远不进行明文规定。清理旧欠,对于各种残存的违法的高利贷,只要债务人自己不起来要求减息,政府也会息事宁人,默许高利贷的地下活动,民不告,官不究,不强调斗争,因斗争会更加窒息本已枯滞的民间借贷关系。中共山东分局也曾对山东抗日根据地滨海区的减息作出指示:"减息问题,不强调。应着重怎样使农民借到钱、粮,使资本不致睡眠。对地主富农的借贷款贷粮,政府应规定一些具体的奖励办法。当然也不反对减。"②两害相权取其轻,对于农民来说,忍受高利贷的剥削总比告贷无门的痛苦要来得轻一些。只有当借贷双方有争议时或太不合理时,或者地主搞得农民要破产而且得不到社会同情时,政府才帮助调节。政府从鼓励减息清债转向鼓励有钱出钱、有力出力,合股做生意,其中即有借贷关系,通过这一办法来推动农村借贷关系的发展。

2. 取消对新债的最高利率限定,允许借贷双方自由商定

如前所述,晋冀鲁豫边区对私人新债借贷利率经历了从减至1分半至由借贷双方自由议定的政策演变过程。中共对新债利息不加限定,并纠正了有的地区对新债利率规定不得超过2分或3分的不恰当做法,目的是恢复农村借贷关系,活跃农村金融,刺激私人资本投入生产贸易部门,这对政府、对民众无疑都是有利的。

1940年12月,毛泽东在《论政策》的党内指示中强调指出,减息"不能减得太多""利息,不要减到超过社会经济借贷关系所许可的程度""不要因减息而使农民借不到债,不要因清算老账而无偿收回典借的土地"。③这说明中共此时已考虑到减息要在农村经济环境允许的条件下进行,否则不顾客观条件的制约而强为,其结果必然无异于揠苗助长。正如瑞典学者达格芬·嘉图所言,分半减息,"主要应用于对战前契约所规定的债款的利息计算,虽然一般来说在抗战期间也有效,但对1937年以后的借款采取了

---

① 本书编写组. 抗日战争时期晋冀鲁豫边区财政经济史资料选编(第二辑)[M]. 北京:中国财政经济出版社,1990:546.
② 山东省档案馆,山东社会科学院历史研究所. 山东革命历史档案资料选编(第九辑)[M]. 济南:山东人民出版社,1983:370.
③ 毛泽东选集(第二卷)[M]. 北京:人民出版社,1966:725.

一种更灵活的办法,特别是把地方的社会经济条件考虑在内了"①。1942年2月,中共中央在《关于如何执行土地政策决定的指示》中指出:"今后应该听任农村自由处理,不应规定息额。目前农村只要有借贷,即使利息是3分、4分,明知其属于高利贷性质,亦于农民有济急之益。"②这说明"民间金融枯滞"作为与"禁止高利贷"相伴而生的经济现象,中共显然在对二者的取舍上采取了灵活而务实的策略,即一方面原则上不承认高利贷的合法性,另一方面又默许其暗存价值。1942年7月,中共中央北方局在对中央土地政策决定的讨论提纲中指出:全面抗战后的借贷,不是限制息额高低的问题,而是有钱人不出借、农民借不到钱的问题。政府规定过低的息额,会影响根据地经济流通,阻碍农村借贷,对于人民生活都是有害的。法令上规定过低息额是形式的,农村中黑市的流行就是证明。③1945年12月,中共冀南区党委在《关于发动群众中几个政策的决定》中指出:"在新解放区,今后一般的借贷关系,不发动减息。我们要足够地估计到,不是减息问题,是贫苦群众是否借到债的问题,如发动减息,可能杜绝借贷之门,结果反使基本群众吃亏。"④

到解放战争时期,中共的借贷利率政策基本沿袭了1942年以来的利率政策。1946年3月,边区副主席戎子和在边区政府第二次委员会上关于生产运动诸问题的讨论中指出:"一般民间借贷,只要不是超经济剥削(如驴打滚、臭虫利之类),可宣布自由。"⑤1948年2月,中共中央在关于借贷问题给邯郸局的指示中指出:"封建阶级的债权既已消灭,现在的任务就是鼓励和保护各种普通借贷,以达到贷者敢贷、借者有借之目的。在这种地区,废债的宣传和行动均应在原则上停止。"⑥1948年7月,华北银行在《关于决定利息政策的命令》中规定,为了转变农村金融停滞的情势,对利息政策做了重新核定,以利于发展私人借贷为准则,私人借贷利息不予限制,可以由借贷双方自愿拟定。⑦

---

① [瑞典]达格芬·嘉图. 走向革命——华北的战争、社会变革和中国共产党1937—1945[M]. 杨建立,等译. 北京:中共党史出版社,1987:172.
② 时连泉,王启云. 山东的减租减息[M]. 北京:中共党史出版社,1994:41.
③ 本书编写组. 抗日战争时期晋冀鲁豫边区财政经济史资料选编(第一辑)[M]. 北京:中国财政经济出版社,1990:186.
④ 河北档案馆. 河北减租减息档案史料选编[M]. 石家庄:河北人民出版社,1989:388.
⑤ 本书编写组. 华北解放区财政经济史资料选编(第一辑)[M]. 北京:中国财政经济出版社,1996:153.
⑥ 中央档案馆. 解放战争时期土地改革文件选辑[M]. 北京:中共中央党校出版社,1981:259.
⑦ 同⑤:263-264.

3. 开展新式互借运动

新式互借，即贫苦的翻身农民，在同一阶层之间，在共同劳动之下，为促进劳动生产力而开展的带有民间友情借贷性质的互助互济，是政府倡导的缓解民间金融枯滞的一项行之有效的措施。这种新式互借的主要表现形式是，借贷双方不是固定的，同一农民在不同时间既可能是债务人，也可能是债权人。借贷双方的动机和借贷效果，是出于劳动民众之间的生产互助，而不是不同阶层之间的高利剥削。无论有息还是无息、息高还是息低，借款额是大还是小、短期还是长期，都是在新的生产关系下，由于生产需要而产生的自然结合。

基于新式互借的上述优点，边区政府对其予以积极倡导。1942年以来，晋冀鲁豫边区普遍出现了严重的旱灾，连续的荒年给民众的生产生活带来了严重的困难。为减灾度荒，1943年7月边区政府号召克服连续灾荒，着手"组织社会互济，动员广大社会人士，参加互济运动"①。1945年12月，中共冀南区党委在《关于发动群众中几个政策的决定》中规定："减息是减地主、富农的利息，基本群众之间的相互借贷关系，可做内部问题，以评议方式处理，少减或不减。"②1946年2月，太岳区行署发布的《关于春耕的指示》中指出："在新解放区应以消灭熟荒为主，对灾区应进行贷款救济，特别是开展群众性的互助互济。"③

新式互借运动的开展，对缓解本已枯滞的民间金融起了一定的调剂作用，是在传统高利贷逐渐退出历史舞台的新环境下，解决农民融资困难是一种有益补充。

4. 政府、银行发放生产贷款，开展农村信用合作运动

这将分别在第六章第二节、第七章第二节详细论述，这里暂不论及。

总之，政府采取的上述这些措施，对缓解民间金融的停滞现象起了一定的作用。但令人遗憾的是，农村私人借贷关系停滞的现象在抗日战争和解放战争期间持续存在。减租减息也好，借贷利率由双方自由议定也罢，抑或是开展互借运动，都是缓解民间金融停滞现象的权宜之计或治标之策，而根本措施还是有效增加农村金融供给，开展信用合作运动和发放生产贷

---

① 本书编写组. 抗日战争时期晋冀鲁豫边区财政经济史资料选编（第二辑）[M]. 北京：中国财政经济出版社，1990：353.

② 河北省档案馆. 河北减租减息档案史料选编[M]. 石家庄：河北人民出版社，1989：388.

③ 李长远. 太岳革命根据地农业史资料选编[M]. 太原：山西科学技术出版社，1991：105.

款。但限于边区财力及过低的利率使形同救济的贷款逐年贴赔，造成农村金融需求与供给之间仍存在巨大缺口，最终民间金融的停滞现象并未得到根本改观。

第6章　晋冀鲁豫边区的低利惠农生产贷款

工农业资金的供给一般来自财政投资和银行信贷。鉴于边区财政投资的有限性，银行信贷就成为筹集和调剂边区农工业所需资金的一条重要途径。开展信贷活动，给生产事业以信贷支持，有计划地调剂边区金融，促进边区经济发展，是边区银行的主要任务，也是其调节金融市场的主要手段。在抗日战争和解放战争时期，边区政府和银行的信贷是支持农工业生产的强有力工具，它在支援战争、发展农工业生产、繁荣农村经济、巩固新民主主义政权等方面发挥着重要的作用。

边区政府的信贷政策决定了边区银行的信贷投资方向。边区的生产贷款是以农业为主，兼顾工商业等农村副业，并在实施中以银行为中心，以政府和合作社为辅，逐渐开展起来的。

6.1　开展生产贷款的外部环境

边区的经济建设基本上是农业建设，根据地环境是广大农村，农民占人口的绝大部分。因此农业生产是边区一切经济建设的基础，只有农业生产得到发展，才能促进工业和商业的繁荣，改善广大农民的生活，保证前线军队的供给。没有农村经济的支撑与保障，民族解放和建设国家的伟大事业就无法继续与坚持，而且愈是战争进入艰苦阶段，农业生产的重要性也就愈加明显。

6.1.1　边区农业面临的问题

关于全面抗战前边区农业的发展情况已在第一章论及，这里不再赘述。下面阐述抗日战争和解放战争时期农业生产面临的问题，并由此说明开展生产贷款的必要性。

一方面，全面抗战初期晋冀鲁豫边区的经济总体水平低于全国其他地区。

在太行区，从土地的集中程度及速度、地主对农民剥削的主要形式、人民生活的特点等方面观察，该区的经济结构可分为几种不同的类型。在老封建地主出租土地的地区，老封建地主垄断了大量的土地，其中大部分出租给农民，租佃地在总的经营面积上所占比重甚大。如昔东县皋落村和赵壁村租地占经营地的43%，不少村庄佃户占很大比重，全村为外村地主所统治。在商业高利贷地主集中的地区，因农村金融基本上被高利贷所掌握，土地兼并日趋严重，商业高利贷地主与破产农民形成尖锐的对立。如武乡县有地主421户，土地769顷，占全县土地的16%，其中1/5是民国以来特别是民国15年以来集中的，这就加剧了农民的破产。在人多地少、劳动力外流地区，如林县和武安县，人多地少，如经营得不好，不足以维持生活，因此大批劳动力外流。林县出外当匠人的有8万人，占总人口的17.7%，占劳动力的比重就更大了。①

概言之，边区小农经济的比重比全国其他地区要大一些，经营土地仍然是广大贫苦农民谋生的重要手段，但无论哪一种地区，农村经济都走向破产，一部分小地主和富农也日益衰落，甚至破产，土地向大中地主集中。农民破产的程度和雇佣劳动经营发展的程度是极不对称的，大部分农民仍然被束缚在土地上，向地主租入土地，在封建剥削下过着饥寒交迫的生活。

另一方面，全面抗战以来农业收成比战前有下降趋势。

边区地处广袤的农村，交通运输很不发达，广大农民基本上还是产什么吃什么，靠山吃山、靠水吃水的小农经济几乎完全保留。统计数据表明，由于各种原因，全面抗战初期无论是粮食亩产量还是农业总产量，都比全面抗战前有下降的趋势。这些事实可从表6.1、表6.2和表6.3中得到进一步证实。

表6.1　全面抗战前后太行区两地区历年亩产量　　　单位：石

地区	1936年	1937年	1938年	1938年	1940年	1941年
平顺北	1	0.5	1	0.85	0.75	0.7
武乡姚庄	1.5	1.5	1.2	1.4	1	1.3

资料来源：太行革命根据地史料之五——土地问题[M].太原：山西人民出版社，1987：119.

---

① 李友九.太行区社会经济调查第一集[M].黎城：太行区党委研究室，1994：98.

表6.2　太行区几个地区全面抗战前与1941年亩产量指数比较

地区	武乡县韩壁	榆次县伽西	平顺县东坡	太谷县温家庄
全面抗战前	100	100	100	100
1941年	83.3	75	90	60
田地等级	中等地	中等地	谷子地	中等地

资料来源：参考《晋冀鲁豫边区财经史料选编》（第二辑），1980年。

表6.3　全面抗战以来至1948年太岳区各种作物减产情况

作物名称	小麦	谷子	玉茭	高粱	杂粮	豆子	小计
全面抗战前亩产量（石）	0.86	1.48	1.33	1.44	0.60	0.58	1.08
1948年亩产（石）	0.61	1.24	1.1	1.07	0.48	0.44	0.86
常年亩产（石）	0.58	1.18	1.04	1.04	0.45	0.41	0.81
1948年减产（%）	28.8	16.5	17.5	26.0	20.0	24.5	20.0
常年减产（%）	33.0	21.0	22.0	28.0	25.0	29.2	25.0

资料来源：张天乙. 太岳革命根据地财经史料选编[M]. 太原：山西经济出版社，1990：333.

从表6.1和表6.2可以看出，太行区的不同地区全面抗战以来的农业减产情况有所不同，但都比全面抗战前有不同程度的减产。表6.3也显示出，全面抗战以来太岳区粮食减产最厉害的是小麦，其次是豆子、高粱、杂粮，较少的是谷子、玉茭。

上面表6.1至表6.3可以同时说明，全面抗战以来边区的农业生产相比全面抗战前是持续下降的。究其原因，第一，抗战的爆发对于农业生产秩序破坏严重，边缘地区日军不断蚕食跃进，腹心地区日军又不断清剿扫荡，致使众多农民无心生产，逃离村庄，良田也随之落荒。第二，战争环境下支差和负担政策的影响使劳力、蓄力缺乏，施肥数量减少，农具破坏失修，耕作水平降低。第三，疟疾、伤寒等疾病的横行，也是生产降低的一个重要因素。连年的战争使本已举日维艰的农民更加雪上加霜，长期的营养不良使人们的健康受到很大的威胁，疾病在各个地区普遍流行。第四、地主、富农的生产情绪总体状况欠佳，雇工比战前减少良多。据太行区武乡县、榆次县和邢台县5个村的统计，长工比战前减少50%；辽县平顺4个村长工比战前减少28%。[①]以上这些因素都会使农业产量受到不同程度的影响。

对于在破产边缘挣扎的贫苦农民来说，粮食的重要性是不言而喻的。

---

① 太行革命根据地史料之五——土地问题[M]. 太原：山西人民出版社，1987：121-122.

时任中共太行分局书记李雪峰曾指出："粮食是军民的命,是最切实的货币基金,是全部经济斗争的中心,是经济战线的基本阵地,是稳定物价、繁荣市场、发展手工业、丰裕财政税收的基本力量,又是安定民生、发展各种群众事业、支持社会百业的一个不容怀疑的中心问题。"[1]因此,稳定农业生产,提高粮食产量,不仅是战时重大的经济问题,也是重大的政治问题。鉴于此,所有提高粮食产量的措施——增加畜力、购置种子、增施肥料、增补农具、开荒增种等,无一不需要资金的支持,而政府、银行的信贷,无疑是遏制农业减产、促进农民增收的及时雨。

由上面所述,全面抗战以来边区政府面临着如何恢复、发展农业生产和农村经济的严重问题。在农村经济落后、农业生产资金枯竭的情况下,为了尽快恢复和发展农业生产以做到发展经济、保障供给,亟须建立起边区的农业金融机构,增加对农业的信贷供给和信贷支持。扶植农业生产和发展农村经济,开展大规模生产运动,优化各种生产要素,充分发挥生产贷款的金融支农作用,已成为边区发展农业生产和农村经济、保障战时军需民用和改善农民生活的一项迫切的战略任务。

6.1.2 政府与银行对生产贷款的倡导

中共根据边区实际,重视农村、农业、农民问题,制定、实施了一系列方针、政策、条例、办法、措施等,推行生产贷款。下面就中共中央和晋冀鲁豫边区政府对生产贷款的举措进行概述。

1. 生产贷款被政府纳为一项重要任务

1939年,晋冀豫边区党委颁布了《关于经济建设问题的决议》,其中指出:"发展低利借贷事业,要与工业生产和农业生产相结合,整理并扩大各地低利借贷所,使之普遍设立。"[2]1941年晋冀鲁豫边区政府在《施政纲领》中提出:"实行低利借贷与救济灾难民。"[3]1942年毛泽东在陕甘宁边区高级干部会议上所做的报告《经济问题与财政问题》中明确指出:"要使农业获得发展,帮助这个极大数量的农民解决他们的困难,是一个极其重要的政策,这里的一个办法就是增加农贷。"[4]1946年边区行政方针中指出:"农

---

[1] 本书编写组. 抗日战争时期晋冀鲁豫边区财政经济史资料选编(第二辑)[M]. 北京:中国财政经济出版社,1990:14.

[2] 本书编写组. 抗日战争时期晋冀鲁豫边区财政经济史资料选编(第一辑)[M]. 北京:中国财政经济出版社,1990:203.

[3] 同[2]:178.

[4] 毛泽东选集(第5卷)[M]. 沈阳:东北书店,1948:773.

业生产首先是发动大规模的农业生产运动，争取耕三余一，为此，首先要保证农贷政策之正确执行。"①

2. 生产贷款是银行的一项基本业务

1938年上党银号成立之初，为了刺激根据地的工商业的恢复与发展，上党银号开办了信贷业务。此项业务的开展，为扶助群众生产、帮助群众解决生活困难问题都起了很大作用。②1940年冀南银行颁布了《各项业务营业办法》，其中把农业放款、工业放款和商业放款等作为一项重要业务。③1944年冀南银行太行区行、工商管理局在扩大会议上指出，银行今后贷款的基本方向为扶助生产、刺激生产、发展生产，并强调通过发放贷款扶植农业生产和群众性的手工业生产在目前最紧要。④1946年4月冀南银行济宁支行在其暂时业务简章中规定工商业放款为其基本业务，农业放款由各县支行办理。⑤1946年6月瑞华银行在其营业简章中将农村合作放款作为其基本营业项目。⑥1946年8月冀南银行在第二届扩大的区行经理会议上通过了《冀南银行各种营业简章》，明确规定农业放款、工业放款、手工业放款和商业放款等是其基本业务。⑦1948年冀南银行和晋察冀边区银行联合扩大会议上指出，华北解放区及其银行的主要任务都是发展生产，活泼农村金融，扶持群众生产的发展⑧。

3. 政府、银行颁布了许多关于生产贷款的办法、指示、条令等

边区各级政府和各银行颁布的关于生产贷款的办法、指示、条令等较多，直接体现了中共对生产贷款的重视与倡导。边区政府和银行的农业低利惠农生产贷款大致经历了三个时期：冀南行政主任公署时期、"冀太联办"时期和晋冀鲁豫边区政府时期。

（1）冀南行政主任公署时期（1938年8月—1940年8月）。1939年10月颁布的《冀南银行营业项目及办法》中，对农贷的利率、贷款期限、抵押品等作了具体规定。⑨这是晋冀鲁豫边区最早的农贷管理办法。1940年

---

① 太岳区经济局调查研究室. 民国三十五年边区行政工作方针[M]. 经济工作参考资料（第一辑），1946：14.
② 张转芳. 晋冀鲁豫边区货币史（上册）[M]. 北京：中国金融出版社，1996：22.
③ 王静然. 冀南银行（全二册·2）[M]. 河北人民出版社，1989：774-775.
④ 同③：820.
⑤ 马宪玉. 晋冀豫边区金融史料选编（上册）[M]. 北京：中国金融出版社，1989：425-426.
⑥ 同⑤：442.
⑦ 冀南银行总行编印. 冀南银行各种营业简章[J]. 银行月刊，1946（7）.
⑧ 本书编写组. 华北解放区财政经济史资料选编（第二辑）[M]. 北京：中国财政经济出版社，1996：266.
⑨ 冀南银行营业项目及办法（1939年10月15日），山西省档案馆，馆藏号：A204-1.

冀南银行颁布了《各项业务营业办法》，对农业贷款、救灾贷款等涉农贷款作了更为详细的规定。①上述两项规定的出台，标志着晋冀鲁豫边区初步建立起较为完善的农业信贷体系。②

（2）"冀太联办"时期（1940年9月—1941年9月）。1941年边区政府制定了专门的生产贷款办法，农贷成为相对独立的一项贷款业务。1941年2月"冀太联办"颁布了《生产贷款办法》，农业贷款是其主要内容。

（3）晋冀鲁豫边区政府时期（1941年10月—1948年8月）。1942年3月边区政府颁布了《农业贷款办法》，1942年10月边区政府颁布了《旱灾救济贷款暂行办法》。③1943年3月晋冀鲁豫边区政府颁布了《农业贷款办法》，自此农业贷款有了系统的实施办法。④1943年9月边区政府作出了《关于太行区下半年生产贷款的决定》。⑤1943年1月太行第五专署发出了《关于颁布春耕贷款分配数额的命令》，11月作出了《关于1943年度春耕贷款的指示》，12月又作出了《关于水利贷款分配的指示》。⑥1943年2月冀鲁豫行署颁布《春耕掘井种植早苗种子贷款办法》，3月冀鲁豫行署又发布了《冀鲁豫区流入灾民生产贷款办法》，同年冀鲁豫行署又颁布了《冀鲁豫区灾民贷款办法》，1944年9月鲁西银行和冀南区银行发布联合通令，颁发《鲁西银行对流亡抗属生产贷款暂行办法》。⑦1943年9月冀鲁豫行署发布了《关于低价换贷麦种办法》，1942年12月太行区发布《1943年春耕贷款办法》，1943年1月太岳行署作出了《关于春耕贷款的指示信》，2月太岳区又发布了《春耕贷款办法》，1943年7月冀南银行总行签发了《关于合作手工业放款和纺织放款的规定给各分行分局的联合命令》，1944年2月冀南银行总行作出了《关于贯彻今年业务方针开展生产贷款的指示》，12月边区政府发布了《关于贷款处理办法的命令》。⑧

抗战胜利后，1946年3月冀南银行太岳区行颁布《关于发放春耕贷款

---

① 1940年冀南银行各项业务营业办法，邯郸市档案馆，馆藏号：K11-2-4.
② 戴建兵，毛海斌. 晋冀鲁豫边区农贷运行特色及制度绩效[J]. 安徽师范大学学报（人文社会科学版），2020，48（6）：72-79.
③ 晋冀鲁豫抗日根据地财经史料选编（河南部分一）[M]. 北京：档案出版社，1985：48，164.
④ 财政经济建设——太行革命根据地史料之六[M]. 太原：山西人民出版社，1987：808.
⑤ 晋冀鲁豫抗日根据地财经史料选编（河南部分二）[M]. 北京：档案出版社，1985：116.
⑥ 晋冀鲁豫抗日根据地财经史料选编（河南部分三）[M]. 北京：档案出版社，1985：34，66，69.
⑦ 晋冀鲁豫抗日根据地财经史料选编（河南部分四）[M]. 北京：档案出版社，1985：115，151，300，381.
⑧ 以上七则，本书编写组. 抗日战争时期晋冀鲁豫边区财政经济史资料选编（第二辑）[M]. 北京：中国财政经济出版社，1990：356，890，894，896，910，920.

的指示》，对农业贷款对象、用途、利率、期限及手续等规定作了调整。1946年9月颁布《冀南银行各种营业简章》，对放款业务作了新的分类，将农业贷款和水利贷款分开单列。①1948年11月华北银行太岳分行作出了《关于农贷中几个问题的指示》，1949年3月太岳行署颁布了《关于1949年农业贷款计划的指示》。②1948年3月冀南银行总行作出《关于四八年春季贷款的指示》，9月冀鲁豫第三行政区督察专员公署发出《关于贷麦种增加生产的通知》，10月冀鲁豫区第四行政督察专员公署作出《关于扶植边沿区生产贷给麦种以便联系群众的通知》，10月华北人民政府作出《关于冬季生产贷款的指示》。③

这些办法、指示、条令等集中规定了生产贷款的目的、对象、用途和贷款方式等。从以上边区农业贷款三个时期可以看出，边区政府和银行对生产贷款的重视与推行是一贯性的，边区农业生产贷款逐渐演化成相对独立的金融供给制度体系。由于边区政府制定和实施了一系列政策、办法和措施等，保证了生产贷款作用的发挥，推动了边区生产事业的发展，有效配合了战争的进行、大生产运动和政治运动。

6.2　实施生产贷款的状况

贷款是银行的主要业务与经常业务。早在土地革命时期，"国家银行、工农银行通过低利借贷开展放款帮助解决生产与商品流通中的资金困难，支持和促进根据地的商业和工农业生产的发展，这是根据地银行的重要任务"④。这一时期政府、银行的贷款业务为后续抗日战争时期贷款业务的开展提供了可贵的经验。

回顾晋冀鲁豫边区银行在抗日战争和解放战争时期的贷款，可分为三个阶段。第一阶段为1939—1941年。该阶段沿袭了先前银行的一套完整周密的手续、制度，通过政府自上而下地将贷款逐级分配下去，或者由民众办完手续就万事大吉。这实际上是盲目脱离生产的救济，还谈不上为民众办事，基本上处于摸索试办阶段。第二阶段为1942—1945年。1942年在

---

① 冀南银行各种营业简章之二"各种放款办法"（1946年9月1日），河北省档案馆，馆藏号：27-1-115-14。
② 张天乙. 太岳革命根据地财经史料选编（下）[M]. 太原：山西经济出版社，1991：1287，1303。
③ 马宪玉. 冀鲁豫边区金融史料选编[M]. 北京：中国金融出版社，1989：163，292，303，309。
④ 参见《革命根据地财政经济史长编（土地革命时期下）》（送审稿），1978年。

救灾过程中,提出贷款与救灾、生产相结合,做到贷款手续简便,便利民众;1943年进一步提出贷款要为生产服务,贷给有组织的民众。这一阶段有所进步,但对"扶植生产、发展经济、繁荣市场"的方针不明确,比较笼统,还不知如何做法,摸不着门径道路。故一些地区贷款资金用于公营事业和工商业者颇多,而用于农业者较少。第三阶段为1946—1949年。1946年提出"面向农村",普遍开展合作社信用业务,活跃了农村金融。这一阶段方针明确,农贷资金占全部资金的80%以上,而且贷款方法有显著改进。在这三个阶段中,要考查生产贷款的特质,应该从哪些方面予以明晰呢?每一种贷款,都有其一定的目的、一定的规模、一定的对象与用途、一定的期限与利率,如果这些因素都一一明晰了,则对边区生产贷款的构成就会有一个较为全面的认识。下面分别从生产贷款的规模、对象与用途、借贷利率及特点对这三个阶段中的生产贷款予以评述。

6.2.1 生产贷款的规模

生产贷款的规模是衡量边区政府和银行对发展生产的扶植力度的一个重要指标,也间接反映了中共惠及农民、依靠农民的政策宗旨。下面从两个方面评述生产贷款的规模。

首先从名义货币角度来考察边区生产贷款历年的变化情况。根据各种资料整理成表6.4和表6.5,我们可以直观地看出各种数据的变化情况。

表6.4 冀南银行成立以来发放生产贷款统计　　单位:冀钞万元,%

时间	太行区	太岳区	冀南区	冀鲁豫区	总行	共计	增幅
1939年	—	—	80	700	—	780	—
1940年	26	—	80	1100	—	1206	54.6
1941年	1049	190	100	1400	—	2739	127.1
1942年	671	70	330	5900	—	6971	154.5
1943年	2468	350	7100	9600	—	19518	180.0
1944年	4242	1300	14250	14700	—	34492	76.7
1945年	3040	3400	14600	30000	—	51040	48.0
1946年上期	22500	22000	37500	59000		141000	624.4
1946年下期	52500	41250	60000	75000	41250	228750	
1947年上期	92500	60000	110000	125000	72500	387500	

资料来源:华北解放区财经史资料选编(第二辑)[M].北京:中国财政经济出版社,1996:198.

注:冀鲁豫区1939—1945年贷款是鲁西银行贷款数。后两年为分配贷款数字。

从表 6.4 可见，边区历年发放的生产贷款呈现明显的增长趋势，并且增长幅度较大。冀南银行 1939 年的生产贷款数额为 780 万元，以后逐年增长，到 1945 年、1946 年分别增至 51040 万元和 284100 万元，分别是 1939 年贷款额度的 65.4 倍和 364.2 倍。其中年度增长幅度 1941 年、1942 年、1943 年都比上一年度增长了一倍以上，分别是 112.9%、171.5%和 180.0%，到 1946 年则增长幅度更甚，比上年增长 4 倍多。

表6.5　晋冀鲁豫边区历年各种贷款统计　　单位：冀钞万元

年度	数额及比重	农业贷款	工业贷款	商业贷款	救济贷款	水利贷款	合作贷款	特种贷款	合计
1939	数额	560	220	150	—	—	—	—	930
	百分比	60.2	23.7	16.1	—	—	—	—	100.0
1940	数额	680	526	518	10	—	—	26	1760
	百分比	38.6	30.0	29.4	0.6	—	—	1.4	100.0
1941	数额	1251	1788	1317	10	—	—	—	4366
	百分比	28.6	41.0	30.2	0.2	—	—	—	100.0
1942	数额	1257	5371	1396	360	40	—	303	8727
	百分比	14.4	61.5	16.0	4.1	0.5	—	3.5	100.0
1943	数额	9013	8951	9948	96	461	—	120	28589
	百分比	31.5	31.3	34.8	0.4	1.6	—	0.4	100.0
1944	数额	16422	17448	8729	5	617	—	4634	47855
	百分比	34.3	36.5	18.2	0.1	1.2	—	9.7	100.0
1945	数额	15803	34749	40379	—	41	447	17300	108719
	百分比	14.5	32.0	37.1	—	0.1	0.4	15.9	100.0
贷款总计		44986	69053	62437	481	1159	447	22383	200946
百分比		22.4	34.4	31.1	0.2	0.6	0.2	11.1	100.0

资料来源：本书编写组. 抗日战争时期晋冀鲁豫边区财政经济史资料选编（第二辑）[M]. 北京：中国财政经济出版社，1990：987，988.

从表 6.5 反映可以看出，工业贷款所占比重最大，占到贷款总额的 1/3 强。农业生产贷款从 1939 年到 1944 年是逐年增加的，所占比重有一定涨落，比重最高的是 1939 年，达到 60.2%，较低的是 1942 年和 1945 年，分别是 14.4%和 14.5%。这说明在冀南银行成立之初的 1939 年，银行业务的开展还很单一，救济贷款、水利贷款、合作贷款和特种贷款等业务尚未开展，而边区此时的产业结构还偏重农业，工业和商业的产业规模相对弱小，开展的业务也不多。从 1939—1945 年，农业贷款的比重达 22.4%，仅次于工业贷款和商业贷款。值得注意的是，水利贷款和合作贷款多为农村生产贷款，共占贷款总额的0.8%，故农业贷款的实际比重应比表中略多。另外，在解放战争时期，农业贷款所占比重又有所增加，1946年农业贷款占生产贷款的62.94%[①]，1947年农副业贷款占生产贷款总额的76.77%[②]。

从不变价格角度来考察边区历年生产贷款的变化情况。边区银行无论哪一种贷款，货币币值基本都比上一年度有大幅增长，而贷款所发挥的实际作用是否真的如此呢？若以不变价格来计算，贷款的实际数量就会大为缩水。关于在数值上不断屡创新高的生产贷款所发挥的实际作用、贷款规模反映的问题和物价指数等相关评述将在本章"边区银行的实物贷款"一节有详细论证，这里不再赘述。

为考查晋冀鲁豫边区银行生产贷款及所占比重情况，与北海银行胶东分行进行对比，如图6.1所示。从放款额度看，1939—1947年北海银行胶东分行放款量在抗日战争时期增长缓慢，而在1946年后放款量陡增，尤其是在1947年，放款量比上年增长12.7倍。由此看出，抗日战争时期北海银行胶东分行放款量的增长态势与晋冀鲁豫边区冀南银行大致相似，但是解放战争时期，前者的增长幅度明显比后者大。从放款金额占发行总量的比重来看，1940年北海银行胶东分行的放款金额比重达100%，而在下一年度骤降至19.94%，在其余年度放款金额比重波动较大，这与晋冀鲁豫边区冀南银行存在显著差别。这种差别主要是由战时两边区不同的金融需求所致。

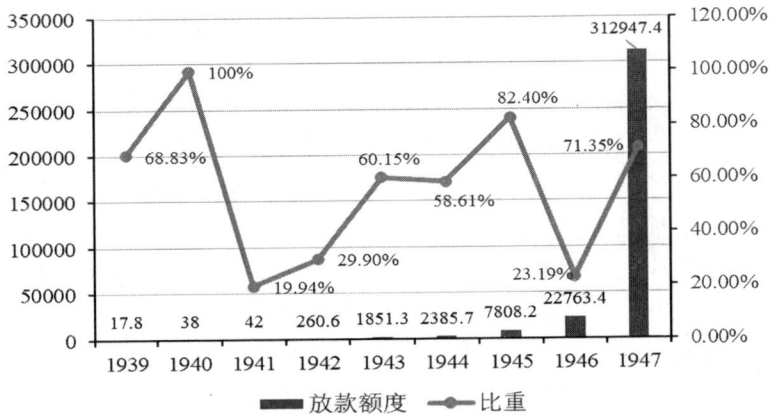

图6.1　1939—1947年北海银行胶东分行历年放款金额及比重

---

① 参考《华北解放区财经史料选编（第二辑）》。
② 同①。

综合上述材料和历史实践可以得出如下结论：在冀南银行成立之初，虽然也发放了一些生产贷款，但因对发展生产的观念不明确，也未能广泛发动民众，发放数额虽然不大，但发生的问题委实不少，许多贷款收不回来，影响了贷款的后续发展，对生产的帮扶作用也有限。还可以看出，经过1942年、1943年的组织生产救灾，克服了过去地方党政机关在分配贷款时把贷款当作救灾的工具而把发展生产置于次要位置的问题，此后逐渐意识到贷款对生产的真正作用，启发了众多中共干部和广大农民，从此贷款数量逐年增加。同时，信贷是银行的重要业务之一，也是促进农民发展生产的重要手段，农工商各类贷款必须有计划、按比例进行划分，坚持重点发放，反对平均分散。但限于边区政府和银行财力的限制，生产贷款的实际规模是比较有限的，远不能满足广大农民对发展各种生产的普遍要求。

6.2.2 借贷对象与用途

生产贷款的发放面有多大、重点发放给谁、为谁服务、贷户的成分如何分布、借贷是用于生产还是用于消费，这些都直接体现了生产贷款的性质并影响其社会经济效果，也间接反映了中共在边区所执行的生产贷款的政策性质。下面就借贷对象和贷款用途分别进行阐述。

1. 借贷对象

贷给谁，这是生产贷款的首要问题，也是基本方针问题。如前面所述，边区政府和银行颁布的各类有关生产贷款的办法、指示和通令中对此做了明确的规定。通观这些政府和银行的条令，下面将生产贷款的贷放对象应坚持的基本原则和基本要求进行归纳。

首先，借贷对象有团体和个人之分。团体主要包括边区主署、专属办事处等机关生产主体，以及合作社、互助组等。为了保证贷款作用的充分发挥，机关生产贷款必须拟具生产计划并经有关部门审查后，通知银行办理。合作社必须已正式登记，才有贷借合作款之资格，且需由理事会、监事会主席在契约上共同签名盖章并交社员名单一份。此种做法的目的，一是鼓励边区机关、部队、学校等减少脱离生产的行政人员，尽可能实现生产自给，以克服财政困难；二是积极扶持和发展合作经济，把公私劳动力组织起来，以提高农民的生产积极性，提高劳动效率，达到耕三余一。

其次，在个人贷款中，要将生产贷款优先贷与贫雇农，尤其是贫困的、勤于农业生产的农民，其次是贷与中农。农业和手工业、副业贷款，均应着重贷给贫苦农民，帮助他们生产发家。这体现了生产贷款支持贫苦农民恢复和发展生产的原则，反映了中共在农村贫苦农民身上的政策导向，也折射出中共领导的新民主主义革命的主要依靠力量是贫苦农民。生产贷款的目的是发展农村经济，而广大的贫困农民是最主要的生产主力军。他们最缺乏生产资金和生产资料，只有把生产贷款发放到他们手中，解决他们的资金饥渴，才能有效地用于增加农副业生产，发展农村经济。对于把生产贷款发放给贫困农民，边区政府在政策上做了专门规定。就抗日战争和解放战争时期分别列举几例：1942年11月，太行第五专署作出《关于1943年度春耕贷款的指示》，要求生产贷款的对象"主要是贫苦农民。根据近几年来贷款经验，由于县区干部注意不够，大批贷款都落到上中农以上户主手中，真正没有办法的贫苦积极分子却很少贷到，这是我们对扶持农民的精神认识不够。在具体问题中照顾很差，影响了贫苦群众的生产情绪"①。太行区和太岳区在1943年的《春耕贷款办法》中都提到了"贷款主要贷给贫苦农民补救其春耕经济之不足"②。1943年9月晋冀鲁豫边区政府在《关于下半年生产贷款的决定》中强调指出："农业贷款以帮助贫农为主，及缺乏牲口之中农，贷款对象不可分散。"③1946年边区行政方针中指出："今年发放大量农贷，必须完全而合理地用于农民生产上，即贷款对象着重扶植贫苦农民生产，着重贫瘠地区，不要平均分配。"④1946年9月颁布《冀南银行各种营业简章》中规定，贷款发放以生产最困难的贫苦农民为主。⑤1948年1月冀鲁豫区行在贷款新规定中指出："今年冬季贷款要保证完全贷到贫雇农手里，如不详细调查研究，发生偏向要受处分。"⑥1948年3月冀南银行总行在《关于四八年春季贷款的指示》中指出："贷款的主要对象是贫农、雇农，同时必须贷给有困难的中农及农村手工业工人。"⑦从贷款实际发放来看，1942年黎城八个村材料记载："在贷款总户数中，贫农阶层占到67.7%，中农大致占31.68%，而富农的比重仅有0.62%；从所发放的贷款数额的分配比例来看，贫农占总额的64.8%，中农约为34.4%，

---

① 本书编写组. 抗日战争时期晋冀鲁豫边区财政经济史资料选编（第二辑）[M]. 北京：中国财政经济出版社，1990：893.

② 同①：894、896.

③ 同①：905、906.

④ 太岳区经济局调查研究室. 民国三十五年边区行政工作方针[M]. 经济工作参考资料（第一辑），1946：14.

⑤ 冀南银行各种营业简章之二"各种放款办法"（1946年9月1日）. 河北省档案馆，馆藏号：27-1-115-14.

⑥ 马宪玉. 冀鲁豫边区金融史料选编（下册）[M]. 中国金融出版社，1989：134.

⑦ 同⑥：163.

富农只有 0.8%。"①另据 1943 年襄垣 10 个村的材料显示："贫农阶层占贷款总户数的 59.4%，中农大体占 37.9%，而富农仅占到 2.7%；就贷款数额的分配比例而言，贫农占比达到 54.1%，中农大致为 44.7%，而富农仅占总额的 1.2%。"②

最后，在同等条件下，抗属、军属、烈属、干属、复员军人、精减人员、战斗英雄、劳动模范等，有优先贷款权。因为这些人是抗日战争和解放战争的重要战斗力量和依靠力量。从贷款上适当照顾他们，也可以起到稳定军心、鼓励先进的作用。③优待抗日军人家属，能够保证在日军长期扫荡中中共正规军及游击队能得到新战士的源源补充。在冀南区，政府在切实执行优待抗战军人及抚恤办法中规定："负债得展至抗战胜利后偿还，以年息 6 厘计算。"④1942 年太岳区沁源县在春耕委员会指示信中指出，优抗是扩大与巩固抗日部队的中心问题，因此在春耕期间更应执行优抗条例，先帮助抗属来耕种。⑤太岳区在 1942 年春耕总结中指出，从春耕贷款的成分上看，绵上县抗属成分占 5.6%，占款额 3.45%，照顾到抗属的利益。⑥

至于生产贷款中关于贷放对象的政策是否得到了真正的贯彻和执行，可以从表 6.6 中反映出来。

表 6.6　1942—1948 年边区贷款对象分布情况

时间	地区	户数	总款额（元）	贫农		中农		富农	
				户数(%)	款额(%)	户数(%)	款额(%)	户数(%)	款额(%)
1942	太行区黎城县 8 村	161	14200	67.7	64.9	31.68	34.4	0.62	0.7
1943	太行区襄垣县和左权县 18 村	592	49113	71.4	72.8	27.4	26.9	1.2	0.3
1944	太行区沙河县、襄垣县、武安县 21 村	446	315162	67.5	84.9	31.6	15.0	0.9	0.1
1945 年前半年	太行区和西全县	1034	721336	69.1	44.2	30.0	53.8	0.7	0.2

---

① 晋冀鲁豫边区财政经济史编辑组. 抗日战争时期晋冀鲁豫边区财政经济史资料选编（第二辑）[M]. 北京：中国财政经济出版社，1990：934.

② 同①.

③ 李金铮. 借贷关系与农村变动[M]. 保定：河北大学出版社，2000：293.

④ 关于冀南、冀中、冀西、平西新经济生活的鳞片[M]// 时事问题研究会. 抗战中的中国经济. 抗战书店，1940：475.

⑤ 李长远. 太岳革命根据地农业史资料选编[M]. 太原：山西科学技术出版社，1991：411.

⑥ 同⑤：207.

续表

时间	地区	户数	总款额（元）	贫农 户数(%)	贫农 款额(%)	中农 户数(%)	中农 款额(%)	富农 户数(%)	富农 款额(%)
1946年春	太岳区沁源、屯留、安泽3县	9045	14937590	82.8	77.0	17.1	22.9	0.1弱	0.1弱
1946年前半年	冀鲁豫区巨南县、金乡县8村	—	—	84.97	76.89	14.82	22.85	0.21	0.08
1947年春	全区234村	7417	—	74	—	24	—	2	—
1947年冬	太行区7县99村	—	7767450	19.2		75.6		5.2	
1948年前半年	太岳区济源县和晋城县8区	2103	73636000	60.0	62.8	39.9	37.1	0.1	0.1

资料来源：①1942—1945年的数据，据魏宏运主编的《晋冀鲁豫边区财经史料选编》（第二辑）第975-978页整理计算。②1946年春的数据，据《华北解放区财经史料选编》（第二辑）第87页计算。③1946年上半年的数据，据《冀鲁豫区金融史料选编》（上册）第552页计算，其中把赤贫户列入贫农户。④1947年春的数据，据《华北解放区财经史料选编》（第二辑）第23页整理。⑤1947年冬的数据，据《冀南银行1947年农贷统计》，刊载于冀南银行总行编印的《银行月刊》第23期。⑥1948年前半年数据，据张天乙主编的《太岳革命根据地财经史料选编》第1224页两表整理计算。

注：因四舍五入，表中部分数据存在误差。

表6.6表明，从1942—1948年，在生产贷款对象的分布情况中，贷户成分中贫农所占比重在七成左右，所贷金额也在70%上下；其次是中农，对中农贷款采取个别照顾；而富农所占比重甚微。以上说明生产贷款主要发放到了贫农手中，以贫苦农民作为主要生产贷款发放对象的原则基本上得以实现。

概言之，边区政府和银行为了把生产贷款发放到真正需要的农民手中，在广大农民贷款需求面宽量大而贷款资金少的情况下，只能重点扶助，不能普遍发展。因此贷款发放前要对贷款对象进行严密的调查，贯彻群众路线，放手让穷苦农民去评议，符合贷款条件才能放贷。对象选择的过程体现了边区政府对民众高度负责的精神。发放贷款时，手续简单，适应边区农民的借贷习惯。为了照顾边远地区农民，办理贷款的中共干部到乡上去放贷。为了不违农时，贷款对象的调查摸底在每年年前就开始进行，春耕前保证把农贷送到农民手中。所以边区的生产贷款反映出边区政府和银行坚持代表劳苦大众利益的贷款宗旨和阶层路线，真正体现了民主政府为贫苦农民服务的精神。

2. 贷款用途

农民借贷用途大体可分为生活消费性借贷和生产性借贷。

维持小农经济的连续性必须满足两个条件：一是现有劳动力的生产及再生产，要求小农日常生活开支有保障；二是生产资料必须得到及时补充，否则小农的生产过程就不得不中断。由于小农经济地位的脆弱性，生产剩余少，抗灾能力差，若遇到天灾人祸，便会濒临破产。[①]毋庸置疑，在战争环境下农村经济十分衰微，广大贫苦农民在恢复和发展农业生产上所面临的诸多困难是不言而喻的，而这些困难的克服和解决是生产上的第一件大事。为此，边区政府和银行颁布了一系列有关生产贷款的办法、指示等，大力发放生产贷款，以此作为向农副业投资的重要途径，着力解决农民在生产上主要生产资料普遍缺乏的突出困难。对于贷款用途的要求，归纳起来主要体现为以下两点：

第一，大多数关于生产贷款的办法、指示和决定等都特别强调，生产贷款务必用于扶植经济、发展生产，专款专用，必须把生产贷款与救济款区分开来，禁止移作他用。如1942年3月晋冀鲁豫边区政府颁布的《农业贷款办法》中规定："为增加农业生产，解决农民在春耕中之部分困难，特制定本办法。"[②]1942年12月颁布的《太行区1943年春耕贷款办法》和1943年2月颁布的《太岳区春耕贷款办法》中都规定："为使春耕贷款顺利贷出，以解决农民在春耕中之经济困难，增加农业生产，特制定此办法。"[③]1943年9月《冀鲁豫区流入灾民生产贷款办法》中规定："本区为救济流入灾民，推动生产，增加灾民收入，特制定本办法。"[④]1944年4月冀鲁豫行署在《关于鲁西银行今春各种贷款办法的决定》中规定："贷款的主要目的，是扶植贫苦小生产者解决其在发展生产中的各种困难，并在贷款中推动小生产者在生产上组织起来，发展小生产者在经济上、劳动上的互助与合作。"[⑤]1946年9月颁布的《冀南银行各种营业简章》中规定，可

---

① 常明明. 中国农村私人借贷关系研究[M]. 北京：中国经济出版社，2007：10.

② 本书编写组. 抗日战争时期晋冀鲁豫边区财政经济史资料选编（第二辑）[M]. 北京：中国财政经济出版社，1990：890.

③ 同②：894，896.

④ 马宪玉. 冀鲁豫边区金融史料选编（上册）[M]. 北京：中国金融出版社，1989：164.

⑤ 本书编写组. 抗日战争时期晋冀鲁豫边区财政经济史资料选编（第二辑）[M]. 北京：中国财政经济出版社，1990：912.

按实际需要贷款置买农具、牲口、种子、肥料等。①1946 年太岳区行在春耕贷款发放中坚持四项基本原则，提到贷款应"放给有劳动力的贫苦农民，用于农业生产"。②1948 年 10 月华北人民政府在《关于冬季生产贷款中的几个主要问题的指示》指出："贷款是为了发展生产，达到'把农业生产提高一寸'的目的……贷款不是为了救济，因此必须彻底反对与纠正过去贷款从生活困难出发、从成分出发的恩赐救济观点和片面贫雇观点。"③

第二，在众多的生产贷款的办法、指示中，多数对贷款的用途做了规定和限制。不同地区、不同时期对生产贷款用途多以解决农业生产资料为主，但其具体规定又不一而足，体现了和而不同的原则。兹就抗日战争和解放战争时期分别列举几例。1942 年 3 月晋冀鲁豫边区政府在颁布的《农业贷款办法》中规定："春耕贷款只限于购买农具、种子、耕畜三项，水利贷款用途包括开渠、修滩、购置水车之用。"④1942 年 11 月太行第五专属在《关于 1943 年度春耕贷款的指示》中指出：第一批，其用途主要购买牲口和农具；第二批，保证用于购买肥料；第三批，其用途主要是种子和肥料，至于农具牲口都可以动用。⑤1943 年 7 月，冀南银行明确规定"贷款主要用于发展生产，尤其是农业生产"⑥。同期，太行区提出"贷款应结合工农业生产工作"⑦。1943 年 9 月晋冀鲁豫边区政府在《关于太行区下年度生产贷款的决定》中规定："此项贷款之用途，确定为肥料、农具、牲口、种子等四项，一概不作他用。"⑧1946 年 3 月，冀南银行太岳区行在《关于春耕贷款的指示》中规定："今年贷款用途在产米区，主要是耕牛，其次是农具、肥料，在产麦区主要是肥料，再次是牲畜、农具。"⑨1949 年 3 月太岳行署在《关于 1949 年农业贷款计划的指示》中指出，太岳区农贷 2700

---

① 冀南银行各种营业简章之二"各种放款办法"（1946 年 9 月 1 日）. 河北省档案馆，馆藏号：27-1-115-14.

② 本书编写组. 华北解放区财政经济史资料选编（第二辑）[M]. 北京：中国财政经济出版社，1996：86.

③ 同③：301.

④ 同①：890.

⑤ 河南省档案馆. 晋冀鲁豫抗日根据地财经史资料选编（河南部分二）[M]. 北京：档案出版社，1995：66-67.

⑥ 晋冀鲁豫边区财政经济史编辑组. 抗日战争时期晋冀鲁豫边区财政经济史资料选编（第二辑）[M]. 北京：中国财政经济出版社，1990：803.

⑦ 同⑦：360.

⑧ 同⑦：130.

⑨ 张天乙. 太岳革命根据地财经史料选编（下册）[M]. 太原：山西经济出版社，1990：1303.

万,"其用途分配如下:水井水车 500 万,开渠 500 万,畜牧 1000 万,造林 100 万,农药 100 万,一般性 500 万(包括农具、种子、肥料及调剂牲畜)"①。

  应该指出的是,在抗战时期,各地的生产贷款办法、指示等对贷款的用途限制得较死,实践证明,这种做法有悖于原则性和灵活性相结合的原则,不能做到因地制宜和因人制宜。在生产贷款的使用上是以农业为重点的,而有的地区农民的生产是以副业支持农业,农业生产与副业生产是紧密联系在一起的。由于农业生产的季节性不同,农民对贷款的使用是不固定的,因此到了解放战争时期,有些办法和规定中提出生产贷款必须用于生产而不机械地限制其具体用途,以免束缚农民的手脚。如 1946 年 2 月太岳行署在《关于春耕的指示》中指出:"贷款用途不应限制,应根据各地贫苦农民实际需要,以便用到农业生产上。"②1946 年 6 月在边区行政方针中指出:"农贷要适合农民需要,解决农民困难,不要呆板地限制用途,以贷粮代贷款者,也只有农民有此需要才可以。"③1946 年 7 月在《肥乡城区东街贷款总结》中指出:"款由群众贷到手后,自由使用,不规定繁杂细目来限制群众,只要用到生产上即行。"④1946 年 8 月《冀南银行各种营业简章》中规定:"农业贷款的用途,在从事生产的原则下,不加限制,贷户可按自己切身需要自由使用,达到置买农具、牲口、种子、肥料等目的。"⑤1947 年 3 月中共晋冀鲁豫中央局在《关于开展生产运动的指示》中规定:"在发放贷款时,不应主观地指定农民买些什么,而应以农民自己需要决定,同时贷款应分别农民不同需要、不同性质,适时并随时放到农民手中,党的贷款政策在于刺激生产,某些死守教条而不力谋发展的理论和办法是应该反对的。"⑥

  至于边区政府和银行发放的生产贷款中关于其用途的政策是否得到有效执行呢?我们可以通过表 6.7 至表 6.9 得到结论。

---

① 张天乙. 太岳革命根据地财经史料选编(下册)[M]. 太原:山西经济出版社,1990:1303.
② 李长远. 太岳革命根据地农业史料选编[M]. 太原:山西科学技术出版社,1997:108.
③ 民国三十五年边区行政工作方针[M]// 太岳区经济局调查研究室. 经济工作参考资料(第一辑),1946:14.
④ 肥乡支行. 肥乡城区东街贷款总结[J]. 银行月刊,1946(5):5.
⑤ 马宪玉. 冀鲁豫边区金融史料选编(上册)[M]. 北京:中国金融出版社,1989:519.
⑥ 本书编写组. 华北解放区财政经济史资料选编(第一辑)[M]. 北京:中国财政经济出版社,1996:185.

表 6.7　1943 年太行区春耕贷款用途比较　　　　单位：冀钞元，%

地区	牲口		农具		种子		其他		款额总计
	款额	比重	款额	比重	款额	比重	款额	比重	
偏城县	8807	19.1	25755	55.8	8679	18.8	2913	6.3	46154
辽西县 3 个村	85	3.0	869	30.8	1851	65.6	18	0.6	2823
和西县 25 个村	28412	67.6	11509	27.4	1790	4.3	315	0.7	42026

资料来源：《财政经济建设——太行革命根据地史料之六》（上册）。

表 6.8　1946 年 4 月太岳区孟县春耕贷款用途　　单位：冀钞元，%

区别	实贷数	农具		牲口		肥料		其他	
		款额	比重	款额	比重	款额	比重	款额	比重
一区	513600	361000	70.3	76800	14.9	75800	14.8	—	
二区	249000	208000	83.5	27000	10.9	—		14000	5.6
三区	495200	387500	78.4	49700	10.0	3600	0.7	54400	10.9
四区	651000	—		—		—		—	
五区	190000	91500	48.2	94500	49.7	—		4000	2.1
六区	350900	295900	84.3	52500	15.0	2500	0.7	—	
合计	1798700	1343900	74.7	300500	16.6	81900	4.6	72400	4.0

资料来源：据冀南银行总行编印的《银行月刊》第 5 期，1946 年 7 月 10 日出版，第 27 页整理计算。

注：因四区数据不全，故合计中未包括之。

表 6.7 和表 6.8 表明，1942—1948 年，边区政府和银行发放的生产贷款中，农民用于购买农具的款额最多，占到了生产贷款总额的 48.1%，说明农民普遍缺乏锄头、犁、耙、镢头、铁锹等农业基本生产工具，同时这些农具又是实现精耕细作、提高劳动效率和产量必不可少的工具，这从侧面反映出边区农民生活的贫困和维持再生产的艰难。其次是购买牲口，占到了贷款总额的 31.9%；再次是购买种子和肥料，分别占到贷款总额的 5.71%和 4.6%，而购地、互助开荒、畜牧、纺织等其他用途也占到了贷款总额的 10.1%。通过以上两表可以看出边区农民的生产困难集中反映在对基本农业生产资料的缺乏上，也反映出生产贷款主要用到了农业生产上，在解放战争时期手工业、副业等也占了相当比重。同时也不难看出，在整个抗日战争和解放战争时期，中共组织广大农民发展生产是贯穿于整个贷款过程的，中共贷款政策基本上得以贯彻和执行。

表 6.9　晋冀鲁豫边区贷款用途分布　　　单位：冀钞万元，%

时间	地区	贷款额	农具占比	牲口占比	种子占比	肥料占比	其余占比
1942 年	太行区黎城县 8 个村	1.50	36.0	64.0	—	—	—
1943 年	太行区左权县 4 区 8 个村	35.61	63.68	19.52	2.90	—	13.90
1944 年	太行区赞皇县等 7 县	273.46	42.33	21.21	11.90	14.02	10.54
1945 年	太行区邢（台）西县	27.41	81.2	1.3	3.7	—	13.8
1946 年上半年	冀南三分区 10 县	1544.81	64.8	16.7	13.3	3.3	1.9
1947 年	太行区、太岳区、冀南区 68 县	—	18.5	46.7	2.3	5.2	27.3
1948 年春	太岳区霍县、晋城等 7 县	13151.99	30.3	54.1	5.9	9.7	0

资料来源：①1942—1945 年数据：据魏宏运主编的《晋冀鲁豫边区财经史料选编（第二辑）》第 975-979 页相关统计整理而得。②1946 年上半年数据：据《冀南银行总行关于抗日战争时期——第三次国内革命战争初期农村贷款的基本总结》，载于王静然主编的《冀南银行》（全二册·1）第 491 页整理计算。③1947 年数据：据《冀南银行 1947 年初步总结》（1948 年 4 月 15 日），载于《华北解放区财经史料选编》（第二辑）第 222 页。④1948 年春的数据：据张天乙主编的《太岳革命根据地财经史料选编（下）》第 1282 页整理计算。原表数据有误，已更正。

6.2.3　借贷利率及特点

在商品经济占相当比重的边区中，无论是民间借贷，还是边区政府和银行的借贷，利率都扮演着重要角色，其作用范围是相当广泛的。从微观角度言之，利率能调节货币、实物资源在借方与贷方之间的分配，在手工业作坊的经营管理和投资的积极性等方面，利率的影响也非常直接；从宏观角度言之，对于边区货币的供给与需求、市场的总供给与总需求、物价的涨落、农副业发展等，利率都是重要的经济杠杆。对于各个可以独立决策的经济主体来说，效用最大化和利润最大化是最基本的准则，而利率的高低直接关系到他们的切身利益。如果说民间私人放债者的最终目的是使有限的资金通过利率从债务人那里获取最大的增值，那么边区政府和银行的放贷也是通过利率从更高的层次上来实现全边区最大多数人的最大利益。边区的生产贷款利率政策就非常鲜明地体现了这一特点。

下面考察历年来边区各区各业的生产贷款利率并由此分析其特点。

抗日战争时期。1940 年冀南银行总行在《各类业务营业办法》中规定，农业放款利率为公农月息 6 厘，私农月息 7 厘；工业放款利率为公工月息 7 厘，私工月息 8 厘；商业放款利率为公商月息 9 厘，私商月息 1 分；灾救放款利率为月息 5 厘。①全面抗战期间，随着物价的上涨，冀南银行总行提高了各种生产贷款利率。1943 年 12 月，农业贷款利率为月息 1.5～2 分；合作手工业及水利贷款月息为 2～2.5 分；商业贷款月息为 2.5～3 分。②1944 年 1 月又规定农业放款利率为 3 个月以内月息 15%，3～6 个月月息 16%，6～9 个月月息 18%，9～12 个月月息 20%，放款期限最多不超过 1 年；合作社手工业纺织放款利率为 2 个月以内月息 20%，4 个月以内月息 21%，6 个月以内月息 23%，8 个月以内月息 25%；商业放款利率为 1 个月以内月息 25%，2 个月以内月息 26%，3 个月以内月息 28%，4 个月以内月息 30%，放款期限最多不超过 4 个月。③

解放战争时期。在解放战争初期，因通货膨胀较为明显，冀南银行再次调整了各类放款利率，1946 年 8 月规定农业贷款一律月息 1.5～2 分，期限半年到 8 个月，最多不得超过 1 年；工业放款月息 3～5 分，期限最长不超过半年；手工业放款月息 1.5～4 分，期限最长不超过半年；商业定期贷款最少 1 个月，最长 3 个月，利率按用途期限规定，最高月息 1 角，而活期贷款最低期限 1 日，最长不超过 30 天，最高日息 3 厘。④在解放战争后期，因战争关系，物价不稳定，货币贬值厉害，银行贷款资金若按实物计算逐年亏损，华北银行（原冀南银行与晋察冀边区银行合并）又适时调整了各类放款利率，1948 年 7 月规定农民贷款还款者月息 1～10 分，贷实折实者月息 0.5～1 分，属于奖励性质者可酌免利息；工业放款月息 5～10 分；商业放款月息 7～15 分。⑤1948 年 10 月华北人民政府又对利率进行调整，规定生产贷款利率为，贷实折实月利 0.5～1 分，贷款月利 5～10 分。⑥第二年 3 月，生产贷款利率再次被更新为，一般农副业（群众购买牲畜、农具、肥料、种子及农副业生产等），不超过 8 个月；专业贷款（扶植造林、畜牧、水利等），不超过 3 年。这两项贷款直接贷给群众，折实月息 5 厘至

---

① 冀南银行各类业务营业办法（1940 年）[Z]．太行区银行工商工作参考资料，1945．
② 晋冀鲁豫抗日根据地财经史料选编（河南部分二）[M]．北京：档案出版社，1985：133．
③ 冀南银行总行关于修改各种存款放款利率的通令（1944 年 1 月 10 日）[Z]．太行区银行工商工作参考资料，1945．
④ 马宪玉．冀鲁豫边区金融史料选编（上册）[M]．北京：中国金融出版社，1989：518-521．
⑤ 1948 年 7 月 28 日《华北银行关于决定利息政策的命令》，载于华北银行《银行月刊》创刊号。
⑥ 1948 年 10 月 10 日《华北人民政府关于冬季生产贷款工作中的几个主要问题的指示》，载于华北局《研究资料》第 19 期。

1分，贷给专业组织（推进社、国营农场、林牧局等），月息2~3厘。①

晋冀鲁豫边区各区的生产贷款利率与边区政府和冀南银行总行的利率规定大同小异。下面分别考察太岳区、太行区和冀鲁豫区的贷款利率情况。

先看太岳区，1941年2月冀太区生产办法中规定，农业贷款利率公营6厘，私营7厘；工业贷款利率公营9厘，私营1分；商业贷款利率公营1.1分，私营1.2分。②1943年2月《太岳区春耕贷款办法》中规定，春耕贷款利息为月息7厘，贷款期限最长不得超过10个月。③1947年9月太岳区行经理张茂甫在支行经理会议上的总结报告中指出，农业贷款利率一律规定为2分，专业贷款为3~4分，对于以城市存款、向农村放贷扶植生产者，利率可提高到7~8分。④1948年12月华北银行太岳分行在利息政策上指出，5~10分的利息政策是根据发展生产而又能得到保本而定的，农业贷款利率不超过25%，商业不超过30%~40%（以实物计算）。⑤1949年3月，太岳行署在《关于1949年农业贷款计划的指示》中规定，一般农业贷款期限不超过8个月，副业贷款期限3~5个月，一般农副业贷款及直接贷给群众之专业贷款仍按照实物利息，月息0.5~1分。贷给各专业部门，折实后为水利推进社月息3厘，农场月息2厘，林牧局2厘，农药3厘。⑥

在太行区，其贷款利率可通过表6.10予以直观体现。

表6.10 太行区贷款利率变动情况　　　　　　　单位：%

项目		1939—1940年		1941年		1942年		1943年	1944年		1945年
				第一次	第二次				第二次		
		期限	利率	利率	利率	期限	利率	利率	利率		利率
农业	公农	12个月	0.6	0.6	0.6				0.8		
	私农	12个月	0.7	0.7	0.7	10个月	0.7	0.7	1.5		1.5
	春耕					10个月		0.7	1		2

---

① 《新华日报（太行版）》，1949年3月3日。
② 1941年2月1日《冀太区生产贷款办法》，载于《太行区银行工商工作参考资料》第二编第一集。
③ 本书编写组. 抗日战争时期晋冀鲁豫边区财政经济史资料选编（第二辑）[M]. 北京：中国财政经济出版社，1990：897.
④ 1947年9月30日《冀南银行太岳区行第二次支行经理会议上总结报告》，载于《华北解放区财经史料选编（第二辑）》。
⑤ 张天乙. 太岳革命根据地财经史料选编（下册）[M]. 太原：山西经济出版社，1991：1290.
⑥ 同⑤：1304.

续表

项目		1939—1940年		1941年 第一次	第二次	1942年		1943年	1944年 第二次		1945年
		期限	利率	利率	利率	期限	利率	利率	利率		利率
合作手工业	公工	12个月	0.7	0.7	0.9			1.2	0.9		
	私工	12个月	0.8	0.8	1.0	6个月	1.2	1		2	
	合作			0.8		6个月	0.8			2	2
	纺织						1.2				
商业	公商	12个月	0.9	0.9	1.1	3个月	1.5	1.1		2.5	2.5
	私商	12个月	1	1	1.2	3个月	1.5	1.2		2.5	2.5
工商							1				
低利救济			0.5	0.5			0.5	0.5			
机关生产				0.7							

资料来源：河南省财政厅，河南省档案馆. 晋冀鲁豫抗日根据地财经史料选编（河南部分三）[M]. 北京：档案出版社，1995：692，693.

在冀鲁豫区，全面抗战时期的各种贷款利率见表6.11。

表6.11 全面抗战时期冀鲁豫区农工商业贷款利率统计

类别	1939年	1940年	1941年	1942年	1943年	1944年	1945年
农业贷款	6厘	6厘	6厘	8厘	8厘	1分	1分
工业贷款	1分	1分	1分	1分	1分	1分	1分
商业贷款	1分	1分	1分2厘	1分2厘	1分2厘	1分2厘	1分2厘

资料来源：季星如. 财经资料选编（下册）[M]. 济南：山东大学出版社，1988：77.

由以上可归纳出晋冀鲁豫边区政府和银行生产贷款利率的特点。第一，低利贷款是最突出的特点。上面所列的货币利率是名义利率，没有考虑物价上涨的因素，而在实际借贷过程中，边区政府和银行作为债权方不仅要承担债务方到期无法归还本金的信用风险，而且要承担货币贬值的通货膨胀风险。因此，若以不变价格计算的实际利率来看，大部分年份的实际利率是非常低的，甚至有时是不能保本的。第二，生产贷款利率一般根据农、工、商、矿等事业性质进行划分，农贷利率低于工业贷款利率，工业贷款利率又低于商业贷款利率，而且贷款数额越大，期限越长，利率越高。第三，名义利率有逐年增高的趋势，但若考虑通货膨胀因素，实际利率未必如此，同时名义利率在抗战期间较低，在解放战争时期较高。第四，在抗战初期，生产贷款利率差别以公私营来划分，在解放战争时期则取消了这种公私营之间的差别，但总体上贷款优先照顾公营事业。此外，在解放战争时期生产贷款比重逐渐向实物贷款倾斜，且货币贷款的利率较高，实物贷款的利率较低。

综上所述，边区政府和银行发放的贷款利率以无利、低利甚至亏本低利为常态，不以营利而以扶植生产为目的，这是与资本主义银行的本质区别。1940年4月15日中共中央在《关于财政经济问题的指示》中指出：要提高银行的作用与信仰，帮助民众生产建设，实行低利借贷。①这种低利政策主要缘于中共对生产贷款政策的贯彻执行，生产贷款的目的是发展农村经济，帮助贫苦农民解决生产发展中的各类经济困难；贷款的主要对象是广大的贫困农民，一方面，其偿还能力有限，无法支撑高利率的重负，另一方面，这个群体是最主要的农副业生产劳动力。在战时物价上涨的情况下，低利贷款实际上边区政府和银行对贷款贫农的一种补贴，以提高其生产积极性，促进农村经济的恢复与发展。同时，这些广大的贫苦农民又是革命的主力军，向其利益倾斜是扩大兵源和安稳军心的需要。由此可见，边区生产贷款这种经济行为的背后，有着更多的政治意义。

毋庸置疑，抗战以来边区政府和银行一直实行的低利率政策是有其经济基础和阶级基础的，所取得的积极效果也相当明显。然而利率问题终归是经济问题，利率的高低要靠经济手段和市场因素来调节，任何有悖于经济规律的做法必然招致负面影响，边区的低利贷款也不例外。长期的低利政策所产生的消极影响同样是不容忽视的，从长远角度来看，亏本低利的借贷政策对边区生产贷款的可持续发展和边区经济的发展壮大有损无益。同时，过低的利率对组织民间游资、发展民间借贷是不利的，尤其是在战时通货膨胀、货币贬值的笼罩下，利率太低会妨碍农村私人借贷关系的正常开展，形成富人闭借、农户告贷无门的民间金融枯滞的窘境。再有，低利政策也不利于银行吸收存款。过低的利率使存款减少而发行增多，形成通胀压力，货币贬值，物价上涨，刺激商业投机，商业利润高于平均利润，社会游资都投向商业，这样更加助长了商业投机而减少了银行存款。总之，在战时通货膨胀的情况下，低利政策并不完全有利于社会生产，农民在得到低利贷款实惠的同时，也付出了一定的代价。

---

① 中央档案馆. 中共中央文件选集（11）[M]. 北京：中共中央党校出版社，1986：378.

6.3 生产贷款的绩效与弊端

6.3.1 显著效果

晋冀鲁豫边区的生产贷款，在以农业生产为主的大生产运动中，生产贷款与中共的生产中心相结合，与工商支农相配合，取得了良好的社会经济效果。

1. 恢复和促进了边区农业生产

生产是边区军民的中心任务，而农业生产更是全盘生产的中心。由于边区基本上处于农村环境，主要的生产者是农民，因此帮助民众进行生产建设，主要是扶植农业生产。鉴于此，在边区的经济建设上，中共始终强调要把农业生产放在第一位，中共中央《关于抗日根据地土地政策的决定》中特别指出：农业生产是抗日根据地主要的生产，党与政府必须用最大力量去推动发展。政府应发放大量的农业贷款，以解决农民借贷困难。[①]当时，农村耕畜严重不足，不少地方一头耕牛负担耕地上百亩，春耕时到处可见地里人拉犁的现象。农贷对解决贫苦农民面临的种子、农具、牲口、肥料等主要农业生产困难起了雪中送炭的作用。简言之，农业生产贷款对于提高农业生产力与发展农村经济起到了不可替代的作用。

在太行区，1943年在南泥湾大生产运动的鼓舞下，太行山根据地掀起了生产高潮。武乡县树辛村李马保向银行贷款3000元，买了农具、耕牛、种子和肥料，生产发展很快，被评为出席太行区的劳动模范。榆社县桃阳村郝二蛮组织了一个妇女农业生产互助组，向银行贷款830元，买了耕牛和农具，连续三年生产很好，由吃救济粮变成了向政府卖余粮，郝二蛮被评为晋冀鲁豫边区的劳动模范。[②]1944年邢台10区各村，由于贷到73000元钱，增加了镢头228把、锄头160把、铁锨20把、铧子6把、牲口8头、犁9张、耙5把，在生产中得利很大。王峪等村由于贷到了9000元钱，再加其他资金，结果修河滩77亩，平水地12亩，还修了两道渠。1945年林县20个村由于贷款208669元，结果增加牲口140头、锄头540把、铧子48把、铁木锨6把、镰31把、犁5张、耧1张。[③]据和西县三个区的

[①] 参考自山西大学晋冀鲁豫边区研究组编写的《晋冀鲁豫边区史料选编（第2辑）》（内部参考教学用书），1980年。

[②] 武博山. 回忆冀南银行九年[M]. 北京：中国金融出版社，1993：227.

[③] 《解放日报》，1946-03-13.

统计，1944年在贷款后牲口增添情况是富农增加13头，中农增加188头，贫农增加21头；据平顺县7个区79个村统计，2216户贫雇农贷款共1346.145万元，7个月获利714.677万元，还购买牲口27头、农具117件、肥料800斤、粮食2640斤、花车1架、手拉梭机63架、纺车220辆、钢铮13付、梭杼16件、棉花1593.5斤、布312尺。①

在太岳区，1947年太岳一分区扶持了13个配畜合作社，半年配成300多头牲口。济源县贷款200万元，修成了15里长旧渠，可浇地4000多亩，每亩增产秋夏粮各5斗，可增产粮食4000多石。②赵城县师屯村在1946年春季贷款中，共买农具14件、种子200斤、肥料3119斤。③

在冀鲁豫区，据1947年上半年8个县不完全统计，只耕牛一项，通过贷款增加耕牛1037头，当时畜力缺乏是农业生产上的最大困难。四分区三个县贷款后即增加耕牛350头。另据南峰县马庙村的贷款检查，该村耕地700多亩，1946年大部分荒掉了，1947年44户贷款共65.5万元，买牲口11头，把地全种上了，在产量上牛犁的地比人掘的地增产1倍左右。④冀鲁豫区××县王××互助组共5户，贷款5000元，买用具使用3400元，结果他们把自己的地开完后，帮别人开地得高粱100斤，帮别人盖房8间，得豆子100斤、高粱350斤。⑤

2. 提高了农民劳动力的利用率，补充了农业收入的不足

将副业与农业相结合，通过发展副业来支持农业，发放贷款，可以更多地增加生产资本，更好地解决民众困难。农业和副业结合，是农民生产的重要特点之一。由于农产微薄，民生艰苦，故农民在耕作之余通过经营副业以弥补生活之不足。贫农地少，劳动力有剩余，通过副业能充分利用剩余劳动力，是地少人多的贫苦农民生产发家的一条捷径。一般说来，除了种地以外，农民主要就是从事副业生产，副业生产所占劳动时间较长，副业收入也在农民总收入中占相当比重。据太行行署调查资料，该区革命老区、新区穷富13个不同村庄，平均合作工商、饲养家畜、工资等各项副业收入占总收入的35%以上。⑥

在太行区，黎城县政府和银行把款贷给小型合作社和互助组，进行农

---

① 孙世禄，等. 彻底清查贷款被斗户不是扶助对象[J]. 银行月刊，1948（22）：14.
② 《华北解放区财经史料选编（第二辑）》.
③ 赵城两个村农贷介绍[J]. 银行月刊，1946（9）：21.
④ 冀鲁豫区局行. 冀鲁豫区1947年上半年贷款统货工作总结与下半年工作意见[J]. 经济工作，1947（3）.
⑤ 王静然. 接受以往贷款工作的经验确定今后贷款方针[J]. 银行月刊，1946（8）：4.
⑥ 王静然. 历年来我们贷款工作的一些经验和体会[J]. 银行月刊，1947（20）：13.

副业结合的生产，其组织方法有两种：一种是合作社和互助组在农忙时将农业上的剩余劳动力（人力和畜力）抽出，拿贷款去组织运输和经营小作坊，利息和红利共分，农副业劳动则折价变工；另一种是将款贷给贫苦社员或组员，富有社员拿出私资，有经营能力的社员按技术折顶入股、劳资合股经营副业，按股分红。前一种是社员、组员成分差不多者适用，后一种为贫富相差较大者适用。总之，这种组织是农业与副业结合、资力与劳力结合、公资与私资结合，再结合技术等许多条件的组织生产方法，真正符合扶植生产、扶植私资、组织起来的方针。正因为这样，黎城县人民才没感到收款困难和用途不当，这种贷款方法与使用办法值得大大发扬。①在邢台县，为改善市民生活并刺激商业的发展，银行在1946年1—7月共发放短期贷款346万元，分贷给134户，贷款期限为10天至1个月。贷款对群众生活有很大改善，商业也繁荣起来。②

在太岳区，抗战胜利后，13县在贷款的扶植下，贷户支持买牲口搞运输的占59%，支持纺花织布的占10%，支持小作坊和小手工业生产的占14%，支持买耕畜的占14%。办理贫雇农专项生产贷款，各县区还组织扶贫贷款队，贷款后反映很好。③1947年晋城四区金匠村农会主席刘士兴贷款26万元，组织群众搞运输，半年赚1200万元，不仅解决了群众穿衣零花的问题，还买回牲口45头，该村大部分贫雇农都有了牲口。④

在冀鲁豫区，据关于108户180.7万元的贷款调查，3个月即赚毛利336.5万元，纯利是204.6万元。另据冀鲁豫区8个村的统计，392户贷款384.55万元，3个月获纯利10.78万元，平均利润为2.8倍，其中清丰县一借贷所以48万元贷款扶助起20个铁匠炉、80个工人，两个月获纯利718.4万元，并解决了群众的农具困难。⑤内黄县四区北胡村1947年冬季贷款共190万元，该村组织一个运输组贷款5万元，7天赚了1万元。鳏夫朱张锁，1947年贷了1万元蒸馍卖，除生活开支外，净赚6000元。⑥

在冀南区，当地的经济条件决定了纺织、运输、磨粉等农村副业在农业生产中占极其重要的地位，帮助农民解决了副业生产问题，即等于解决

---

① 王静然. 冀南银行太行区行1946年上半年农村贷款工作总结[M]. 石家庄:河北人民出版,1989: 520.
② 如何使短期商贷和扶助市民生活结合[J]. 银行月刊, 1946（9）: 26.
③ 王少浩. 太岳区的金融工作[M]// 武博山. 回忆冀南银行九年. 北京:中国金融出版社, 1993: 287-288.
④ 款要贷给贫雇农[J]. 银行月刊, 1948（22）: 15.
⑤ 《冀南银行1947年工作初步总结》，载于《华北解放区财经史料选编（第二辑）》。
⑥ 张捷三. 冀鲁豫区内黄四区北胡村发放冬贷经过[J]. 银行月刊, 1948（24）: 11.

了生产问题。有的地方将款先放出去，使农民得以短时间周转，再自动转向农业生产，收到了良好的效果。大名全县 15 万人，土地 79 万亩，荒地占 1/3，农民农业收入少，副业在群众生活中占重要地位。全县共 5 万纺妇，年产土布 60 万匹，有 1/3 的村庄熬盐，还有运输、扎花等副业。①

在各种副业贷款中，纺织贷款发挥了更积极的作用。纺织是边区重要的手工业之一，通过贷款扶植纺织运动，一方面使广大地区的灾民免受饥饿的威胁，使妇女的收入成了维持家计的一个重要组成部分，也由此提高了妇女的家庭地位；另一方面也解决了边区军民的穿衣问题，打破了日、伪、顽的经济封锁。黎城县二区南岩村，1946 年初贷款 5000 元，组织全村妇女学纺花。纺织贷款帮助民众实现自纺、自织、自穿，如太行区关二区黄山村一个纺织组，8 人贷款 2000 元，除了还贷款外，每人都穿了一件新布衫，还赚了 10 斤棉花。博爱县五区老梁庄，母桂荣小组贷款 1600 元，买了 11 斤棉线，半月内织布 7.5 斤，净赚 4323 元，除每家获得玉米 2 斗、麦子 1 斗和零花钱 65 元外，尚余 2051 元。②陵川县支行放款 7819 万元，帮助妇女购买了纺车 1017 辆、布机 157 架、纺纱机 2 台、扎花车 2 辆，全县发展纺妇共 40137 人，完成纺织土布任务 233150 斤。③赞皇县南清河村共 193 户，拥有织布机 112 架，织布的 140 户中贷款的有 60 余户，该村在中华人民共和国成立后 11 个月通过织布共赚 147805 元。④

3. 在应对灾荒中发挥了一定的作用

在太岳区，1943 年发生灾荒，4—8 月该区提出以工代赈，发放蚕丝贷款 40 万元，纺织贷款 15 万元，水利贷款 10 万元……群众在纺织上赚钱 652.2 万元，在运输上赚钱 110.3 万元，获得粮食 1344 石，终于度过了灾荒。⑤太岳区沁水县碧丰村张花才，因 1947 年秋歉收，次年春无下锅之米，只好打忙工暂以糊口，贷款 1 万元买了玉菱、小米才把地种上。还有张村的张进元，因 1947 年参战，地荒了没打多少粮食，耕种时以贷款买了 2 斗粮食，才算下了种，说明贷款对灾荒起了作用。⑥

此外，生产贷款在金融、贸易方面也起到了很大的作用。在金融方面，

---

① 大名去冬的副业贷款[J]. 银行月刊, 1947（13）: 15.
② 《太行区行 1946 年上半年农村贷款工作总结》, 载于冀南银行总行编印的《银行月刊》第 7 期, 1946-09-10.
③ 《冀南银行 1947 年工作初步总结》, 载于《华北解放区财经史料选编（第二辑）》.
④ 孙世禄，李玉珍. 赞皇南清河的纺织贷款[J]. 银行月刊, 1946（7）: 24.
⑤ 王少浩. 太岳区的金融工作[M]// 武博山. 回忆冀南银行九年. 北京：中国金融出版社, 1993: 287.
⑥ 王少浩. 太岳革命根据地金融资料选编（初稿）[Z]. 内部资料, 1987: 387.

生产贷款直接向农村投放大量冀钞，使金融与农村生产紧密结合起来，扩大了冀钞的流通范围，增加了广大农民对冀钞的信任。在贸易方面，增加了粮食产量，农民不但能够自给，而且可以把剩余部分换回必需品。例如，通过发放棉花贷款，农民的棉花种植面积增大，棉花产量增加，不仅可以发展农村纺织、减少布匹输入，对于平衡贸易起的作用也是很大的。

总之，生产贷款只是一种手段，提倡并改进农业生产与恢复并繁荣农村经济才是生产贷款的真正目的。由上可知，生产贷款在很大程度上促进了农业生产，改善了农民的经济生活，繁荣了农村经济。

6.3.2 主要弊端

如前所述，边区的生产贷款在对农村经济的恢复和发展作出积极贡献的同时，其自身在发放和使用过程中，不同地区在不同时期内也发生过这样或那样的偏向。有的是生产贷款的使用者发生了偏差，有的是银行方面对贷款的规定与规划存在缺陷，有的是基层执行人员对贷款的管理出现了问题。下面从四个方面对生产贷款的种种弊端逐一进行阐述。

1. 贷款的使用者发生了偏向

这种偏向主要表现为贷款用途不正当。贷款是政府为了扶植民众生产或为提倡某种对民众有益的事业而投入的资金，目的在于使民众有效运用这些资金发展生产，从生产过程中获得利益。一旦贷款移作他用，则很难保证贷款的保本性和盈利性。在贷款的实际使用过程中，有的被用于搞投机做生意，有的被用于吃喝浪费，有的被用于赌博。这种未把贷款用于生产而用于消费甚至造成浪费的行为，扭曲了生产贷款的性质，也大大减弱了生产贷款的实际作用。

太行区赞皇县羊角村，有两户将农业贷款用来做生意。元氏县北苏阳村贷款1万元，交给商人做生意，每月得利500元。临城竹壁村某妇女，把纺织贷款都入了合作社股金。赞皇三区秦庭贷款200元，不买农具而用于赌钱。[①]在1947年冬贷中，武安县前柏村村长把15万元的纺织款擅自挪作他用，未贷给贫雇农。[②]

在太岳区，1946年沁源县化峪村荣退军人贷款4000元，没买牲口，而买了纸烟做生意。[③]1946年晋城县八区东庄孔明富贷款7000元买大烟壳；该区黄园村孔双贷款4000元，不用于农业生产，而搞小买卖贩白麻，

---

① 太行一分区生产贷款总结[J]. 银行月刊, 1946 (6): 2.
② 智勇, 于智. 武安前柏村冬贷检查与发放[J]. 银行月刊, 1948 (24): 9.
③ 沁源县的贷款是怎样发放的[J]. 银行月刊, 1946 (7): 18.

最后赔了8800元。①阳城县缓氿村富农李世干，将2万元贷款做了投机生意。②1947年阳城县二区王村中农卫节保等3人，贷款25万元，名义上说是买牲口，实际上却勾结流氓王不理等9人私贩毒品。③1947年高平县王家庄6户贷款8万元，有的拿贷款去赌博，输3万元。④

在冀鲁豫区，1941年的生产贷款在事前没有调查和宣传，有的拿贷款做完纳田赋或用来买枪，不用在生产上。⑤

造成这种现象的主要原因是有些银行职员把款贷下去之后就万事大吉了，贷下去不检查，究竟用途如何，掌握得更不够，致使一部分投机钻营分子用来做高风险的投机生意，甚至一部分不务正业的"二流子"将贷款用于吃喝浪费。

2. 银行方面对贷款的规定与规划出现偏向

这种偏向主要表现为银行放款时机械限制用途和贷款的有贷无还两个方面。下面先考察前者。

很多地方不是贷户根据生产的迫切需要，由贷户自己确定贷款用途，而是银行根据规定放贷，不符合银行规定的就不贷给，如群众所说"银行的钱是贷牛款不能买羊，买盐的钱不敢打油"。贷款严格限制用途并过分强调结合游资，不但限制了民众生产的范围和打击了生产积极性，也限制了部分最穷苦贫雇农的贷款权利，并影响资金周转。

太岳区晋城县渠头村贷款5万元，不够买牲口的，计划买成猪，等赚了钱再买牲口，可银行职员认为其贷款只限于买牲口，结果因凑不齐钱，该笔贷款只好闲置。又如晋城县二神后村贷款10万元，只够买1头牲口，但银行职员只允许结合游资买3头。因群众集不上游资，只好买了3头最坏的牲口，拴在槽上一点也不敢动，群众说："这不但没解决我们的困难，反而增加了我们的麻烦。"⑥

用途问题历年来是左右摇摆，缺乏正确的、一以贯之的指导思想。如太岳区晋城支行在1948年春季贷款中规定贷款用途只有买牲口，不买牲口就不能贷款，结果是使群众背上了包袱。但1949年春贷中又规定群众需要啥买啥，这样又使贷款放任自流，缺乏重点，在生产中没一定的方向。⑦

---

① 晋城八区的春贷工作[J]. 银行月刊，1946（9）：19.
② 太岳阳城缓氿村查贷种发现[N]. 人民日报，1947-12-04.
③ 排除阶层路线的障碍与几点贷款工作经验[J]. 银行月刊，1948（23）：7.
④ 张智勇. 对检查和总结春贷的意见[J]. 银行月刊，1947（15）：24.
⑤ 马宪玉. 冀鲁豫边区金融史料选编（上册）[M]. 北京：中国金融出版社，1989：93.
⑥ 款要贷给贫雇农[J]. 银行月刊，1948（22）：15.
⑦ 张天乙. 太岳革命根据地财经史料选编（下册）[M]. 太原：山西经济出版社，1991：1301.

这种机械限制贷款用途的思想根源是不相信民众、怕民众浪费，加之不了解民众生产的具体困难和迫切需要。

再看有贷无还方面。有些银行职员把贷款当作救济物资，贷款与赈灾分不清。实际上这种观点走的是一种片面的贫雇路线，它不是从组织生产入手，而是谁穷贷给谁。许多贫雇贷户也把贷款当作赈济款，把贷粮当作救济粮，主观上没做偿还打算，客观上无偿还能力，结果自然是大量贫雇贷款无法收回，不但侵吞了政府、银行的资产，同时也削弱了银行生产贷款的可持续发展。

1948年上半年，根据冀鲁豫区5个县4902户贷款用途的检查，1/3以上的贷款做了救济，没起到生产作用。①如冀鲁豫区自1948年冬季以来，强调填平补齐，全部都贷给贫雇农户，提出穷则多贷的唯成分论，致使贷款成效不大。1949年春，更强调救济灾荒，实际成了救济贷款。在全区来说，以一、七分区最为严重，如一分区规划贷款时，把8000万元按当时市价贷给群众，让群众粮贱时还粮，粮贵时还款，同时还无息；而七分区与此情况相似，只是将利息规定为1分。这种片面的群众观点，实际上就是单纯的救济恩赐观点。②冀南银行副行长胡景沄在1946年曾指出：一些地方和团体干部认为公家的款贷给贫苦者就可以了，不管收回收不回，而不是从一方面帮助群众生产发家，另一方面又不使公家财产遭受损失着想。③

造成这种偏向和错误，是由于思想上存在着浓重的传统救济观点和慈善观点，加之对中共制定的分半减息政策机械片面的理解。各区分行在制定具体任务时，未能认真贯彻执行总行的决定精神，单纯从灾情出发，强调"不饿死、不逃荒、不要饭"的救济方针，而对于生产则提得不明确，使国家资本受到很大亏损。

3. 中共基层执行人员对贷款的管理发生偏向

这主要表现为基层骨干包办代替、营私舞弊、假公济私，以及贷款的平均分散、贷富不贷贫三个方面。

有些基层骨干私欲膨胀，在贷款发放和使用过程中产生种种腐败现象。私自霸占和窃取贷款是全区比较普遍和严重的现象，占款方式可谓五花八门。

有的假造花名册名单或假借银行名义贷款。如太行区武乡县大有村干部，假造贷款花名单，于1946年2月由银行领回贷款1万元，也未开群众

---

① 马宪玉. 冀鲁豫边区金融史料选编（下册）[M]. 北京：中国金融出版社，1989：465.
② 同①：520.
③ 《加强生产贷款工作为生产运动服务》，载于《华北解放区财经史料选编（第二辑）》。

会讨论贷款分配。榆社县一区兰祁等3个村,捏造贷款花名册买枪,而未用于群众生产,仅兰祁一村即贷2万元。①太岳区晋城县北石瓮村群众说:"我们的村长,假借银行收款名义,把群众贷的款都收起来,自己买成牲口。"②冀鲁豫区范县薛堂村2个村干部冒用16名贫雇农的名义贷款18万元。③冀南区企之县在整理贷款时发现,有一个人贷七八份的情形,这大都是本人不在家而别人冒用他们的名字。④

有的人以威胁民众的手段达到贷款的目的。如冀鲁豫区范县联合村领回贷款20万元,向民众宣布三个领取条件:第一,必须买牛;第二,干部不做担保;第三,何时要就何时还。导致民众不敢贷款,干部便贷款做生意。⑤

有的人利用职权霸占贷款以中饱私囊,或自己多贷,或直接挪用,或照顾自己的亲朋。如太岳区晋城县杨宝山村群众说:"干部有权,只要盖上图章就能贷上款,群众没有干部介绍信,银行就不贷给。"太行区昔东县有一村长,接到春耕贷款后,没有用到群众生产中去,而是把一部分款贷给了富有的亲友。⑥太行区陵高县比较严重,丁壁村领到贷款8000元,私用4200元;鲁村村干部张书根等领回10000元,全部霸用;南山底村私用贷款1400元。⑦邢台县西郭村,贷款2万元,村长就用了5000千元。高邑县北关村5个村干部使用贷款5000元。元氏县北佐村村干部把全部贷款都用完了,群众却不知道。⑧

有的人向群众隐瞒贷款数。如冀南区清河县前敖村村干部领回贷款35万元,向群众公布贷了30万元,其余5万元为干部私用。⑨太岳区沁源县中峪店村武委会主任和村长未将预先借回的5万元贷款告诉群众,而是自己拿去贩布。村干部贷得多,对贫农照顾不够。太行区元氏县北庄村村干部把农业贷款全部自用,群众不知道。和顺县一区业务员领回农业贷款2万元,不贷给群众,自己投机做生意。⑩

---

① 王静然. 冀南银行(全二册·1)[M]. 石家庄:河北人民出版社,1989:513.
② 款要贷给贫雇农[J]. 银行月刊,1948(22):15.
③ 《华北解放区财经史料选编(第二辑)》.
④ 冀南区生产贷款布置的概况[J]. 银行月刊,1946(2):4.
⑤ 《华北解放区财经史料选编(第二辑)》.
⑥ 王静然. 冀南银行(全二册·1)[M]. 石家庄:河北人民出版社,1989:464.
⑦ 太行四分区1945年贷款工作初步总结[J]. 银行月刊,1946(2):36.
⑧ 太行一分区生产贷款总结[J]. 银行月刊,1946(6):1.
⑨ 《华北解放区财经史料选编(第二辑)》.
⑩ 王静然. 冀南银行(全二册·1)[M]. 石家庄:河北人民出版社,1989:513.

造成这种偏向的原因主要是贷款的组织路线问题。由于银行职员不了解民众的具体困难，只看重手续是否齐全，单纯依靠基层骨干分配贷款。而一部分基层骨干作风不民主，同时贫雇农尚未形成阶层力量，没有实现真正当家作主，不敢表达不同意见，结果贷到款的或是基层骨干，或是与他们关系好的少数人。因此贷款通过基层骨干发放，这种本身的制度缺陷便给了这些人以可乘之机，自然就导致他们多占、挪用甚至营私舞弊等种种不端行为和腐败现象的滋生。

再考察贷款发放没有重点、平均分散的现象。1942年毛泽东在《经济问题与财政问题》报告中提出，要使区乡干部认识到农贷的重大意义，不可采取平均政策及不负责任的态度。有些地区在贷款发放时未执行"集中发放、反对分散"的贷款发放原则，而是把贷款都平均分散了，认为村村户户都应该贷。贷款平均分散的结果是家家都贷，家家得到的贷款都太少，在解决民众困难上无异于杯水车薪，帮助不大，有的甚至浪费掉了。

在太行区陵川县有些村贷款不按民众生产需要的实际情况分配，而只平均分配，致使有的人用不了，有的人不够用。如六泉村一互助组13人贷款140元，每户分到11元，什么事也做不成；郎五喜贷款200元，买一张锄用160元，余40元只能花了。涉县更乐村一互助组6户贷款100元，连一件农具都买不到。①

在太岳区阳城县元领村1947年的春耕贷款中，全村贷款14万元，分配给117户使用，个别最多者每户1.3万元，少者每户仅280元。②晋城县六区秋泉村贷款5万元，100多户每户仅得二三百元，根本无济于事。因此群众说："不说贷款生产，就连贷款开会的误工钱都不够。"③

在冀南区，当时银行的主观愿望是要用贷款发展生产，实际上既没发动群众，也未组织生产，贷款被平均分配了，每人仅分得两三毛。④魏县大名有几个村每户都贷得四五千元，实际上各种副业所需资本不同，如纺织2000元即可，而磨粉则需5000元，运输则需8000~10000元，生产情况不同。若平均分散贷款是不恰当的，不符合群众需要。⑤清河县1946年农贷中，不论穷富，各村有份，每户贷款最多2000元，少的才三五百元，结

---

① 王静然. 冀南银行（全二册·1）[M]. 石家庄：河北人民出版社，1989：512.
② 靳超. 大量增加生产贷款，满足群众需要[J]. 银行月刊，1947（17）：2.
③ 款要贷给贫雇农[J]. 银行月刊，1948（22）：15.
④ 晋冀鲁豫边区财政经济史编辑组. 抗日战争时期晋冀鲁豫边区财政经济史资料选编（第二辑）[M]. 北京：中国财政经济出版社，1990：822.
⑤ 冀南区的贷款工作[J]. 银行月刊，1947（12）：12.

果款到贷户手里，数量太少，只能解决购买锄、镰等小问题。更有一些群众感到贷到款更为难，去买农具不够，去做小生意则受严格限制，不如不贷。①

值得注意的是，在纠正贷款平均分散这种偏向的过程中，也曾出现过分强调集中的矫枉过正现象。如冀南区武邑县某村贷款5万元，全部贷给一个抗属。枣强县南石村分配6万元贷款，提出要贷给25户，评议时去除6户，贷19户，每户3000元尚余3000元，由19户中抽最贫3户各追加1000元。②

应该说在贷款的供需矛盾比较突出的情况下，贷款的重点集中发放固然能保证贷到款的少数贷户可得到实质性帮助，但这样做的另一面必然导致期待资金周转的大多数民众"望洋兴叹"，这就形成了贷款的集中发放与分散发放的两难选择。

4. 考察富农路线、贷富不贷贫的现象

有些基层骨干害怕贫苦群众贷款还不起、担心最终贷款收不回而导致自己垫款，片面强调贷款手续严格，统制观念与营利观念一贯作祟，于是在贷款对象方面发生偏向。这种错误做法违背了生产贷款要以贫苦农民为主要对象的基本原则。

太行区临城县黑沙村12户中农每户平均贷款1.6万多元，但15户贫雇农每户却只贷到5000余元，尚不及中农的1/3。左权县原庄村群众反映，"干部到村放款时贷富不贷贫"，该县前龙村"新中农"生活仍然窘迫。村干部怕这些穷人无偿还能力故此不贷，甚至有的地区还残存着地主，贫苦农民贷款要求有殷实户作保。③太行区邢台县西郭村贷款2万元，除村长用5000元外，其余都贷给中农。内邱县刘家庄的农业贷款完全掌握在合作社社长手中，他们威胁保人不给贫户担保。④据1947年太行区黎城县六区13村统计，贫雇农只有29户，共贷款54.2万元，71户中农贷款158.55万元，3户富农就贷了11.1万元，其中某村地主杨宽也钻空子贷到10万元。⑤1947年太行区平（定）西县北岸村，在35万元农贷中，1户富农就贷了3000元，而198户贫雇农连一文钱也没贷上。⑥太行区长治县鹿家庄

---

① 张月民. 清河去年农贷偏向[J]. 银行月刊，1947（13）：18.
② 张智勇. 对检查和总结春贷的意见[J]. 银行月刊，1947（15）：23.
③ 反对贷款工作的富农路线，贯彻贫农路线[J]. 银行月刊，1948（22）：2.
④ 太行一分区生产贷款总结[J]. 银行月刊，1946（6）：2.
⑤ 太行黎城13村查贷中发现[N]. 人民日报，1947-12-22.
⑥ 人民日报，1947-12-22.

66万元贷款的分布情况是：破落地主2户，每户8万元；下降富农15户，每户2.5万元；村干部3人，共占12.5万元；而贫雇农则未获得贷款。①

最贫苦和憨厚的贫雇农往往贷不到款或贷的款少，而贷到款的多是活动性较强或与领导干部有关系的贫雇农。如太行区博爱县3个村统计共有赤贫农34户，而贷到款的只有2户，占总贷款户的0.71%，其中东六沟村21户赤贫农全部都没贷到款。②

有的地区发放的贷款不仅没扶植贫雇农，反而扶植了地主，这说明被斗争对象盗窃民众贷款的现象并未完全肃清。如太行区平顺县十字河村3个地主将贷款1500元都用于吸纸烟。临城县黑沙村给4户被斗户贷款2万元，射兽村给斗争对象吴春贷款1万元。③冀鲁豫区观城县邱寺村3家被斗争对象有两户使用了贷款，东阿县柳林屯村也检查出4户被斗争对象使用了贷款。④

造成这种偏向的主要原因是，贷款政策上的富农路线的指导思想尚未完全肃清，因而对每个具体问题和具体做法缺乏明确的阶层路线的衡量与批判；银行职员不了解贫雇农的具体困难与要求，不能反映贫雇农的想法，仅满足于指示、决定等；不深入广大贫雇农进行检查等种种官僚主义作风不同程度地存在于各级银行职员中。

综上所述，产生这些偏向的原因虽然是与当时的客观环境分不开的，但也反映出中共对生产贷款这项复杂的系统工程缺乏成功经验。

6.4 边区银行的实物贷款

抗日战争和解放战争时期，为了实现实物保本、调剂物价和稳定金融，以保持长期扶植生产的力量，边区银行开展了实物贷款的新业务。实物贷款是中共新民主主义革命政权扶植和发展农村生产的有效举措之一，是边区银行为贯彻新农贷政策而开展的一项重要业务，是开展农贷的重要方式。由于中共领导下的边区往往处于相互分割的状态，各地经济发展程度和农民生活水平不一而足，这就要求我们对不同地区的不同情况应该历史地、辩证地、客观地、发展地对待，既不能一概而论，也不能以偏概全，在进

---

① 太行长治鹿家庄查贷中发现[J]. 银行月刊，1948（22）：8.
② 王静然. 冀南银行（全二册·1）[M]. 石家庄：河北人民出版社，1989：566.
③ 《严格检查并纠正贷款工作中的富农路线》，载于《华北解放区财经史料选编（第二辑）》。
④ 冀南银行冀鲁豫区行贷款会议总结[J]. 经济月刊，1947（6）.

行具体研究之后再做总结概括。

6.4.1 举办实物贷款的原因和政府政策

如前所述，抗战以来晋冀鲁豫边区经过减租减息和土地改革之后，私人借贷机构和传统金融组织纷纷倒闭，地主和富农经济地位不断下降，农村私人借贷几乎陷于停滞，代之而起的新式借贷关系尚处于萌芽时期，亟待扶植，农村金融陷于枯竭。当时的主要困难不是借贷中利息的高低问题，而是民众告贷无门，广大的农民因缺乏生产资金而陷入破产状态。虽然农村信用合作社对于发展农村生产、缓解农户借贷停滞和活跃农村金融等起了一定的作用，但由于战争环境下受币值不稳和制度不健全等因素的影响，入股存款多而贷款少的人吃亏、入股存款少而贷款多的人占便宜，这样就违背了互利互助的方针，致使一部分已经初具规模的信用合作社业务也很不景气。

边区银行过去一直秉承发放贷款用于解决民众生产中的困难与需要的宗旨，所以执行的利率甚低，按货币计算，一般是月利1～2分。从长远利益来看，过低的利率对发展生产非但无益，反而不利。在战争环境下货币贬值，物价上涨，二者互为因果、相互影响，尽管贷款在数量上每年都有同比增长，但贷款发挥的实际作用因物价飞涨而大打折扣，贷款资金若按实物计算，不是逐年增加或保本，而是逐年亏损。如在冀鲁豫区，1948年贷出50亿，投入到农业生产及手工生产中，1947年资金折成实物后折合为6000万斤小米，贷款两年折实后赔本4700万斤小米，主要是没有做到实物保本。[①]在太岳区，由于银行受到物价与金融波动的影响，实际力量损失严重，对生产扶助处于无能力状态。[②]在太行区，1941年和1947年相比，物价上涨指数大体相当于贷款增加数的20倍左右，说明贷款的帮扶作用越来越弱。[③]又如冀南银行1946年2月贷款资金为141000万元，按当时市价折米143002028斤，至1947年底，贷款资金达86亿元，只能折米70152541斤。[④]

由以上事实可以看出，在利率方面，银行一味地实行以货币计算的低

---

① 马宪玉. 冀鲁豫边区金融史料选编（下编）[M]. 北京：中国金融出版社，1989：397.
② 太岳区行四年来工作报告暨今后的业务方针（1945年2月）[M]// 太岳革命根据地财经史料选编（下）. 太原：山西经济出版社，1991：1168.
③ 哲石. 实行实物贷款，切实解决群众生产困难[J]. 银行月刊，1947（17）：9.
④ 关于实物贷款几个问题的研究（1948年12月15日）[M]// 财政经济建设——太行革命根据地史料之六. 太原：山西人民出版社，1987：824.

利贷款政策。实际价值逐年递减的贷款资金不断削弱扶助生产的力量,若用大量发行来弥补,势必引起通货膨胀、物价上涨,这对发展生产也是不利的。同时银行贷款利率太低,窒息农村金融活动,影响农村私人借贷的开展,造成农村金融停滞,从而生产也会受到限制。在通货膨胀方面,在战争环境下银行事实上吸收不了多少存款,为满足军政需要而被迫不断激增的财政支出只能靠增加货币发行来满足,这样通货的增发和物价的飞涨,使银行放款的实际价值不断下降,而利息率的调整难以弥补由物价上涨所造成的货币债权损失,致使流通秩序紊乱,正常的信用关系不断萎缩。一定的制度安排总是适应特定的经济环境,在这样特殊的历史条件下,冀南银行改正了货币发行中的缺点,由偏重财政发行转向财政、经济并重,积极扶植生产,并为了克服因物价上涨而使银行资产受损以致贷款用于扶植生产的作用受到削弱,银行提出进行实物贷款,体现了中共政策的灵活性。

边区银行开展实物贷款的新举措,是为了使银行资产保值增值,从而以更大的力量扶助农工业发展,稳定物价,繁荣经济。因此必须克服急功近利的短视效应,从长远眼光和全局利益来看,亏本低利的生产贷款政策不利于银行业务的进行,也不利于边区经济的发展。而发放实物贷款是边区革命政权实现上述目的的重要措施之一,对此边区政府和银行是非常重视并给予积极倡导的,主要表现为以下三个方面:

(1) 实物贷款被视为边区政府和银行的一项重要任务

早在 1943 年,晋冀鲁豫边区政府就提出农贷的投向主要是籽种和耕牛,这年秋,群众普遍缺乏玉米籽种和麦种,银行把麦种、荞麦、小菜等籽种贷给中、贫农。① 1948 年华北金融贸易会议指出,物价剧烈上涨,贷款很难完全保本,则可以暂时少亏本,逐渐争取不亏本,最后做到公私两利。为达到上述目的,银行可以采取实物借贷、贷款折实等办法。②

(2) 政府和银行颁布了许多实物贷款的办法、指示等

为了指导与实施实物贷款,边区政府和银行颁布了许多有关实物贷款的办法、指示等。1942 年毛泽东根据陕甘宁边区放款的经验,对农贷提出了七项原则,其中第二项为"举办实物借贷,真正增加耕牛农具"③。1944 年鲁西银行颁布了《春贷各种办法》,在贷款原则中规定:"贷款分配,以

---

① 河北省地方志编纂委员会. 河北省志·金融志(第 43 卷)[M]. 北京:中国书籍出版社,1997:408.

② 华北解放区财政经济史资料选编编辑组. 华北解放区财经史料选编(第一辑)[M]. 北京:中国财政经济出版社,1996:359.

③ 中国人民大学中央党史系资料室. 中共党史教学参考资料(8)[Z]. 内部资料,1980:513.

投资农业为主，手工业为辅，今春贷款一般的均以实物为主贷出，收回时，亦以实物计算。"①1948年华北人民政府在《关于冬季生产贷款的指示》中指出，为了做到贷款保本，可采用贷实物还实物，贷款折实物（折几种主要物资，如米，麦，棉花等）的方法。②1949年太岳行政公署在《农业贷款的指示》中规定："贷款一律折实，从生产需要出发，折收不同的实物，一般贷给群众折以粮、棉、油、米等主要农产品。贷给专业部门折米、麦。"③1949年华北人民政府发出关于农业贷款计划的指示，制定了全区农业贷款数额，向农民发放各种专业贷款。农业贷款全部实行折实贷款。④

（3）政府和银行将农贷的重点向实物贷款转变

1949年中国人民银行冀鲁豫分行在主任会议上指出，新贷款要全部折实，折实的种类、利息、贷款期限，均根据分行3月9日所发的决定执行。花生贷款一律折花生。如群众归还时愿还油者，由贸易公司按市价折合。⑤冀鲁豫区在1949年经济计划草案中指出，要改变单纯贷放货币的做法，各种农业贷款应尽量贷给实物（如种子、肥料、农具等）或贷款折实，使全部贷款做到实物保本。⑥1949年太岳区行在春贷部署中指出："贷实推行以来，去冬今春可分为两个阶段，去冬主要是重点试办，今春是大力推行，要求春贷除贩运牲口外，一律折实贷实。"⑦

以上几方面事例都说明，边区政府和银行对实物贷款是非常重视并积极倡导的，这也直接体现了边区银行的主要任务是为农民服务，为发展农村经济服务。

实物贷款的规模是考察银行实物贷款力度的一个重要指标，也间接体现了边区政府和银行对此的重视与倡导。1943年冀南区春耕贷粮45.45万斤（按26县统计），同年秋雨过后又贷出麦种190万斤。1943年秋季，太行二、三专区贷出高粱种子200石，全太行区贷麦种2000石。⑧1944年冀南区政府在春耕贷粮中，三、四、七分局调剂120万斤高粱贷给贫苦群

---

① 鲁西银行关于今春各种贷款办法的决定[M]// 季星如，等. 财经工作资料选编（下册）. 济南：山东大学出版社，1989：63.

② 河北省志·金融志（第43卷）[M]. 北京：中国书籍出版社，1997：411.

③ 王少浩. 太岳革命根据地金融资料选编（初稿）[Z]. 内部资料，1987：432.

④ 华北人民政府关于1949年农业放款计划的指示[M]// 中国社会科学院，中央档案馆. 1949—1952中华人民共和国经济档案资料选编·金融卷. 北京：中国物质出版社，1996：599-600.

⑤ 季星如. 财经工作资料选编（下）[M]. 济南：山东大学出版社，1989：183.

⑥ 马宪玉. 冀鲁豫边区金融史料选编（下册）[M]. 北京：中国金融出版社，1989：422.

⑦ 华北解放区财政经济史资料选编（第二辑）[M]. 北京：中国财政经济出版社，1996：：426.

⑧ 齐武. 一个革命根据地的成长[M]. 北京：人民出版社，1957：168，178.

众。①1947年10月冀南银行冀鲁豫区行为解决贫苦群众的种麦困难，贷出麦种99万斤。②冀鲁豫分行1947年共发放贷款7142万元，其中贷粮347万斤，以每斤4元共计1388万元，贷粮占贷款总额的19.43%；冀鲁豫分行1948年全年负债类和资产类共计52097.1万元，其中全年存实贷实共计23277.0万元，占负债类和资产类总营业额的44.68%。③据1948年河北4个分区20个县的统计，全年共贷实数190.6万斤，贷款数1577.2万元，折实450.5万斤，贷实数占总贷款折实数的42.3%。④1948年太岳区冬贷中贷粮5175.1石，棉花、食盐、油等共贷实58.1万斤，贷实在整个农贷中占35%。⑤1949年太岳区行在春贷中，贷款数为1724.93万元，贷实总数共折款9495.02万元，占总放款的85%。⑥

归纳上面所述，可以得出以下两点：一方面，边区银行的相对农贷规模是较高的，在当时落后的社会经济条件下，银行能够尽其所能帮扶各个经济主体发展生产，同时从边区银行的业务构成来看，实物贷款所占银行业务总额的比重也是比较高的，体现了边区政府对此方面的重视；另一方面，边区农贷的绝对规模又是比较有限的，贷实折实的规模则更有限，距民众普遍的生产要求还相去甚远。这说明，在漫长而艰苦的战争环境和连绵灾荒的历史条件下，政府和银行限于边区经济形势的严峻，不可能拿出超过自身财力的资金和实物去扶助农民发展生产。鉴于此，边区政府和银行在贷实时，特别强调组织和利用社会游资并把有限的稀缺的实物贷款务必用在有效生产上。为降低生产成本，必须寻求生产要素的最优组合，这充分说明农贷力量的不足。

6.4.2 实物贷款的几种形式

根据边区的历史情况，实物发放的种类不宜过多。从边区历年来物价上涨的统计情况来看，一般皆由粮食带头，其他物资也随之上涨。从涨幅

---

① 本书编写组. 抗日战争时期晋冀鲁豫边区财政经济史资料选编（第二辑）[M]. 北京：中国财政经济出版社，1990：823.

② 冀南银行冀鲁豫区行贷款会议总结[J]. 经济月刊，1947（6）.

③ 据《中国人民银行冀鲁豫分行资产负债表》（1948年12月31日）和《冀鲁豫分行1948年底存实贷实统计表》整理计算得来.

④ 中国人民银行冀鲁豫分行1948年信贷工作总结[M]// 马宪玉. 冀鲁豫边区金融史料选编（下册）. 北京：中国金融出版社，1989：515.

⑤ 据《太岳区分行1948年冬季到1949年春季推行贷实简结》（1949年6月20日）中的《去冬贷实折实统计表》计算得来.

⑥ 中国人民银行太岳分行春贷总结材料[M]// 张天乙. 太岳革命根据地财经史料选编（下册）. 太原：山西经济出版社，1991：1320.

来看，粮食上涨最多，其次是棉花、土布、食油、海盐等。从物资重要性和稳定物价角度来看，实物发放选粮食、棉花和布等主要物资较为合适。不同的历史文献对实物贷款的划分方式各有不同，名称各异。根据所贷和所还的款物不同，可分为贷实还实、贷实还款、贷款还实和贷款还款四种。下面就这四种不同贷款形式的各自特点、利弊进行阐述，并由此通过实证分析来说明银行对不同形式的实物贷款的不同做法。

1. 贷实还实

贷实还实，即银行直接把货币购成实物贷给农民，期满后贷户归还实物，利息也由实物计算，可参考月利 1～1.5 分收息。如 1947 年冀南银行冀鲁豫区行规定，实物贷款利息不能高于 1.5 分。[①]关于所贷实物的发放与调拨等问题将在下面"贷实还款"中阐述。贷实还实分两种不同情况，第一种情况是贷粮还粮，这种贷粮一般不是生产者直接使用的生产资料，而是充当了货币的作用，生产者必须再把贷粮换回所需之物才能使用。这种情况无论贷户从事何种生产，银行都是贷给粮食，到期时仍归还粮食。其利处在于夏秋收购粮食时，既可得到银行的配合，减少谷贱伤农的可能，在春季贷放时又可防止青黄不接时期，大量贷出现款造成通货膨胀之虑。但其弊端不容忽视，以粮换物交换过程中，交易双方存在时间和需求双重耦合的矛盾、商品计价的困难及物物交换均衡的不稳定性等弊端，增加了贷粮和所需之物的交易费用，制约了二者的交易规模和范围。第二种情况是银行根据贷户的需要直接发放生产资料，如贷种贷肥等。这种情况的弊端是银行对各种生产资料要搞好调度，增加了银行的管理成本和操作难度。其利处一方面是贷户免去了购置的麻烦，降低了采购成本；另一方面又可防止贷非所用，贷实后不会转移生产用途，可及时直接投入生产，不违农时，提高了生产要素的使用效率。同时银行也可有效引导生产者的经济行为，改变资产形态和财富价值，从而引导经济资源的有效组合。这样既扶植了生产，增加了财富，也可以保了实物本，公私两利。

银行在贷实时，何时贷、贷什么，必须要适应农村的生产季节、生产用途与生产周期；生产者在还实时，何时还、还什么，银行同样要适当照顾生产的季节性，根据贷户的资金周转需要灵活规定。至于归还何实物，银行要与生产者需要的实物和其生产的实物结合起来。此种情况一般不是贷什么还什么，银行为了适当照顾生产者的利润与困难，根据贷户经营生产的性质和生产收获物资的季节情况，把原贷实物折贷成他们比较便利计

---

① 冀鲁豫区行 1944 年上半年生产贷款中的几个问题的总结[J]. 银行月刊，1947（19）.

算的实物。如 1948 年底太岳区各县物价大涨，物资紧缺，沁源县支行根据上级指示开展折实贷款。折实贷款根据当地粮食价格，把货币折成粮食发放给农民后，农民仍怕赔本，要求贷实物。支行即在县区建立仓库，发放粮食。实行的办法为：把粮食贷给煤窑，有计划地吸收一部分煤炭，再把煤炭贷给铁炉，吸收一部分铁货，把铁货运销出去，换回油料，然后把油料贷给油坊，吸收油饼，再把油饼贷给农民做肥料，结合农业季节收回粮食。①

2. 贷实还款

贷实还款，即银行贷放实物，规定相应的实物利息，农民归还时把实物按当地时价再折成款。银行必须先做好贷放的实物准备，如何调拨，如何发放，一般是贷户到指定地点领取实物。为了便利起见，贷户也可选取一定的代表负责领取，发放也要照顾到贷户往返路途的远近。对于实物的收放保管，可依靠民众的生产组织或其选出的贷款委员会，银行不必单独建立仓库，但可根据各地不同情况采取与贸易公司、商店和生产推进社结合，或与经济区设营业所、借贷所进行实物的调剂调度。

这种银行贷实的利处在"贷实还实"中已述，对生产者的利处是该还款形式不受银行对所收实物种类的限制。其弊端是实物利息和货币利息时常因物价的变动而存在着发展不平衡的矛盾，这就要求银行在推行贷实的同时必须适时调整利息。贷实必须站在帮扶农民发展生产的角度，按不同地区、不同生产、不同季节等具体情况恰如其时、恰如其地、恰如其分地解决贷户生产中所存在的主要问题和迫切问题。如在太岳区，每年三月正是粮价上涨之时，农民感觉春天贷了款，秋后还款时粮价下跌必然吃亏，不乐于贷款而要求贷粮。经研究，在产米区每年最好于阴历正月下半月贷到群众手里，既合时宜，粮价与秋后也差别不大，群众不致吃亏；在产麦区最好于阴历四月下半月贷到群众手里，正好符合群众春荒时的迫切要求。②

3. 贷款还实

银行贷放时，把所贷货币按当地当时市价折成实物，到期时归还相应实物，实物折价种类、标准各行都另有规定。在物价稳定时，折实与贷实没什么区别；若物价上涨，生产者贷到款后稍有延迟，就会得不到实际数量的实物，折实贷户就会吃亏，物价涨到极点，银行折实吃亏，因此越是

---

① 李鸣. 沁源县金融志[Z]. 内部资料，1992：56.
② 冀南银行太岳区行太岳区春耕贷款总结[J]. 银行通讯，1946（2）.

物价不稳，银行就越不该折实。这种折实放款有利有弊，有利之处是贷户可以拿款到市场上选择自己所需的生产资料，银行也可减少筹购实物及收回实物的调运仓储等麻烦。弊端之处是贷户贷到款或银行收回款后，若不及时换回实物，若物价上涨就会使双方吃亏，影响银行保本。实践中折实的标准应采用与生产有关的主要物品，照顾到银行资本的使用与壮大，厂家也能有利可图。折实的价格要公平合理，不能脱离市价，一般以贷款村附近市场的中等交易价格为宜。另外贷款折实不一定都折成粮食，粮价涨落不能与各种物品完全相同，往往是粮价涨得高，贷户吃了亏。可根据生产种类如棉、布、油、钱等折实还实，或按当地时价还款。由于小生产者资本困难、消息不灵、动作迟缓，几次通过市场，常常赔累。鉴于此，冀南行政公署的做法值得参考：银行贷款交给生产推进社，根据农民和城市小生产者的需要，购成各种原料，然后贷出去，再让他们把成品还给生产推进社，如贷豆子还饼、贷饼还粮，使信用产销相结合，贷款与贷款人的生产计划相结合。①

4. 贷款还款

贷款还款包括两种情况。第一种情况，不以实物计算，贷出货币收回货币，此种情况在物价上涨时，一般很难保本，故其利息可定得比贷实高些，最好能赶上物价上涨的指数。此种情况因不涉及贷实折实，故不赘述。第二种情况，银行贷放时，把货币按当地时价折成实物贷出，归还时，按当地时价把前折合之实物再折成货币清偿。关于银行折实放款及其利弊与生产者还款的利处已分别在前面阐述。这两种情况要视具体问题而灵活处理，如1948年冀南银行和晋察冀边区银行联合扩大会议上指出："农村市镇的小商摊贩，和农村中的担挑运输等短期贷款，及边区游击区的农副业贷款，不宜进行实物贷款，可在公私兼顾的原则上，适当提高利息，仍进行贷款收款。"②

实现保本的方法还有投资或订货，适用于专业性的生产贷款，如铁业、陶瓷业、造纸业、皮毛业等，这些行业季节性较强，所需资本较大，资金周转较慢，可采用投资分红或贷款订货等办法，这样既解决了生产者在淡季货物积压、资金周转不灵、不能扩大再生产的困难，银行也不致亏本。

以上几种方式各有利弊，在具体执行中各地可根据具体情况，既坚持

---

① 《冀南行政公署1月份向华北人民政府的工作报告》（1949年3月25日），载于《冀南政报》第2期。

② 《华北银行总行发出5月联合扩大行务会议综合记录的通函》，载于《华北解放区财经史料选编（第二辑）》。

原则性又坚持灵活性，几种方式可相互结合相互补充。实物发放之所以采取灵活多样的方式，是因为边区银行深入贯彻更有力地帮扶贷户发展有效生产的总精神，从贷户需要出发，处处为贷户的切身利益考虑。银行这样做说明了只有每个生产者、每个贷户都用好其资本，使其产出实现最大价值，银行才能最大程度地实现资产增值，才能有更好的条件去发展。因此，从利益最大化的角度来看，银行和每个贷户的利益具有统一性。

值得注意的是，实物贷款作为银行贷款的一部分而非全部，不能完全取代货币贷款。银行应该在物价平稳和物价上涨的不同时期充分尊重生产主体对贷实和贷款的不同要求，并在适时适当调整实物利息和贷款利息以能保本的情况下由贷户自行选择贷款方式。

6.4.3 实物贷款的成效

实物贷款在边区有着不同寻常的意义，既可实现银行资金的保本，又可保证生产者的合理利润，使作为理性经济人的生产者和作为授信主体的银行能提高效用、增加收益。这样借贷双方按照效用原则和效率原则进行自由流转，整个边区的社会经济资源的配置效率将由此提高。下面对实物贷款的成效从几个方面加以分析，并由此说明是如何加强对农民生产的扶植的。

1. 供给生产上的原料和必需品，吸取农产品剩余物，配合运销调剂农村经济

以农业为主的边区经济带着浓厚的自然经济成分，分散的、落后的、弱小的小农经济使农村普遍缺乏市场和流通资金，致使生产必需品找不到供给，农产品找不到销路。而实物贷款使银行担当起借给资金和推销产品的双重任务，调剂了农村这种脱节的现象，降低了市场的交易成本和信息的搜寻成本，有效调节了供需双方的交易行为，稳定了农产品价格。

2. 做到了公私两利、公私双赢，保持了长期扶持农民生产的力量

战争时期物价难以稳定，贬值的货币势必会使银行蚀利甚至亏本，也会削弱贷款扶助生产的力量。而通过实物贷款，一方面杜绝了商人囤积居奇和民众的任意贷款，银行避免了资产贬值，丧失贷款的实际效果和真正目的。这样贷款就更适合生产需要，切实有力地帮助农民解决了生产困难，保证了贷款用途。另一方面，银行掌握实物，不受物价波动的影响，做到不赔甚至保本赢利，银行和贷户都规避了风险，银行的贷款资本所发挥的实际作用不致因物价上涨而减弱。这样客观上减少了贷款发放数额，促进

了物价稳定,也使政府和银行有了更大的力量去扶助农民进行扩大再生产。概括地说,实物贷款更长远地实现了生产者的效用最大化和银行利润最大化的良性循环。如冀鲁豫分行的农贷资金,按实物计,1947年底为5400万斤小米,到1948年底仅余1300万斤;1949年执行了新的实物贷款政策,不仅有力地促进了生产,1949年7月尚实有资金1200万斤,只赔100万斤。如不改变仍按照以往办法,则实有资金就不是1200万斤而是200万斤了。①

3. 促进了农工商业相互帮扶、共谋生产,掌握物资积蓄力量,保持了物价稳定

举办实物贷款,使贷款与实物相结合,农、工、商业相互促进,既有利于发挥实物贷款效益,又减少了货币发行,有利于稳定物价,使银行有限的农贷资金得以保本保值,周转使用。对于工业为农业服务,如1944年太岳区绵上县的春耕贷款,鉴于当地犁铧的缺乏,县办事处举办了一次春耕贷铧,共用铧2543个,贷给2543个农户,当时铧每个100元,贷出时按75元作价,这样一方面推销了工业产品,另一方面满足了农业需要。②对于农业为工业服务,如1944年太岳区安泽县共贷出棉花3995斤,共贷给799人,平均每人5斤,1斤棉花规定交布8尺,1个月中1个妇女可以有40尺布的收入,以上一年度的粮布价格计算,由此妇女在家庭中的经济地位提高。③

4. 充分发挥了资金效能,减少了资金浪费,刺激和推动了生产

贷款资金是劳动者的血汗,任何浪费和贬值都将侵蚀公共资本这个肌体。在战争笼罩下的边区,银行的金融供给非常紧张,农村的信用供求矛盾异常突出,更容不得资金的浪费,若资金约束程度很高,就会限制农业生产的发展。银行通过实物贷款扶助积极从事生产的农户,使金融资源从生产效率低的用途转移到生产效率高的用途上,促进农业与副业相结合,不因生产的季节性而把资本闲置起来。这样可提高贷户的生产热情,促使其对生产精打细算,使贷款真正用到有效生产上,提高资金的使用效率。如1948年太岳区屯留县老韩等4人集股粮食8石开粉坊,1个月能赚12石玉茭,给其贷款30万元,折玉茭7石1斗4升,买猪6头。老韩计算:猪喂上1个月能长30斤肉,1斤以1500元计还能买1石玉茭,贷公家7

---

① 中国人民银行华北区1949年上半年工作[J]. 银行月刊,1949(4).
② 太岳革命根据地财经史料选编(下)[M]. 太原:山西经济出版社,1991:1170.
③ 同②:1171.

石多玉茭,除了 7 升多利息外还能赚 9 斗 3 升。老韩说"咱是凭劳力赚钱愿意贷实"。①

5. 激励了农村信用合作,便于组织社会游资,有利于农民发展生产

建立信用社(部)是组织民众相互借贷的主要办法,银行在发放实物贷款中可与信用社结合起来。开展信用合作必须贯彻劳资两利、互利互助的原则,而实物借贷是战争期间农村中体现这一原则的有效办法。银行举办实物贷款,也是对活跃农村金融和开展信用合作的一种鼓舞和支持。如太行区武安县马村张礼堂看到银行贷实,他有几百斤麦子就想存到合作社;武安县万安合作社存着些麦子,也准备往外贷。②过去有些信用社因社员提取存款和抽股金而垮台,主要是没有做到实物保本,遇物价上涨,存款所得利息或红利按实物计算赔本。

总之,实物贷款作为一种新的金融政策,既影响或控制了信用活动的量,也引导和控制了信用活动的方向,对信用活动中贷户和银行的行为发挥了重要的引导作用。它优化了边区的金融资源配置,保存了银行的资金实力,促进了边区经济的发展。历史证明,实物贷款在特殊的历史时期和严酷的战争环境下发挥了不可替代的作用。

6.4.4 实物贷款的弊端

作为一个新办法、一种新业务,实物贷款产生于特殊的历史时期,适用于战时通货膨胀加剧、银行贷款难以保本的特殊条件下,具有暂时性和战时性的特点。其自身存在的制度缺陷和功能缺陷是不容忽视的。

在政策的制定上,实物贷款存在自上而下的政府强制性行为,而非自下而上的农户诱发性行为,更不是农民的自主性行为,这样势必增加了制度变迁的成本。

在操作上,银行既要做好贷户的宣传和引导,又要与贸易公司、生产推进社等相关部门搞好调度,这样必然使金融要素投入增加,增加了执行成本,降低了金融效率。

在交易手段上,实物贷款这种信用工具无疑要逊于货币,实物贷放不可避免地增加了更多的人力、物力投入,效率也低,而货币贷款才是一种大幅度节约交易成本、提高金融效率的手段。

在技术上,所贷实物的种类再多也难以满足生产者的多样化需求,而

---

① 《华北银行太岳分行关于农贷中几个问题的指示》,载于《太岳革命根据地金融资料选编》。
② 合作银行 1949 年上半年农贷工作初步总结[J]. 银行月刊,1949(5).

且不同地区产业分布很不平衡,增加了贷实的技术处理难度,增加了信息成本和交易成本。

在管理上,实物的贷放与归还、运输与仓储、调度与计量等,以及银行与贸易公司、借贷所等机构的委托代理关系容易产生逆向选择和道德风险等一系列问题,都加大了管理难度,增加需要支付的信用评估与监管成本。

在对货币的负面影响上,银行本身掌握实物,以实物作为交换媒介,弱化货币的价值尺度和流通手段职能,货币的创造和使用受到一定约束,会造成对冀钞缺乏信任,影响本币信用。这样实物贷款势必造成通货流通范围的不断缩小,在某种程度上,无异于银行承认以物易物的原始的交换状态,削弱货币职能。

由上面论述可知,从成本-收益角度分析,推行实物贷款所付出的上述制度性、执行性、交易性、技术性、管理和货币层面的成本,很可能会超过它所带来的实际收益,这样势必会在实物贷款的执行中发生种种偏向,加之上述这些实物贷款本身的制度缺陷与功能缺陷,注定了贷实政策没有延续性。事实也证明了这一点。

另外,在实物贷款的实施与管理过程中,由于执行人员业务能力良莠不齐,也出现了种种弊端。如有的银行职员对公有财产漠不关心,对贷实的精神没有深刻领悟,对保本问题认识得很不全面。如1948年太岳区安泽县油坊贷款3.6万元,折豆100石,订饼2.3万斤,当时因物价上涨而没有全部买成实物,结果第二年春除交豆饼1.206万斤顶52石豆子外,下欠11040石豆饼(合豆子48石)落了空,油坊还因此而停业。① 有的银行职员对农村的基本情况没有做必要的调查研究,把贷实当成了唯一的保本办法,把银行扶持生产固定为贷实一种方法。如1948年太岳区晋城县铁南村任小娥等二人要求贷款跑运输,银行职员不贷给其款硬贷小米6石,他们跑运输1个月赚了11万元,结果因粮价涨得快,除把11万元贴上,还赔了1石5斗米,运输贷实是不符合他们的需要的。② 还有的银行职员为了加速资金周转,不顾行业的差异、经济形势的变化和客观环境的不同,不加辨别地把短期贷款精神搬到贷实问题上。如1948年太岳区翼城县有一贷户,他提出折实款到第二年收麦时还,或者提高利息,银行不允许,贷户只好

---

① 《太岳区分行1948年冬季到1949年春季推行贷实简结》(1949年6月20日),载于《华北解放区财经史料选编(第二辑)》。

② 《中国人民银行太岳分行1948年农村信贷工作三个月综合报告》(1949年1月),载于《太岳革命根据地财经史料选编(下)》。

把款退了。浮山推行贷实，规定"3个月内贷款，3个月外贷实"。①再如沁水县贷实不超过5个月，恰巧是到3月份青黄不接时归还，群众均不敢接受。王凤翔贷米买牲口，限期2个月，结果到期还不了，要求到夏收后还麦。②

上述无论是实物贷款本身所固有的缺陷，还是执行人员所带来的弊端，都一直存在于实物贷款过程中。对此，边区曾不断地对实物贷款进行完善并深入检查和及时纠正执行中出现的种种偏向。在整个实物贷款的实施过程中，成效与不足并存，长处与弊端同在，这恰恰说明了这项业务的开展及实施具有艰巨性、矛盾性、复杂性和不平衡性的特点。

综上所述，通过实物贷款政策，银行实现了资产的保值增值，保存了长期扶助生产、稳定物价和繁荣经济的力量。这说明边区政府和银行执行了新的货币政策，新民主主义革命政权能够有效运用金融工具为政治、经济和军事服务。

历史证明，开展实物贷款，能够保持各地物价稳定，使农民免受地主奸商抬高市价、重利盘剥之苦，对持续扶植民众发展生产，发家致富，对建设农村、巩固农村、繁荣农村经济等方面作出了重大贡献。通过实物贷款，保存并积累了银行的资金，壮大了边区的经济实力，保证了根据地、解放区的军需民用，推进了新民主主义的经济建设，为1949年以前冀南银行、晋察冀边区银行合并为华北银行，华北银行、北海银行和西北农民银行三行合并为中国的国家银行——中国人民银行打下了坚实的物质基础。贷实折实的试验做法也为1949年以后国民经济恢复时期国家积极开办折实储蓄以实现保本保值、稳定金融物价和吸收社会资金提供了重要的历史借鉴。

---

① 《中国人民银行太岳分行第二办事处农村冬贷工作总结》（1949年3月31日），载于《太岳革命根据地金融史料选编（初稿）》。

② 张天乙. 太岳革命根据地财经史料选编（下册）[M]. 太原：山西经济出版社，1991：1298.

第 7 章　晋冀鲁豫边区的农村信用合作

抗日战争和解放战争时期，中共开展合作运动是为了解决农村经济困难，期望合作社能够巩固中共与农民之间的联盟，巩固根据地政权。信用合作社与政府、银行的生产贷款一并是解决民众资本缺乏的重要举措，也是与城乡高利贷做斗争的有力武器。因此，中共对信用合作予以关注，提出要在边区根据地开展农村信用合作社，并制定出一系列推动和巩固信用合作社发展的扶持性政策。在具体的实践中，由于种种主客观因素的制约，使政策的实施受到一定干扰，政策成效也不可避免地受到影响。但总体而言，中共的信用合作组织推动了边区经济的发展，对恢复和促进农村经济的发展起到了不容忽视的积极作用。本章拟从信用合作组织发展的外部环境、总体运行、绩效、经验与偏向等方面，对晋冀鲁豫边区的信用合作组织进行考察和评价。

7.1　发展信用合作组织的外部环境

7.1.1　产生背景

边区的信用合作组织是在贫苦农民需要金融支持而农民融资渠道受阻，客观上需要活跃农村金融的外因作用下而产生的。

1. 贫苦农民需要金融支持

晋冀鲁豫边区在抗日战争和解放战争时期，虽然相继开展了减租减息、借粮反霸、反奸清算与废除封建旧债等运动，削弱了地主经济，在一定程度上改善了广大贫苦农民的生活，但在当时日军不断扫荡、国民党军持续内战与连绵灾荒的历史条件下，根据地、解放区的农民生活依然极端困苦。而农民生活的改善和生产的发展必然离不开农村金融的支持。在信用社产生以前，农村金融是在三条彼此平行的道路上发展的：第一条是农民相互间的小额互借，这不能有效解决生产问题，只能部分缓解生活中的急需；第二条是政府和银行直接发放的生产贷款，由于存在严重的供需不平衡，以致存在很大的资金缺口，而且不能做到贷还及时、随收随贷；第三条是合作社不自觉的存放款、存实贷实、投资等，本途径未作为自觉业务，并不普遍。

2. 信用合作应时而至，应唤而出

如前所述，全面抗战以来晋冀鲁豫边区经过减租减息和土地改革之后，私人借贷机构和传统的金融组织纷纷倒闭，地主和富农经济地位不断下降，农村资金周转迟缓，致使农村金融陷于枯竭，农户融资渠道受阻，告贷无门。一般群众感到"过去不好还能借贷，现在好，可是撅起屁股没人打"①，广大农民因缺乏生产资金而陷入破产状态。抗战胜利后翻身贫雇农民经过土地改革，取得了土地和部分生产资料，生产热情空前高涨，想走上"兴家立业""发财致富"之路。但由于农民底子很薄，种子、农具和牲畜仍显不足，经不起灾荒、疾病、婚丧等的打击，因此他们渴望得到资金扶植，急需一种适合农村环境的新型信用组织，以满足他们不断增长的资金需求。

而现实情况是，已经组织起来的地区，一方面游资找不到出路，另一方面农户在有紧急之需时，常苦于借贷无门。没钱而想生产的人，苦于资金无处寻觅，有的明知某项生产有利可图，却因资金短缺而无力经营。在信用活动停滞的情况下，农户只能"内源融资"，储蓄和投资两种行为合二为一，只有当储蓄达到一定数额时，投资和扩大再生产才可能进行，这样资本积累的效率就会极低，导致农村广大农民用于发展生产所需要的巨大金融需求难以满足。在当时的金融制度安排下，金融供给不仅不能满足边区政府的金融需求，也无法满足农民的融资需求。一方面，在新解放区由于八年的战争摧毁，农村金融陷于枯竭，广大的农民因缺乏生产资本而陷入破产状态，每年仅靠政府发放的农业贷款是不够的。②另一方面，早期的农村贷款由政府发放，不但数额少，而且发放办法过于机械，远水不解近渴，不能适合民众多样化的需求。后来虽然大多数贷款改为由银行发放，但因银行无力在农村广泛建立金融网点，致使贷款的发放仍不能与广大农民的生产需求密切结合。信用合作就是在这一基础上应运而生的。"农村借贷关系停止，银行贷款为数又少，于是根据劳动互助的经验，发生了资金互助的要求。去年（1946年）提出的有组织的信用合作社，就是资金互助的高级组织形式。"③于是，积极发展信用合作事业成为边区政府的必然选择。

---

① 国兵，连毅. 平定东会的信用工作[J]. 银行月刊，1947（21）：51.
② 1946年上半年冀南银行工作的方针与任务[J]. 银行月刊创刊号，1946.
③ 太行区行. 上半年太行区工作方针任务与作法[J]. 银行月刊，1947（12）：8.

3. 信用合作是促进农民融资的有效形式

农村信用合作社是农民直接参与的农村基层金融组织，是国家银行贷放给农民的纽带和中间环节，是农村金融网的重要组成部分。①信用合作是政府促进农民借贷的有效形式，下面从其金融职能与优势两个角度加以阐述。

（1）金融职能

在抗日战争和解放战争时期，农村信用合作是民众为克服生产生活困难而采取的一种有效形式，是合作事业的一部分，是发展生产、支持抗战、利用经济关系组织民众从而巩固新民主主义政权的有力手段。通过在农村开展信用活动，劳力互助与资力互助相互结合，解决了"有人无钱，闲人；有钱无人，闲钱"的问题，也解决了农民过去因青黄不接而酿成"一文钱逼倒英雄汉"的家庭事故。②因此，发展边区经济，把弱小分散的小农经济组织起来，发展并扩大合作社的信用业务就成为中共在抗日根据地、解放区的迫切的战斗任务。信用合作社的发展，标志着合作社业务的扩大，也标志着边区发展生产的活跃。

"信用合作社（部）等于农村中的银行，只有它才能解决农村金融中数年来存在着严重的金融死滞情况。"③边区的经验证明，通过建立信用组织，动员游离的、窖藏的、逃走的资金，发动广大农民将农村中的信贷金融组织起来，调剂余缺，互通有无，加快资金周转，扩大资金效能，做到"人尽其才""财尽其用""人财两不闲"，并由此发展农村中的其他金融业务，对于发展农村生产、缓解农户借贷停滞和活跃农村金融等方面都是急需的。概言之，农民在生产和生活上存在的客观的融资需求，是农村信用合作组织产生的前提条件。

（2）信用合作的优势

从建立银行在农村的金融机构的角度来看开展农村信用合作的效能。合作社是抗战时期农村金融的"神经末梢"和"毛细血管"，作为农民自己的经济互助组织，其优势之一是，扎根于农村，网点遍布，与农民有一种良好的纽带关系，在支持农民生产方面发挥着重要的作用；优势之二是，农村的借贷形式是很复杂的，有时不一定都是现款关系，有的以粮食折价存款，有

---

① 常明明. 中国农村私人借贷关系研究[M]. 北京：中国经济出版社，2007：224.

② 本书编写组. 抗日战争时期晋冀鲁豫边区财政经济史资料选编（第一辑）[M]. 北京：中国财政经济出版社，1990：340.

③ 郑稳扑. 介绍太岳区屯留镇罗村信用社[J]. 银行月刊，1946（3）：6.

的借了钱还粮,有时又是借粮还款,有时又是借了钱拿工去顶……①这些对于民众便利的灵活多样的借贷形式,远非银行的功能所及。而信用合作组织在广袤的农村拥有其他金融机构无法比拟的优势与影响力,在很大程度上可以弥补上述之不足。"使抗日根据地的经济日益生育发展,便于支持长期的抗战,便于改善人民生活,而最好的组织形式和组织方式之一,就是合作社。"②通过合作社贷款把"钱"与"权"都放手交给民众,由民众讨论使用,因为只有合作社与民众才能更详细了解本村谁该贷、谁不该贷,谁先扶植、谁后扶植,谁先还、谁后还,做到应时应需,用途正确。③

在抗战后期,晋冀鲁豫边区的许多地区合作社已普遍发展,若开展合作社的信用业务,利用合作社吸收农村游资,银行贷款逐渐通过合作社来发放,实现信用合作化,这种做法将有诸多优势。从制度功能看,其突出优势主要表现为以下四个方面:一是能够方便、快捷地满足一般农户大量的小额、短期的资金需求,做到款不离村、随收随放、随借随还,加速资金周转;二是有较强的内部监督和制衡机制,信用社与本村社员之间信息对称,有利于减少资金投放风险;三是农村信用合作社作为农民和银行之间承上启下的中间机构,分布面广,能拓展银行在农村的扶植范围,能够覆盖大多数农户;四是自我服务功能较强,有助于防止农村资金的外部流失。这些优势能提高银行的总体效能,活跃农村金融,使农村经济更快地繁荣起来。从借贷角度来说,信用合作社和兼营信用业务的综合性合作社与农民的借贷关系极为密切,它们是开展农村新的借贷关系的先导,是活跃农村金融的桥梁。农村信用合作组织是新民主主义农村经济组织,其建立与发展的目的是为改变农民在农村金融资源获取上的不利地位提供制度支持,是农村借贷关系转型与现代化的重要标志之一。

需要指出的是,在全面抗战前夕,国民政府也曾在边区所在地带开展过信用合作,但边区政府的信用合作与此并无衔接。这主要源于国共两党在对信用合作的组织原则、运作机制和社员构成等方面存在明显差异。

7.1.2 政府和银行对开展信用合作的政策扶持

边区政府对农村信用合作是非常重视的,对其建立与发展是大力倡导并积极扶持的,为此颁布和制定了一系列布告、条例、纲要和计划等,把开展

---

① 阎达寅. 农村金融活动的新方向[J]. 银行月刊创刊号,1946.
② 论合作社[N]. 新华日报(华北版),1939-09-27.
③ 武博山. "面向农村"回顾[J]. 银行月刊,1947(20):46.

信用合作作为复兴农村的一项重要措施，并把它列为银行的一项重要业务。

1. 政府把开展信用合作作为活跃农村金融、解决农民生产生活困难的一项重要措施

早在大革命时期，毛泽东等共产党人在一系列决议和宣言中多次强调合作社是使农民摆脱贫困、高利贷和商业资本剥削的良方。1927年3月，毛泽东在《湖南农民运动考察报告》中提到，"农民在农民协会领导下总共做了十四件大事"，其中第十三件是"合作社运动"，"合作社，特别是消费、贩卖、信用三种合作社，确是农民所需要的"。①1943年11月，毛泽东在中共中央招待陕甘宁边区劳动英雄大会上指出："把群众力量组织起来，这是一种方针""目前我们在经济上组织群众的最重要形式，就是合作社"。②晋冀鲁豫边区政府副主席戎子和在1943年中共中央太行分局高干会议上指出：信用合作社"在金融上可以吸收游资，办理小额的存放款，与银行密切配合，成为银行在群众中的基础，抵制高利贷的残酷剥削。总的来讲，它可以把自然经济和商品经济生产、金融等经过群众自己统一结合起来。它是目前刺激农村小商品生产和健全商品流通机构、活跃金融的最好形式"。③

2. 颁布和制定了一系列布告、条例和计划等

1939年11月冀南行政主任公署发布的振兴合作事业布告中指出："查冀南合作事业，前以华洋义赈会援助领导下，组成多处稍具规模，嗣以芦变影响相继结束，以致商品滞留运转阻塞，兹为改善民生，活泼抗日区域农村经济，用以支持持久抗战计，特示以往结束之合作社员振臂兴起，恢复旧观……则本署定在可能情形下，加以贷款、免税以及其他应得之便利与保障，事关目前急务，幸各踊跃举办。"④1941年《晋冀鲁豫边区合作社条例》规定，信用合作系经营农工业生产之放款及农村储蓄者，合作社有向政府及银行低利贷款之优先权，合作社股金一律免除资产负担。⑤边区在《1946年上半年银行的方针与任务》中指出："开展农村信用合作事业，发

---

① 湖南农民运动考察报告[M]// 毛泽东选集（第一卷）．北京：人民出版社，1966：40．
② 组织起来（1943年11月29日）[M]// 毛泽东选集（第三卷）．北京：人民出版社，1968：884-885．
③ 本书编写组．抗日战争时期晋冀鲁豫边区财政经济史资料选编（第一辑）[M]．北京：中国财政经济出版社，1990：285．
④ 同③：426．
⑤ 太岳革命根据地财经史料选编（下册）[M]．太原：山西经济出版社，1991：910．

展群众性的借贷关系,以促进生产。"①冀南银行总行在 1948 年银行计划中指出:"太岳老区放手普遍发展,争取做到平均 5 个行政村有 1 个信用社(部),总数应达 400 个,组织股金 4 万万元。"②

3. 把扶植农村信用合作当作银行的一项重要业务

冀南银行总行于 1945 年 5 月提出:"通过贷款,逐渐扶植合作社的信用业务,恢复群众的借贷关系,以活泼农村经济。"③冀南银行总行于 1946 年 1 月提出:"开展农村信用合作事业,发展群众性的借贷关系,促进生产",并确定上半年每县先进行试点。同年 8 月又提出"面向农村,在一般合作社已有基础的地区,应开展信用合作,扶助群众自己的借贷关系、活跃农村金融,建立银行在农村的助手,使银行业务与群众生产结合起来"。1947 年春,太行区提出"普遍开展合作社的信用业务"。太岳区又提出在一、四分区普遍组织开展信用活动。④后来总行又根据邯郸财经会议决定及太行区、太岳区经验,于 1947 年下半年提出"组织农村信用活动,开展合作社信用业务",并明确规定:信用合作是农村金融的新方向;开展农村信用合作,活泼农村金融,就是银行基本业务之一。⑤1947 年上半年,国家银行扶持太行区信用社资金达 6 亿元。⑥

这一系列在不同时间、不同地点、以不同方式颁布和制定的布告、条例、讲话、决议和计划等,都充分说明边区政府和银行对开展农村信用活动的态度是非常明确的。⑦

7.2 信用合作组织的运行

7.2.1 信用合作组织的发展历程

中共开辟的根据地的信用合作运动可追溯到大革命时期。1924 年,衙前信用合作社在浙江省萧山县衙前镇成立,由当地农民自发组织,是为了解决

---

① 太岳区经济局调查研究室[N]. 经济工作参考资料(第一辑),1946-06-01:45.
② 1948 年银行工作方针计划[J]. 银行月刊,1948(24).
③ 本书编写组. 华北解放区财政经济史资料选编(第二辑)[M]. 北京:中国财政经济出版社,1996:227.
④ 王静然. 冀南银行(全二册·2)[M]. 石家庄:河北人民出版社,1989:594.
⑤ 同③:229.
⑥ 武博山. 回忆冀南银行九年[M]. 北京:中国金融出版社,1993:240.
⑦ 王双进. 略论晋冀鲁豫边区开展信用合作的时代背景和政府政策[J]. 开发研究,2009(6).

农民在生产和生活中面临的资金短缺问题。衙前信用合作社是中国最早的农村信用合作社之一，它的成立标志着中国农村金融合作事业的开端。中国早期农村信用合作社还有1927年湖北省黄冈县成立的农民协会信用合作社。在土地革命、抗日战争与解放战争时期，中国在根据地、解放区都积极组织农民开展信用合作并取得了较大的发展。到1947年，解放区已有880多个信用社（部）。[①]再回顾晋冀鲁豫边区的情况，全区的农村信用合作运动总体水平虽然有较大程度的发展，但发展很不平衡，其中太行区发展规模较大，太岳区次之，而冀鲁豫区和冀南区较差。虽然各区的发展历程各有特点，但都经历了由摸索到自觉的曲折发展过程。纵观全区的农村信用合作，从1945年提出到1949年10月，大体经过了四个不同的发展阶段。下面就这四个发展阶段分别做一概述，并由此对每一阶段的成绩与缺陷进行评价。

1. 第一阶段：1945年，为萌芽时期

当时农村的金融环境是资金缺乏、农村金融死滞、农民告贷无门，农民融资渠道受阻成了发展生产的严重阻碍。在政府、银行农贷数量少和贷款受限的约束下，农贷不能满足农民对生产资金的要求。同时各地合作社已有自发的信用活动的萌芽，在这种情况下，冀南银行总行于1945年5月提出了逐渐扶植合作社的信用业务，恢复群众的借贷关系，以活泼农村经济的部署。

太岳区的农村信用合作社起步较早，全区出现的第一个信用合作社是1945年太岳区阳城县东沿村为了解决合作社赊账问题而成立的。最初是在冀南银行总行1945年5月提出的通过放款逐步扶持合作社信用业务的方针指导下，结合农民的切身利益，经过引导和鼓励而逐步开展信用合作的。[②]为贯彻冀南银行总行的方针政策，太岳区行于1945年首次提倡信用合作，当时是在吸收存款、解决银行资金不足的情况下提出的："农村群众的游资，主要是靠帮助合作社去开展信用业务，由合作社吸收，由合作社贷放。"[③]当时士敏县、屯留县等支行组织试办，1945年7月屯留县罗村在银行的帮助下成立罗村信用合作社，群众汇集股金麦子56.6石、玉茭2石、豆子5.4石、小米1.1石、鞋6双、布6尺、现款1.64万元，吸收群众股金折合9.4万元，银行贷款扶持7万元，共集股16.4万元，合作社是在原有医药合作社的基

---

① 农村金融管理局. 几年来的信用合作工作情况[M]// 中国社会科学院, 中央档案馆. 1949—1952 中华人民共和国经济档案资料选编（金融卷）. 北京：中国物资出版社, 1996：576.

② 王少浩. 太岳区的金融工作[M]// 武博山. 回忆冀南银行九年. 北京：中国金融出版社, 1993：289.

③ 冀南银行总行. 太岳区农村信用社发展情况研究[J]. 银行月刊, 1947（19）：25.

础上建立起来的。①屯留县罗村信用合作社的成立，改变了1939年低利借贷所时期单纯用行政手段筹措资金的方法，其采用动员和依靠广大群众集股入社的办法筹集信用合作社资金，这样农村信用合作社就有了广泛的群众基础，农民成了信用合作社的主人。②接着沁县树杞村和沁源李城村、柏子村相继在银行的帮助下成立信用部。这些信用社的特点是以实物作价入股，却因货币贬值、物价上涨和其中存在严重的偏向而垮台，表现出昙花一现和自生自灭的特点。

尽管在这一阶段新成立的信用合作组织出现停滞和垮台，但屯留县罗村信用社的创建，为后来信用社的发展带来了新的启示。第一，农户不但要求信用合作组织解决生产资本的匮乏，也要求解决难以为继的各种日常生活消费之困难，如购买日用必需品、婚丧嫁娶和购买医药等，以此来稳定社会生产关系。第二，信用社植根于农村，适合于农村经济特点和乡土人情等社会人文环境，农户就近办理，随借随还，手续简便，能很大程度满足农户的要求。第三，信用社通过资金形式组织农民发展生产，在战时农村经济衰微的情况下，信用合作对搞好生产、繁荣经济会大有作为。

2. 第二阶段：1946年，为摸索试办时期

这一时期又可分为前后两个阶段。1946年上半年为前一阶段——摸索阶段：1946年1月冀南银行总行举办区行经理会议，总结了太岳区的经验和教训，提出"开展农村信用合作事业，发展群众性的借贷关系，促进生产"的方针，并确定有基础的地方，每县先试办一个合作社。在冀南银行总行的号召下，1946年1月到8月，太行区共组织独营与兼营的信用社19个，但巩固下来的只有6个。③之所以出现这些问题，主要是由于当时以市镇银钱企业的视角来指导信用社的运行，忽视了农村实际情况和组织方法，且对农村设立信用社的条件估计不足。这些因素所引发的偏差，将在后文对信用合作过程中出现的各类偏向中进行详细分析。

这一阶段的信用合作突破了"苦于无处着手"的沉闷局面，虽然大多数信用社存续时间不长，但民众有了新的创造，如壶关县黄山镇发动民众组织信用合作社，解决生产资金的困难。农民提出"信用合作社是大家集股大家用，大家集股轮流用""无用钱变成有用钱""死钱变成活钱"等口号。④ 同时在这一阶段也摸索到重要经验。一是太行区涉县索堡镇混合业务合作社设

---

① 本书编写组. 华北解放区财经史料选编（第二辑）[M]. 北京：中国财政经济出版社，1996：185.
② 山西省地方志编纂委员会办公室. 山西金融志（上册）（初稿）[Z]. 内部资料，1992：94.
③ 财政经济建设——太行革命革命地史料之六[M]. 太原：山西人民出版社，1987：837.
④ 同①：228.

立信用部的兼营道路，提出"统一收股，整体分红，资金独立，业务专营"，基本符合乡情民意，对后来信用社业务的开展有着重要的指导作用。二是认识到信用社是与劳动互助性质相同的资金互助，故不能一味谋求业务利润。它扶助农民生产、繁荣经济的外部效应较明显，所创造的社会经济效益大于其自身所获得的经营利润，因此在经营路线上要与发展生产密切结合。

1946年下半年为后一阶段——试办推广阶段：1946年8月份冀南银行总行举办区行经理会议，根据上半年的经验教训，初步批判了城市观点和单纯利润观点，把重点由城镇转向农村，并强调信用合作社要为农民发展生产服务。在上述部署下，这一阶段的信用合作社的发展有了新的起色，从点到面有了新的发展。从9月份到年底，信用合作社数量发展到56个，是上半年的9.3倍，资金共2441.98万元。[①]

这一阶段的信用合作社的发展，接受了前一阶段的教训，面向农村，并与劳力结合，为生产服务，同时认为"统一收股，整体分红，划定资金，业务专营"是开展信用合作的四条基本经验。太行区又提出了"富人得利，穷人得助"的口号，与上述四条基本经验成为信用合作中自觉的指导方向。此外，这一阶段深入农村调查，对农村经济、农民生产与合作社自发的信用业务及农村游资状况等有了新的认识。认识到农村有游资可以组织，明确了兼营的道路，肯定了信用合作是农村合作运动中不可或缺的一部分，也是农村合作社为农民生产服务的一个具体业务方向。

以上各点可以由昔阳县东丰稔合作社的活动加以说明。1946年春，全村980亩地缺肥料，该合作社将所存麻饼借给群众，群众在农闲时驮炭归还，这样解决了全村的肥料困难。为帮助群众解决牲口不足的问题，合作社又将其存米20石、玉菱30石，除自用外，借给17户贫农买牲口11头。4月又从银行贷款3万元，吸收存款20万元，共贷给6户群众买驴6头。7月为了解决群众秋耕困难，抽出10万元资金，加上13万元存款，又从银行贷款12万元，共35万元，买成毛驴贷给群众。[②]

虽然这一阶段信用合作开创了新局面，但其中的缺点也是不容忽视的。其提出的"富人得利，穷人得助"的口号与当时中共进行的土地改革运动中的"阶级观点"有相悖之处；而且信用社的资金互助性质也具有局限性，因为在中共的土地改革中，地主和富农是首当其冲的被消灭对象，他们也不会与农民形成互助。

---

① 太行财政经济建设[M]. 太原：山西人民出版社，1987：838.
② 本书编写组. 华北解放区财经史料选编（第二辑）[M]. 北京：中国财政经济出版社，1996：229.

3. 第三阶段：1947 年，为开始发展时期

根据 1946 年开展信用合作的经验，太行区于 1947 年 1 月提出普遍开展合作社的信用业务，并要求银行职员把信用合作融入生产合作运动中。太岳区也根据本区情况决定在一、四分区普遍开展信用合作。同年 5 月，中共华北解放区财经办事处在河北邯郸市召开财经会议，作出一系列决定。冀南银行总行根据邯郸会议精神及太行区、太岳区经验，于 1947 年下半年提出并强调在合作社的基础上开展农村信用合作业务，并将其作为银行的基本业务之一。

在冀南银行总行的部署和推动下，土地改革后革命老区的农民生产积极性提高，中共干部加强组织研究，具体指导并亲自参加生产运动，把金融与中心融为一体。经过群策群力，全区农村信用组织有了很大的发展。据 1947 年上半年统计，晋冀鲁豫全区共有信用社（部）663 个，资金共计 26257.46 万元。仅据太行、太岳两区 16 个县统计，前半年有 208 家信用社，资金共 5822.39 万元，到年底发展到 526 个，资金共 17448.74 万元，比上半年社数增加 1.53 倍，资金增加近两倍。另据和顺、陵川两县统计，共有行政村 407 个，合作社 532 个，信用社（部）196 个，信用社数量占行政村的 48.15%，占合作社 36.84%。① 太行区的具体发展情况详见表 7.1。

表 7.1　1947 年上半年太行区信用社（部）与合作社比较　单位：个，冀钞万元

地区			一分区	二分区	三分区	四分区	五分区	邢台市	全区总计
合作社	社数		1308	1482	1091	298	1191	121	5491
	资金		54944.5	46752.4	35846.0	7010.0	62955.7	29469.1	236977.7
去年信用社概况	社数		5	9	12	4	6	—	36
	资金		90.0	124.4	345.2	753.8	1128.4	—	2441.8
信用社的发展现状	独资独营	社数	3	—	18	2	7	—	30
		资金	140.0	—	57.7	73.3	2808.0	—	3079.0
	划定资金信用社	社数	200	94	113	58	59	3	527
		资金	7415.0	1751.0	4239.5	736.4	2241.6	286.0	16669.5
不定资金	社数		7	21	13	—	15	—	56
扶持信用社贷款	社数		85	68	132	34	60	3	382
	资金		1210.0	549.0	2352.5	446.5	826.5	630.0	6014.5
	占信用社总资金%		15.0	31.3	48.8	30.3	19.8	22.0	—

资料来源：参见冀南银行总行《银行月刊》第 19 期附录，1947 年 10 月 20 日。

---

① 本书编写组. 华北解放区财经史料选编（第二辑）[M]. 北京：中国财政经济出版社，1996：230.

在这一时期，由于土地改革后农民有急迫的资金要求和农村有丰富的劳动力等客观因素的存在，加之汲取以往的经验教训及银行的扶助、农民觉悟和生产积极性的提高等主观因素，这一时期的信用合作取得了较大发展。信用合作真正融入生产合作运动中，成为生产运动必不可少的一部分。银行职员也参与到生产合作运动中，并发动、组织农民开展信用合作，积累经验。同时，充分认识到信用合作的业务经营必须跳出纯货币活动的狭隘圈子，开展农村信用合作必须从农民的现实情况和实际需求出发，针对战时货币贬值和农村经济的特点，走"劳力变资本""死物变活钱"以扩大资金来源的道路。另外，在作风上逐渐摆脱了形式主义的束缚，也打破了"依靠富人，帮助穷人"的旧观念，摸索出了必须依靠广大农民的路线。进一步明确了信用合作社是广大农民组织起来发家致富的资金互助组织，合作社开展的关键是组织广大农民进行生产生活，帮助他们解决生产资金和生活中应急性的不时之需，而不是单纯追求利润。

这一时期在合作社发展壮大的同时，对信用合作的认识偏差也是值得注意的。首先，对农村信用社的性质未能彻底搞清，依靠农民的思想还不够明确，指导原则从1947年上半年的"依靠富人，帮助穷人"转变为下半年的"依靠中农，帮助贫农"。一些地区没能大力发动与组织广大贫雇翻身农民。其次，有的地区单纯从任务出发，运用行政命令和政治动员的手段来达到发展信用社的目的。这种揠苗助长式、企图走捷径的做法违背了信用社发展的客观规律，造成信用社基础不稳甚至垮台的恶果。最后，有些信用社在发放贷款时唯成分论，在"中农入股得利，贫农贷款生产"的原则指导下，只强调从利息上照顾中农而不允许他们贷款，造成了中农与贫农的对立、社员与非社员的矛盾，限制了信用合作的健康发展。上述这些偏向的存在，致使一些短时间发展起来的信用社陷于停滞与垮台。如太岳区，由1947年的分支行经理会到开展纠偏前的一个短时期之内，信用社（部）由原来的46个发展到78个，完全垮台的即有21个，占总数的近27%。①

4. 第四阶段：1948年到1949年10月，由盛转衰阶段

1947年8、9月冀南银行对信用社进行检查并强调走贫雇路线，但这一经验的推广在1948年春的实践中发生偏差，民众思想混乱，村干部推卸责任，对生产和信用合作放弃领导，同时太行区又取消了合作总社，全区合作社陷于空前严重的停顿垮台状态。据太行区13个县的不完全统计，至1948年8月，2839个村社陷于停顿垮台的竟占81.25%，能继续活动的仅占

---

① 《太岳区信用合作一年来初步总结（1948年12月10日）》，载于《太岳财经史料（下册）》。

18.75%。①太岳区、冀鲁豫区和冀南区的情况与太行区类似,自 1948 年以后,晋冀鲁豫边区的信用合作运动盛极而衰,至中华人民共和国成立前夕,大部分信用社陷入停业整顿状态。

这一阶段信用社整体处于停顿垮台状态,主要是由于信用社在由贫雇农掌权后,非贫雇社员的股金所有权经常受到严重侵犯,屡屡发生强迫中农社员给贫雇社员顶股,甚至没收地主、富农的股金等偏激行为,给信用社的后续发展造成恶劣影响,非贫雇社员宁愿抽股而不愿入股,最终导致信用社垮台。当然,造成信用社垮台的原因是多方面的,将在后面信用合作的弊端中详述。

7.2.2 类型与社员构成

1. 组织形式与类型

边区的信用合作组织从业务经营的种类上看有两种:一种是经营两种以上业务的综合性合作社或混营合作社的信用部,这种在当时较多;另一种是单营信用业务的信用合作社,是较为高级的信用组织形式,是合作社信用业务发展到一定阶段的产物,这种在当时较少。而国民政府在农村大力倡导信用合作而忽视其他合作,以致呈现信用合作社一枝独秀的局面。在晋冀鲁豫边区,不同地域有不同的信用合作组织,且发展方式、组织形式与创建的途径不尽相同。下面以太岳区为例,对该区的信用合作组织的组织形式进行简要阐述。

太岳区的信用合作开展较早,并且各地银行对此非常重视,都先后着手试办。至 1947 年 7 月底,太岳区共有信用社(部)41 个,股金共 4300 多万元,银行贷款 1900 万元。②综合这 41 个信用合作组织,可归纳为以下五种不同的组织形式:

①城镇信用合作社,或称信用银号。一般在工商业比较发达的市镇建立,不是普遍发展的方向。这种类型常常是单独建立信用社,单独经营,以存放款业务为主。为调剂利润,也拿出少数资金投资到工商业。如阳城县兴业银号和沁源县郭道信用社就是其中的代表。

②互助组的小型信贷社。这是农村信用合作事业与民众生产结合最密切,而且最基本、最巩固的一种形式,由沁源县首创。它的发展过程一般是先由参加互助组的民众集股并在银行贷一部分款,本组人轮流贷用,并和本

---

① 《太行区合作运动材料》,载于《华北解放区财经史料选编(第一辑)》。
② 太岳区农村信用合作工作发展情况研究[J]. 银行月刊,1947(19):26.

组的副业生产相结合，由劳动互助发展到资金互助。如沁源县洪林村张苟宝互助组、王家园互助大队、龙泉王三管互助大队等。

③村合作社信用部。一般是与合作社统一集股金，统一分红，是一种适合农民要求的信用组织形式，是在信用业务普遍建立后的产物。这种形式较适合于大的村庄，如沁源县王陶村信用社就是此种类型的典型。

④区联社信用部。区联社包括供销业务和信用业务两部分。信用社与区联社统一集股、统一分红，划分资金进行分别经营。这种类型首创于阳城县，是互助组信贷社业务与村合作社信用部普遍建立起来后的产物，作用主要是调剂各互助组和信用部的资金。如阳城县二区联社即此种类型的代表。

⑤联防村信用社。这也是由阳城县创造的，以若干个行政村为单位，共同集股组建信用社，为入股村的民众服务。它是单独的信用社，以存放款业务为主，抽出一部分资金投资工商业。这种类型不太适合分散的、落后的农村的需要。如阳城县演礼联防村信用社就是代表。

以上太岳区信用社（部）的五种不同组织形式，从性质上可归纳为三种基本类型：

第一种是单独集股成立的信用社，可以用来代替旧银号。前面所说的阳城县演礼联防村信用社、沁源县郭道信用社和王陶村信用社基本上都属此类。在城镇中，资金集中，周转额也大，不但农民手工业者需要，各等商贩也需要。故这种类型的合作社只可在城市和较大城镇组建，在当时条件一般的农村中，这种独立的信用合作社还不能发展起来。

第二种是在原有的合作社中建立信用部，统一收股，整体分红。前面所说的一般村合作社信用部和阳城二区联社信用部就属此类。当时的主流是在混合业务合作社中建立信用部，而不是建立独立的信用合作社。其中的原因何在呢？由于农业生产所产生的收入的不确定性、投资的长期性和低收益性及生产的分散性等原因，农村金融的交易成本和资金使用成本比较高。边区地处经济凋敝的农村，单靠信用合作来扶植农业生产，其生产利润往往低于工商业利润。在利润上如不能满足投资者的要求，便无人投资。加之农村资金分散，业务范围小，资金周转额不大，独立的信用社经常利润不抵开支，农民不愿入股，组织较难，即使一时组织起来也难以巩固与发展。另外，混合社发展较早并已成为农村发展生产、吸收游资、组织劳力的大众机构。"在残酷的战争年代，生产、运输、消费类型的合作社，对农民经济的发展更直接、更有效。政府提倡建立综合性合作社，兼营多种业务。信用合作社的利息太低，易亏本倒闭。"①因为这种混业经营既可调剂利润，又可节省人力与开支，故在当时较为适宜边区农村发展经济。

第三种是劳资结合、农副业结合的小型信用社。前面所说的沁源县洪林村张苟宝互助组就是由劳力互助到资金合作的典型。由于经过土地改革，农民组织起来进行互助发展生产，引起劳力剩余，储蓄增加，农民要求以剩余劳力和资金进行副业生产，以弥补农业生产的不足。因此这种形式得到了众多农民的拥护，在当时是较进步、较适当的生产方式。

以上几种不同类型的信用合作组织都是广大农民的创造，它们在功能上相互补充、相互促进，适合当时农村资金分散、随借随还的状况，在很大程度上能满足农民的要求。

在太行区，从经营性质和组织形式看，农村信用活动可分为三种：一是以潞城县魏家庄为代表的合作社信用部，混合集股、单独经营、混合分红；二是以壶关县黄山镇为代表的信用合作社，单独集股、单独经营、单独分红；三是以黎城县下桂花村为代表的信用合作组织，其组织游资，使大部分款额为定存，结合银行贷款独立经营，是单独发展的信用合作社的过渡形式。这些信用合作组织的业务范围、发展道路和运营特点与太岳区大同小异，而冀南区和冀鲁豫区的信用合作发展较慢，这里不再赘述。

2. 社员构成与性质

从信用合作组织的社员成分与需求来看，有农民、工人、商人、地主、富农、中共干部、妇女、儿童等，这些不同阶层、不同身份的社员入股动机不同，要求各异。概括起来可分为以下几种：有的为了取得贷款而少入股，主要是农民和商人；有的为了分红得利而尽量多入股，工人、中共干部和缺乏劳动能力的儿童、妇女等；有的为了劳资互助，自己的资金不足用，愿与别人结合起来进行生产，主要为积极生产的诚实农民；还有的怕成为斗争的对象，在政治动员下，以少数资本入股试探，主要是殷实的中农。

从信用合作社的设立初衷及其成员结构来看，它应当是以促进农业生产、发展农村经济为目标，依托翻身农民的主导作用，实现与中农联合的基层农民合作组织。边区信用合作组织的社员构成可以通过表7.2和表7.3得到说明。

---

① 论1938—1949年华北抗日根据地、解放区合作社的借贷活动[M]// 李金铮. 近代中国农村社会经济探微. 北京：人民出版社，2004：675.

表 7.2　1946 年大西道村和羊范村信用合作社成分统计　　单位：%

成分	贫农	中农	地主、富农	商人	机关、外村	其他	总计
人数比重	19.18	63.59	12.97	1.06	3.20	—	100
资金比重	6.48	61.14	16.14	0.32	13.78	2.28	100
资金人数比	33.79	96.15	124.44	30.19	430.62	—	—

资料来源：财政经济建设——太行革命革命地史料之六[M]. 太原：山西人民出版社，1987.

注：大西道村系太行区赞皇县，羊范村系邢台县。

表 7.2 表明，中农无论从人数比重还是资金比重上都占了最大份额，贫农人数比重仅次于中农，但资金所占比重甚微，与人数严重不对称，这也说明贫农有空闲的丰富的劳动力，但普遍缺乏生产资金，最需要信用社的资金扶助，是信用社的主要贷款对象。地主、富农的社员数也占了相当比重，其中资金人数比最高，他们入股的主要目的是为了分红得利。从这里反映出信用社能及时分红，随时抽股，所以也吸收了不少地主、富农。同时从表中也可以看出，这一阶段的信用合作还没有认真发动与组织贫雇翻身农民，尚未转到自觉依靠广大农民的必由之路上，还处于"富人得利，穷人得助"的认识上。从表中社员成分看，社员分布遍及各阶层，说明信用合作社必须广泛吸收各阶层力量以扩大股金，限制地主、富农和商人入股的错误做法在这一阶段得到纠正。

表 7.3　1947 年太行区与太岳区 42 个信用合作社成分统计　　单位：%

地别	太行区辉县 9 个社				太行区、太岳区 8 县 33 社				
成分	贫雇农（比重）	中农（比重）	地主、富农（比重）	总计	贫雇农（比重）	中农（比重）	地主、富农（比重）	机关团体（比重）	总计
人数	45.4	44.6	10	1138 户	29	63	4.3	3.7	10830 户
资金	43.1	47.5	9.4	570.9 万元	20.6	51	5.2	23.2	6919.1 万元
资金人数比	94.93	106.50	94.0	—	71.03	80.95	120.93	629.46	—

资料来源：华北解放区财政经济史资料选编（第二辑）[M]. 北京：中国财政经济出版社，1996.

表 7.3 反映出，在太行区辉县 9 个信用合作社中，在社员组成上，贫雇农已转为最多，而且其资金也占了四成多，这对于贫雇农来说已是相当比重，资金与人数的相对比重也比前一阶段有了大幅提升，说明贫苦农民已成为信

用社的基本力量。以上反映出信用合作社走向发展生产的道路，积极为贫苦农民想办法，所以也就吸收了大量贫苦农民的股金。表中数据也说明中贫农是信用合作运动中的中坚力量，特别是新中农，在翻身、组织起来后，有了剩余劳动力和资本。同时地主、富农的资金比重有所下降。在太行区、太岳区8县33社，贫雇农的这些指标稍弱。通过与表7.2比较可以看出，在这一阶段，开始摸索到了开展信用合作必须依靠广大农民的路线，逐渐摆脱了"依靠富人，帮助穷人"的旧做法，使得信用合作社成为广大农民组织起来发家致富的资金互助组织。

至于信用合作社是企业性质，还是资金互助性质呢？即是说是以获取利润为目的，还是"劳力变资金""集小资为大资""死物变活钱"从而扶植生产为目的呢？各地的实践和经验已充分说明。首先，农村信用合作社是农民和手工业劳动者组织起来生产发家的资金互助组织，是生产运动的一部分，不是银号、钱铺。[①]其基本任务是把农村游资组织起来，活跃农村金融，帮助广大农民解决生产资金的困难，发展农工业生产，从经济上改善农民生活，从政治上提高农民认识，反对唯利是图的单纯放账营利。因此，农村信用社必须建立在组织农民发展生产的基础上，在组织农民发展生产运动中发展其业务。而且，农村信用合作社是整个合作运动的一部分，要把其组织到整个合作运动中去，信用活动才能有更大的发展空间。小农经济的特点是分散、落后、贫困，广大贫苦农民普遍缺乏生产资金，此时丰富的劳动力就是他们的资本源泉，其生产之物就是他们的生产和生活资本。农村信用活动的开展只有适应农村这些特点，才能顺利发展，否则必然导致"水土不服"。

7.2.3 信用合作组织的资金来源

信用合作组织的资金来源主要有三种：第一种是外来资金，即借入款，主要来自政府和银行贷款；第二种是信用合作组织的自筹资金，包括社员股金、存款等；第三种是在解放战争时期，在土地改革、反奸清算中地主被没收的部分财产也成为信用合作组织的资金来源。

1. 外来资金

在信用合作组织创办的最初阶段，外来资金占有非常重要的地位。为了扩大合作社的信用业务，发展农村信用事业以扶植农民生产，政府和银行在资金上采取努力扶持的政策，低息贷款往往成为信用合作组织资金来源的重要组成部分。如1946年冀晋区联合会关于合作社贷粮贷款的决定中指出，

---

① 《冀南银行1947年工作初步总结》，载于《华北解放区财经史料（第二辑）》。

政府为了扶持合作社的发展,将不少生产贷款交到合作社,让其再贷给民众,使贷款与合作业务相结合,并组织农民发展各种生产,合作社在这一过程中也逐渐壮大起来,因此不少合作社得到了迅速的发展,并实际上起到组织农民经济生活的作用。[①]1943年冀南银行总行先后作出了《关于合作手工业贷款分配数目及办法的指示》和《关于合作手工业贷款的补充指示》,指出该年度合作及手工业贷款共为500万元。[②]冀南银行太行区行在1945年前6个月发放合作贷款共447.1万元,占各种放款的2.1%。[③]太行区1947年上半年银行扶植信用社贷款6014.5万元,占信用社总资金的28.7%。[④]又据1947年前6个月统计,冀南银行对信用合作社(部)贷款或投资的社(部)数占同时期实存社(部)的62%,银行的贷款或投资额为8593.2万元,相当于其自有资金的32.7%。[⑤]以上我们可以从表7.4的数据资料中得到进一步证实。

表7.4 晋冀鲁豫边区信用合作组织资金和银行贷款统计

单位:个,冀钞万元

区别		太行区	太岳区	冀南区	总计
社(部)数量	1946年底	36	5	2	43
	1947年6月	613	41	9	663
资金总额	1946年底	2441.98	—	269.0	2710.98
	1947年6月	20924.42	4034.0435	1299.0	26257.46
银行贷款投资	社(部)数	382	26	3	411
	金额	6014.50	1908.68	170.0	8093.18

资料来源:晋冀鲁豫边区农村信用合作组织发展情况统计[J].银行月刊,1947(19).

注:银行对信用社(部)的贷款投资为1947年6月数据。

由上述可见,银行对信用合作事业的贷款具有刺激、推动和扶助性质,能发挥中共政策的导向功能和杠杆作用,其意义在于最大限度汇集民众资金。实践证明,银行对信用合作组织的创建与初期发展起了不可替代的作用。

---

① 《冀晋区合联会关于合作社贷粮贷款的决定(1946年1月26日)》,载于《华北解放区财经资料(第二辑)》。

② 总行总局关于合作手工业贷款分配数目及办法的指示(1943年3月29日)[M]// 冀南银行太行区工商管理总局.太行区银行工商工作参考资料第二编(金融货币类)第一集(太行区金融),1945.

③ 王静然.冀南银行(全二册·2)[M].石家庄:河北人民出版社,1989:830.

④ 关于信用合作社几个问题的研究[J].银行月刊,1947(11):1.

⑤ 晋冀鲁豫边区农村信用合作组织发展情况统计[J].银行月刊,1947(19).

2. 自筹资金

以上阐述的是信用合作组织接受银行扶植的外来资金,而对于其自筹资金,冀南银行于 1946 年 1 月指出,当群众开始搞信用业务时,银行可以贷给合作社一部分资金,解决其资金不足的困难。信用合作业务发展起来后,就必须以群众的资金为主。①诚然,政府和银行的帮助是应尽之责,但信用合作组织要想长期稳定发展,只依赖银行的输血是不够的,必须增加自身的造血机能,亦即其实力的增强必须主要依靠自集资金的增加。

在自筹资金中,股金是信用合作组织最基本的资金来源,是其自力更生的基础。股金由社员缴纳,是社员在享受资金融通便利之前应尽的义务。要做好农村信用合作组织的,如前所述,首要的是多吸纳资金,以壮大自身实力。这就要求:第一,广泛吸收社会各阶层的资金。信用合作组织既是广大民众的,又是统一战线的,故不论地主或商人,都可以加入进来,汇细流而成沧海。这种做法的有效性可以通过太行区彭城信用社得到进一步证实(详见表 7.5)。

表 7.5 1946 年 5 月 29 日至 6 月 3 日太行区彭城信用社各阶层集股统计

部别	社员(个)	股数(股)	金额(冀钞万元)	股数占总数的比重(%)
工会	1134	2504	25.04	16.4
商会	691	10845	1084.55	71
农民	282	404	4.04	2.6
妇女	266	302	3.02	25
银行	1	1200	13.0	7.9
共计	2374	15255	1129.65	100

资料来源:冀南银行太行区行 1946 年上半年农村信用合作社总结[M]// 王静然. 冀南银行(全二册·2). 石家庄:河北人民出版社,1989.

第二,广泛发动民众入股,扩大股金来源。为了适合战时农村经济和农民生产的特点以方便社员入股,首先要打破现金入股的旧办法,采用比较灵活的入股形式,既可以货币入股,也可以实物或劳力折合货币入股;其次要满足广大农民的需求恰当提出扩股。如太行区彭城信用合作章程中规定,"为了便于入股起见,定为两种入股办法:一是现金入股;二是生金银入股,可

---

① 晋冀鲁豫边区 1946 年上半年冀南银行工作的方针与业务[J]. 银行月刊创刊号,1946.

按银行规定价格折成冀钞"①。在纺织时，武安县合作英雄李明奎就号召妇女以线、布入股。边区劳动英雄岳万寿的合作社就是依靠组织劳力生产而发展起来的。②边区的成功经验说明，入股形式必须不拘一格，实物入股和劳力变资本是开展农村信用合作的一条正确途径。农民虽然手中头拮据，但他们自身有丰富的劳动力资源，因此可以劳力所得工资作为股金，这种办法最适合于小村、穷村。如太行区沙河县常庄西村盖水磨，群众无资本，就动员了劳力每人每天按 250 元计算入股，共用了 500 个工，共计 12.5 万元，营业后得利很大，慢慢积累了基础。③ 此外，还可以将暂时用不着的物品充分利用起来，投入生产，是完全可能且有必要的。有些地方动员入股的方式较好，容易被民众接受。如太岳区阳城县提出"生产赚钱入股""剩余物资入股"，西冶合作社信用部 15% 是物资入股。兴业银号动员入股时，沁阳村郭花荣互助组纺花赚钱 2 万元入股，沁源县妇女韩洪亦纺花赚钱入股，群众生产情绪高。④

为把贫苦农民组织起来，降低入社门槛，各信用社（部）的通行做法是把股金定得较低，以便绝大多数的贫苦农民也能有资格入社。如太行区 1947 年在开展合作社信用业务中的做法是，入股抽股随便，股额最少为 5 元。⑤黎城县霞庄合作社将股金降低到 5 元，到分红期股金按期分红。⑥太行区、太岳区信用社（部）的社员成分和股金筹集情况如表 7.6 所示。

表 7.6　1947 年太行、太岳两区 8 县 34 个信用合作社成分及股金统计

单位：户，股，冀钞元，%

地区	贫农		中农		机关团体		地主富农	
	户数	股金	户数	股金	户数	股金	户数	股金
沁源 10 个社	668	4048960	1644	20561190	119	8070350	—	—
沁县 3 个社	49	349000	278	2611500	15	510000	—	—
长子 5 个社	389	1081110	852	2010800	10	115000	—	—
屯留 4 个社	1060	1011900	2883	3048540	—	—	—	—
辉县 9 个社	515	2464694	507	2725072	1	2353022	116	517524

---

① 彭城信用合作社章程[J]. 银行月刊，1946（8）：42.
② 刘洪奎. 河北革命根据地合作史料选编[Z]. 内部资料，1989：214.
③ 沙河信用工作经验介绍[J]. 银行月刊，1947（17）：15.
④ 太岳区信用合作工作初步总结[J]. 银行通讯，1947（10）.
⑤ 冀南银行第三次区行经理会议关于 1947 年下半年方针做法及若干问题的决定[M]// 王静然. 冀南银行（全二册·2）. 石家庄：河北人民出版社，1989.
⑥ 太行区行. 上半年太行区工作方针任务与作法[J]. 银行月刊，1947（12）.

续表

地区	贫农		中农		机关团体		地主富农	
	户数	股金	户数	股金	户数	股金	户数	股金
博爱1个社	19	360900	31	292000	—	—	11	54600
沙河北堂社	161	1250905	138	1685330	1	1069120	61	703380
涉县索堡镇	288	1049100	496	2429000	190	3994600	349	1640100
总计	3149	11616569	6829	35363432	336	16112092	537	2915604
所占比重	29	20.6	63	51	3.7	23.2	4.3	5.2

资料来源：关于农村信用合作社中两个基本问题初步研究[M]// 王静然. 冀南银行（全二册·2）. 石家庄：河北人民出版社，1989.

因广泛发动各阶层尤其是贫下中农入股，社员股金在信用合作组织总资金中已占相当比重。信用合作组织资金的重要来源是存款，故应积极组织资金，千方百计揽存吸储，鼓励个人储蓄，强化筹资力度，扩大资金来源。这就要求：第一，进行因势利导，适当提高利息并保证还本付息；第二，给社员自由，随时存取，不受限制，反对任何形式的强制和摊派。存款方法不能和城市一样，应适合农村资金零星分散、用途不定等特点，采取"活存梯息、股存结合"的办法，保证存取方便。为此，应帮助存款户制订生产计划，以扩大存款额，延长存款期。

农村有没有游资可以组织？黎城县当时有许多人认为农村没有游资，后经大家讨论后提出"去年（1946年）粮食涨价时，群众都争着买粮食，钱就不知从哪里来的""借钱时一个也拿不出来，一出差就都有，还有的积攒钱准备娶媳妇""妇女纺织也有钱"，因此大家一致认为游资还是有的。黎城县下桂花村开始纺织时，中共干部认为村民没有游资，经调查仅福成等6户就有28万元钱闲置，8天共吸收存款81万余元。1947年7月全县信用部会议上，董北信用部长说："俺村共210户，才吸收了21户存款就100余万元，其余190户还能没有一点游资？"[1]如冀鲁豫区莘朝县白庄合作社，有的一个小组两个半月就已获得1万多元收入，有的个人也获得3000多元。[2]左权县麻田村供销社成立信用部，1946年独立核算，自有资金20万元，吸收存款40万元。左权县南沟村合作社的信用业务始于1944年，到1947年两年多时间内，共吸收存款70.544万元。至1947年9月，太行区25个县477个信用社（部）的统计数据表明，存款存粮资金达11000万余元，约占资金总

---

[1] 张智勇. 黎城信用工作经验介绍[J]. 银行月刊，1947（21）：35.
[2] 扈惠民. 敌后（鲁西北）人民的合作社[N]. 解放日报，1944-10-04.

额的一半。①在平定东会的信用社，有的中富农怕暴露自己的财产，但经由干部、积极分子的带头，当即存麦子6石，两日内收存麦子14石，冀钞9000元。②截至1947年6月，晋冀鲁豫边区信用合作组织的社员存款与折实统计情况如表7.7所示。

表7.7　截至1947年6月晋冀鲁豫边区信用合作组织存款与折实统计

项目	太行区	太岳区	冀南区	合计
存款（万元）	11283.66	1166.78	5117.0	17567.44
存粮（斤）	91680	3200	—	94880
存棉花（斤）	413	—	—	413

资料来源：晋冀鲁豫边区农村信用合作组织发展情况统计[J].银行月刊，1947（19）．

3. 土地改革"果实"

解放战争时期，在中共对地主实行的减息清算运动及随后的土地改革中，一部分被没收的地主财产也纳入信用合作组织的股金。晋冀鲁豫边区的许多县、村都有庞大的合作社，其基金多半为土地改革"果实"，包括土地、房屋等。在土地改革高潮中，有的地主自动将其土地、作坊等投入公营商店合作社。③黎城县北流村用银行贷款和翻身农民投入的斗争"果实"，成立了合作社信用部。④1949年4月，根据林县、黎城等9个县的村社统计，在149583元的资金中，斗争"果实"占1.1万多元。⑤

7.2.4　信用合作的运行特点

在晋冀鲁豫边区，信用合作逐渐成为农民生活中不可或缺的一部分。农民不仅积极参与信用合作社的建设与运营，还寄予厚望，希望通过这种组织形式改善生活、提高生产效率。这一时期的信用合作具有以下几个突出特点。

1. 广泛的覆盖与多元的发展模式

从地域分布来看，信用合作社已广泛覆盖晋冀鲁豫边区的多个县市和

---

① 新华日报太行版，1947-09-05．
② 国兵，连毅．平定东会的信用工作[J].银行月刊，1947（21）：51．
③ 张永泉，赵泉钧．中国土地改革史[M].武汉：武汉大学出版社，1985：229．
④ 反对贷款工作的富农路线，贯彻贫雇路线[J].银行月刊，1948（22）：2．
⑤ 本书编写组编．华北解放区财政经济史资料选编（第一辑）[M].北京：中国财政经济出版社，1996：1455．

乡村。例如，长子县设有七个村合作社，涉县、高平、宁武等地也普遍建立了信用合作组织。这表明合作社模式已在农村基层得到广泛推广。合作社的形式和规模也呈现出多样化趋势，既有大型的信用合作社，也有小型的农村生产合作社；经营范围涵盖农业、手工业、杂货铺、染坊等多个领域。这种因地制宜的发展方式，体现了信用合作社灵活适应地方经济和社会需求的能力。

此外，信用合作社在推动农村经济发展方面发挥了重要作用。它们不仅支持农业生产，还涉足贸易、加工等环节，促进了农村经济的多元化发展。同时，合作社的建立也推动了管理方法和技术手段的创新。一些合作社开始引入会计制度[①]、改进生产技术[②]等现代化管理方式，有效提升了运营效率和经济效益。

2. 农民的积极参与和主体地位

农民是信用合作社发展的核心力量。他们不仅积极出资入股，还在管理、监督和决策中发挥着重要作用。以长子县河村为例，当地农民为筹集合作社资金，甚至主动出售粮食。据记载，河村农民共卖出七石二斗七升二合粮食，集资八万元用于合作社的创办[③]。这一行为充分反映了农民对合作社的高度信任和经济投入。在管理层面，农民也开始逐步掌握合作社的实际控制权。如在涉县九区区联社，在清除地主势力后，农民李三孩表示："咱干不了吧，就咱这些本事，全使上就行。"[④]这句话展现了农民参与集体事务的决心和信心。

同时，农民也具备较强的监督意识。在涉县某合作社中，地主张朋明等人曾进行不正当经营，如隐瞒资产、逃避税收等，群众及时举报并要求更换管理者，体现了农民对合作社公正运行的诉求。随着经验积累，农民的经营能力也有所提升。在更换管理层后，涉县九区区联社的农民掌握了卷烟技术，提高了盈利水平。这说明合作社不仅是经济平台，也成为农民学习技能、提升自我能力的重要渠道。

3. 合作社的社会功能与农民期望

信用合作社不仅是经济组织，更承担着重要的社会功能。它满足了农民在公平分配、集体决策、权益保障等方面的多重期待。农民希望合作社能实现利润的合理分配。在涉县九区区联社，有农民反映："在社里入股还

---

① 石市一年来的合作社[N]. 人民日报，1948-12-20（1）.
② 朱德. 对冀中经济工作的意见[N]. 中央文献研究室，1947-11-01.
③ 米换. 长子七个村合作社地主把持大赔本[N]. 人民日报，1948-1-10（1）.
④ 米换. 长子七个村合作社地主把持大赔本[N]. 人民日报，1948-1-10（1）.

不如在家放着。"这一评价揭示了农民对合作社效益和分红机制的关注,也反映出他们对公平回报的期待。合作社为农民提供了参与集体事务的机会。通过民主选举、共同决策等方式,农民得以表达意见、维护自身利益。这种参与感增强了他们的主人翁意识。合作社还具有教育和培训功能。农民在实际操作中不断积累管理经验,提升了技术水平和市场意识。这种知识和能力的提升,进一步增强了农民对合作社的信任和依赖。

4. 农民与合作社之间的紧密联系

农民与信用合作社之间形成了多层次、多维度的紧密联系。这种联系不仅体现在经济上的共同利益,还包括监督、参与和情感依赖等方面。一方面,农民的资金投入使他们与合作社的命运息息相关。如前所述,农民愿意牺牲短期利益(如卖粮)来换取长期收益,显示出高度的参与热情。另一方面,农民也密切关注合作社的运营状况。在长子县五区的一些合作社中,因管理不善导致经济损失,农民对此表达了强烈的不满。这表明他们对合作社的绩效有着清晰的认知和较高的期待。更重要的是,农民在合作社中获得了话语权和决策权。无论是日常管理还是重大决策,他们都能够通过民主程序表达意见、施加影响。

5. 地主和农民对信用合作的参与及态度转变

地主的参与和管理方式对晋冀鲁豫边区信用合作社的经营和整体功能产生了直接和间接的影响。①地主的管理风格与经营理念。在涉县九区区联社的例子中,地主张朋明、李天厚等持有一种自视甚高的态度,认为自己的存在是合作社成功的关键,使得合作社的经营更接近传统的模式,而非真正的合作与共赢。②对农民的态度。在合作社的管理中,地主对农民持有一种居高临下的态度。例如,在涉县九区区联社,地主在门市部卖东西时对农民采用"言无二价"的策略,这种行为与传统的开当铺非常相似,商家定价,消费者只能接受,没有议价的空间。这种做法在一个理应强调公平、互助的合作社中,明显是不恰当的。它暗示着地主仍然试图利用自己的地位和权力来压迫和利用农民,而不是与农民建立真正的合作关系。③地主的权力保护与隐藏行为。例如,当涉县九区区联社进行复查时,李天厚试图隐藏自己的兄弟以逃避斗争,反映了地主在合作社中试图维护自己既得利益的决心,并采取各种手段避免受到农民的批判或质疑。除了直接的隐藏行为,地主还试图从合作社中获取不正当的利益。例如,在涉县九区区联社中,地主们偷买钢笔而不交税,被工商局发现后,钢笔被没收。这种行为不仅违法,也损害了农民和合作社的利益。④第四,地主的经营决策。地主的经营决策往往是短视的,只注重即时利益而不考虑长远发展。例如，地主李天厚和其他地主在合作社的经营中，追求短期利润，使得红利仅为每元一角三分。而在农民参与管理后，合作社的经营策略得到了调整，红利在短时间内有了显著的增长。

地主的参与和管理给信用合作社带来了一系列的问题。他们的传统管理哲学、对农民的态度、对权力的保护欲及短视的经营决策，都对信用合作社的健康发展产生了不良影响。这也提示我们，信用合作社作为一个新型的社会经济组织，其管理与经营需要真正遵循合作与共赢的原则，而不是简单继承传统的经营模式。

工作态度的转变是农民参与合作社管理后明显的一个表现。这种转变涉及多个方面，包括工作积极性、对待任务的态度以及与农民和其他合作社成员的互动方式。①工作积极性。在地主管理下的合作社，有一种避免多做事、逃避责任的风气，地主在合作社中"怕有活"，这与地主的传统思维和对农民的优越感有关，他们认为自己不应该做太多的脏活、累活。但当农民开始参与管理后，这种情况发生了截然的转变。农民主动寻求任务和工作，对待合作社的事务表现出高度的热情和积极性，这与农民对合作社的期望和对其经济利益的直接关联有关。农民知道，合作社的好坏直接关系到自己的经济利益，所以他们更愿意为其付出努力。②对待任务的态度。在合作社的管理中，地主对待任务有选择性，"有一个钱，做一个钱，没有就不干"。而农民在管理中表现出的态度是，无论合作社有无本钱，都要尽自己最大的努力来完成任务。这种态度背后是农民对合作社的使命感和责任感。③与农民和其他社员的互动方式。在地主的管理下，与农民的关系可能更多是命令与服从，而少有真正的互动和沟通。但在农民主导的合作社中，这种关系转变为合作与互助，合作社的每一个决策都更多地基于农民的需求和意见。

7.3 贷放原则及其与银行农贷、私人借贷的比较

信用合作组织的贷款发放涉及贷款的对象、用途、额度、期限、利率与手续等几个方面。

7.3.1 贷款对象

回顾边区信用合作组织贷款的发放过程，对于贷款对象，坚持了三个原则：

一是社员和存款户有优先取得贷款的权利。信用合作组织是由入股社员组成，实行社员民主管理，主要为社员提供金融服务的合作金融机构。①只有符合要求的各阶层人士按规定缴纳股金成为社员后，方可享有信用合作社金融服务的优先权和优惠权。

二是尽量贷给发展生产的人。在长期的战争环境下，边区的经济面临前所未有的严重困难。为繁荣农村经济和支持持久战争，就必须大力发展生产，唯有生产，才能克服困难、保障供给。关于将贷款用于从事生产，将在后面信用合作的经验总结中继续论述。

三是主要贷给翻身农民等进行积极生产的困难群体。如冀南银行太行区行经理在1947年9月分支行经理扩干会上指出："贷款对象应是'困难中的困难人'……不是中农绝对不应贷款，能做到不失重点且'大家集股大家用'为更好。"②

信用合作组织与政府、银行对放款对象的规定基本上是一致的，但有两点不同：第一，政府、银行农贷的重点扶植对象是翻身贫雇农和部分在生产上有困难的中农，而信用合作组织的放款对象以本社社员和存款户为主，其次是非社员翻身农民，在满足了他们的贷款需求后若仍有剩余资金，也可以贷给其他非社员；第二，政府、银行农贷无地域限制，而信用合作组织为确保放款的安全性和信用程度的稳定性，其借贷范围主要局限于与信用合作组织和社员相关的人，"其发展具有严密的裙带关系"③，故存在严格的地域限制。

7.3.2 贷款用途

信用合作组织的贷款用途大致包括以下四个方面：一是农业放款放实，包括农具、肥料、牲畜等；二是工业放款放实，包括加工制造、纺车织机、饲养磨粉、榨油等；三是商业放款放实，包括山货销售、运输、内外贸交易等；四是其他放款放实，包括婚丧嫁娶、看病、还债、交租等各种生活急需。因边区地处饱受摧残、经济凋敝的农村，农业是主导产业，发展农业生产是重中之重，故应把贷款用途主要用于农业，兼顾工商业。

下面通过具体统计数据分别从宏观和微观两个不同角度对贷款用途加以考察。先从宏观角度考察，1947年太行区、太岳区信用社放款用途统计如

---

① 张功平. 合作金融概论[M]. 成都：西南财经大学出版社，2000：46.
② 农村信用合作社与农村贷款工作总结[M]// 邓肇祥. 太行革命根据地史料丛书之六：太行财政经济建设. 太原：山西人民出版社，1987：843.
③ 谷秀青. 近代农村信用社的制度分析（1928—1940年）[D]. 武汉：华中师范大学，2005：40.

表 7.8 所示。

表 7.8　1947 年太行区、太岳区信用社放款用途统计表　单位：冀钞万元，%

地区	放款总额	工业放款	商业放款	农业放款	其他
太岳区：3 个县 13 个社	9578.29	435.14	5690.30	3452.84	—
太行区：23 个县 429 个社	30460.92	4570.52	—	25051.65	838.75
合计	40039.21	5005.66	5690.30	28504.49	838.75
所占比重	100	12.5	14.2	71.2	2.1

资料来源：关于农村信用合作中两个基本问题初步研究[M]// 王静然. 冀南银行（全二册·2）. 石家庄：河北人民出版社，1989.

由表 7.8 可以看出，包括商业放款在内的各类生产放款所占比重达 97.9%，其中农业放款总额达 28504.49 万元，占放款总额的七成多；工商业放款总额约为 10696 万元，占放款总额的 26.7%；各种生活急需款项仅占 2.1%。这说明贷款绝大部分用于从事生产，农业贷款占了其中的大部分，体现了贷款以农业为主，兼顾工商业的原则。

表 7.9 也说明了大体相同的放款用途。

表 7.9　1947 年上半年太行区黎城县信用社放款用途统计　单位：冀钞元，%

类别	农副业贷款	工业贷款	商业贷款	纺织贷款	其他
款额	30302806	2650000	1019000	1886664	1003500
比重	82.2	7.2	2.8	5.1	2.7

再从微观角度考察罗村信用社的贷款用途情况，如表 7.10 所示。

表 7.10　1946 年太岳区屯留镇罗村信用社贷款用途统计　单位：户，冀钞元，%

用途	户数	贷款额	占全部贷款的比重	每户平均数
担挑运输	26	80500	60.2	3096.2
买牲口与欠款还账	19	22100	16.5	1163.2
染房	2	3500	2.6	1750
解决新战士家庭困难	4	4200	3.1	1050
支差费用	8	13500	10.1	1687.5
娶媳妇	2	5500	4.1	2750
吃药	2	2000	1.5	1000
纺织	3	2400	1.8	800
合计	66	133700	100	2025.8

资料来源：参见冀南银行总行的《银行月刊》第五期，1946 年 7 月 10 月。

从表 7.10 可以看出：第一，农村中的借款是非常复杂的，只有信用社才能适时适当地满足农民的各种借款要求；第二，信用社的贷款重点不必完全拘泥于银行的种种规定，不同信用社应根据自身条件采取不同的做法，不应千篇一律，要有原则性和灵活性，把银行政策和本地的具体情况结合起来。例如，罗村信用社结合本村的优势产业，发展运输业为主，并帮助农民制定了行之有效的生产计划。

与政府、银行农贷相比，信用合作组织的贷款用途大同小异，但侧重点与贷款范围有所不同。其一，政府、银行农贷主要用于解决农村生产中较大的借贷需求，如购买耕畜、农具等，信用合作组织由于资金的限制，主要侧重于购买一些资金少、周期短、周转快、随借随还的小项目；其二，信用合作组织往往把农民的运输也算作贷款范围，这大概是运输与农民生产直接相关的缘故[1]；其三，信用合作组织并不以贷款严格用于生产为限，而将贷款用途放宽到农民日常生活消费上。如 1947 年冀南银行各分支行经理举办了扩大会议，指出信用社贷款用途以农副业为主，战勤、婚丧、购买医药等临时急需均可。[2]而私人借贷的放款用途较广，只要对放债户有利，对贷款用途不作限制，用于从事生产和生活消费均可，从实际统计来看，以非生产性用途居多。

7.3.3 贷款额度与期限

贷款额度要根据客观需要，在不同时期不同事情上有不同的规定，宜多放小款，使有限的资金能惠及更多的农民。从各地的执行情况来看，借款人所从事的生产项目必须已有大部分自有资金，信用社的放款数量为其中的小部分。放款期限一般根据所从事生产的具体情况及季节性决定，各信用合作组织的通行规定一般是农业不超过 6 个月，副业不超过 3 个月，生活急用不超过 3 个月。

与政府、银行农贷相比，信用合作组织的放款额度较小，这主要是由于其资力所限。放款期限也较政府、银行农贷短些，以额小、面宽、期限短为其放款的基本特征。而私人借贷额度视债主的放债能力和贷户的贷款要求而定，一般小额贷款占大多数，贷款期限也较灵活，由借贷双方议定，一般在半年以下，有的长一些。

---

[1] 李金铮. 借贷关系与农村变动[M]. 保定：河北大学出版社，2000：375.
[2] 邓肇祥. 农村信用合作社与农村贷款工作总结[M]// 太行财政经济建设. 太原：山西人民出版社，1987：846.

7.3.4 贷款利率

贷款利率有两种计算方式,一是以货币计算利息,二是以实物计算利息。对于实物计息,可参照执行政府制定的分半减息的法令,不能自行提高。对于货币计息,不同时期、不同地区、不同行业的贷款利率不一而足。如1943年12月冀鲁豫区农村合作社章程草案中规定,对社员贷款月利不得超过1%。①1947年太行区5个分区12个村信用社(部)规定的放款利息是:农副业月息为2分、3.5分、4分、5分、6分,平均为4分1厘;商业月息为4分、5分、6分、8分、1角,平均为6分6厘。②

贷款利率要兼具营利性与公益性,一般在坚持互利互惠的原则下,双方自愿规定,但不放弃适当利润。利率的调整可根据当时当地的物价变化、农村手工业和副业的利润率、贷户是否为本社社员、原有的借贷利率水平、借贷的用途等综合考虑,灵活调整。因此,信用社(部)的利率开始时大都是参考银行利率定,但在执行中可根据实际情况进行灵活修改。贷款一般是纺织业、农业贷款利息高,副业运输因灾荒利息较低。如黎城县北流村信用社开始时农贷月息3.5分、纺织贷款3分、商业贷款6~8分,后改为农贷月息4分、纺织贷款3.5分、副业运输降为5分。黎城县秋树垣信用部则是按阶层规定利率,农贷新翻身农民2.5分、中农3分、富裕中农8分。③壶关县黄山镇信用社贷款分农业、手工业、运输、商业、过事五种,农贷月息为1~2分,手工业贷款月息2~3分,运输贷款(肩商、脚户、小贩等)月息3~4分,商业贷款月息4~6分,过事贷款(婚丧大事、买药、支差费用、欠款还账等)利息根据具体情况由双方商议。④临城县邓底信用部,根据群众的贷款用途确定不同的贷款利息:买牛贷款每月2分利,买驴2.5分,买骡3分。和顺龙王信用部根据当时的物价和利润规定贷款利息:农贷头一个月4分,第二个月5分,第三个月6分,6个月以上不再增;商贷头一个月8分,以后每个月加1分,这样一来一年的利息是1.62元。⑤

值得注意的是,为了刺激民众存款,有些合作社的信用部存款利息高于

---

① 马宪玉. 冀鲁豫边区金融史料选编(上册)[M]. 北京:中国金融出版社,1989:241.
② 邓肇祥. 农村信用合作社与农村贷款工作总结[M]// 太行财政经济建设. 太原:山西人民出版社,1987:844.
③ 张智勇. 黎城信用工作经验介绍[J]. 银行月刊,1947(21):36.
④ 壶关支行. 壶关黄山镇信用合作社[J]. 银行月刊,1947(11):4.
⑤ 张智勇. 太行区几个信用合作社(部)的经验点滴[J]. 银行月刊,1947(19):13.

贷款利息。如太行区测鱼合作社，存款月息为2分，放款利息为1分；郝家村合作社存款月息为2分，放款月息为1.2分。①

与政府、银行农贷相比，信用合作组织的贷款利率也表现出了低利惠农的特征，不同之处是后者利率一般稍高于前者，但比自由借贷的利率要低。应该指出的是，由于解放战争时期，通货膨胀和物价上涨较甚，故实际利率要比上述名义利率要低，于是有人建议适时适当提高信用合作组织的存贷利率。冀南银行太行区行经理邓肇祥指出，贷款易受物价上涨影响，吃货币贬值的亏，由于物价涨落不稳，故利息提高到小型社利润标准是不可能的，利息低了又难以照顾到资方利润。②因此信用合作组织的贷款利率适当高于政府、银行农贷利率是合理的。而私人借贷利率一般较高。

7.3.5 贷款手续

信用合作组织的贷款手续较为简单，一般需要立字据、定期限、找保人，零还整还均可。执行中往往实行保人不能借、借人不能保的制度，以免出现烂账。

政府、银行农贷由于缺乏客户资料，需要进行调查核定，手续复杂，延长了办理借贷的时间，增加了借贷成本。与之相比，信用合作组织的服务对象多为本村社员，社员之间信息对称，社员的借贷行为坚持信用原则和等价交换原则，故贷款手续较为便捷，交易成本较低，环节也较前者少，但不及农村私人借贷简便快捷。

为更加条理清晰地了解政府、银行农贷、农村信用合作组织和农村私人借贷的共性与个性，将三者各自的运作特征归纳如表7.11。

表7.11 政府、银行农贷，农村信用合作组织及农村私人借贷的特征比较

贷款类别 比较项目	政府、银行农贷	农村信用合作组织	农村私人借贷
组织形态	集中管理，依靠众多分支机构使业务分散化	边区政府和银行领导，管理较为松散	高度分散化，组织结构松散
放款目的	发展农副业生产，繁荣农村经济，支持抗战	帮扶本社社员从事各种生产，兼顾生活急需	放债营利或民众间互借互济

---

① 太行区行. 关于信用合作社几个问题的研究[J]. 银行月刊, 1947 (11): 1.
② 邓肇祥. 农村信用合作社与农村贷款工作总结[M]// 太行财政经济建设. 太原: 山西人民出版社: 844.

续表

贷款类别比较项目	政府、银行农贷	农村信用合作组织	农村私人借贷
贷款对象	以农村合作经济组织为主，兼顾个体农户，重点照顾贫雇农	以信用合作社员为主，兼顾非社员	农村各阶层农户，以贫雇农为主
借贷来源	政府或银行	各种类型的信用合作组织	地主、富农、商人和私人互借
贷款期限	不同生产贷期不同，一般农业生产贷款为8个月到一年，一年以内可让贷户自由确定。手工业原则规定最高为3个月到半年	一般是农业不超过6个月，副业不超过3个月，生活急用不超过3个月	由借贷双方议定，一般在半年以下，有的长一些
贷款利率	很低，甚至有政策性低利亏本借贷	高于政府、银行农贷，低于私人借贷正常利率	多种利率并存
贷款用途	限制较严格，生产占绝大比重	限制较松，侧重生产，兼顾生活	不作限制，消费、生产各个方面均可，以用于生活消费居多
贷款手续	手续烦琐，环节多，交易成本高	较简便，环节少	办理借贷快，手续简单，交易成本低
借用方式	介绍信、担保、契约、政权盖章，借贷方式规范	无抵押担保，需保人，能说明期限、利率、村名、姓名的便条式契约	以个人信用为主，借贷方式不规范
贷款金额	相对较大	小额	小额占绝大多数
其他特征	忽视文化条件，重视社会、政治条件，信息不对称，受监管和法律保护，无地域特征	具有精神及道德要素，坚持信用原则和等价交换原则，受监管和法律保护，有地域特征	重视地缘、血缘和人缘，信息对称，受道德制约，属于自发行为，不受监管和法律保护

7.4 信用合作组织的绩效、经验与弊端

对晋冀鲁豫边区的信用合作进行客观、公正的评断，是一个首要的问题，要坚持两点论，用辩证思维评判历史事物。下面分别从信用合作的绩

效、经验与弊端加以评定。

7.4.1 绩效评定

开展农村信用合作事业，对于发展群众性的借贷关系，促进农村生产，起了很大的作用。在当时高利贷盛行的民间，农村信用社的建立和发展逐渐打破了传统私人借贷始终居于主导地位的农村借贷格局，对解放束缚农民的精神枷锁、发展社会生产力具有划时代的意义。它构建了新型的、适应生产力发展要求的信用关系，变革了旧的生产关系，极大地解放了生产力，促进了边区经济的复苏与发展。"信用合作社组织了农村的游资，活跃了农村的金融，并为杜绝高利贷的剥削，消灭高利贷准备了条件，为政府对农民发放生产贷款提供了一个现成的助手。"[1]晋冀鲁豫边区的信用合作取得了巨大的成功，其背后是深厚的组织和领导、农民的广泛参与、高度的透明度和监管及注重教育和培训等多方面的因素的结果。

1. 银行贷款通过合作社发放，保证了贷款的用途和对象的正确，加速了资金周转，提高了贷款扶植生产的使用效率

1946年冀南银行总行提出"面向农村"的方针，贷款通过合作社发放，普遍开展合作社的信用业务。这样把银行贷款、合作社资金和民众游资三者紧密结合在一起，使分散的资本作用加大，使农村金融减少了盲目性，增加了活跃性，扩大了生产，大大发挥了贷款扶植民众生产的作用。例如1947年上半年太行区全部或大部分贷款是通过合作社发放的。据太行区14个县统计，银行贷款是14590.6万元，合作社贷款是15352.9万元，超放了726.3万元，其中根据仅4个县167个社的统计，结合游资3817.7万元，银行贷款只2725.3万元。又据邢台县87个合作社的统计，银行贷款1282万元，结合群众游资，买牲口371头，打井19眼，买农具1106件，买羊1200只，修水渠3条，买牲口种12头，共繁殖牲口91头。[2]

2. 组织农村游资，弥补了银行贷款之不足，缓解了农民的生产资金困难，大大发展了农村生产

1947年冀南银行的春季贷款中，太行区信用合作组结合游资数占发放贷款总额超过55%，平均每个信用社（部）有资金35.38万元[3]，在吸收农村游资、组织农村资金方面发挥了重要作用。在太行区黎城县，截至1947年7月底，全县共有信用社（部）35个，资金共343.6万元，银行扶植贷

---

[1] 齐武. 一个革命根据地的成长[M]. 北京：人民出版社，1957：193.
[2] 张智勇. 我的片段回忆[J]. 银行月刊，1947（20）：48.
[3] 晋冀鲁豫边区农村信用合作组织发展情况统计[J]. 银行月刊，1947（19）.

款共 85.1 万元，共吸收存款 554.9 万元，发放贷款 3483.7 万元，结合群众私资，帮助群众增加牲口 319 头，坏牲口换好牲口 170 头，增加修理农具 15816 件、布机 463 架、纺车 848 辆，仅运输一项群众即得利 3992971 元，并扶持了工厂、作坊、小贩及解决贫苦群众婚丧、买药、支差、税契等困难。①据邢台县 8 个区统计，截至 1947 年 11 月，通过合作社贷款并结合民众游资共计 4357.118 万元，解决了贷款少而农村生产需要资金多的问题。1946 年春耕时期农具很贵，北流村合作社为了解决民众农具购买困难，经与铁匠商谈后，投资 21500 元买了一部分铁做农具，既解决了民众买农具的困难，也解决了铁匠的生活问题。据邢台、黎城、沁源、沙河 4 个县 80 个信用社的统计，共放出款 10752.6 万元，帮助群众买牲口 620 头，买农具 19232 件、肥料 249 斤、纺车 989 辆、织布机 545 架、羊 987 只，打井 32 眼，运输得利 7025.6 万元，工业得利 480 万元。群众反映："上级给咱想办法，这是自己救自己""有钱存，没钱贷，信用社如同自己的钱柜"。②太岳区阳城县区联社信用部自 1946 年 11 月成立后的一年间，共放出款 10200 余万元，在解决群众生产困难上起到很大作用，据统计，只耕牛即增加 102 头，全区共增加纺妇 1641 名、织妇 490 名。③

3. 使富人得利，穷人得助

太行区索堡合作社一富农社员入股 6000 元，合作社成立信用部之前的 3 个月分红 9600 元，利润等于股金的 160%；一贫农社员入股 500 元，按比例只能分红 800 元，成立信用部后所得利润为股金的 27%；入股 6000 元的富农社员，分红 1200 元。贫农社员除得分红 135 元外，3 个月间贷款 4000 元，加上部分自己的资金买了一头牲口，按 1946 年 11 月作价，即得利 5 万余元。④

4. 为农民的各类生活事项提供了便利

1946 年、1947 年左权县南沟信用社共放款 28.149 万元，借户 62 个，其中用来买牲口的资金占 50% 以上，做运输的占 16%，参战换季的占 10%，婚丧、买地卖粮等社会活动占 15%。⑤这说明贷款不但有重点地扶植了群众生产，同时也广泛地照顾了群众的其他方便。截至 1947 年 9 月，黎城县停河铺合作社组织游资，共吸收存款 38 户 32.188 万元，放款 49 户 156.064

---

① 张智勇. 黎城信用合作经验介绍[J]. 银行月刊，1947（21）：35.
② 王静然. 冀南银行（全二册·2）[M]. 石家庄：河北人民出版社，1989：595.
③ 太岳区农村信用合作工作发展情况研究[J]. 银行月刊，1947（19）：26.
④ 信用合作社问题[J]. 银行月刊，1946（9）：1.
⑤ 郝子质. 左权南沟合作社信用业务的发展与巩固[J]. 银行月刊，1947（18）：24.

万元，帮助群众买牲口 12 头，还帮助群众买布机、家具及看病等，群众感到很方便。①昔阳县郝家村合作社信用存粮，从 1945 年起，每年存入 200 多石，10 个月每石利息粮 2 斗，存时用斗、取粮用斗，存时用斤、取粮用斤。合作社将存粮变款周转，群众随取随给，没有定期限制，群众觉得很便利。②

以上可以看出，信用活动是农民的迫切要求。农村资金组织起来力量是很大的，是弥补银行贷款资金之不足、解决民众生产资金短缺的有效办法。作为农村金融体系的重要组成部分，信用合作组织在交易方式上存在高效性和灵活性等自身优势，在调剂资金、打击高利贷、发展农业生产、改善农民生活、繁荣抗战经济等方面作出了重大贡献。总之，"农村信用社的建立极大地活跃了农村金融、贸易市场，对帮助农民解决生产和生活中的困难发挥了极大作用"③。

7.4.2 发展经验

纵观晋冀鲁豫边区信用合作组织的发展历程，其中有许多值得后人借鉴的经验。下面对这些经验进行归纳，并由此说明农村信用合作是如何开展的。

1. 以农民为中心，确保信用合作社真正为农民服务，解决农民的实际需求

晋冀鲁豫边区的信用合作社注重与农民的紧密结合，以农民为中心，确保了农民的广泛参与和高度的归属感，从而满足了农民的实际需求。

只有搞清楚为谁办、谁来办的问题，彻底实现民办公助，才能巩固和发展合作社。银行对信用合作社是业务指导、资金帮助，信用社是民众的信用组织，不是银行的下级机构，不能有领导关系。早在 1945 年 1 月晋察冀边委会主任宋劭文就指出："民办公助，就是社务（股金、社员、分红制度、入股、退股等）业务（经营什么）都由社员决定，公家不包办干涉""应该是自下而上地发展，自上而下地帮助，贯彻为群众服务的精神。"④民办是信用合作社的根本政策，宜实行民主的、自由与自愿的原则，否则民办就会成为一纸空谈。政府不能包办代替，不能统治利用，银行贷款要交给民众处理，莫让"公助"变成"官办"。发扬社内民主，保护社员权利，

---

① 黎城停河铺合作社[J]. 银行月刊，1947（18）：23.
② 关于信用合作社几个问题的研究[J]. 银行月刊，1947（11）：1.
③ 沁源县金融志编辑组. 沁源县金融志[Z]. 内部资料，1992：26.
④ 魏宏运. 抗日战争时期晋察冀边区财政经济史资料选编（农业编）[M]. 天津：南开大学出版社，1984：451.

入股退股、入社退社，必须是社员自愿；主任职员宜由社员选举；社务要民主公议；账目应按期公布。政府一方面不能任其自流，放弃领导；另一方面，也不能搞强迫命令，包办代替或妨碍其正常发展，真正把民办公助落到实处。如沁县堡村合作社结账分红时，因资金少，虽经过讨论宣布了抽股入股自由，但社员们不仅没有抽股，还把红利一并加入股金，股金由原来的22万元增加到50万元。第二年11月按期结账。①

合作社通常以农民为主体，农民是真正的主人。例如，在太行山西部的一个村子，有70%的农民参与了合作社，这使得合作社的经营和决策都真正得到了农民的支持。再如昔阳县的信用合作社，凭借农民的普遍参与，成功地吸引了更多的存款。河南省辉县的农民信用合作社鼓励农民储蓄，并且农民可以享受到比普通存款更高的利息，有助于增加农民的收入。涉县合作社发现地主实施了不正当行为后，选择农民为新的管理者，证明了合作社致力于确保农民的利益。在汉中县信用合作社，农民不仅可以获得贷款，还可以获得合作社的技术支持和培训，有助于他们更好地进行生产和管理。以上例子都显示了在晋冀鲁豫边区的合作社中，农民是真正的受益者和决策者，合作社的成功很大程度上依赖于农民的参与和他们在其中的主导地位。

农民通过合作社获得了实际利益。①低利率贷款。在泰安的信用合作社，农民可以以低利率获得贷款，这与高利贷形成鲜明对比，大大减轻了农民的经济压力。②更高的存款利息。河南省辉县的农民信用合作社为农民提供了比普通存款更高的利息，鼓励农民储蓄，增加了他们的收入。③技术支持与培训。汉中县的信用合作社为农民提供了技术支持和培训，帮助他们提高生产效率，从而增加收入。④避免了损失。太岳长子县的合作社，尽管最初受到地主的不当管理，但经过纠正，农民得以避免更大的损失，农民的投资得到了保护。⑤农民的权益受到保护。涉县的合作社在发现地主的不当行为后，迅速进行了整改，将农民选为新的管理者，确保了农民的权益。⑥增加了农民的收入和储蓄。河南省的宜阳、洛阳、汝阳和孟津四县，农民通过参与合作社，可以得到更高的红利，增加收入。⑦获取农业生产资料。陕西省的农民信用合作社为农民提供了化肥、种子等农业生产资料，帮助他们提高农业产量。在涉县，农民通过信用合作社获得了信贷，能够购买肥料、种子和其他必需品，从而增加了农业产量和收入。在晋西北，农民还通过合作社获得了与其他地区的商业联系，使他们的产

---

① 岳北各县整顿合作社获得经验[N]. 新华日报（太岳版），1948-11-29.

品能够进入更广阔的市场。

此外，农民还参与合作社的决策过程。农民参与合作社的创办，从最初的合作社成立开始，农民就参与其中。例如，在武安县，即使是在合作社初创时期，也是由贫农、中农等基层农民参与成立的，这意味着从一开始，合作社的方向和目标就与农民的需求和愿望是一致的，农民们亲自参与合作社的决策，以确保社里的资金用于对他们最有利的项目，他们决定以何种方式运用资金，无论是购买新的农业设备、种子，还是为某一季节的农作物提供额外的劳动力。在涉县的一个合作社中，农民作为股东在合作社的经营和管理中发挥了重要作用，他们提供了宝贵的建议，使得合作社的业务能够更好地满足其需要。在多次复查和整顿合作社的过程中，农民参与了对合作社不正当行为的批评和纠正，而这种参与确保了合作社能更加符合农民的利益。以上实例都显示了农民在合作社的决策过程中发挥了关键作用，他们不仅是合作社的成员和受益者，更是合作社的监督者和决策者，这确保了合作社真正地为农民服务。

农民的广泛参与还提升了合作社的透明度和公正性。在涉县和晋西北的案例中，合作社的经营和资金使用都受到了农民的密切关注和监督，确保了合作社真正地为农民服务，而不是为少数人谋取私利。在每年年初，合作社都对其资金情况进行公布，确保所有会员都了解合作社的财务状况，这样就提高了财务透明度，确保农民知道自己的钱用于何处。平定县的农民信用合作社积极鼓励农民参与日常运营和管理，包括对贷款的发放进行监督，以确保公平和透明。在涉县的合作社，地主掌控合作社时出现了一些不公正和不透明的行为，但是农民的广泛参与确保这些问题被及时发现并得到纠正。在地主被替代之后，农民们确保合作社的运营更加公正、公开。以上实际案例证明，只有确保农民的广泛参与和归属感，信用合作才能真正发挥其作用，为农民提供实际帮助。

2. 党和政府强力支持，及时进行了必要的整顿和调整，确保信用合作健康、稳定运营

在晋冀鲁豫边区，党和政府视信用合作社为农村经济发展的重要工具，合作社得到了当地党和政府的大力支持、指导和监管。为了确保合作社正常运作和发展，党和政府采取了一系列措施。

党和政府为合作社提供了初始资金和技术支持。①启动资金。为确保合作社顺利开展工作，一开始党和政府就为其提供了必要的启动资金。这些资金不仅确保了合作社的基本运作，还为初步的经济活动，如购买必要的工具、种子或者为合作社的基础设施建设提供了资金保障。例如，在河

省南辉县，当地政府为合作社提供了初始资金，使合作社得以顺利开展工作，并迅速进入正轨。②应急资金。除了启动资金，党和政府还设有应急资金来应对可能出现的风险和挑战。这些应急资金可以在合作社遇到困难时迅速投入使用，帮助农民渡过难关。③生产技术和管理技术支持。农业生产技术在当时发展迅速，党和政府为合作社提供了与时俱进的农业生产技术培训，如新型的耕作方式、肥料的使用方法、作物的病虫害防治等，不仅提高了农作物的产量，还优化了农作物的品质。除了生产技术支持，党和政府还为合作社的管理层提供了管理培训，包括资金管理、人员管理、农业项目管理等。例如，在汉中县，党组织定期为合作社提供技术支持和培训，使合作社的管理和操作更为规范和高效。这种初期的资金和技术支持，不仅为合作社的建立和发展创造了有利条件，更为农民提供了一个稳定、可靠的经济平台，帮助他们获得更大的经济收益。

党和政府还为合作社提供了政策指导和监督。党和政府为合作社提供的政策指导和监督对于晋冀鲁豫边区信用合作的成功起到了至关重要的作用，确保了合作社活动的方向性、规范性和公正性，帮助合作社在各种挑战中保持正轨，为农民提供了稳定、可靠的经济服务。党和政府为合作社制定了明确的政策指导，这些政策不仅明确了合作社的职责、权利和义务，还为合作社的发展指明了方向。例如，某些政策明确指出，合作社的首要目标是提高农民的生活水平和经济状况，为实现这一目标，政府为合作社提供了税收优惠、贷款优惠等政策支持。政府部门经常会对合作社进行巡查，确保其遵循政策要求，公正、公开地运作。例如，在前述材料中提到的长子县七个村的合作社问题，是在政府部门的巡查中被发现并及时纠正的。在洛阳和孟津，当地的党组织和政府定期对合作社进行检查，确保其按照政策要求正常运作。这种及时的监督和纠正机制确保了合作社的运作始终符合党和政府的要求，不偏离正确方向。当合作社出现问题或者与农民发生纠纷时，党和政府部门会积极介入，进行调解和指导。例如，涉县的九区区联社在地主张朋明、李天厚等人的影响下出现了一系列问题，但在党和政府介入后，这些问题得到了及时解决，合作社得以重新步入正轨。除了直接的政策指导和监督，党和政府还经常会为合作社组织培训和研讨会，使合作社的管理层和员工能够及时了解新的政策要求、运作模式和技术方法。党和政府为合作社提供的政策指导和监督确保了合作社在复杂的社会经济环境中始终保持正轨，为农民提供了高质量的经济服务，为晋冀鲁豫边区信用合作的成功奠定了坚实的基础。

此外，党和政府还为合作社提供了政策倾斜。党和政府为合作社提供的政策倾斜是晋冀鲁豫边区信用合作成功的关键因素之一。这些政策倾斜不仅鼓励了合作社的创建和发展，也确保了它们在与其他经济实体竞争时获得更多的优势。①税收优惠。为了鼓励合作社的成立和发展，党和政府为合作社提供了税收优惠，降低了合作社的经营成本，使其在市场上更有竞争力，也间接帮助了农民，因为他们能够享受到由合作社提供的更低的利率和更好的服务。②贷款优惠。银行和其他金融机构在向合作社提供贷款时，往往给予较低的利率或更灵活的还款条件。这种政策倾斜鼓励了合作社为农民提供更多的信贷服务，帮助他们解决生产和生活中的资金困难。③优先权政策。在资源分配、项目批准或其他政府相关事务中，合作社往往得到优先考虑。例如，涉及农业发展的项目或资源，政府会优先考虑通过合作社进行分配或实施。④培训和技术支持。政府部门经常为合作社的员工和管理层提供培训和技术支持，帮助他们掌握最新的管理方法和技术，提高合作社的运营效率。这也是政策的一种倾斜，因为它为合作社提供了在与其他经济实体竞争时所需的技能和知识。⑤合作社与农民直接联系。政府鼓励合作社直接与农民建立联系，绕过中间商，这样农民可以直接享受到合作社提供的优惠和服务，同时也能确保合作社的稳定发展。这些政策倾斜体现了党和政府对农民和合作社的关心和支持，不仅为合作社提供了发展的有利条件，也为晋冀鲁豫边区信用合作的成功奠定了坚实的基础。无论是在资金、技术、政策指导方面，还是在监督方面，晋冀鲁豫边区的党和政府都为信用合作社提供了有力的支持，确保了其正常运作和发展，从而帮助农民提高了生活水平和经济状况。

3. 经济效益与农民利益结合，始终坚持农民利益至上，确保将贷款用在有效生产上

经济效益与农民利益结合是晋冀鲁豫边区信用合作成功的核心理念。合作社注重经济效益，通过提供信贷、销售平台和技术支持等，帮助农民解决实际问题。

合作社的放贷活动在晋冀鲁豫边区信用合作中起到了关键作用，体现了经济效益与农民利益的结合。结合辉县和其他相关实例，可以看到以下几个明显的特点：①合作社的放贷活动起初主要是针对农民的生产和生活需要。在辉县的实例中，由于农民需要资金进行种植、收购农产品和其他农业相关活动，合作社便通过放贷来满足其这些需求。这为农民提供了及时、方便的金融支持，帮助他们在关键时刻获得所需的资金。②为了确保农民能够承受还款压力并获得实际的经济利益，合作社往往将贷款利率设定得较低，与此同时，合作社还将其盈利的大部分用于进一步降低贷款利

率。在辉县的例子中，合作社的贷款利率显著低于其他金融机构，这为农民提供了显著的经济利益。③合作社在放贷活动中也注重农民的实际还款能力。在放款前，合作社会进行详细的评估，确保农民能够在预期的时间内还款，不仅保证了合作社的资金安全，也减轻了农民的还款压力。④合作社的放贷活动也注重透明性。通过公开审计和检查，农民可以清楚地了解合作社的放贷政策、利率和还款条件，增加了农民对合作社的信任，也确保了放贷活动的公正性。

借贷用途是反映借贷原因与借贷社会经济效果的重要指标。对信用社来说，贷户能否如期还款是最重要的事情。如果大批贷款不能如期收回，那么信用社自身的生存将面临严峻威胁。贷户能否如期还款，主要取决于借款的用途是否正当。如果贷户把借款用在了有效生产上，只要不发生特别的灾荒，到期就一定有能力归还；如果用在消费或商业投机上，那就很难说到期能否归还。因此，贷款用途必须为购买民众的生产资料，如种子、肥料、耕牛、农具等，而不得为购买生活资料，如粮、布、油、盐等。贷款时要考察贷户的融资目的，评估贷户的风险成本，贷后要做好深入的检查，以免农民不正当使用贷款，歪曲了贷款的真正意义与任务。在具体执行中，不仅要有明确的生产观念，还要有帮助农民搞好生产、解决其生产中遇到的具体困难的有效方法，尤其要做好春耕的帮扶，及时贷放生产资金，不违农时，充分发挥信用社以资金组织民众生产的优势。信用社是与劳力互助性质相同的资金互助，其业务的确定应该根据当地生产需要及其已有的信贷业务，一步一步地提高和增加。在资金短缺的情况下，可采用农民所谓的"死物变活钱，劳力变资本"的办法，大力组织民众进行生产，千方百计增加农民收入。概括地说，信用社的经营路线，就是组织民众进行生产的路线，生产的过程就是资本活动的过程，亦是劳资结合的具体过程，只有信用活动与组织生产保持密切一致，信用业务才能得以开展。①

在太岳区阳城县演礼村信用社，从1947年1月到3月，在发放的各种贷款中，购买牲畜贷款27户，共计57.2万元，占贷款总额的48.9%。②1947年上半年沁源县郭道信用社吸收股金129万元，经3个月经营共发放贷款549万元，在组织群众游资、帮助群众生产方面带给群众很大好处。③1947年阳城二区联社信用部成立后共放出款10200多万元，在解决群众生产困难上起了很大作用，据统计只耕牛即增加102头，全区共增加纺妇1641

---

① 王静然. 冀南银行（全二册·2）[M]. 石家庄：河北人民出版社，1989：597.

② 王少浩. 太岳革命根据地金融资料选编（初稿）[Z]. 内部资料，1987：502.

③ 同①：539.

名、织妇 490 名。①

合作社在放贷活动中也考虑了农民的长远利益。除了提供贷款，合作社还会为农民提供相关的培训和指导，帮助他们提高生产效率、提高产品质量和扩大市场份额。这样，农民不仅可以获得短期的经济利益，还可以确保在未来也能够获得持续的经济收益。

在晋冀鲁豫边区信用合作中，合作社的放贷活动展现了其对农民真正的关心和支持。通过为农民提供低利率的贷款、提供透明的放贷信息和注重长远利益，合作社确保了放贷活动不仅可以为自己带来经济效益，还能为农民带来实际的经济利益。

合作社在晋冀鲁豫边区不仅仅局限于金融放贷活动，其服务范围还广泛扩展到了多个方面，这使得合作社的功能得以充分发挥，农民也从中获得了更多的利益。①农业生产支持。在长子县的实例中，合作社不仅为农民提供了金融服务，还向农民提供了化肥、农药等生产资料，使他们能够更有效地进行种植，提高农产品的产量和品质。②农产品收购。除了提供生产支持，合作社还涉及农产品的收购。辉县合作社就收购了农民的玉米、红薯等农产品，确保农民有稳定的销售渠道，避免了农民因市场波动而遭受损失。③生活服务提供。在太行、涉县等地，合作社还向农民提供了日常生活必需品，如米、油、盐等，这样农民可以在合作社内直接购买所需物品，避免了前往远处市场的时间和费用消耗。④培训和教育。某些合作社还为农民提供了技能培训和教育，帮助农民了解现代农业技术、管理方法和市场策略，从而提高他们的生产效率和经济收入。⑤技术支持。合作社还为农民提供了农业技术支持，指导他们采用新技术，从而提高农作物的产量和品质。这些例子明确表明，合作社在晋冀鲁豫边区不仅仅是一个金融机构，更是一个综合性的服务提供者。通过提供多种服务，合作社确保农民得到全方位的支持，从而实现农民经济和生活条件的持续改善。

4. 生产和市场相结合，帮助农民直接与市场互动

生产与市场的结合是晋冀鲁豫边区合作社成功的另一个关键要素。合作社不仅关心农民的生产活动，还注意到如何将这些产品销售到市场，从而为农民创造更多的收益。

①调整生产以适应市场需求。以晋冀鲁豫边区的某些合作社为例，它们在了解到市场上对某些农产品的需求后，鼓励农民进行相应的生产。这种对市场的敏感性确保了农民生产的产品能够被有效销售。②建立直接的

---

① 太岳区农村信用合作社工作发展情况研究[J]. 银行月刊，1947（19）.

销售渠道。在传统模式中，农民的农产品经常需要通过多个中间商销售，这降低了他们的收益。晋冀鲁豫边区的一些合作社成功地为农民建立了直接的销售渠道。例如，涉县的合作社直接在县城设立了门市部，这种直接的销售方式既为农民减少了中间环节，也提高了他们的收益。③提供存储和加工设施。为了增加产品的价值，某些合作社还提供了存储和加工设施。例如，有的合作社提供了米磨设施，帮助农民将稻谷加工成大米，从而提高了市场价值。这种加工也使得产品更容易长时间存储，从而允许农民在市场价格最有利时进行销售。④培训农民以适应市场需求。合作社还为农民提供了培训，教授他们如何改善农产品质量以满足市场的高要求。这种培训不仅增加了产品的市场价值，还提高了农民的生产技能，为他们未来的生产活动创造了更多的机会。晋冀鲁豫边区的合作社成功地将生产与市场结合起来，为农民提供了一个平台，使他们能够直接与市场互动，从而获取更高的收益。这种结合还帮助农民更好地适应市场变化，使他们能够根据市场的需求调整自己的生产活动。

5. 合作社保持透明度与公正性，赢得了农民的信任

合作社的透明度与公正性在晋冀鲁豫边区的成功经验中扮演了核心角色。一个公正、公开和透明的合作社可以赢得农民的信任，进而鼓励他们更积极地参与到合作社的各项活动中去。

①公开的财务报告。透明度首先体现在财务管理上，许多合作社都有定期公开财务报告的制度，使得农民能够清晰地了解合作社的收入、支出及盈利情况。例如，涉县的合作社对于每笔交易和财务决策，都会进行详细的记录，并定期对外公布，确保农民有知情权。②公平的分配制度。公平性体现在利润的分配上。合作社中的利润分配通常基于农民的贡献度，如存款量、生产投入等。在太行区的合作社，农民因为其贡献而获得了相应的红利，这种分配方式公平合理，得到了广大农民的认可。③农民的投诉与建议机制。为了确保公正性和透明度，许多合作社还建立了投诉与建议机制，农民可以提出他们对合作社的不满或建议。例如，在晋冀鲁豫边区的某个合作社中，农民们对某些决策提出了不满，合作社经过讨论后对决策进行了调整。④透明的决策过程。决策过程的透明度也是公正性的体现，许多合作社会在作出重要决策之前征求农民的意见，确保决策符合农民的利益。如清苑的一个合作社决定开设一个新的业务线时，首先会与农民进行磋商，了解他们的需求和建议，然后再做决策。⑤清除不公正因素。公正性还体现在合作社内部的管理上。例如，在之前的历史资料中提到，有合作社被斗争对象把持，他们浪费资金、不公正地管理合作社，但这些

斗争对象被发现并被清除后,合作社得以重新回到公正、公开的轨道上。这些实例表明,透明度与公正性在合作社中是至关重要的。一个公正、公开和透明的合作社可以更好地服务农民,赢得他们的信任,进而鼓励他们更积极地参与到合作社的各项活动中去。

6. 注重农民的长远利益,增强民众的信用观念,使民众了解信用合作组织的金融功能

注重农民的长远利益是晋冀鲁豫边区信用合作社成功的一个关键因素。这不仅仅体现在农民获得的短期的经济回报上,更多体现在对农民在技术、教育和未来发展上提供支持和机会。社员是合作社经营的基础,办好信用合作社,不仅要在经济上与社员有密切联系,而且要肩负起引导社员的责任。① 相对于庞大的资金需求而言,信用合作社的信贷供给存在严重不足,只有动员更多的社员入股,想方设法扩大资金来源,才能有效缓解巨大的资金缺口。在具体做法上,要结合中心任务展开,使民众了解信用社的作用、分红方法及政府促进民众搞好生产等政策,引导他们逐步树立和提高信用观念,深化对互助合作力量的认识,拿办好的实际例子给民众看,克服民众的思想顾虑。信用社职员带头集股并发动民众自愿入股,这是一种值得推荐的发展社员的方法。如阳城县吉德合作社成立时,民众入股的很少,主要是职员入股,等到第一次分红时,民众看到有利,便都入起股来。② 1947年阳城县台底村合作社到浮山去买牲口,走时带款8万元,到了浮山买好了3头牛,价洋28万元,买主只给卖家留了8万元的定钱,回来向信用社贷款20万元,才把牛买回来。这说明民众认识了信用社是自己的,不拿钱就敢到外面买牲口,使用很方便。因此,民众到处宣传,信用社得以很快发展起来。③

为了确保农民能够获得持续的利益,许多合作社为其提供了农业技术培训。例如,在涉县,合作社组织了农业技术培训班,教授农民如何应用现代农业技术提高产量,不仅增加了农民的收入,还帮助他们在日后独立经营时有所依托。为了提高农民的生产效率,一些合作社开始引进现代化的农业工具和技术。例如,晋冀鲁豫边区的某个合作社投资购买了先进的农业机械,这大大提高了农民的生产效率,使他们能够在更短的时间内获得更多的产量。为了鼓励农民储蓄,确保他们在未来遭遇不利情况时有经济支撑,一些合作社设立了储蓄制度。例如,太行区的某个合作社为农民

---

① 刘建章. 办合作社的几个经验[N]. 解放日报, 1944-02-04.
② 张天乙. 太岳革命根据地财经史料选编(下册)[M]. 太原:山西经济出版社, 1991:918.
③ 王少浩. 太岳革命根据地金融资料选编(初稿)[Z]. 内部资料, 1987:504.

设立了储蓄账户，鼓励农民定期存款并提供利息，农民不仅能够积累财富，还能为未来的不确定性提供保障。为了确保农民在未来能够持续获得利益，一些合作社开始投资建设基础设施，如灌溉系统、仓储设施等。例如，晋冀鲁豫边区的某个合作社投资建设了现代化的仓储设施，不仅提高了农产品的储存质量，还为农民创造了更多的经济价值。为了保证农民的产品能够在市场上获得好的价格，一些合作社持续进行市场研究，了解市场趋势和需求。例如，清苑的某个合作社定期对市场进行调研，为农民提供关于种植什么作物、怎样种植的建议，确保农民的产品能够在市场上获得好的价格。上述实例展示了晋冀鲁豫边区信用合作社注重农民的长远利益，不仅满足他们当前的需求，还为他们未来的发展提供了坚实的基础。

应该指出的是，晋冀鲁豫边区信用合作组织的经验是在农村信用合作开展的过程中逐渐积累和习得的，这些经验揭示出一个浅显而深刻的道理：在农村经济中，需要信用合作社来调剂农村金融。

7.4.3 主要弊端

无可否认，与边区其他社会经济实践一样，信用合作组织的建立与发展虽然取得了很大的成绩，但在其自身发展过程中所呈现出的问题同样也是不容忽视的。这些问题大体分为信用合作组织本身存在的问题及信用社职员在执行和管理中发生的偏差两大类。下面先考察信用合作组织自身的问题。

（1）信用社贷款不能满足农民生产生活等多方面的需求

中国是小农经济，小农劳动者是小农生产的主体，也是边区人口的主体，他们的需要是多样的，而信用社贷款供给不足，难以满足小农劳动者的多样化融资需求。一部分信用合作社发展过快且粗糙，组织时只重数量，不重质量，加之开展信用业务时间不长，管理人才稀缺，管理经验不足，资金紧张，业务开展成效不佳。造成资金供给紧张的一个主要原因是，大量放款不能如期收回，导致本已数额太少、周转不活的资金更加捉襟见肘。一些贫雇农为了度荒生产，向合作社借贷，但无偿还能力，拖欠贷款的现象较为严重，贷户认为自己本身是贫雇农，需要组织恩赐救济，形成单纯依赖合作社的心理，认为赊欠是应该的，反正是公家的，不还也没什么。而信用社职员则出于自身考虑或碍于情面而不便催收，事实上为贷户开了绿灯，导致有放无回、有贷无还、有出无入的现象。关于纠正合作社的外欠现象，晋冀鲁豫边区工商管理局在1943年就指出，各处合作社普遍采取赊账方式进行商品销售，甚至外欠货款有超过其股金总额的，并有合作社把资金无利贷给群众等现象,这些现象可导致如下危险:①外欠账款太多,合作社无力周转,业务日趋萎缩,甚至因此停业;②外欠账款讨不上来,成了呆账或瞎账,使合作社遭受损失,致使合作社垮台;③便于职员钻空子,取巧贪污;④由于欠账或借款的不平均,影响社员的团结。①

另外,信用社存款利率偏低,储户感觉存款不划算,导致信用社的吸存能力弱,股金微小,缺乏自我造血能力。奇缺的资金离广大农民的生产要求相去甚远。如翼城县大河合作社,原有资金170万,外欠账款达210万,超过自有资金,以致资金周转不灵。②在翼城,按全县合作社资金计算,全县13万人,每人仅平均300元,还买不到1升米。③

(2)信用社的业务开展未能针对农村经济特点,而是偏向市镇

在农村信用开展之初,由于不了解农村经济的特点,有的信用社组织者认为农村的情况是"富家有款无处放、贫人借贷无门",因此走了"依靠富人、帮助穷人"的错误道路。到1946年信用社的摸索阶段,这一错误观念仍未转变,依靠农民资金互助的观点仍未能明确树立起来。在执行中,认为农村缺乏游资,不好组织,便把发展方向转向经济比较集中的市镇。到集镇后,又感觉钱业利润低、商业利润高,有钱人不愿入股,因此提出"混合业务合作社统一收股、整体分红"的办法,以调剂利润,或者合作社划出一部分资金作为信用部资金。待信用部成立后,又感到合作社业务方向失之偏颇,于是仅作商业投机,不积极组织农民生产,唯恐信用部的资金被挪用,因此规定"划定资金、业务专营"的办法。信用社的业务经营与组织农民生产不结合,未脱离传统钱庄银号的商业经营圈子,仅在存放款手续、利息和期限等单纯的货币活动上做文章,结果只有一些盲目的贷款活动,没有或很少有存款活动,由此偏离了信用社发展的宗旨。如1946年上半年在全边区组织起来的25个信用社中,就有21个在市镇上,而且经营死板呆滞,有的很快就垮了台。④

农民参与度不高,决策过程缺乏农民参与。在部分合作社中,管理层在重要决策上未积极征求农民的意见。例如,当合作社决定调整贷款利率或制定新的存款政策时,管理层通常在内部讨论,而农民的声音被忽视,农民感到自己的利益没有得到充分考虑,也没有机会参与合作社的经营决

---

① 晋冀鲁豫边区工商管理总局关于纠正合作社售货赊账现象的指示. 河北革命根据地合作史料选编[Z]. 内部资料, 1989: 337.
② 太岳革命根据地财经史料选编(下册)[M]. 太原: 山西经济出版社, 1991: 924.
③ 翼城整顿合作社, 改进业务组织供销[N]. 新华日报(太岳版), 1949-01-17.
④ 《冀南银行1947年工作总结(1948年4月15日)》, 载于《华北解放区财经史料(第二辑)》。

策。这种情况下，农民参与度不足导致了决策的不透明性和不公正性。农民作为合作社的主要受益者之一，应该有权利参与到决策过程中，以确保他们的利益得到尊重和保护。如果决策不符合农民的期望，可能会导致合作社内部不稳定，甚至影响到合作社的发展和稳定性。

农民对合作社运营情况了解有限。合作社的财务报表和经营计划通常不向农民公开，导致农民无法全面了解合作社的财务状况和未来发展计划。这种不透明性使得农民难以评估合作社是否能够有效管理他们的金融资源，从而发生潜在的风险，如合作社出现不当管理或腐败行为。因此，提高农民的参与度是确保信用合作社能够有效履行其职责的重要一步。

（3）信用社对银行的过度依赖及政府的过度干预

政府和银行对信用合作社的扶持在一定程度上超出了合理限度，反而削弱了信用社自身独立发展的能力，使其如同"温室中的花草"，缺乏应有的抗风险能力和生命力。信用合作社本应以民众资本为基础，银行的低息贷款只是用于补充私人资本的不足。然而在实际运行中，许多早期合作社的资金来源主要依赖政府或银行贷款，有的合作社甚至有超过50%的资本来自银行支持，这种情况并不鲜见。由于在资金动员过程中未能有效发动群众参与，导致农民对合作社缺乏归属感和责任感。他们普遍认为合作社是政府办的，赔赚与己无关，从而对合作社的发展漠不关心[①]。这种状况进一步加剧了合作社脱离群众基础的问题。

此外，一些信用社并非出于实际需求而设立，而是单纯为了获取银行贷款。这类合作社往往忽视了对群众的宣传和动员工作，既没有激发民众入股的积极性，也难以吸收社会游资。在这种背景下，银行为了推动信用社的发展，继续通过直接贷款或间接信贷手段予以支持。然而过度的资金扶持反而产生了负面效应。部分信用社工作人员逐渐形成了对银行的依赖心理，遇到困难首先想到的是向银行求助，而不是主动改善经营管理、拓展存款业务或扩大股金规模。这种依赖性严重制约了信用社自我发展和壮大的能力。

更为严重的问题在于，当银行投入的资金超过信用社自身的资本基础时，信用社往往更倾向于听命于上级主管部门，而忽视了社员和群众的实际需求。原本应服务于农民的组织，变成了只为完成上级任务的执行机构，这无疑加剧了信用社与农民之间的脱节。

---

① 齐武. 一个革命根据地的成长——抗日战争和解放战争时期的晋冀鲁豫边区概况[M]. 北京：人民出版社，1957：174.

1946年上半年太行区成立的19个信用组织的资金大部分甚至全部是银行资金,信用社等于银行的一个办事处,业务上只有放款没有存款,纵有少数存款,也是不自觉的。①如太行区焦作县豫生信用合作社,1946年4—6月没有吸收一点存款,共发放贷款834.05万元,其中手工业贷款37.2万元、商业贷款796.85万元,这些资金皆是由银行供给的,3个月共拿银行款700万元,事实上等于银行的一个门市部。②

在晋冀鲁豫边区,虽然政府的支持在信用合作社发展初期是必要的,但过度的政府干预可能导致合作社缺乏独立性和自主创新能力。

有些地方政府或党的机构在合作社成立之初就设定了合作社的运营方式,而不是根据实际情况进行调整。还有,在一些合作社中,为了迅速实现集体化,政府要求合作社快速接收新成员,导致合作社无法充分评估和培训新成员,从而影响了合作社的稳定性和效益。

①强制的贷款和投资策略。在某些情况下,政府或党的机关为了实现某些政策目标,要求合作社提供贷款或进行投资,而不是根据市场需求和合作社的实际情况来决策。例如,为了支持某个工业项目或基建项目,政府会要求合作社提供大量的资金,这可能导致合作社的资金链出现问题,甚至导致不良贷款增加。

②价格控制。在某些时期,为了稳定市场和保护农民的利益,政府会对农产品的价格进行干预。但长期的价格干预可能会导致市场失衡,对农民和合作社造成损失。例如,政府可能会设定一个低于市场价格的购买价格,这使得合作社在出售产品时受到损失,进而影响其经济效益。

③人事干预。在某些情况下,政府或党的机关可能会干预合作社的人事决策,指定某些人担任合作社的领导职务,导致合作社的管理出现问题。例如,为了实现政治目标,政府可能会安排某个有政治背景的人担任合作社的领导,而不是根据合作社的实际需要来选举领导。

下面再考察信用社职员在执行和管理中出现的偏差问题。

(1) 信用合作社管理不善、内部腐败与过度扩张

①管理不善。部分合作社在追求快速扩张的过程中,可能出现管理混乱、滥用权力、挪用公款等问题。这些问题可能是由于缺乏有效的监督,或者管理层的短视和不正当行为。例如,在长子县五区韩村等七个合作社

---

① 在分支行经理扩大会上的报告(1947年9月19日)[M]// 财政经济建设——太行革命革命地史料之六. 太原:山西人民出版社,1987:838.

② 冀南银行太行区行1946年上半年农村信用合作社工作总结(1946年8月)[M]// 冀南银行(全二册·2). 石家庄:河北人民出版社,1989:606.

中，存在明显的管理问题，合作社没有组织领导农民生产，反而搬到城镇上做买卖，明显违背了合作社的初衷。在涉县九区区联社，地主张朋明、李天厚等五人在管理上存在严重的问题，没有给农民提供参与的机会，还利用合作社的资源进行个人消费，如骑马回家。

②内部腐败。河村合作社的情况是一个很好的例子。他们用农民的粮食集资，然后搬到鲍店镇开染坊和杂货铺，但实际上这个合作社赚取的资金很少，赚的钱都被用于支付高额的房租和合作社员工吃喝，显示出内部管理上的腐败行为。

③过度扩张。长子县的七个合作社在没有充分考虑自身实际情况和能力的前提下，盲目地从农村搬到城市进行买卖，这是一种典型的过度扩张行为。他们认为在城市中可以赚更多的钱，但事实上缺乏经验和资源，导致了大量的经济损失。某些合作社过于追求利润，导致放贷额度过大，由于没有进行风险评估，最终导致资金短缺和不良贷款增加。

（2）信用社职员包办代替，强行摊派股金

有些信用合作组织在方法上未能采取有效措施，单凭为民众办事的满腔热忱，发出号召，而办事人员为了完成任务，在任务就是行政命令的压力下，出现由职员大包大揽、包办代替的现象，容易滋生非自愿吸收股金、脱离民众强行摊派的不良行为。

在太行区彭城信用社，彭城新华街某妇女从已经上报的股金内又抽回21股。因为当时在会议上大家都报名入股，自己不入股面子上不好看，而她回家后知道丈夫已入股，于是将自己的股抽回了一些。这说明她入股不是自愿的，勉强性很大。①在太岳区阳城区社与联社，有的按村户摊派股金，形成了交钱买思想或出负担，而社员对信用社毫不关心，再加上村职员缺乏民主作风，从其主观愿望出发，置社员的要求于不顾。②在翼城县，城南是按人（合理负担分数）摊派股金的，高村入股退股都不自由。③这些是合作社垮台的主要原因。

（3）信用社职员把贷款当成救济款

有些职员忽视了信用社是组织民众游资，为社员生产服务的经济组织，模糊了低利贷贫以使部分人的资本为大多数民众服务的宗旨，用笼统的群众观点，以一部分人的利益为另一部分人服务。普遍表现为"恩赐观点""救济观点""亏本思想"，无条件地贵买贱卖，照原本单价随便赊借，

---

① 彭城信用社是怎样组织起来的[J]. 银行月刊，1946（8）：26.
② 王少浩. 太岳革命根据地金融资料选编（初稿）[Z]. 内部资料，1987：535.
③ 翼城整顿合作社，改进业务组织供销[N]. 新华日报（太岳版），1949-01-17.

以为只要民众赚了钱，合作社赔钱也是赚钱，否则就是违背群众路线，把信用社当成了慈善机构和供给部。如阳城县二区合作社职员说："合作社是调剂群众的，赊账是应当的，不赊就丢了立场。"①

（4）信用社职员未能因地制宜、因时制宜，只机械地照搬太行经验

太行区是晋冀鲁豫边区的首脑机关驻地，其农村信用合作组织得较好，有许多经验值得借鉴。而有些地区的信用社职员拘泥于太行区索堡信用社"业务专营，资金独立，统一入股，集体分红"的经验，未加分析地机械接受，致使信用社走了弯路。有的职员指导思想出现了偏差，认为"分红是为了弥补放账吃亏，掌握物资为的是弥补利润"②。在当时的战争环境下，还有的职员不了解战时环境下农民经济的特点，对货币贬值、通货膨胀、物价上涨是与战争相伴而生的自然趋势认识不足，片面地认为信用社是唯一的经营货币的机构，通过实物借贷不适合于信用社的活动。而实践证明，单纯的货币活动在战争环境下是很难做到实物保本的。"贷款数额虽然每年都有增加，但贷款资本若以实物标准来看，不是逐年增加或保本，而是逐年减少。"③根据战时农村经济的特点，信用合作事业必须摆脱纯货币活动的束缚，提倡实物存贷，让死物变活钱。如在阳城县信用社经理会议上，大家一致反对将棉花作为贷款标的、以布匹回收本息的实物交换做法，认为这种单纯的货币活动不但不能做到保本，甚至连经费开支也无法维持，故提倡合作社统一分红来填补空隙。④事实证明，上述做法不但不能促进信用社的发展与巩固，反而使信用社的业务发展受到不同程度的限制。

（5）资金流动性与风险管理问题突出，合作社挪用贷款现象严重

过度放贷与不良贷款的增加。晋冀鲁豫边区的某些合作社为了迅速发展，放贷政策过于宽松，导致出现了大量的不良贷款。例如，有的合作社为了鼓励农民参与，给予其过高的贷款额度，但这些贷款由于种种原因（如天气、疾病、市场价格波动等）并未得到及时回款，因此导致信用社资金链断裂。

存款与贷款不匹配。某些合作社在放贷时，借款期限与存款期限不匹配。例如，将获得的短期存款用作长期贷款，导致当存款到期而存款者要求提取时，合作社由于长期贷款无法及时回收，出现了流动性风险。

① 阳城二区合作社的生产赊账和民众路线问题[N]. 新华日报（太岳版），1945-11-21.
② 华北银行太岳分行一办事处银行贷款工作如何具体为生产服务的材料汇总（1948年12月18日）. 太岳革命根据地财经史料选编（下册）[M]. 太原：山西经济出版社，1991：1292.
③ 关于实物贷款几个问题的研究[M]// 财政经济建设——太行革命根据地史料之六. 太原：山西人民出版社，1987：824.
④ 太岳区信用合作一年来初步总结[M]// 王少浩. 太岳革命根据地金融资料选编（初稿）[Z]. 内部资料，1987：534.

投资失败。合作社在扩展业务或追求更高收益时,有时会进行高风险投资。例如,某合作社可能会投资于某个新兴的农业技术,但技术未经验证或市场接受度低,导致了大量的资金损失。

外部经济环境的变化。晋冀鲁豫边区的农业产值受到许多因素的影响,如天气、病虫害、市场价格波动等。当合作社没有对这些风险进行有效管理时,农业可能会面临重大的经济损失。例如,合作社可能预期某一季的农产品价格会上涨,但突发事件导致市场供应过剩,价格大幅下跌,致使合作社的收入大幅减少。

缺乏风险管理知识和工具。尽管合作社的初衷是为了帮助农民,但由于管理者可能缺乏现代的风险管理知识和工具,合作社在面对风险时处于被动状态。例如,某合作社可能对农民进行了贷款,但没有对农民的还款能力进行充分评估,或者没有采取合适的担保措施,导致贷款出现违约。

挪用贷款从事商业经营,是合作社经营中一种较为普遍的现象。其结果不但导致贫雇农入股少、分红少、吃亏大,而且使贷款脱离生产,民众的生产资本匮乏得不到有效解决,背离了贷款要集中用于恢复和发展农村经济的基本原则。1947 年太行区涉县二区农副业共贷款 449 万元,除一个纺织厂贷款 10 万元外,其余全部通过 16 个合作社发放,其中有 12 个合作社挪用贷款 245.25 万元,占贷款总数的 54.6%。合作社挪用的这些贷款,大部分用于购买花椒、烟叶、棉花和羊等商品。①在太行区武西县阳邑裕丰信用社的运营中,资金结构和使用方向暴露出严重问题。该信用社由农工、妇女等群众集资入股 50 余万元,银行投资贷款 90 万元。在短短三个月内,共吸收存款 439.8 万元。然而从资金用途来看:农业贷款仅 12.4 万元,占信用社总资金的 3%;工业贷款为 12.5 万元,占总资金的 9%,占存款总额的 2.1%;而商业贷款高达 545.1 万元,不仅远远超过存款总额,也超过了全部股金和银行贷款的总和,占资金与存款总额的近 94%。即使这些存款主要来自商人,也应主要用于服务存款人。但实际情况是,商业贷款不仅完全占用了全部银行贷款资金,还侵占了 41%的农工群众股金。而在这巨额资金流动中,信用社的净盈利仅有 8716 元 。由此可见,该信用社实际上是在以农工群众的资金为商人服务,严重偏离了信用合作组织应有的服务宗旨和群众基础。②

(6)农民参与度不足与富农路线问题

农民在信用社决策过程中的参与度不足,导致了贷款偏向富裕农户(富农路线),忽视了贫困农户的需求。管理层在制定重要政策如贷款利率

---

① 掀起查贷新贷浪潮[J]. 银行月刊,1948(22):4.
② 王静然. 冀南银行(全二册·2)[M]. 石家庄:河北人民出版社,1989:611.

调整或存款政策时，往往由内部讨论决定，而忽略了农民的意见，这使得农民感到利益未被充分考虑，进而引发不满和不信任。例如，在某合作社中，管理层未征求农民意见便作出决策，导致农民对合作社的经营透明度产生质疑。此外，合作社财务报表和经营计划通常不对农民公开，限制了他们对合作社运营情况的了解，削弱了农民的监督能力。这种不透明性不仅影响了农民对合作社的信任，还可能隐藏管理不当或腐败风险。

因此，提升农民参与度和透明度是确保信用合作社健康发展的关键。农民作为主要受益者，应有权参与到决策过程中，以保障其利益得到尊重和保护，并促进合作社的稳定与发展。

在太行区的部分村庄中，农业贷款存在明显的"贷富不贷贫"现象，贷款资金大多集中在中农、富农手中，贫雇农获得的支持极少。例如，内邱县四区1947年冬贷500万元，除少数村真正发放到群众手中外，大部分资金在合作社内部周转；临城县乔家庄合作社将15万元全部用于自身经营，补要村21.9万元贷款中，仅两户老中农就占13万元，而15户贫雇农合计仅得8.9万元[①]。邢台县南小旺村干部因怕风险，将贷款集中发放给两户非贫农：富农梁彦（群众斗争对象）获贷1万元，中农姚祥冒充买牲口贷款1.5万元[②]。磁县苏村信用部放款20万元，多贷给有车有牲口的农户，无生产工具的贫雇农却无人问津。如贫农包付银组织5人想贩货，因无资本无法开展。鹿平村第一次贷款18万元，全给了中农，贫农因"不符合运输条件"被拒之门外。

从贷款比例看，临城县黑纱村12户中农平均每户获贷16833元，而15户贫雇农每户仅5933元，差距近三倍；平定县西岸村中农贷款占比达14%，贫雇农仅4.3%，相差近3.5倍。[③]

这些实例表明，当时的农村信贷在执行中存在严重的结构性偏差，偏离了扶持贫困农民、发展生产的初衷。[④]

可以说，上述问题一直伴随农村信用合作组织建立和发展的过程始终，也从一个侧面反映出其中的艰巨性、矛盾性和复杂性。由于这些问题的存在，加之战争环境下严重的通货膨胀和物价上涨给信用合作组织的经营带来诸多不利影响等客观因素，以及其经营主要取决于外部资金的供给，总体力量还相当薄弱等自身因素，致使一部分合作社垮台。到中华人民共

---

① 孙世禄，等. 彻底清查贷款被斗户不是扶助对象[J]. 银行月刊，1948（22）：8.
② 王静然. 冀南银行（全二册·1）[M]. 石家庄：河北人民出版社，1989：512-513.
③ 本书编写组. 华北解放区财政经济史资料选编（第二辑）[M]. 北京：中国财政经济出版社，1996.
④ 参见《华北解放区财经史料选编（第二辑）》.

和国成立前，大多数信用合作社都停业倒闭。信用合作社之所以没得到持续发展，除了上述主客观因素外，还有深刻的经济、社会和文化方面的原因，如制度安排上存在道德约束、融资期限难以摆脱短期性和规模上的小额性、运行范围存在割据性、发展方式难以保持持续性，而且合作组织是在政策宣传和银行支持等外力推动下人为创造的产物，尚缺乏坚实可靠的社会人文基础。在借贷双方对利益的追求很难实现的情况下，信用供给难以为继，而有效信用供给的逐渐枯竭必然使这种信用活动趋于消亡。

综上所述，晋冀鲁豫根据地开辟以来，边区的信用借贷与农民发展生产是相互依存的关系。在抗日战争和解放战争时期，农村信用合作组织的建立和发展，尽管力量薄弱，存在诸多偏向与不足，但它在资金稀少、职员缺乏、战争扰乱的困难情况下所发挥的历史作用是不可低估的。客观地说，单靠农村信用社是担不起调剂广大农村资金的责任的。我们要坚持历史唯物主义看待历史问题，把合作社置于当时的社会环境中进行评价，不要把一切扶助农业生产的重任都推到信用合作社上，应该在当时的时代背景下根据其自身的力量，给其能够负担得起的任务。在当时高利贷盛行的民间，农村信用社的建立和发展逐渐打破了传统的私人借贷始终居于主导地位的农村借贷格局，对解放束缚农民的精神枷锁、发展社会生产力具有划时代的意义。"农村信用社的建立极大地活跃了农村金融、贸易市场，对帮助农民解决生产和生活中的困难发挥了极大作用。"[①] "信用合作社组织了农村的游资，活跃了农村的金融，并为杜绝高利贷的剥削、消灭高利贷准备了条件；为政府对农民发放生产贷款提供了一个现成的助手。"[②]客观地说，作为一项新的现代农村金融制度，农村信用合作组织在发展的过程中表现出这样或那样的不足是不可避免的，无论如何，瑕不掩瑜，它所作出的历史贡献是值得肯定的。

7.5 信用合作红色文献的 Python 量化文本分析

7.5.1 量化文本分析问题提出

信用合作社是一种基于互助合作原则的金融机构，其发展起源于中国农村。信用合作社在中国的兴起可以追溯到 19 世纪 80 年代，随着农村经

---

① 沁源县金融志编辑组. 沁源金融志[Z]. 内部资料，1992：26.
② 齐武. 一个革命根据地的成长[M]. 北京：人民出版社，1957：193.

济改革的推进，信用合作社逐渐发展壮大，成为促进农村经济发展的重要组织形式之一。①特别值得注意的是，习近平总书记在党的二十大报告中指出："全面推进乡村振兴，坚持农业农村优先发展，巩固拓展脱贫攻坚成果，加快建设农业强国，扎实推动乡村产业、人才文化、生态、组织振兴。"党的二十大报告将农业强国提高到了前所未有的高度，也是中国特色社会主义进入新时代首次将"农业强国"写进党代会报告。2024 年的中央一号文件中要求：加快农村信用社改革化险，推动村镇银行结构性重组。农村信用社改革是我国金融体制改革发展中的一种特有现象。②数十年来，经过多轮改革，特别是 2003 年试点改革成立省联社后，农信社历史包袱大大减轻，法人治理逐步完善，③经营实力和管理水平显著提高，金融服务能力大大提升④，在服务"三农"、脱贫攻坚和乡村振兴中发挥了重要作用，自身也不断发展壮大，在我国金融体系中的地位和作用不可或缺。⑤

"时机成熟，势在必行。"如今农村信用社内外部环境发生了巨大变化，⑥进一步加快和深化农信社改革化险，需要明确方向，通过优化政策和制度安排，⑦提升农信社稳健发展能力和综合服务能力。⑧知史而后明，本书重点研究了晋冀鲁豫边区和陕甘宁边区两个特定区域内信用合作社的发展情况，通过运用 Python 量化文本分析，包括主题分析、词频统计、词云图绘制、关键词 TF-IDF 值计算、共现关键词和独有关键词分析及知识图谱绘制，分析这两个边区开展信用合作的相似点，进一步探索二者开展信用合作在制度设计的关注点和倾向性及执行方式上的差异。在此基础上，鉴古知今，为当今农村信用合作发展提供历史借鉴。

由于当时中共主导的合作社体系中，生产型合作社占主导地位，信用合作社数量相对较少，且区域间发展严重不平衡，导致边区信用合作方面

---

① 罗剑朝，张珩. 农村信用社发展现状及改革方向[J]. 人民论坛, 2023（21）: 48-53.
② 王宇平. 基于 AHP 的农村信用社经营绩效影响因素分析[J]. 农业经济, 2022（7）: 91-92.
③ 陈加民，谢志忠. 第一大股东易主对农村信用社经营绩效影响的实证研究[J]. 东南学术, 2021（5）: 139-147.
④ 穆争社，穆博. 农村信用社县域法人地位：稳定抑或升级？[J]. 南方金融, 2022（3）: 3-13.
⑤ 崔长彬，潘长风，张正河. 中国新型农村合作金融：历史镜鉴与体系架构[J]. 经济问题, 2022（2）: 112-120.
⑥ 马九杰，亓浩，吴本健. 农村金融机构市场化对金融支农的影响：抑制还是促进？——来自农信社改制农商行的证据[J]. 中国农村经济, 2020（11）: 79-96.
⑦ 何广文，张少宁. 合作社内部信用合作：合作异化还是新业态?[J]. 东岳论丛, 2021, 42（12）: 118-123.
⑧ 刘达，温涛. 深化农村信用社改革的关键问题和治理对策[J]. 经济纵横, 2022（10）: 103-109.

的研究成果较为稀缺。现有关于边区信用合作的研究主要有两方面。一是历史学视角的研究。开展农村信贷业务，组织农村信用社，为农民和城市手工业者服务，蓄积农民的劳力物力，发展农村的生产力。[①] 合作社是政府促进农民借贷的重要组织，合作社借贷对促进农民生产、改善农民生活起一定的作用。[②] 信用合作社是群众资金互助的最高形式，是群众性的独立金融机构。[③] 信用社的开展未能针对农村经济特点，有些偏向市镇。[④] 发展合作社就必须重视政治、经济、文化等各个领域的密切联系，将劳动合作社看作中国农民革命变革的重要媒介。[⑤]

二是经济学视角的研究。关于农村信用合作贷款是高利还是低利，尚存在较大分歧。有学者认为，农村信用合作贷款利率随着物价上涨会有所上浮，但相对于农村传统借贷而言，其利率较低且利率上涨幅度也较小。[⑥] 有学者持相悖的观点，认为边区农贷和合作贷款实质是一种"新的高利贷"，农贷在遏制传统民间高利贷的同时也创造了新的高利贷[⑦]；民国时期的农贷一方面冲击农村高利贷，另一方面又导致高利贷更加猖獗[⑧]。

总体而言，已有边区信用合作相关研究成果普遍采用基于史料描述的夹叙夹议，对于建模的计量经济史研究较少，对于史料的量化文本主题模型分析则更少。基于此，本书以抗日战争和解放战争时期晋冀鲁豫边区和陕甘宁边区信用合作历史文献为语料，基于 Python 量化文本分析法，探讨两边区信用合作史料文本的主题分类、词频统计分析，进一步揭示二者开展信用合作在制度设计和执行方式上的异同，并据此提出现实借鉴。

---

① 常亮功. 抗战时期冀南银行资产保全办法[J]. 中国金融，2004（18）：70-71.
② 李金铮. 论 1938—1949 年华北抗日根据地和解放区合作社的借贷活动[J]. 社会科学论坛，1999（Z3）：106-109.
③ 陈建华. 晋冀鲁豫解放区的信合机构[J]. 中国金融，2016（1）：93-94.
④ 霍东升，袁喜艳，李桢. 解放战争时期边区金融发展研究——以晋冀鲁豫边区为例[J]. 河北金融，2021（8）：66-70.
⑤ [澳]波林·基廷. 抗日战争时期合作运动的剖析[M]// 南开大学历史系. 中国抗日根据地史国际学术讨论会论文集，北京：档案出版社，1985.
⑥ 成功伟. 贱利抑或高利：抗战时期川省农村合作贷款利率研究[J]. 历史教学（下半月刊），2016（10）：56-62.
⑦ 易棉阳. 民国时期国家农贷中的农贷悖论解读[J]. 中国社会经济史研究，2011（4）：85-91.
⑧ 陈立中，曾耀荣. 南京国民政府以农贷抑制高利贷的二律背反现象分析[J]. 湖南大学学报（社会科学版），2013，27（2）：139-143.

7.5.2 研究设计

1. 资料来源

本书广泛收集"中国历史文献总库·近代报纸数据库"、"中国历史文献总库·红色文献数据库"、"延安时期文献档案数据库"、《红色档案——延安时期文献档案汇编》、"民国时期期刊全文数据库"中涉及晋冀鲁豫边区与陕甘宁边区信用合作的文献,重点包括《银行月刊》《人民日报》《新华日报》《陕西合作通讯》《社会月刊》《中外经济情报》《新农业》等,通过人工精读(Close Reading)方法二次处理提取到文本,以减少干扰。[①]边区信用合作相关金融史料共计50余万字。

2. 文本特征分析

与其他政策文本相比,晋冀鲁豫边区和陕甘宁边区信用合作文献史料具有三个特征:第一,主题结构具有明确的政治倾向、阶级观点,文本所在的主题信息在分析时尤为关键;第二,文本具有鲜明的历史时代背景,晋冀鲁豫边区和陕甘宁边区信用合作文献取自抗日战争和解放战争时期,具有时代烙印;第三,文本具有较强的实践性,反映了当时管理者对边区信用合作的认识和解决问题的决心,具有一定的历史价值和现实借鉴意义。

3. 基于Python的量化文本分析法

文本大数据为经典问题研究提供了新视角[②],本书使用了基于Python的量化文本分析技术,这是一种先进的利用Python来识别关键词频率的文本分析方法,并已在政策文档和报告分析中得到广泛应用。[③]作为计算文本分析的重要基础方法之一,词典法[④]在这项研究中得到了应用。通过结合搜狗词库、专家的经验知识,以及使用基于Python的自然语言处理库jieba分词库,本书创建了一个包含6315个边区金融发展相关术语的定制词典,使得研究能够准确地识别和提取用于分析的关键术语及其修饰词。在这个基础上,我们进行了深入的语义分析,探索了边区信用合作和金融发展的内在关联与发展路径。通过对术语间的逻辑关系进行挖掘,构建了一套更

---

① Nelson L K. Computational Grounded Theory: A Methodological Framework[J]. Sociological Methods & Research, 2020, 49(1), 3-42.

② Gentzkow M, B T Kelly, M Taddy. Text as Data[J]. Journal of Economic Literature, 2019, 57(3): 535-574.

③ Irkv, Hovy. Text Analysis in Python for Social Scientists: Prediction and Classification[M]. Cambridge: Cambridge University Press, 2022: 1.

④ 沈艳,陈赟,黄卓. 文本大数据分析在经济学和金融学中的应用:一个文献综述[J]. 经济学(季刊),2019, 18(4): 1153-1186.

为完善的概念框架,为深入理解战时边区金融发展的复杂体系提供了新的思路与方法。这一分析模型不仅在理论上有所突破,也为边区信用合作的现实借鉴提供了有力支持。

4. 边区信用合作主题分类

主题分析是一种常用于组织科学和传播学研究的方法。[①]在 Python 分析中,主题分析是一个反复迭代的过程,涉及对文本数据进行比较和分类。[②]在主题分析开始之前,通常无法准确知道文本的类别或主题,然而通过研究人员对文本内容进行反复识别和分类,可以最终将相似的内容归为一类。为了更便捷地处理中文的文本数据,可采用 Python 库里的 SnowNLP 工具。SnowNLP 是一个由 Python 编程构建的类库,主要用于对文本进行分类和统计等操作,能够迅速处理中文的文本内容。

通过调用 SnowNLP 库中的 summary 函数,自动提取原文语句,并得到该算法下的晋冀鲁豫边区和陕甘宁边区信用合作发展的主题,如表 7.12 所示。

表 7.12 Python 自动提取的边区信用合作发展主题

区域	序号	主题
晋冀鲁豫边区	1	大家一致认为合作社应大量组织群众生产
	2	按生产特点组织作坊,合作社能为群众解决困难
	3	合作社是为群众服务的,应保持作风民主,不应牺牲合作社集体的利益去解决社员的生产及生活问题
陕甘宁边区	1	边区的政权是从土地革命中建立起来的,一切政府工作都应通过群众、依靠群众,信用合作社的发展及生产、教育建设工作也不能例外
	2	拥有新民主政治的边区发展了抗战的经济和文化建设
	3	通过信用合作社,边区人民的生活有了改善,物质基础已有了相当保障,但困难还很多,无法满足实际的需要

根据晋冀鲁豫边区和陕甘宁边区的主题分析结果,可以总结出两个区域信用合作发展的政策倾向。其中,晋冀鲁豫边区主题一和主题二都强调了合作社应大量组织群众生产,并按照生产特点组织作坊,以解决群众的

---

① Perez F, Granger B E. IPython: A System for interactive Scientific Computing[J]. Computing in Science & Engineering, 2007, 9(3): 21-29.

② Oliphant T E. Python for Scientific Computing[J]. Computing in Science & Engineering, 2007, 9(3): 10-20.

生产困难，表明晋冀鲁豫边区在信用合作发展中注重推动农业生产。主题三指出合作社是为群众服务的，强调作风民主，不能牺牲合作社的集体利益去解决社员的生产及生活问题，表明晋冀鲁豫边区的信用合作发展政策注重保障社员的权益，关注群众的需求和利益。陕甘宁边区主题一指出边区的政权是通过土地革命建立起来的，信用合作社的发展需要依靠群众，表明陕甘宁边区在信用合作发展中注重推动经济的发展，同时注重发展教育。主题二和主题三指出通过信用合作社，边区人民的生活有了改善，但仍存在困难，表明陕甘宁边区的信用合作发展政策关注群众的生活状况，并努力改善他们的物质基础，但也意识到仍有许多问题需要解决。

综合两个区域的信用合作发展主题，可以发现晋冀鲁豫边区和陕甘宁边区均注重群众的利益和需求，在信用合作发展中关注保障社员权益和改善群众的生活，在信用合作发展政策倾向上都注重生产和群众，尽管在具体的侧重点方面有所不同。晋冀鲁豫边区注重大量组织群众生产，陕甘宁边区注重依靠群众推动经济和文化建设。这些政策倾向旨在推动经济增长，提高群众的物质生活水平，并关注群众的权益和需求。

7.5.3　两边区信用合作词频统计与词云图

词频统计和词云图是文本挖掘的重要工具和技术，在分析和可视化文本数据方面具有极强的功能（吴祥佑，2023）。词频统计（Term Frequency, TF）是通过计算某个词语在文档或语料库中出现的次数来评估该词语的重要程度。它提供了一种量化依据，用于衡量词语在文本中的出现频率和关键性。通过词频统计将词语按照频次排序，我们可以清晰了解某个词语在文本中的出现情况，并推断其在文本主题或内容中的重要性。词云图（Word Cloud）是一种常用的文本可视化技术，它通过词语的频率和重要性来调整词语的显示大小，从而直观地展示词汇的重要性，具有很强的可视化特点。词云图能够将高频关键词以更大的字体显示，突出显示文本的核心信息，更加直观地展示了词语在文本中的重要性和出现频率，帮助读者快速把握文本的主题和要点。通过视觉上的突出显示，词云图帮助读者更好地理解和分析文本数据，准确捕捉关键信息并发现隐藏在大量文本中的趋势、模式和关联。

本书根据 Python 词频统计结果及晋冀鲁豫边区和陕甘宁边区情况，绘制两边区信用合作相关词云图。图 7.1 为晋冀鲁豫边区金融供给相关历史文献的 TOP 25 关键词词频统计，可以发现，在关于晋冀鲁豫边区金融供给的研究中，与生产相关的词汇出现频率最高。这一结果表明了金融供给对农村生产发展的重要性,信用合作组织通过提供融资支持、促进生产要素整合与共享,可以有效提高农民收入水平,改善农村社会发展状况,推动晋冀鲁豫地区农村生产的发展。

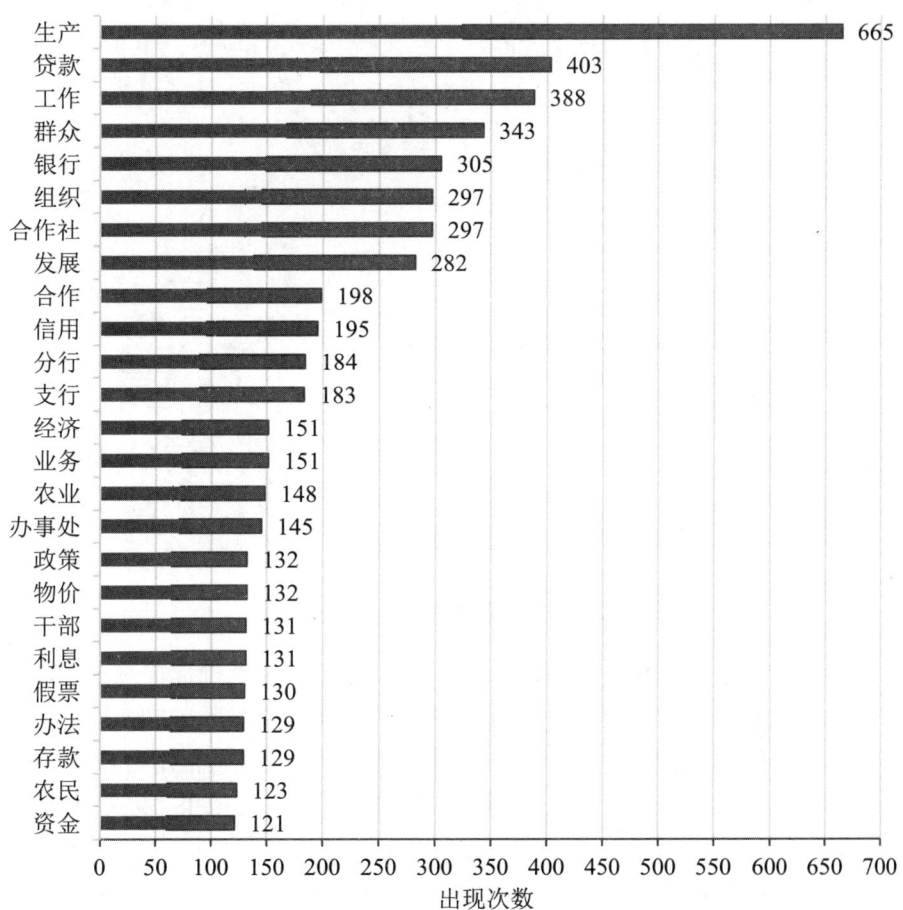

图 7.1 晋冀鲁豫边区金融供给相关词频统计

图 7.2 为晋冀鲁豫边区信用合作相关文献的词云图,图中凸显了在信用合作历史文献中的关键词:生产、贷款、工作、群众、银行、组织、合作社、发展、合作。字体大小排序表示的是关键词在各政策文件中出现的频次,这些关键词反映了晋冀鲁豫边区信用合作发展政策的重点和特点。一方面,相关政策倾向于通过支持农村生产、提供贷款和金融服务、加强组织能力等方面的措施,促进农村经济的发展和农民收入的增长;另一方面,这些政策注重以人民群众为中心,通过与银行合作、建立合作社等方

式，实现信用合作政策的落地和执行。

图 7.2 晋冀鲁豫边区信用合作词云图

图 7.3 为陕甘宁边区信用合作相关文献的 TOP 25 关键词词频图，可以发现，在关于陕甘宁边区农村信用合作的研究中，与边区、工作、生产相关的词汇出现频率较高。这一结果表明，陕甘宁边区农村信用合作对于边区及其工作和生产方面具有重要作用，并取得了显著的成果。通过对边区的特殊关注、有组织地开展工作和对生产活动的支持，信用合作促进了边区经济增长，改善了农民生活，推动了农村社会的发展，最终推动陕甘宁边区农村生产的发展。

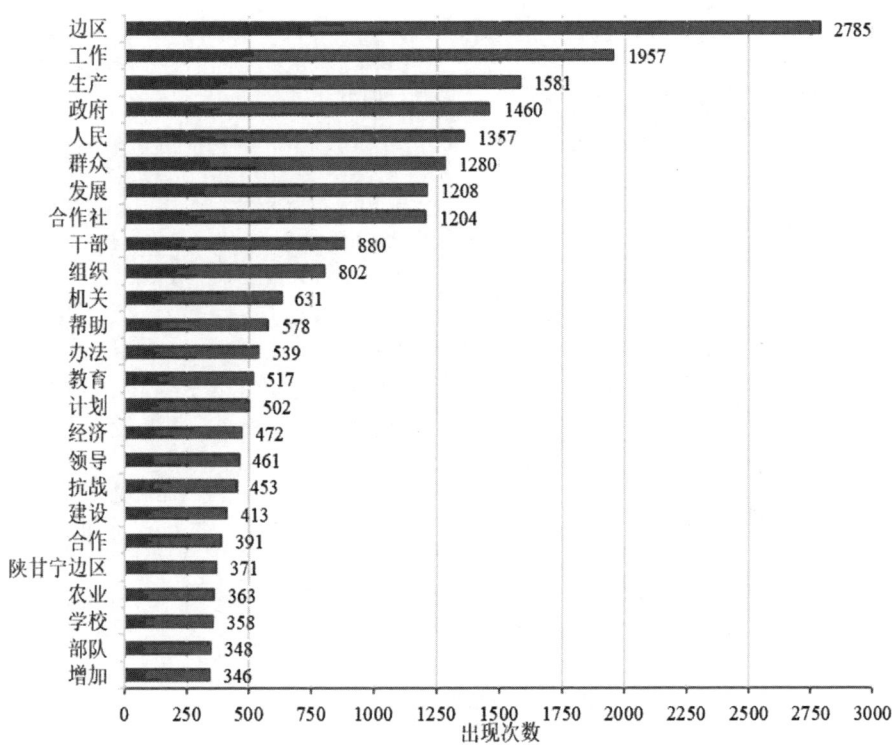

图 7.3　陕甘宁边区金融供给相关词频统计

图 7.4 为陕甘宁边区信用合作政策文件的词云图，凸显了在信用合作政策文件中的关键词：边区、工作、生产、政府、人民、群众、发展、合作社、干部、组织。字体大小排序表示的是关键词在各政策文件中出现的频次，这些关键词反映了陕甘宁边区信用合作发展政策的重点和特点。首先，边区政策凸显了通过金融服务支持边区的经济增长和改善。其次，生产工作是推动信用合作实施的关键。再次，政府在信用合作中扮演重要角色。最后，政策以人民为中心，满足了农民的金融需求，提高了农业生产水平和农民生活质量。

图 7.4 陕甘宁边区词云图

7.5.4 两边区信用合作关键词 TF-IDF 值计算

TF（Term Frequency，词频）和 IDF（Inverse Document Frequency，逆文档频率）是文本分析中常用的加权统计技术。TF 用于衡量某个词在文档中的重要性，通过计算某个词在文档中出现的次数与文档总词数的比值来评估其重要程度，词频越高，该词在文档中的重要性也越高。然而，TF 在衡量词汇重要性时存在一定的不足之处，因为出现次数最多的词往往是一些常用词，其信息含量较低。IDF 则用于准确测度关键词的权重，相对地，在理论或政策学习中，不常见的词或新词往往具有更多的信息含量，这就需要引入 IDF 来准确测度关键词的权重。IDF 根据语料库的情况计算，衡量了一个词在整个语料库中的普遍程度。如果某个词在语料库中出现得越少，那么它的 IDF 值就越大，表示它具有更高的权重。综合考虑 TF 和 IDF 可以得到 TF-IDF 指标，其综合了关键词在文档中的频率和在整个语料库中的普遍程度，从而准确地评估出关键词的重要性，突出文本的核心内容和特点。

通过表 7.13 可以看出，晋冀鲁豫边区和陕甘宁边区关键词的 TF 值排序和 IDF 值排序是存在一定差异的。相对于 TF 值，晋冀鲁豫边区的关键词 IDF 值除了强调生产工作的重要性，"群众""人民"显现出高 IDF 值，反映了晋冀鲁豫边区农村信用合作社在政策颁布及运营过程中非常注重服务人民群众的宗旨。此外，"金融"和"工业"也是在晋冀鲁豫边区农村信用合作资料中具有较高 IDF 值的关键词，表明晋冀鲁豫边区对金融领域及工业发展非常重视。信用合作组织通过提供金融产品和服务来支持当地农村经济的发展，为工业企业提供金融支持和服务，推动农村地区的工业化进程，从而推动晋冀鲁豫边区的可持续发展。

陕甘宁边区的关键词 IDF 值相对于 TF 值，除了强调边区生产工作的重要性，可以看到关键词"农贷""人民""教育""财政"和"工业"等的 IDF 值相对较高。首先，农贷作为一种金融服务形式，致力于为农民和农村企业提供必要的资金支持，促进农业生产和农村经济的发展。此外，"人民"是陕甘宁边区农村信用合作资料中又一个具有较高 IDF 值的关键词，表明该地区农村信用合作社始终将为人民服务作为宗旨。另外，关键词"教育""财政""工业"也在陕甘宁边区资料中具有较高的 IDF 值，反映了该地区农村信用合作社对教育事业的重视，以及在经营过程中注重与财政部门和工业领域的合作，推动了农村地区的工业化进程。

表 7.13　TF-IDF 值前 10 位关键词

晋冀鲁豫边区关键词			陕甘宁边区关键词		
序号	高 TF 值	高 IDF 值	序号	高 TF 值	高 IDF 值
1	生产 665	生产 0.0133	1	边区 2785	生产 0.0166
2	贷款 403	贷款 0.0080	2	工作 1957	工作 0.0117
3	工作 388	工作 0.0077	3	生产 1581	农贷 0.0094
4	群众 343	群众 0.0068	4	政府 1460	财政 0.0087
5	银行 305	人民 0.0061	5	人民 1357	政府 0.0081
6	合作社 297	金融 0.0059	6	群众 1280	人民 0.0076
7	组织 297	组织 0.0059	7	发展 1208	群众 0.0072
8	发展 282	工业 0.0056	8	合作社 1204	工业 0.0072
9	合作 198	发展 0.0039	9	干部 880	教育 0.0052
10	信用 195	信用 0.0039	10	组织 802	发展 0.0048

注：高 TF 值关键词所在的列给出了关键词及其词频，高 IDF 值关键词所在的列给出了关键词及其权重值。

通过分析关键词的 TF 值和 IDF 值，可以更好地理解晋冀鲁豫边区和陕甘宁边区农村信用合作社的政策偏向和运营理念。两个区域对于生产、农贷及人民的重视相差无几，但是晋冀鲁豫边区相对于陕甘宁边区更加注重对于金融和工业的发展，通过提供金融产品和服务来支持当地农村经济发展，进行资源的交换整合，为工业企业提供金融支持和服务，从而推动农村地区的整体经济发展。综合对比两个区域的高 TF-IDF 值，对于进一步制定相关政策、改进服务和促进经济发展具有重要的参考价值。

7.5.5 两边区信用合作共现及独有关键词分析

为清晰理解晋冀鲁豫边区和陕甘宁边区信用合作的制度设计和开展情况，本书以"关键词"为分析单元，基于晋冀鲁豫边区和陕甘宁边区信用合作历史文献的共现关键词和独有关键词，剖析两边区开展信用合作的异同点。

1. 共现关键词分析

表 7.14 显示了晋冀鲁豫和陕甘宁两边区金融主题的关键词词频统计，两边区有"生产""工作""群众""组织"等 11 个共现关键词，反映出二者在开展信用合作方面的共性。

根据晋冀鲁豫边区和陕甘宁边区信用合作历史文献的共有高频关键词"合作社""组织""发展"来看，晋冀鲁豫边区和陕甘宁边区在开展信用合作方面的共同点是：重视发展农村合作社经济，通过建立健全的组织体系来推动信用合作的发展，并将信用合作作为促进经济发展的重要手段。通过信用合作，农民可以解决生产、销售、信用等方面的问题，提高农民的生产效率和经济收入，推动农村经济的发展。

①合作社。晋冀鲁豫边区和陕甘宁边区都非常注重发展农村合作经济。合作社是一种集体经济组织形式，通过集体所有、集体经营、集体劳动的方式，实现农民的合作与成果共享，提高农民的生产效率和经济收入。在两个边区的政策文件中，"合作社"这一词汇出现的频率都比较高，反映了当时中国共产党对发展农村合作社的重视。

②组织。晋冀鲁豫边区和陕甘宁边区在信用合作方面都非常重视建立健全的组织体系。在两个边区的政策文件中，"组织"这一词汇出现的频率也较高，说明两个边区都认识到要推进信用合作的发展，需要有一个有序、高效的组织机制来协调和管理各项工作。通过建立健全的组织体系，可以确保信用合作的顺利进行，从而提高农民的信用水平和经济效益。

③发展。晋冀鲁豫边区和陕甘宁边区都将发展作为重要目标，并将信用合作作为促进经济发展的手段之一。两个边区都认识到，发展信用合作

可以解决农民在生产、销售等方面面临的信用问题，帮助农民获取更多的生产资金和市场资源，从而促进农村经济的快速发展。在晋冀鲁豫边区的政策文件中，经常提到"发展农业经济""增加农民收入"等内容。例如，《晋冀鲁豫革命根据地建设农业纲领》就明确提出了以农业为基础，发展工业，实现农业"自给、自足、自卫"和工业"自足、自卫"的既定目标。因此，晋冀鲁豫边区在推动信用合作的过程中，着重强调提高农民的生产水平和经济效益，帮助农民脱贫致富。同样，陕甘宁边区在推动信用合作的过程中也非常注重经济发展。例如，《关于推广合作社的决定》中提到："发展各种经济组织，特别是合作社，是扩大生产、增加收入、发展经济的重要途径。"可以看出，陕甘宁边区也将信用合作视为促进农村经济发展的重要手段。通过推广合作社等经济组织，加强信用合作，可以帮助农民增加收入、提高生产水平，从而促进陕甘宁边区的经济发展。

表 7.14　晋冀鲁豫和陕甘宁两边区金融主题关键词词频统计

共现关键词			独有关键词			
	晋冀鲁豫边区	陕甘宁边区	晋冀鲁豫边区		陕甘宁边区	
生产	665	1851	贷款	403	边区	2785
工作	388	1957	银行	305	政府	1460
群众	343	1280	信用	195	人民	1357
组织	297	802	分行	184	机关	631
发展	282	1208	支行	183	帮助	578
合作社	296	1204	业务	151	教育	517
合作	198	391	办事处	145	计划	502
经济	151	472	政策	132	领导	461
农业	148	363	物价	131	抗战	453
干部	131	880	利息	131	建设	413
办法	129	539	假票	130	陕甘宁	371
			存款	129	学校	358
			农民	123	部队	348
			资金	121	增加	346

2. 独有关键词分析

表 7.14 显示，晋冀鲁豫边区有"贷款""银行""分行"等 14 个独有关键词，陕甘宁边区则有"教育""计划""帮助"等 14 个独有关键词。两组对照，两边区信用合作独有关键词反映出一系列制度设计和目标指向，

对两类独有关键词的分析可以从"制度设计"和"执行方式"两个维度展开。

（1）制度设计维度

根据晋冀鲁豫边区和陕甘宁边区信用合作文献词频统计情况，在晋冀鲁豫边区的信用合作政策文件中，出现频率较高的词汇是"贷款""银行"和"信用"；而在陕甘宁边区的信用合作政策文件中，出现频率较高的词汇是"边区""政府"和"机关"。这种差异反映了两个边区在信用合作中制度设计的关注点和倾向性有所侧重。

一方面，晋冀鲁豫边区更加关注通过银行贷款去扶持信用合作的开展。贷款是信用合作体系中的重要组成部分，对于初期信用合作的开展起了重要的扶持作用。在晋冀鲁豫边区的信用合作政策文件中，"贷款"出现的频率较高，说明政府和银行对农村信用合作提供了初始资金和贷款。早期的晋冀鲁豫边区合作社，资金来源主要是政府贷款，一个合作社的资本50%以上是银行贷款。[①]

另一方面，晋冀鲁豫边区还关注银行和信用。银行作为金融机构的重要代表，在信用合作中发挥着核心的作用。晋冀鲁豫边区的信用合作政策文件中，"银行"和"信用"出现的频率较高，表明晋冀鲁豫边区政府和银行高度重视农村的信用合作，并积极推动其建立和发展。为了实现这一目标，政府发布和制定了一系列的公告、条例、纲要和计划，将信用合作视为农村复兴的关键措施，并将其列为银行的核心业务之一。1941年的《晋冀鲁豫边区合作社条例》明确指出，信用合作是指农业、工业生产贷款服务的提供者，合作社享有优先获得政府和银行提供的低利率贷款的权利。[②] 晋冀鲁豫边区在1946年上半年银行的方针与任务中指出："银行开展农村信用合作事业，发展群众性的借贷关系，以促进生产。"[③]

相比之下，陕甘宁边区信用合作政策文件的独有术语中没有出现与"银行"直接相关的高频词汇，而是出现了"政府"和"机关"等词语，说明陕甘宁边区在信用合作中更加注重政府部门的参与和指导。政府在该边区可能扮演着更为重要的角色，通过政策制定、资源调配等方式来推动和支持信用合作活动的开展。作为中共中央所在地的陕甘宁边区，其特色和需求在信用合作中得到了充分的重视。这些不同的制度设计关注点反映了两个边区在信用合作中的侧重点和关注点不同，为各自边区的信用合作提

---

① 齐武.一个革命根据地的成长——抗日战争和解放战争时期的晋冀鲁豫边区概况[M].北京：人民出版社，1957：174.
② 太岳革命根据地财经史料选编（下册）[M].太原：山西经济出版社，1991：910.
③ 太岳区经济局调查研究室.经济工作参考资料（第一辑）[Z].铅印本，1946：45.

供了有针对性的支持和指导。

由此可见，晋冀鲁豫边区和陕甘宁边区在信用合作方面的差异体现在对"银行"与"政府"的强调程度上。晋冀鲁豫边区注重银行的角色和业务，而陕甘宁边区更加注重政府部门的参与和指导。这可能是由两个边区在战时背景、地方条件及政策导向的差异所导致的。

（2）执行方式维度

由于地理位置、央地关系和历史条件的不同，陕甘宁边区和晋冀鲁豫边区在信用合作政策中可能存在一些差异，这反映在陕甘宁边区信用合作文献的独有词频上。晋冀鲁豫边区的信用合作文献史料中，出现频率较高的词汇是"分行""支行"和"业务"。分行和支行可以为信用合作提供专业的金融指导和咨询，帮助参与者更好地理解信用合作的原则和操作方式。此外，分行和支行还能够监督和管理信用合作的资金流动，确保资金使用的合法性和安全性。这反映了晋冀鲁豫边区在信用合作方面更加需要银行及其分支机构的扶助，并且关注具体的业务操作。而银行对边区信用合作的大力扶助出现在信用合作发展的初期，由此也反映出晋冀鲁豫边区开展信用合作早于陕甘宁边区。

从发展阶段看，晋冀鲁豫边区的信用合作在抗日战争初期就开始发展，并且得到了边区党政领导的大力支持。晋冀鲁豫边区的信用合作起步较早，早在 1939 年冀南行政主任公署发布振兴合作事业的布告中指出，"查冀南合作事业，本署定在可能情形下，加以贷款、免税以及其他应得之便利与保障，事关目前急务，幸各踊跃举办。"[①]在 1941 年《晋冀鲁豫边区合作社条例》中规定，合作社有向政府及银行获取低利贷款之优先权，合作社股金一律免除资产负担。[②]

陕甘宁边区的信用合作起步则相对较晚，主要在抗日战争后期才兴起。1943 年 3 月，陕甘宁边区建立了首个信用合作社，名为南区沟门信用合作社。这个合作社是在当时边区政府和人民银行的支持下建立起来的，以服务农民为宗旨，主要办理农村信用社和商业储蓄所业务。南区沟门信用合作社不仅为群众提供贷款，还积极吸纳群众的存款，利用群众的闲置资金来解决他们的经济问题，反对高利贷的剥削，并助力农业生产的发展。当时由于缺乏存款，信用合作社无法正常开展工作，所以没有设立储蓄所，只能用贷款来弥补不足。到了 1944 年 2 月，合作社股金业务增长到 360 多

[①] 本书编写组. 抗日战争时期晋冀鲁豫边区财政经济史资料选编（第一辑）[M]. 北京：中国财政经济出版社，1990：426.

[②] 太岳革命根据地财经史料选编（下册）[M]. 太原：山西经济出版社，1991：910.

万元，拥有 600 多名社员，存款超过 500 万元，贷款超过 1400 万元。①南区沟门信用合作社作为陕甘宁边区最早成立且表现最出色的信用合作社，其迅猛发展展示了当时迫切需要一个与边区农村环境相匹配的信用体系，同时也反映出急需改变边区金融事业落后这一状况。受到南区沟门信用合作社成功模式的推动，截至 1945 年 5 月，该地区已经成功建立了 35 个信用合作社，总资金规模达到了 7.55 亿元，为边区的经济增长作出了显著贡献。②

从开展方式来看，陕甘宁边区信用合作文献史料中出现频率较高的独有关键词有"帮助""教育"和"计划"，表明该边区注重通过帮助和教育来推动信用合作发展，同时强调计划性的管理。从历史沿革来看，1935—1948 年不仅是新民主主义革命时期中国共产党局部执政时间最长、区域范围最广的时期，也是政治、经济、文化和教育各个领域全面发展的时期。抗战时期陕甘宁边区按照新民主主义教育方针，形成了包括干部教育和国民教育的陕甘宁边区教育体系。1942 年党中央发布的《关于在职干部教育的决定》明确指出："在目前条件下，干部教育工作在全部教育工作中的比重应该是第一位的。而在职干部教育，在全部干部教育中的比重又应该是第一位的。"③帮助和教育可以提高参与者的信用意识和信用水平，让人们更加了解信用合作的目的和意义，从而提高整个信用合作的效果和质量。而计划性的管理则可以有效地规范信用合作的流程和执行过程，保障信用合作的可持续发展。通过培训、咨询、信用档案管理和低息贷款补贴等措施，政府致力于帮助农民了解信用合作的重要性。

从央地关系看，在两个边区信用合作史料文本中，陕甘宁边区的独有高频关键词还有"抗战"与"建设"。陕甘宁边区作为战时中共中央所在地，其信用合作政策更加注重抗战与建设的紧密结合。信用合作被看作支持抗日战争和经济建设的重要手段之一，政府通过信用合作来支持农民的生产和经营活动，增强农村经济的活力，为抗战提供物资支持。陕甘宁边区和晋冀鲁豫边区之间，是中共中央与地方根据地、指挥与服从、控制与被控制的关系。④自从建立了根据地，中共的政权都采取了相对单一的集权方式，而不是采用地方分权的模式，这也决定了党在长期执政过程中形成了

---

① 陕甘宁边区最早、最好的信用合作社：延安县南区沟门信用合作社[N]. 中华合作时报，2021-09-08.
② 赵士清，马春梅. 陕甘宁边区第一个信用合作社[EB/OL]. 中国供销社网，2016-03-22.
③ 中国延安干部学院. 延安时期大事记述[M]. 北京：中央文献出版社，2010.
④ 李金铮. 抗日根据地的"关系"史研究[J]. 抗日战争研究，2016（2）：10-14.

高度集中统一的管理体制。在这一制度框架内，中央政府对地方政府具有极大的权威性，地方政府则缺乏足够的自主决策权。晋冀鲁豫边区作为根据地和解放区的重要组成部分，其信用合作政策更多地着眼于统一规范和组织化建设。晋冀鲁豫边区的信用合作政策注重组织建设和管理，并加强对信用合作社的监督和指导。

此外，通过对晋冀鲁豫和陕甘宁边区农村信用合作社发展的词频统计分析，我们可以看到两个区域在信用合作社发展中存在共同的政策倾向，即关注农业生产和服务基层群众。然而不同的术语频次排序揭示出两个区域的不同侧重点。晋冀鲁豫边区注重金融供给和信用体系建立，陕甘宁边区则强调与政府合作、为农民提供全面帮助。这些分析结果对于了解两个区域信用合作社发展的特点和趋势具有重要意义。

综上所述，陕甘宁边区和晋冀鲁豫边区在信用合作制度设计和执行方式上可能存在一些差异。陕甘宁边区的信用合作政策更加注重抗战与建设的紧密结合，晋冀鲁豫边区的信用合作政策则更多地着眼于组织建设和管理。这些差异反映了两个边区在开展信用合作方面的不同关注点和实践重点。

7.5.6 知识图谱

知识图谱构成了一个有结构的语义知识库，它能够高效地阐释现实世界中各种实体、概念及它们之间的相互关系。其独特之处在于能够深刻剖析庞杂的数据，呈现出清晰的知识结构。这种结构不仅为我们指引了前行的方向，更在信息迷雾中提供独到的洞见（Shifhrin 和 Borner，2004）。本书通过调用 Python 的 Network X 库，以某一词汇在文中同步出现频次排名前八为基准构建了晋冀鲁豫边区和陕甘宁边区信用合作发展的知识图谱（如图 7.5 和图 7.6 所示）。

晋冀鲁豫边区和陕甘宁边区信用合作知识图谱展现了这两个区域在开展信用合作方面的共同关注点和差异。通过对每个节点进行阐释，可以更好地理解这些因素在边区金融发展中的重要性和相互之间的联系。图 7.5 显示，晋冀鲁豫边区信用合作知识图谱共包含 8 个节点，其中"金融""工业""发展""经济"构成了外围 4 个支柱；"贷款""工作""群众""生产"则形成了知识图谱的 4 点内核；"生产"处于内核的中心位置。图 7.6 显示，陕甘宁边区信用合作知识图谱共包含 8 个节点，其中"工业""财政""教育""工作"构成了外围 4 个支柱；"农贷""政府""群众""生产"则形成了知识图谱的 4 点内核；"生产"处于内核的中心位置。

从知识图谱的内核来看，两个区域都以"生产"为内核的中心，均注重农贷、政府及群众的力量发展。在晋冀鲁豫边区知识图谱的外缘，可以看到其将金融、工业的发展融入进来以推动经济的发展。金融发展，为战时晋冀鲁豫边区抵制日军的封锁和经济掠夺、克服战时财政收支困难、服务经济战线，发挥了不可替代的重要作用。陕甘宁边区除了同样关注工业的发展，更加倾向于借助政府财政发展教育。陕甘宁边区的教育模式是战争时期诞生的一种独特的教育方式，是在特定的时代、特定的地域和特定的社会背景下形成的一种创新的教育模式。[①]这一教育模式是中国共产党在新民主主义革命阶段创立的一项重要的建设项目，为我国抗日战争和解放战争的最终胜利奠定了坚实的基础，同时也为中华人民共和国成立初期社会主义教育制度的建立积累了宝贵的前期经验。

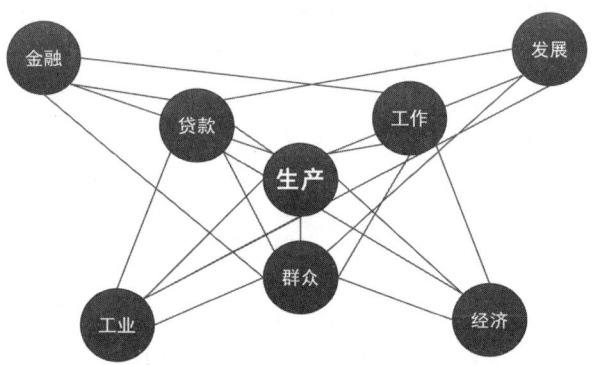

图7.5 晋冀鲁豫边区信用合作知识图谱

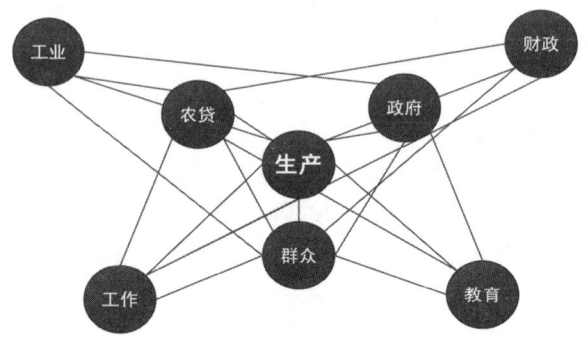

图7.6 陕甘宁边区信用合作知识图谱

---

① 栗洪武，龙宝新. 陕甘宁边区教育的历史贡献与现实意义——陕西师范大学教育科学学院博士生导师栗洪武教授访谈[J]. 社会科学家，2008（6）：3-6.

基于以上分析，可以得出以下启示：

晋冀鲁豫边区的信用合作发展的现实借鉴：注重大量组织群众生产，通过提供金融支持、促进生产要素整合与共享等方式，推动农业生产的发展。加强与金融和工业领域的合作，为工业企业提供金融支持和服务，推动农村地区的工业化进程，实现经济结构的转型和升级。关注社员的权益，保障群众的需求和利益，保持作风民主，以人民为中心，解决社员在生产和生活中的问题。

陕甘宁边区的信用合作发展的现实借鉴：工作作风与组织机构真正实现群众化与企业化的融合。信用合作社在适应农村环境的同时，也充分顾及农民的需求。始终坚持贯彻调节金融、助力生产和为人民谋利益的方针。边区的信用合作是基于现实需求而展开的，要灵活地处理各类教育类型的轻重缓急，充分发挥群众办学的自主性、积极性和创造性。坚持教育的服务性，使教育始终服务于党和政府的中心任务。加强与政府财政部门的合作，借助财政力量，实现对边区经济和教育的投入和支持。关注农民的生活状况，努力改善他们的物质基础，满足农民金融需求，提高其生产水平和生活质量。

总之，晋冀鲁豫边区和陕甘宁边区在信用合作社发展方面都注重群众的利益和需求。未来的发展方向应该继续关注社员权益和改善群众生活，同时根据各自区域的特点，加强与金融、工业和政府部门的合作，推动经济发展和提高社会福利水平。这些结论和启示将有助于指导晋冀鲁豫边区和陕甘宁边区信用合作社发展的方向和重点，并为当今农村金融发展政策制定、服务改进提供现实借鉴。

第 8 章　结语：借鉴与启示

晋冀鲁豫边区的开创距今已有八十多年的历史了，在战火纷飞中诞生和成长的根据地、解放区是新中国的雏形。新民主主义革命的胜利不仅是在中共领导下所取得的军事上的胜利、政治上的胜利，也是经济上的胜利。当时边区所处的历史环境是，20 世纪 30 年代前期中国农村面临破产，农村金融枯竭，农民普遍负债，高利贷猖獗。随后在与日军的长期抗战中，中共开辟了包括晋冀鲁豫边区在内的 19 个根据地。从晋冀鲁豫边区的经济建设历程可以折射出，革命给根据地、解放区带来的经济压力是暂时的，而创造一种新的经济制度和新的生产方式是长期的。实践证明，中共是从历史大势中谋发展的。

8.1　战时经济规律借鉴与启示

本书通过研究晋冀鲁豫边区金融机构的创建与金融政策的实施、农村民间借贷关系的变迁、农村金融的供给，反映了抗日战争和解放战争时期中共对农村金融发展的探索过程。在这一过程初期，中共对新民主主义革命时期经济的认识尚不深刻，对其发展方向尚不明确，对边区的经济建设尚缺乏经验。且不必说中共制定的各项政策尚不完全符合边区经济发展的客观规律和客观实际，即使正确的政策在各地执行中也会发生种种偏差。这就决定了中共的政策和理论水平，需要在对错误作出及时改正中不断提高。客观地说，任何政策皆有其局限性，关键是如何克服其缺陷和不足，保证政策的实践效果达到最优化。实践证明，中共做到了这一点，中共的经济思想经历了从幼稚逐步过渡到比较成熟的变化过程。

历史的经验是值得借鉴和铭感的。东汉哲学家王充曾言："夫知古不知今，谓之陆沉……夫知今不知古，谓之盲瞽。"此言道出了总结历史经验、为现实服务的必要性。在中共的带领下，晋冀鲁豫边区的金融发展遵循"一要打仗,二要建设"的指导思想,在极端困难的情况下取得了丰硕成果。边区所制定的各种政策以及在执行中所创造的成功的经验抑或失败的教训,蕴含着农村金融发展的客观规律和各项金融政策的指导原则,都是宝贵的历史遗产。其中反映出的制定各项经济政策必须从现实情况出发,从有利于解放生产力出发,尊重客观经济规律等一系列思想,在今天的金融体制改革中,仍不失其借鉴意义。

中国共产党不断发展的红色金融事业,以建设具有中央银行职能的银行机构为中心,从一开始就重视对货币的统一和管理,建立起统一的货币发行机制,为金融发展提供了制度保障。[①]中共以自己的财政金融力量有效抵制了敌人的经济封锁和掠夺,最终确立了人民币制度,实现了货币主权的完整和币制的统一。[②]综观抗日战争和解放战争时期晋冀鲁豫边区的各种金融政策和行为,有的属于战时性与暂时性的,不具有延续性;有的属于政治性的,以赢得民心、巩固政权;有的属于一般性经济规律,当今仍在沿用。

(1)属于战时性与暂时性,不具延续性的金融政策和行为主要有:改造传统金融体系,建立战时的现代金融机构

"先破后立",改造传统的金融货币体系,取缔传统高利贷剥削,是建立新民主主义金融体系的前提条件和客观需要。全面抗战前夕晋冀鲁豫四省交界区的农村金融,就农户的融资途径而言,主要有典当、钱庄、合会等传统借贷组织和私人高利贷者,其中后者是农户借贷来源的主体。典当、钱庄、合会等传统借贷组织,尽管在运行过程中流弊较多,但它们利弊参半,对当时的社会经济与农民生活也有一定的存在价值。全面抗战时期,晋冀鲁豫边区各根据地相继创建了上党银号、冀南银行与鲁西银行三个相对独立的金融机构,它们均为各自根据地的金融市场稳定、经济繁荣、保证抗战供给作出了贡献。

冀南银行作为晋冀鲁豫边区的中心银行,为 1949 年以后中国的货币金融统一做了诸多准备,为中国人民银行的诞生和中国金融业的发展奠定了坚实基础,被誉为"新中国金融的摇篮"。今天的中国人民银行是从解放区银行逐渐发展演化而来的。无可否认,中国的国家金融机构经过六十余年的发展,取得了巨大的成功,而这些成功是建立在战争年代诞生的冀南

[①] 孙建国,唐莹. 新民主主义革命时期红色金融体系的构建与发展[J]. 江西社会科学,2022,42(4):123-134,207-208.

[②] 王红曼. 对新民主主义时期货币体系的考察[J]. 西北民族大学学报(哲学社会科学版),2008(6):112-117.

银行的基础之上的。

(2)属于政治性,以赢得民心、巩固政权的金融政策与行为主要有:消灭了传统高息债权债务关系,禁止高利贷剥削

晋冀鲁豫边区有关减租减息的条令经历了从无到有、从简到全的不断修正过程。关于减息,主要内容集中体现在利率限定和债务清偿两方面。全面抗战时期的减息政策,除禁止高利贷是中共的一贯主张外,先后经历了新债旧债一律年利率减至 1 分或 1 分半;新债有不同的债息规定,借贷双方可自由议定利率,旧债如前。在解放战争时期,借贷政策经历了由减息向废除传统高息旧债的转变过程。在减租减息运动中,中共对押地与典地做了不同的政策规定,广大农民在收回押地、回赎典地方面取得了丰硕成果,使农村各阶层的土地占有关系发生了变化。边区农民在分享减租减息和土地改革果实的同时,又陷入民间金融停滞的痛苦之中。对此,边区政府采取了多种缓解措施并收到了一定的效果。

在革命战争年代,中共通过法令严格限制了民间借贷利率,这样实际上否定了资金出让者的利息收入,也否定了货币资本作为生产要素之一的有偿使用原则,降低了资金要素的使用效率,严重影响了农村民间借贷关系的正常发展。更进一步,中共利用政权的强制性,强行剥夺了地主的债权及其他私有产权,同时始终关注高息借贷可能给边区农村带来的消极影响,并逐步免除了作为革命主要力量的农民对地主的债务负担,这些显然不是经济手段所能解决的。中共通过财产的重新分配来干预农村借贷,以缓解当时的社会矛盾,希望劳苦大众能支持政权、支持革命。与此同时,作为民间信用的主体,边区农民与地主之间借贷关系的法律地位被颠覆了,地主长期积累起来的财富和文化断裂了,原来的尊卑有序的文化被打乱了。

晋冀鲁豫边区经过减租减息和土地改革,严厉禁止了各种类型的高利贷。在中共的高压政策下,高利贷开始从人们的视野中消失,但与此同时,农村民间金融出现了严重的停滞现象。中华人民共和国成立之初,民间又出现高利借贷的倾向。据 1954 年中国人民银行对河北、河南、山西、广东、贵州、江苏、吉林 7 省 16 县 18 个典型村 3435 户农民调查,在 1954 年近 10 个月里,有 546 户农民借债,其中无息借款占 36.57%,月息 3 分以下的占 13.17%,月息 3~5 分的占 9.08%,5 分以上的占 41.18%,月息最高的达到 120 分。①此后在实行高度集中的计划经济体制下,高利贷也曾

---

① 中国社会科学院,中央档案馆.1953—1957 中华人民共和国经济档案资料选编(金融卷)[M].北京:中国物价出版社,2000:441.

一度退出历史舞台，销声匿迹。改革开放以后，随着经济生活的日趋活跃，民间借贷又悄然兴起，高利贷死灰复燃并呈日趋蔓延之势，反映了变革后的农村经济尚不适应处于转轨过程中的制度。

为何高利借贷屡禁不止、几经风雨而犹存呢？其历史原因是，在现代金融制度远未成熟的情况下，暴力革命仅能在制度上废止高利贷，其结果也仅是暂时减轻贷户的高利贷负担，并没有从根本上解决农民的融资问题。只要农村金融供给与需求不对称，高利贷就有存在的空间。尽管高利贷有令人鞭笞的一面，但作为一种历史悠久的借贷形式，其之所以没有被历史淘汰而顽强地延续下来，也从反面说明其在一定程度上满足了社会经济需要。高利贷卷土重来，也说明这种金融形式较适合于农民的融资需要，是一种有效率的借贷方式，不可能在短期内靠外来强力取消。应当汲取历史的经验教训，在农民信贷供求均衡不能实现、农村信贷市场不能出清的情况下，政府不应该人为地、简单地、一味地取缔或禁止民间高利贷，否则农民必然陷于地下高利贷市场而不能自拔。

8.2 一般性经济规律借鉴与启示

属于一般性经济规律且当今仍在沿用的金融政策和行为，主要有以下五个方面。

（1）金融应与实体经济紧密结合，金融机构和政策制定者应持续关注实体经济的需求，并相应地调整和创新金融产品和服务

晋冀鲁豫边区金融机构深化基层金融服务，重视服务于基层和农民，强调金融服务应当回归初心，即服务实体经济和普通民众。在当今情境下，意味着金融机构应更加关注为中小企业、农民和其他基层群体提供贴近实际需求的金融服务。边区金融机构在提供服务时强调对农情和民情的深入了解，这启示当今金融机构要深入实地了解客户的真实需求和困境，提供高质量的服务。晋冀鲁豫边区的金融机构强调群众性和民主性，即金融不仅是为群众服务的，还应当听取群众的声音，让群众参与金融决策。晋冀鲁豫边区金融机构注重听取农民和基层人民的意见，确保金融政策和决策既有科学性又有民主性，能够真正服务于群众。在当今环境下，金融机构在作出决策时应当更加开放和透明，积极听取客户和公众的意见和建议。金融决策不应仅仅由少数专家或高层管理人员决定，应该广泛征求公众意见，确保金融政策和决策更加公正、透明和有利于社会与经济的长远发展。

随着金融市场的发展和技术的进步，金融服务越来越多元化和专业化，但核心仍然是要满足人们的基本金融需求。金融机构应时刻关注广大民众的需求，提供合适的金融产品和服务。

（2）利用货币政策这一金融工具促进经济平稳较快发展

掌握了货币的发行原则和流通规律，就可以利用它来掌握市场趋势，发展经济。战时边区实行的货币政策，是边区政府配合财政政策、贸易政策等其他经济政策而推行的。邓小平在太行区时曾指出："我们的货币政策，也是发展生产与对敌斗争的重要武器。"这是中共较早的在全面抗战时期运用金融工具促进经济发展的思想。货币政策实行的结果，正如邓小平所言："打击了敌人利用法币的阴谋，缩小了伪钞的市场，强化了对敌经济斗争的阵容，给了根据地经济建设以有力的保障。"[①]这表明货币政策是加快经济建设的重要金融工具。

中华人民共和国成立以来，尤其是改革开放以来，随着经济体制改革的不断深入，金融体制和中央银行制度也随之不断完善，中央银行的货币政策在调控宏观经济过程中所发挥的作用越来越大，并成为主要的宏观调控手段。在战争年代坚持的货币发行原则——减少财政发行、增加经济发行，也是当今人民币发行的最基本原则。晋冀鲁豫边区利用货币政策来调节经济发展的规律，在当今新的经济体制下同样可以利用，货币政策依然是经济运行中政府进行宏观调控的主要手段和必不可少的金融工具。

（3）加强预期管理，增强货币信用，保持币值稳定，控制通货膨胀

货币是金融存在的必然前提，也是构成金融体制的基本要素之一。冀钞是晋冀鲁豫边区农村金融的核心和代表。通过经济手段与行政手段相结合，改变了边区币制混乱的局面，建立了冀钞本位的统一货币制度，为维护金融安全、保持币值稳定创造了条件。在财政异常拮据的条件下，边区一方面积极促进币制统一，另一方面又特别重视币值的稳定，与同期法币制度产生了强烈反差。由于边区政府采取了一系列行之有效的稳定币值、控制通货膨胀的办法，尽管发生了不同程度的通货膨胀，币值和物价也发生了一定的波动，但与国统区、沦陷区和友邻区相比，币值和物价又处于波动中的相对稳定状态，反映了边区政府在战时对稳定金融和治理通货膨胀的认识深度和掌控能力已经有了一个逐步深化的过程。

货币信用的巩固及币值和物价的稳定与否关系到人民的切身利益，从而影响到政府的民众支持度和政权的稳定性。在战争年代，财政收支很难

---

① 太行区的经济建设[M]// 邓小平文选（第一卷）. 北京：人民出版社，1994：84.

达到平衡，出现一定程度的财政赤字是普遍的现象。但是如果各方面做得好，缩小财政赤字，使物价不致剧烈波动，保持币值的相对稳定也是可能的。战时晋冀鲁豫边区保持货币信用巩固及币值和物价相对稳定的经验主要有：限制货币发行总量，根据经济需要适度调整货币发行增量；物价的管理需要各职能部门运用各种手段协同配合；运用行政手段进行价格管理，必须遵循价值规律；在运用行政手段管理价格的同时，必须注重经济手段的运用和充分发挥经济规律的作用；政府应掌握适时将必要的物资和资金投放市场，才能有效地平抑物价。正是由于历史经验的启示，中华人民共和国成立初期，陈云治理了严重的通货膨胀。同样，当前中国存在"大经济"与"小货币"的严重矛盾，人民币如果获得国际货币主导权，可进一步争取国际货币体系和国际金融市场的话语权。从历史逻辑着眼，中国货币制度在相当长时期内被超大规模经济和低值货币本位所形塑并表现出非常独特的样态，从而决定了它更具有为国内经济和民生服务的特点，与某些欧美国家的货币动辄作为对外扩张和确立世界霸权的手段形成鲜明对比。[1]晋冀鲁豫边区的这些宝贵经验对人民币国际化仍不失其借鉴价值。当前金融工作要重视运用预期管理这一工具，不仅货币政策，各项金融政策也必须通过各种方式合理引导市场预期，避免市场谣言传播和政策误读，增强政府的公信力。[2]

（4）开展惠农生产贷款并以发展生产为中心，促进经济繁荣

生产贷款的开展是促进边区农工商业发展的重要途径，对边区生产力的提高发挥了显著作用。生产贷款的布置、实施等是一项复杂的系统工程，以贫苦农民为放贷对象，以扶植生产为放贷用途。低利惠农性借贷，是生产贷款的又一个突出特征。在战时通货膨胀的情况下，农民在得到低利贷款实惠的同时，也出现了民间金融凝滞和边区银行资本亏本蚀利的负面影响。为此，边区银行适时举办了实物贷款，保存了银行资金实力，促进了边区经济发展。边区的生产贷款在大幅推动农工业生产与恢复、繁荣农村经济的过程中，也出现了一些弊端，并在一定程度上影响了生产贷款的效果。

边区银行业务在农村的延伸，在很大程度上弥补了农村资金的不足，并在一定程度上取代了民间借贷。作为正规金融机构，边区银行规章制度严格，放贷手续烦琐且借贷门槛较高，并限定贷款用途；而私人借贷则与

---

[1] 张杰. 大国货币崛起的中国道路：人民币孕育成长百年历程[J]. 经济理论与经济管理，2021，41（10）：4-18.

[2] 周俊才. 陕甘宁边区红色金融政策[J]. 中国金融，2022（4）：97-98.

之恰好相反，便于农民及时得到贷款资助。因此，任何一种金融组织与金融工具均不能完全满足农民灵活性和多样化的金融需求，促使不同性质的金融工具优势互补，发挥各自的金融功能十分必要。同时，经济学常识告诉我们，利率是调节资金需求的有力杠杆，而边区政府和银行的低利生产贷款政策非但不能发挥应有的调节功能，反而在一定程度上扭曲了贷款资金的供求关系。另外，边区生产贷款与当代银行贷款不同，当时的战争环境、农民的分散与无组织状态及金融体系的不完整性，使当时贷款行为的政治意义不逊于经济意义。

边区政府和银行举办的生产贷款，其经验总结起来主要有：贷款对象与贷款用途要坚持生产观点和阶级观点相结合；在解决农村资金短缺问题上要坚持生产贷款资金与民众游资相结合；举办实物贷款，使货币贷款与实物贷款相结合；贷款发放要有重点，反对平均分配；贷款发放要手续简单、不违农时。尤其是制度设计要与地方实际相结合，确保金融资源被有效地分配到最需要它的地方。晋冀鲁豫边区金融制度的建设紧密围绕当地农村产业的实际需求。这种地方化的策略使得金融服务更加贴合当地民众的需求，从而提高了金融资源的利用效率。

我们不能割断历史，也不能一成不变地照搬西方现成的东西，对于历史上金融支农曾取得的成功经验，要在新时期不断发扬光大。目前中国的金融体制改革滞后于经济增长，农村金融供给约束较大，商业性金融机构的"三农"属性淡化并将其业务重点转向城市和非农产业，农业政策性金融机构在许多方面也存在一定的问题，其金融支农功能受到很大限制。而边区生产贷款的这些经验无疑仍有现实借鉴意义。随着全球化的深入，金融制度往往有一定的统一性，然而每个地方的经济、文化和社会条件都是独特的，因此为确保金融服务的有效性，很多地方在采纳国际金融标准的同时，也进行地方化的调整。这种结合的方法不仅确保了金融的稳定性，也使得金融服务更具针对性。制度设计与地方实际相结合是确保金融体系健康、稳定和高效运作的关键。晋冀鲁豫边区的实践提供了一个宝贵的经验，告诉我们如何根据地方实际进行有效的金融制度设计。

另外，边区银行的实物贷款作为一种特殊时期的特殊金融主导，既影响生产主体的选择行为、投资行为和生产行为，也影响实际资源的配置。同时，作为一种暂时性的金融政策，边区银行的实物贷款在调节方式、调节内容和调节手段上，为国民经济恢复时期国家积极开办折实储蓄以实现保本保值、稳定金融物价和吸收社会资金提供了重要的历史经验，也为当今把货币政策作为一种调节社会总需求的宏观经济政策提供了一个历史的实证。

（5）以不同贷款形式提高贷款的使用效率，大力支持信用合作，实现信贷资金的精准支持

为了提高贷款的使用效率，实现适合农村特点的金融供给的有效增加，边区银行在贷款的发放和管理上开展了有益尝试。如果说银行是政府建立的金融机构，那么农村信用社则是群众集股组织起来的民间金融组织。近代中国农村是小农经济的汪洋大海，以一家一户为基本组织单位，从而天然排斥商业化市场的运作机制，因此银行商业化的交易在农村是缺乏的。作为小农经济形态主体的小农劳动者，其融资需求是小额的、灵活多样的，因此扎根农村、网点遍布的农村信用合作组织是最适合农民小额、多样化融资需求的金融工具。信用合作社（部）设在边区基层村镇，哪些人最需获得贷款支持、需要什么贷款，信用社（部）比边区银行掌握得更加精准。农村信用合作组织在满足农民多样化融资需求、精准扶持、打击高利贷、发展农业生产、改善农民生活、繁荣抗战经济等方面发挥了重要作用，但同时也表现出种种缺陷，主要有信用合作本身存在的缺陷及信用社职员执行和管理中发生的偏差两大类。边区信用合作组织的发展历程各具特色，但都走过了一条曲折的发展道路，其贷放原则与边区银行生产贷款的贷放原则大体一致。

边区和国统区都积极倡导发展农村信用合作，两个区的信用合作既相联系，又相区别。从外部支持系统来看，边区的信用合作组织不仅由政府发动而生，而且发展的每一步都未曾离开政权力量的扶持，是在政府政策、金融机构等外部系统的支持下才得以运转的，这一点与国统区开展的信用合作并无二致。从总体上看，边区信用合作的组织原则是自上而下的策动、自下而上的发展，靠各级政府宣传引导来开展信用合作，社员自愿的成分较多；而国统区信用合作的组织原则是自上而下的发展，仰赖专门的合作行政机关来强制推行，社员的自愿成分较少。这是二者的主要区别。

中华人民共和国成立以来，农村信用社的发展出现了多次反复，农村信用社从最初的民众自己的信用合作组织，逐步演变为"官办"的农村金融机构。而在改革开放以后，农村信用社的商业化趋向又使得其在官办化的背景中加入了"内部人"控制的复杂因素，使其距离合作制愈行愈远。在当今新的历史条件下，在主观方面，农村信用社是一种"三不认"组织；在客观方面，金融资源配置遵循无情的马太效应，加速着资金从农村流向城市、从贫困地区流向发达地区的趋势，不断流出的农村资金导致农村金融抑制，造成农村金融体制存在信贷供给的功能缺陷。而广泛建立在边区

农情、民情基础上的各具特色的农村信用合作组织及其运营经验，尤其是农村信用社组织的群众性、管理上的民主性、经营上的灵活性，其积极开展小额信贷并始终围绕广大农民发展生产这一中心环节，在制度设计上紧扣边区农村产业的实际需要，有效地促进了边区的农业生产。边区信用合作组织不仅对战时的晋冀鲁豫边区意义重大，其经验对于当今优化农村金融服务体系，健全涉农金融供给体制机制，助推乡村全面振兴，仍不失现实借鉴意义。

  总之，历史是不能割裂的。如果没有抗日战争和解放战争对于新民主主义革命金融思想的积淀，就不可能有今天社会主义金融体制改革所取得的伟大成就。以史为鉴，以史为师。"如果要看前途，一定要看历史。我们研究历史，从历史方法和思想方法来说，既要注意把握今天与昨天、现在与过去的历史的内在联系，并注意进行比较研究，从中得到应有的经验、教训、启示和借鉴；同时又要注意历史条件的发展变化。"[①]晋冀鲁豫边区的金融史，给人们留下了用之不尽的宝贵遗产。温故而知新，从历史的经验教训中吸取教益，不断深化金融改革，为新时期全面建成小康社会服务，正是本书的主旨。

[①] 薄一波. 若干重大决策与实践的回顾（下）[M]. 北京：中共中央党校出版社，1993.

参考文献

[1] 财政部科研所. 财政研究资料——晋冀鲁豫边区财政经济史座谈会资料集[Z]. 内部资料, 1985-02-28.

[2] 陈恒文. 晋冀鲁豫边区（河南部分）工运史料选编[Z]. 内部发行, 1988.

[3] 第二历史档案馆. 中华民国史档案资料汇编（第五辑）[M]. 南京：江苏古籍出版社, 1991.

[4] 河北档案馆. 河北减租减息档案史料选编[M]. 石家庄：河北人民出版社, 1989.

[5] 河北省地方史志编纂委员会. 河北省志·金融志[Z]. 北京：中国书籍出版社, 1997.

[6] 河南省财政厅, 河南省档案馆. 晋冀鲁豫抗日根据地财经史料选编（河南部分）一[M]. 北京：档案出版社, 1985.

[7] 河南省财政厅, 河南省档案馆. 晋冀鲁豫抗日根据地财经史料选编（河南部分）二[M]. 北京：档案出版社, 1985.

[8] 河南省财政厅, 河南省档案馆. 晋冀鲁豫抗日根据地财经史料选编（河南部分）三[M]. 北京：档案出版社, 1985.

[9] 河南省财政厅, 河南省档案馆. 晋冀鲁豫抗日根据地财经史料选编（河南部分）四[M]. 北京：档案出版社, 1985.

[10] 华北解放区财政经济史资料选编编辑组. 华北解放区财政经济史资料选编（第一辑）[M]. 北京：中国财政经济出版社, 1996.

[11] 华北解放区财政经济史资料选编编辑组. 华北解放区财政经济史资料选编（第二辑）[M]. 北京：中国财政经济出版社, 1996.

[12] 季星如. 财经资料选编（上册）[M]. 济南：山东大学出版社, 1988.

[13] 季星如. 财经材料选编（下册）[M]. 济南：山东大学出版社, 1988.

[14] 刘洪奎. 河北革命根据地合作史料选编[Z]. 内部资料, 1989.

[15] 江苏省财政厅, 江苏省档案馆, 财政经济史编写组. 华中抗日根据

地财政经济史料选编（第一卷）[M]. 北京：档案出版社，1984.
[16] 抗日战争时期陕甘宁边区财政经济史料摘编[M]. 西安：陕西人民出版社，1981.
[17] 黎城县金融志编委会. 黎城县金融志[M]. 澳门：人文出版社，1993.
[18] 李长远. 太岳革命根据地农业史资料选编[M]. 太原：山西科学技术出版社，1991.
[19] 林飞. 济宁市金融志[M]. 济南：山东人民出版社，1995.
[20] 灵石县金融志编纂组. 灵石县金融志[Z]. 内部资料，1991.
[21] 刘洪奎. 河北革命根据地合作史料选编[Z]. 内部资料，1989.
[22] 马宪玉. 冀鲁豫边区金融史料选编（上册）[M]. 北京：中国金融出版社，1989.
[23] 马宪玉. 冀鲁豫边区金融史料选编（下册）[M]. 北京：中国金融出版社，1989.
[24] 沁源县金融志编辑组. 沁源县金融志[Z]. 内部资料，1993.
[25] 山东省档案馆，山东社会科学院历史研究所. 山东革命历史档案资料选编（第九辑）[M]. 济南：山东人民出版社，1983.
[26] 山东省地方史志编纂委员会. 山东省志·金融志[M]. 济南：山东人民出版社，1996.
[27] 山西、河北省工商行政管理局史料编辑组. 晋冀鲁豫边区工商行政管理史料选编[Z]. 内部资料，1985.
[28] 山西大学晋冀鲁豫边区研究组. 晋冀鲁豫边区史料选编（第2辑）[Z]. 内部参考教学用书，1980.
[29] 山西省档案馆. 太行党史资料汇编（第三卷）[M]. 太原：山西人民出版社，1994.
[30] 山西省地方志编纂委员会. 山西金融志（上册）[M]. 内部资料，1992.
[31] 时连泉，王启云. 山东的减租减息[M]. 北京：中共党史出版社，1994.
[32] 实业部国际贸易局. 中国实业志·山西省[M]. 北京：经济管理出版社，2008.
[33] 史敬棠. 中国合作化运动史料（上册）[M]. 北京：生活·读书·新知三联书店，1957.
[34] 太行革命根据地史总编委会. 太行革命根据地史料丛书之五——土地问题[M]. 太原：山西人民出版社，1987.

[35] 太行革命根据地史总编委会. 太行革命根据地史料丛书之六——太行财政经济建设[M]. 太原：山西人民出版社，1987.

[36] 太行革命根据地史总编委会. 太行革命根据地史料丛书之七——群众运动[M]. 太原：山西人民出版社，1989.

[37] 王晋三. 太岳革命根据地财政资料选编（初稿）[Z]. 1987.

[38] 王静然. 冀南银行（全二册·1）[M]. 石家庄：河北人民出版社，1989.

[39] 王静然. 冀南银行（全二册·2）[M]. 石家庄：河北人民出版社，1989.

[40] 王少浩. 太岳革命根据地金融资料选编（初稿）[Z]. 1987.

[41] 魏宏运. 抗日战争时期晋察冀边区财政经济史资料选编（农业编）[M]. 天津：南开大学出版社，1984.

[42] 本书编写组. 抗日战争时期晋冀鲁豫边区财政经济史资料选编（第一辑）[M]. 北京：中国财政经济出版社，1990.

[43] 本书编写组. 抗日战争时期晋冀鲁豫边区财政经济史资料选编（第二辑）[M]. 北京：中国财政经济出版社，1990.

[44] 许毅. 革命根据地财政经济史长编土地革命时期（下）[Z]. 送审稿，1978.

[45] 许毅. 中央革命根据地财政经济史长编（上下册）[M]. 北京：人民出版社，1982.

[46] 中国百年信合合作史料编委会. 中国百年信合合作史料（1908—2013）[M]. 北京：中国财政经济出版社，2017.

[47] 严中平，等. 中国近代经济史统计资料选辑[M]. 北京：科学出版社，1955.

[48] 中共中央党校党史教研室. 中共党史参考资料（四）[M]. 北京：人民出版社，1979.

[49] 张天乙. 太岳革命根据地财经史料选编（上册）[M]. 太原：山西经济出版社，1991.

[50] 张天乙. 太岳革命根据地财经史料选编（下册）[M]. 太原：山西经济出版社，1991.

[51] 张玉鹏，李振华. 河南解放区的土地改革[M]. 郑州：河南人民出版社，1991.

[52] 章有义. 中国近代农业史资料（第三辑）[M]. 北京：生活·读书·新知三联书店，1957.

［53］赵秀山. 抗日战争时期晋冀鲁豫边区财政经济史［M］. 北京：中国财政经济出版社，1995.

［54］中共河南省委党史委员会. 河南解放区的土地改革［M］. 郑州：河南人民出版社，1991.

［55］中共山西省委党史研究室. 太行革命根据地土地问题资料续编（内部资料）［Z］. 1984.

［56］中共山西省委党史研究室. 太岳革命根据地纪事［M］. 太原：山西人民出版社，1989.

［57］中共山西省委党史研究室. 文献选编（二）［M］. 太原：山西人民出版社，1986.

［58］中国社会科学院，中央档案馆. 中华人民共和国经济档案资料选编：1949—1952（金融卷）［M］. 北京：中国物资出版社，1996.

［59］中国社会科学院，中央档案馆. 中华人民共和国经济档案资料选编：1953—1957（金融卷）［M］. 北京：中国物价出版社，2000.

［60］中央档案馆. 解放战争时期土地改革文件选辑［M］. 北京：中共中央党校出版社，1981.

［61］中央档案馆. 中共中央文件选集（第11册）［M］. 北京：中共中央党校出版社，1986.

［62］中央档案馆. 中共中央文件选集（第12册）［M］. 北京：中共中央党校出版社，1986.

［63］沁源县金融志编辑组. 沁源金融志［Z］. 内部发行，1992.

［64］孔繁芝. 太行党史资料汇编（第六卷）［M］. 太原：山西人民出版社，2000.

［65］《中共中央北方局》资料丛书编审委员会. 中共中央北方局·抗日战争时期［M］. 北京：中共党史出版社，1999.

［66］中国人民银行金融研究所，山东省分行金融研究所. 中国革命根据地北海银行史料（第二册）［M］. 济南：山东人民出版社，1987.

［67］中国人民银行金融研究所. 中国革命根据地货币（下册）［M］. 北京：文物出版社，1982.

［68］中共黎城县党史研究室. 中国共产党黎城县简史：1937—1949［M］. 北京：新华出版社，1991.

［69］政协涉县委员会文史资料委员会. 涉县文史资料（第二辑）［M］. 政协河北省涉县文史资料研究委员会出版社，1992.

［70］华北人民政府农林部. 华北农业生产统计资料［Z］. 1949.

[71] 晋冀鲁豫边区政府第一厅. 减租减息疑问解答[M]. 华北新华书店, 1940.
[72] 李友九. 太行区社会经济调查第一集[Z]. 太行区党委研究室, 1944.
[73] 千家驹. 中国农村经济论文集[M]. 上海：中华书局, 1936.
[74] 时事问题研究会. 抗战中的中国经济[M]. 北京：抗战书店, 1940.
[75] 实业部国际贸易局. 中国实业志·山西省[M]. 实业部国际贸易局印制, 1937.
[76] 实业部中国经济年鉴编纂委员会. 中国经济年鉴[M]. 上海：商务印书馆, 1936.
[77] 土地委员会. 全国土地调查报告纲要[Z]. 中央土地专门委员会, 1937.
[78] 太岳区经济局调查研究室. 经济参考资料（第一辑）[M]. 太岳区新华书店, 1946.
[79] 王庆宝, 苏人, 朱剑白, 等. 太行区银行工商参考资料[Z]. 1945.
[80] 王庆宝, 苏人, 等. 太行区银行工商参考资料[Z]. 1945.
[81] 王志莘, 吴敬敷. 农业金融经营论[M]. 上海：商务印书馆, 1936.
[82] 行政院农村复兴委员会. 河南省农村调查[M]. 上海：商务印书馆, 1934.
[83] 中国华洋义赈救灾总会. 河北合作——优良社之实况[Z]. 1935.
[84] 太岳区经济局调查研究室. 经济参考资料（第一辑）[Z]. 1946.
[85] 延安时事问题研究会. 日本帝国主义在中国沦陷区[M]. 上海：上海人民出版社, 1958：83-84.
[86] 张闻天. 神府县兴县农村调查[Z]. 1944.
[87] 肥乡支行. 肥乡城区东街贷款总结[J]. 银行月刊, 1946（5）.
[88] 郭绍汤. 从土地租佃制度所见农民生活苦况[N]. 新华日报, 1940-01-17.
[89] 国兵, 连毅. 平定东会的信用[J]. 银行月刊, 1947（21）.
[90] 国祥, 等. 太行长治鹿家庄查贷中发现[J]. 银行月刊, 1948（22）.
[91] 郝子质. 左权南沟合作社信用业务的发展与巩固[J]. 银行月刊, 1947（18）.
[92] 胡景沄. 冀南银行八年感言[J]. 银行月刊, 1947（20）.
[93] 胡景沄. 新形势下的新任务[J]. 经济生活, 1945（9）.
[94] 壶关支行. 壶关黄山镇信用合作社[J]. 银行月刊, 1947（11）.
[95] 黄韦文. 关于根据地减租减息的一些材料[N]. 解放日报, 1942-02-01.

[96] 贾林放. 太行区的合作事业[J]. 经济汇编创刊号, 1945.
[97] 靳超. 大量增加生产贷款, 满足群众需要[J]. 银行月刊, 1947 (17).
[98] 来因. 初步调查磁武县花园村钱会后的意见[N]. 边区政报, 1945.
[99] 冷冰. 介绍晋冀鲁豫边区[N]. 解放日报, 1942-03-23.
[100] 李锋. 收复赞皇城后的商店[J]. 经济生活, 1945 (9).
[101] 李绍禹. 太岳区存放款的一点经验[J]. 银行月刊创刊号, 1946.
[102] 梁思达. 河北省之信用合作[Z]. 南开大学商科研究所 (手抄本), 1937.
[103] 刘建章. 办合作社的几个经验[N]. 解放日报, 1944-02-04.
[104] 陆诒. 冀南在进步中[N]. 新华日报, 1940-03-15.
[105] 罗青. 冀南游击区的经济建设[J]. 冀南行政主任公署. 冀南行政主任公署成立周年纪念汇刊 (五), 1939.
[106] 孟庆怀, 张源. 河阳合作社的几个好处[N]. 新华日报, 1945-10-09.
[107] 孙世禄, 李玉珍. 赞皇南清河的纺织贷款[J]. 银行月刊, 1946 (7).
[108] 孙世禄, 等. 彻底清查贷款被斗户不是扶助对象[J]. 银行月刊, 1948 (22).
[109] 太行区行. 关于信用合作社几个问题的研究[J]. 银行月刊, 1947 (11).
[110] 太行区行. 上半年太行区方针任务与作法[J]. 银行月刊, 1947 (12).
[111] 天纵. 阳城二区合作社的生产赊账和民众路线问题[N]. 新华日报 (太岳版), 1945-11-21.
[112] 王静然. 接受以往贷款的经验确定今后贷款方针[J]. 银行月刊, 1946 (8).
[113] 王静然. 历年来我们贷款的一些经验和体会[J]. 银行月刊, 1947 (20).
[114] 王增. 从借贷关系谈到今天边区的利息政策[J]. 银行月刊, 1946 (3).
[115] 吴承禧. 中国银行业的农业金融[J]. 社会科学杂志, 1935, 6 (3).
[116] 武博山. "面向农村"后的回顾[J]. 银行月刊, 1947 (20).
[117] 阎达寅. 农村金融活动的新方向[J]. 银行月刊创刊号, 1946.
[118] 于习之. 新市场恢复的几点经验[J]. 经济生活, 1945 (11).
[119] 张捷三. 冀鲁豫区内黄四区北胡村发放冬贷经过[J]. 银行月刊,

1948（24）.

[120] 张月民. 清河去年农贷偏向[J]. 银行月刊，1947（13）.
[121] 张智勇. 北流合作社是业务方向及信用活动[J]. 银行月刊，1947（12）.
[122] 张智勇. 对检查和总结春贷的意见[J]. 银行月刊，1947（15）.
[123] 张智勇. 黎城信用经验介绍[J]. 银行月刊，1947（21）.
[124] 张智勇. 太行区几个信用合作社（部）的经验点滴[J]. 银行月刊，1947（19）.
[125] 张智勇. 我的片段回忆[J]. 银行月刊，1947（20）.
[126] 郑稳朴. 介绍太岳区屯留镇罗村信用社[J]. 银行月刊，1946（3）.
[127] 智勇，于智. 武安前柏村冬贷检查与发放[J]. 银行月刊，1948（24）.
[128] 1946年上半年冀南银行的方针与任务[J]. 银行月刊创刊号，1946.
[129] 大名去冬的副业贷款[J]. 银行月刊，1947（13）.
[130] 河南涉县索堡镇. 敌我经济动态[J]. 工商通讯（石印本），1943（5）.
[131] 对抗日根据地财政经济政策的意见[J]. 共产党人，1941（18）.
[132] 反对贷款的富农路线，贯彻贫雇路线[J]. 银行月刊，1948（22）.
[133] 关于新收复区货币的指示[J]. 银行月刊，1947（14）.
[134] 关于信用合作社几个问题的研究[J]. 银行月刊，1947（11）.
[135] 广泛开展反假票斗争[J]. 边府通讯，1943（3）.
[136] 合作银行1949年上半年农贷初步总结[J]. 银行月刊，1949（5）.
[137] 华北人民政府关于冬季生产贷款中的几个主要问题的指示[J]. 华北局研究资料，1948（19）.
[138] 华北银行关于决定利息政策的命令[N]. 银行月刊创刊号，1948.
[139] 回苏区的豪绅地主要收租还债怎么办[N]. 新中华报，1937（349）.
[140] 冀鲁豫区 1947 年上半年贷款统货总结与下半年意见[J]. 经济，1947（3）.
[141] 冀鲁豫区货币对蒋币斗争总结[J]. 银行月刊，1947（13）.
[142] 冀鲁豫区行1944年上半年生产贷款中的几个问题的总结[J]. 银行月刊，1947（19）.
[143] 冀南区的贷款[J]. 银行月刊，1947（12）.
[144] 冀南区生产贷款布置的概况[J]. 银行月刊，1946（2）.
[145] 冀南行政公署 1 月份向华北人民政府的报告[J]. 冀南政报，1949（2）.
[146] 冀南银行各种营业简章[J]. 银行月刊，1946（7）.

[147] 减租与生产[N]. 解放日报社论, 1945-11-26.

[148] 冀南银行冀鲁豫区行贷款会议总结[J]. 经济月刊, 1947（6）.

[149] 冀南银行太岳区行太岳区春耕贷款总结[J]. 银行通讯, 1946（2）.

[150] 晋城八区的春贷[J]. 银行月刊, 1946（9）.

[151] 晋冀鲁豫边区1946年上半年冀南银行的方针与业务[J]. 银行月刊创刊号, 1946.

[152] 晋冀鲁豫边区农村信用合作组织发展情况统计[J]. 银行月刊, 1947（19）.

[153] 款要贷给贫雇农[J]. 银行月刊, 1948（22）.

[154] 劳力与武力结合在边沿区开展生产[N]. 新华日报（太行版）, 1944-08-30.

[155] 黎城停河铺合作社[J]. 银行月刊, 1947（18）.

[156] 论合作社[N]. 新华日报华北版, 1939-09-27.

[157] 内黄县李七吉村的调查[J]. 研究资料, 1943（2）.

[158] 排除阶层路线的障碍与几点贷款经验[J]. 银行月刊, 1948（23）.

[159] 彭城信用合作社章程[J]. 银行月刊, 1946（8）.

[160] 彭城信用社是怎样组织起来的[J]. 银行月刊, 1946（8）.

[161] 论平定物价[N]. 新华日报社论, 1940-01-19.

[162] 沁源县的贷款是怎样发放的[J]. 银行月刊, 1946（7）.

[163] 戎副主席在第二届扩大的经理会议上的总结报告[J]. 银行月刊, 1946（7）.

[164] 如何使短期商贷和扶助市民生活结合[J]. 银行月刊, 1946（9）.

[165] 沙河信用经验介绍[J]. 银行月刊, 1947（17）.

[166] 寿阳县开展本币市场的办法[J]. 银行月刊, 1947（12）.

[167] 太行对敌货币斗争一角[N]. 解放日报, 1944-09-12.

[168] 太行黎城13村查贷中发现[N]. 人民日报, 1947-12-22.

[169] 太行区减租减息的发展[N]. 解放日报, 1945-07-30.

[170] 太行区行1946年上半年农村贷款总结[J]. 银行月刊, 1946（7）.

[171] 太行四分区1945年贷款初步总结[J]. 银行月刊, 1946（2）.

[172] 太行一分区生产贷款总结[J]. 银行月刊, 1946（6）.

[173] 太岳区农村信用合作社发展情况研究[J]. 银行月刊, 1947（19）.

[174] 太岳区信用合作初步总结[J]. 银行通讯, 1947（10）.

[175] 太岳阳城缓汕村查贷种发现[N]. 人民日报, 1947-12-04.

[176] 掀起查贷新贷浪潮[J]. 银行月刊, 1948（22）.

[177] 信用合作社问题（太行区行市行经理会议总结的一部分）[J]. 银行月刊, 1946（9）.

[178] 信用合作社问题[J]. 银行月刊, 1946（9）.

[179] 一月经济——八月中旬至九月中旬[J]. 经济生活, 1945（9）.

[180] 翼城整顿合作社, 改进业务组织供销[N]. 新华日报（太岳版）, 1949-01-17.

[181] 岳北各县整顿合作社获得经验[N]. 新华日报（太岳版）, 1948-11-29.

[182] 战时的合理负担[N]. 新华日报（华北版）, 1940-01-27.

[183] 赵城两个村农贷介绍[J]. 银行月刊, 1946（9）.

[184] 中国人民银行华北区1949年上半年[J]. 银行月刊, 1949（4）.

[185] 扈惠民. 敌后（鲁西北）人民的合作社[N]. 解放日报, 1944-10-04.

[186] 太行区行. 上半年太行区方针任务与作法[J]. 银行月刊, 1947（12）.

[187] 钱俊瑞. 中国现阶段的土地问题[J]. 中山文化教育季刊, 1934.

[188] 1948年银行方针计划[J]. 银行月刊, 1948（24）.

[189] 马克思. 资本论（第3卷）[M]. 北京：人民出版社, 1975.

[190] 马克思恩格斯选集（第4卷）[M]. 北京：人民出版社, 1972.

[191] 毛泽东选集（第一卷）[M]. 北京：人民出版社, 1966.

[192] 毛泽东选集（第四卷）[M]. 北京：人民出版社, 1966.

[193] 毛泽东选集（第五卷）[M]. 沈阳：东北书店, 1948.

[194] 毛泽东文集（第二卷）[M]. 北京：人民出版社, 1999.

[195] 周恩来选集（上卷）[M]. 北京：人民出版社, 1980.

[196] 刘少奇选集（上卷）[M]. 北京：人民出版社, 1981.

[197] 邓小平文选（第一卷）[M]. 北京：人民出版社, 1994.

[198] 邓小平文选（第三卷）[M]. 北京：人民出版社, 1993.

[199] 陈云文选（第一卷）[M]. 北京：人民出版社, 1995.

[200] 薄一波. 若干重大决策与实践的回顾（下）[M]. 北京：中共中央党校出版社, 1993.

[201] 常明明. 中国农村私人借贷关系研究[M]. 北京：中国经济出版社, 2007.

[202] 陈翰笙, 薛暮桥, 等. 解放前的中国农村（第一辑）[M]. 北京：中国展望出版社, 1985.

[203] 陈廷煊. 抗日根据地经济史[M]. 北京：社会科学文献出版社,

2007.
[204] 戴建兵. 金钱与战争[M]. 桂林：广西师范大学出版社，1995.
[205] 董志凯. 解放战争时期的土地改革[M]. 北京：北京大学出版社，1987.
[206] 费孝通文集（第二卷）[M]. 北京：群言出版社，1999.
[207] 费孝通. 江村经济——中国农民的生活[M]. 南京：江苏人民出版社，1986.
[208] 傅筑夫. 中国经济史论丛（上）[M]. 北京：生活·读书·新知三联书店，1980.
[209] 傅筑夫. 中国经济史论丛（下）[M]. 北京：生活·读书·新知三联书店，1980.
[210] 黄达. 工农产品比价剪刀差[M]. 北京：中国社会科学出版社，1990.
[211] 黄达. 货币银行学[M]. 北京：中国人民大学出版社，2000.
[212] 黄达. 宏观调控与货币供给[M]. 北京：中国人民大学出版社，1997.
[213] 黄鉴晖. 中国钱庄史[M]. 太原：山西经济出版社，2005.
[214] 居之芬. 日本对华北经济的掠夺和统制[M]. 北京：北京出版社，1995.
[215] 贾秀岩，陆满平. 民国价格史[M]. 北京：中国物价出版社，1992.
[216] 贾章旺. 晋察冀边区银行[M]. 北京：中国金融出版社，1988.
[217] 姜宏业. 中国金融通史（第五卷）[M]. 北京：中国金融出版社，2008.
[218] 李金铮. 近代中国农村社会经济探微[M]. 北京：人民出版社，2004.
[219] 李金铮. 借贷关系与农村变动[M]. 保定：河北大学出版社，2000.
[220] 李立志. 变迁与重构：1949—1956年的中国社会[M]. 南昌：江西人民出版社，2002.
[221] 李雪峰回忆录（上）[M]. 北京：中共党史出版社，1998.
[222] 李占才. 中国新民主主义经济史[M]. 合肥：安徽教育出版社，1990.
[223] 刘佛丁. 中国近代经济发展史[M]. 北京：高等教育出版社，1999.
[224] 刘永钊. 新编金融词汇[M]. 北京：中国金融出版社，1994.
[225] 米尔顿·弗里德曼. 货币稳定方案[M]. 上海：上海人民出版社，

1991.

[226] 南开大学历史系，中国近现代史教研室. 中外学者论抗日根据地[M]. 北京：档案出版社，1993.

[227] 齐武. 一个革命根据地的成长——抗日战争和解放战争时期的晋冀鲁豫边区概况[M]. 北京：人民出版社，1957.

[228] 曲彦斌. 中国典当史[M]. 沈阳：沈阳出版社，2007.

[229] 戎子和. 晋冀鲁豫边区财政简史[M]. 北京：中国财政经济出版社，1987.

[230] 戎子和文选[M]. 北京：中国财政经济出版社，1991.

[231] 山东省钱币学会. 北海银行暨鲁西银行货币图录[M]. 济南：齐鲁书社，1998.

[232] 师文华. 根据地经济建设研究[M]. 太原：山西人民出版社，1997.

[233] 王先明，郭卫民. 农村社会文化与权力结构的变迁[M]. 北京：人民出版社，2002.

[234] 唐致卿. 近代山东农村社会经济研究[M]. 北京：人民出版社，2004.

[235] 田酉如. 太行革命根据地史稿[M]. 太原：山西人民出版社，1987.

[236] 汪雁题，李宏略. 中国农民负担史（第三卷）[M]. 北京：中国财政经济出版社，1990.

[237] 王贵宸. 中国农村合作经济史[M]. 太原：山西经济出版社，2006.

[238] 王世英. 农村金融学[M]. 北京：中国金融出版社，1992.

[239] 魏宏运，左志远. 华北抗日根据地史[M]. 北京：档案出版社，1990.

[240] 魏宏运. 二十世纪三四十年代太行地区社会调查与研究[M]. 北京：人民出版社，2003.

[241] 乌廷玉，陈玉峰，张占斌. 现代中国农村经济的演变[M]. 长春：吉林人民出版社，1993.

[242] 吴承明. 经济史：历史观与方法论[M]. 上海：上海财经大学出版社，2006.

[243] 吴承明. 中国的现代化：市场与社会[M]. 北京：生活·读书·新知三联书店，2001.

[244] 武安党史研究室. 武安革命史稿[M]. 石家庄：河北人民出版社，1991.

[245] 武博山. 回忆冀南银行九年（1939—1948）[M]. 北京：中国金融出版社，1993.

[246] 徐畅. 二十世纪二三十年代华中地区农村金融研究[M]. 济南：齐鲁书社，2005.

[247] 薛暮桥. 抗日战争时期和解放战争时期山东解放区的经济（增订本）[M]. 济南：山东人民出版社，1984.

[248] 中国延安干部学院. 延安时期大事记述[M]. 北京：中央文献出版社，2010.

[249] 杨荫溥. 民国财政史[M]. 北京：中国财政经济出版社，1985.

[250] 于海. 中外农业金融制度比较研究[M]. 北京：中国金融出版社，2003.

[251] 约瑟夫·熊彼特. 经济分析史（第一卷）[M]. 北京：商务印书馆，2005.

[252] 张功平. 合作金融概论[M]. 成都：西南财经大学出版社，2000.

[253] 张永泉，赵泉钧. 中国土地改革史[M]. 武汉：武汉大学出版社，1985.

[254] 张转芳. 晋冀鲁豫边区货币史（上册）[M]. 北京：中国金融出版社，1996.

[255] 赵津. 中国近代经济史[M]. 天津：南开大学出版社，2006.

[256] 中国人民大学中央党史系资料室. 中共党史教学参考资料[M]. 北京：中国人民大学出版社，1980.

[257] 中国人民银行金融研究所. 中国农民银行[M]. 北京：中国财政经济出版社，1980.

[258] 许迪新，吴承明. 新民主主义革命时期的中国资本主义[M]. 北京：人民出版社，2003.

[259] 薛暮桥回忆录[M]. 天津：天津人民出版社，2006.

[260] 严中平文集[M]. 北京：中国社会科学出版社，1996.

[261] 苑书义，等. 河北经济史（第四卷）[M]. 北京：人民出版社，2003.

[262] 卢汉川. 中国农村金融历史资料（1949—1985）[Z]. 内部资料，1986.

[263] 晋察冀日报史研究会. 晋察冀日报社论选（1937—1948）[M]. 石家庄：河北人民出版社，1997.

[264] 中国人民大学政治经济学系. 中国边区经济史（下册）[M]. 北京：人民出版社，1978.

[265] 中国人民解放军政治学院党史教研室. 中共党史参考资料（第8册）[M]. 北京：中国人民解放军政治学院出版社，1979.

[266] 陈建华. 晋冀鲁豫解放区的信合机构[J]. 中国金融, 2016 (1): 93-94.

[267] 陈加民, 谢志忠. 第一大股东易主对农村信用社经营绩效影响的实证研究[J]. 东南学术, 2021 (5): 139-147.

[268] 陈立中, 曾耀荣. 南京国民政府以农贷抑制高利贷的二律背反现象分析[J]. 湖南大学学报(社会科学版), 2013, 27 (2): 139-143.

[269] 丁则勤. 论百团大战后日本对华北的政策[J]. 抗日战争研究, 2000 (2): 1-27.

[270] 杜斌. 西北农民银行的创建与发展[J]. 中国金融, 2021 (11): 25-26.

[271] 常亮功. 抗战时期冀南银行资产保全办法[J]. 中国金融, 2004 (18): 70-71.

[272] 成功伟. 贱利抑或高利: 抗战时期川省农村合作贷款利率研究[J]. 历史教学(下半月刊), 2016 (10): 56-62.

[273] 戴建兵. 论抗日战争中华北抗日根据地的货币斗争[J]. 河北经贸大学学报, 1993 (3): 74-77.

[274] 戴建兵, 毛海斌. 晋冀鲁豫边区农贷运行特色及制度绩效[J]. 安徽师范大学学报(人文社会科学版), 2020, 48 (6): 72-79.

[275] 崔长彬, 潘长风, 张正河. 中国新型农村合作金融: 历史镜鉴与体系架构[J]. 经济问题, 2022 (2): 112-120.

[276] 高聪明. 抗日战争时期晋冀鲁豫边区对冀钞的币值管理[J]. 中国钱币, 2022 (3): 44-54.

[277] 高翠. 抗日根据地驱逐日伪币的斗争述论[J]. 延安大学学报(社会科学版), 2011, 33 (6): 59-63.

[278] 高德福. 华北抗日根据地的减租减息运动[J]. 南开学报(哲学社会科学版), 1985 (6): 19-25.

[279] 高石钢, 杨双利. "破旧立新": 中共革命政策与陕甘宁根据地借贷关系的恢复与重建[J]. 中国农史, 2015, 34 (1): 68-83.

[280] 何广文, 张少宁. 合作社内部信用合作: 合作异化还是新业态?[J]. 东岳论丛, 2021, 42 (12): 118-123.

[281] 霍东升, 袁喜艳, 李桢. 解放战争时期边区金融发展研究——以晋冀鲁豫边区为例[J]. 河北金融, 2021 (8): 66-70.

[282] 谷秀青. 近代农村信用社的制度分析[D]. 武汉: 华中师范大学, 2005.

[283] 韩元理. 上党银号在塔则沟[J]. 文史月刊, 2004 (7): 11-12.

[284] 何伟. 晋冀鲁豫根据地金融建设研究[D]. 太原：太原理工大学，2015.

[285] 霍庆跃. 中国共产党抗日根据地经济政策研究[J]. 军事交通学院学报，2013，15（8）：74-77.

[286] 黄存林. 略论冀南银行的历史作用[J]. 河北师范学院学报，1986（3）：56-58.

[287] 黄存林. 论抗日根据地的货币斗争[J]. 河北学刊，1985（5）：8-11.

[288] 黄正林. 农贷与甘肃农村经济的复苏（1935—1945年）[J]. 近代史研究，2012（4）：77-98，160-161.

[289] 汲津，李天才. 冀南银行在河南[J]. 金融理论与实践，1984（3）：57-58.

[290] 姬雄华，殷丹丹. 抗日战争时期国民政府和边区政府货币政策比较研究[J]. 中共南京市委党校学报，2017（5）：45-52.

[291] 李小玲. 晋冀鲁豫根据地金融斗争史略[J]. 山西档案，1994（3）：48-50.

[292] 郭晓平. 太行根据地的金融货币斗争[J]. 中共党史研究，1995（4）：81-85.

[293] 姜宏业. 革命根据地发展时期银行事业概述[J]. 近代史研究，1985（1）：53-67.

[294] 阚景阳. 西柏坡时期四大根据地的货币统一与人民币的诞生——兼论华北银行的历史作用[J]. 中共石家庄市委党校学报，2013，15（6）：35-37.

[295] 李金铮. 华北抗日根据地私人借贷利率政策考[J]. 抗日战争研究，2001（3）：35-53.

[296] 李金铮. 论1938—1949年华北抗日根据地、解放区的农贷[J]. 近代史研究，2000（4）：178-212.

[297] 李金铮. 论1938—1949年华北抗日根据地和解放区合作社的借贷活动[J]. 社会科学论坛，1999（3）：106-109.

[298] 李金铮. 抗日根据地的"关系"史研究[J]. 抗日战争研究，2016（2）：10-14.

[299] 李金铮. 释"高利贷"：基于中国近代乡村之考察[J]. 社会科学战线，2016（9）：93-104+2.

[300] 李蓉. 论晋冀鲁豫抗日根据地的创立及其地位和作用[J]. 中国延安干部学院学报，2017，10（3）：111-118，136.

[301] 李蕴祺. 华北银行在红色金融史中的地位和作用研究[J]. 华北金融, 2022（4）：86-93.

[302] 栗洪武, 龙宝新. 陕甘宁边区教育的历史贡献与现实意义——陕西师范大学教育科学学院博士生导师栗洪武教授访谈[J]. 社会科学家, 2008（6）：3-6.

[303] 李海东, 杨正荣, 张武浩. 南梁革命根据地红色金融建设与启示[J]. 征信, 2021, 39（10）：9-11.

[304]]李永芳. 晋冀鲁豫抗日根据地的减租减息运动[J]. 中国社会经济史研究, 2005（4）：90-95.

[305] 廉文煜. 华北抗日根据地最早发行的上党银号纸币[J]. 收藏, 2015（9）：157-158.

[306] 刘庆礼. 冀南银行及其发行的纸币[J]. 收藏, 2016（12）：86-91.

[307] 刘传义. 一种社会经济互助组织——"会"[J]. 寿阳文史资料, 1989.

[308] 刘椿. 抗战前国民政府的农村信用合作运动[J]. 南京社会科学, 2005（6）：51-54.

[309] 刘达, 温涛. 深化农村信用社改革的关键问题和治理对策[J]. 经济纵横, 2022（10）：103-109.

[310] 刘如峰, 陈昆麟, 张辉, 等. 聊城重要历史事件[M]. 北京：中共党史出版社, 2003.

[311] 龙登高, 温方方. 论中国传统典权交易的回赎机制——基于清华馆藏山西契约的研究[J]. 经济科学, 2014（5）：90-102.

[312] 罗剑朝, 张珩. 农村信用社发展现状及改革方向[J]. 人民论坛, 2023（21）：48-53.

[313] 刘居照, 杨晖, 杨庆明, 谢月华. 战时金融管制模式下的中央苏区金融发展问题研究——基于货币供需机制的视角[J]. 党史文苑, 2014（22）：8-11.

[314] 刘瀛. 平顺农村生活习俗——"弄会"小议[J]. 平顺文史资料, 1989.

[315] 刘一皋. 解放战争时期华北解放区的土地改革与农村政权[J]. 中共党史研究, 1989（1）：73-78.

[316] 马九杰, 亓浩, 吴本健. 农村金融机构市场化对金融支农的影响：抑制还是促进？——来自农信社改制农商行的证据[J]. 中国农村经济, 2020（11）：79-96.

[317] 穆争社，穆博. 农村信用社县域法人地位：稳定抑或升级？[J]. 南方金融，2022（3）：3-13.

[318] 马宪玉. 鲁西银行及其货币考[J]. 陕西金融（钱币专辑），1989（13）：35-37.

[319] 倪立敏. 抗战时期晋冀鲁豫边区物价问题探析[D]. 保定：河北大学，2009.

[320] 聂磊. 冀鲁豫边区减租减息运动的现实启示[J]. 淮海论坛，2013（4）：16-17.

[321] 倪玉平. 比较经济史：中国经济史研究的新路径[J]. 史学月刊，2020（1）：31-33.

[322] 牛保良. 抗战初期薄一波在山西的特殊抗日民族统一战线工作[J]. 首都师范大学学报（社会科学版），2006（1）：112-114.

[323] 裴健华. 抗战时期上党地区冀钞信用问题研究[J]. 金融经济（理论版），2016（5）：95-97.

[324] 蒲晓蕾. 边区银行的建立及对新中国银行业的贡献[J]. 中国城市金融，2015（5）：73-75.

[325] 陕甘宁边区最早、最好的信用合作社：延安县南区沟门信用合作社[N]. 中华合作时报农村金融，2021-09-08.

[326] 沈艳，陈赟，黄卓. 文本大数据分析在经济学和金融学中的应用：一个文献综述[J]. 经济学（季刊），2019，18（4）：1153-1186.

[327] 孙建国，唐莹. 新民主主义革命时期红色金融体系的构建与发展[J]. 江西社会科学，2022，42（4）：123-134，207-208.

[328] 孙建刚，史红霞. 晋冀鲁豫根据地货币缉私斗争述论[J]. 前沿，2011（10）：103-107.

[329] 田秋平. 谈抗币"山西省第五行政区救国合作社兑换券"的发行[J]. 文史研究，1991（3）：26-28.

[330] 肜新春. 陕甘宁边区货币金融实践[J]. 中国金融，2021（6）：99-100.

[331] 王强. 抗日战争时期陕甘宁边区公营贸易的开展、整合与统制[J]. 党史研究与教学，2021（4）：38-48.

[332] 王宇平. 基于AHP的农村信用社经营绩效影响因素分析[J]. 农业经济，2022（7）：91-92.

[333] 王培英，邢富亭，阎天佑，等. 上党银号与上党票[J]. 中国钱币，1988（4）：51-56.

[334] 王红曼. 对新民主主义时期货币体系的考察[J]. 西北民族大学学报（哲学社会科学版），2008（6）：112-117.

[335] 王双进，宋建英. 略论晋冀鲁豫边区开展信用合作的时代背景与政府政策[J]. 开发研究，2009，145（6）：147-150.

[336] 王之扬，王欢，夏凡. 晋冀鲁豫边区红色金融实践与启示[J]. 河北金融，2022（10）：3-8.

[337] 魏宏运. 论晋冀鲁豫抗日根据地的集市贸易[J]. 抗日战争研究，1997（1）：145-158.

[338] 谢平. 中国农村信用合作社体制改革的争论[J]. 金融研究，2001（1）：1-13.

[339] 李建国. 试论陕甘宁边区的通货膨胀与反通货膨胀措施[J]. 抗日战争研究，2007（2）：157-174.

[340] 万立明. 抗战时期陕甘宁边区的通货膨胀及成因[J]. 江苏社会科学，2015（5）：214-220.

[341] 王佳妮，杨乙丹. 回归与矫正：陕甘宁边区农贷制度的一个经济史考察[J]. 农业考古，2019（3）：68-75.

[342] 王培英，邢富亭，阎天佑，等. 上党银号与上党票[J]. 银行与纸币，1988（4）：32-34.

[343] 王双进. 晋冀鲁豫边区冀南银行币统一币制之考察[J]. 山西师大学报（社会科学版），2013（2）：143-145.

[344] 王明前. 晋冀鲁豫抗日根据地货币斗争研究[J]. 党的文献，2016（1）：70-80.

[345] 王明前. 晋冀鲁豫抗日根据地的粮食工作与农业生产[J]. 周口师范学院学报，2014，31（1）：101-105.

[346] 魏宏运. 论晋冀鲁豫抗日根据地的集市贸易[J]. 抗日战争研究，1997（1）：145-158.

[347] 吴祥佑. 习近平总书记"七一"讲话量化文本分析：基于课程思政的视角[J]. 经济资料译丛，2023（3）：72-79.

[348] 徐德莉. 抗日根据地治理伪造货币的金融应对[J]. 中国高校社会科学，2019（4）：118-124，160.

[349] 徐建国. 抗战时期晋冀鲁豫边区解决"三农"问题研究[D]. 石家庄：河北师范大学，2004.

[350] 燕红忠，王昉. 中国金融史研究的动态与新进展[J]. 中国经济史研究，2015（2）：129-131，135.

[351] 于松晶,薛微. 抗日根据地的物价管理[J]. 历史档案,1999（1）：125-130.

[352] 余永定. 朱理治的金融思想及其现实意义[J]. 中国经济史研究,2021（4）：5-12.

[353] 易棉阳. 民国时期国家农贷中的农贷悖论解读[J]. 中国社会经济史研究,2011（4）：85-91.

[354] 于沛,赫治清,陈锋,等."史学理论与方法研究"笔谈[J]. 史学集刊,2020（1）：20-33.

[355] 岳谦厚,王星月. 太行解放区的物价问题——以《经济情报》及其相关资料为中心的考察[J]. 山西档案,2016（1）：140-143.

[356] 尹忠祚. 鲁西银行与鲁西币[J]. 金融经济（市场版）,2011（7）：53-54.

[357] 张常勇,王向英. 抗战时期冀钞的发行及其历史作用[J]. 山西师大学报（社会科学版）,2005,32（4）：34-38.

[358] 张杰. 大国货币崛起的中国道路：人民币孕育成长百年历程[J]. 经济理论与经济管理,2021,41（10）：4-18.

[359] 张颖. 对冀南银行发行币及抗日根据地金融斗争的探讨[J]. 长江丛刊,2015（19）.

[360] 张玮. 抗战前后晋西北乡村私人借贷[J]. 抗日战争研究,2011（3）：33-49.

[361] 张水良. 抗日战争时期解放区的农业贷款[J]. 历史教学,1980（2）：33-36.

[362] 张燚明. 抗战期间国民政府对中共晋察冀边币的应对与处理[J]. 抗日战争研究,2014（2）：58-79.

[363] 张燚明. 一九四〇年至一九四二年的国共货币斗争[J]. 中共党史研究,2021（2）：70-84.

[364] 张彦台. 取缔与改造：晋冀鲁豫抗日根据地牙商政策的演变[J]. 河北大学学报（哲学社会科学版）,2020,45（3）：141-146.

[365] 郑庆平. 中国近代高利贷资本及其对农民的盘剥[J]. 经济问题探索,1986（4）：52-54.

[366] 郑志瑛. 冀南银行金融实践的历史经验和启示[J]. 河北金融,2020（6）：70-72.

[367] 钟钦武."排法"：山东抗日根据地货币斗争新探[J]. 中国社会经济史研究,2021（3）：68-82.

[368] 赵士清，马春梅. 陕甘宁边区第一个信用合作社[EB/OL]. 中国供销社网，2016-03-22.

[369] 周俊才. 陕甘宁边区红色金融政策[J]. 中国金融，2022（4）：97-98.

[370] Arthur N Young. China's Wartime Finance and Inflation 1937-1945[M]. Cambridge: Harvard University Press, 1965.

[371] Dagfinn Gatu. Toward Revolution: War, Social Change, and the Chinese Communist Party in North China, 1937-1945[M]. Stockholm: Stockholm University, Institute of Oriental Studies, 1983.

[372] D C North, B W Weignast. The Evolution of Institutions Governing Public Choice in 17th Century England[J]. Journal of Economic History, 1989, 49: 803-832.

[373] Fausto Piola Caselli，eds. Government Debts and Financial Markets in Europe[M]. Pickering & Chatty Publishers, 2008

[374] Gentzkow M, B T Kelly, M Taddy. Text as Data[J]. Journal of Economic Literature, 2019, 57(3): 535-574.

[375] Jack Belden. China Shakes the World[M]. New York: Harper & Brothers Publishers, 1949.

[376] Jeremy Atack, Larry Neap, eds., The Origin and Development of Financial Macrkets and Institutions: From the Seventeenth Centrcry to the Present[M]. Cambridge: Cambridge University Press, 2009.

[377] D S Van Meter, C E Van Horn. The Policy Implementation Process: A Conceptual Framework[J]. Administration and Society, 1975, 6(4):89-97.

[378] Frank Ficsher. Evaluating Publicy[M]. Chicago: Nelson-Hall, 1995, 215.

[379] Irkv, Hovy. Text Analysis in Python for Social Scientists: Prediction and Classification[M]. Cambridge University Press, 2022: 1.

[380] Thomas B Smith. The Policy Implementation Process[J]. Policy Sciences, 1973 (2).

[381] Anderson K, Rausse G, Swinnen J. Agricultural Policy: A Global View[J]. Encyclopedia of Agriculture and Food Systems, 2014(5): 79-194.

[382] Chen X. Issues of China's Rural Development and Policies[J]. China

Agricultural Economic Review, 2010(2): 233-239.
［383］Nelson L K. Computational Grounded Theory: A Methodological Framework[J]. Sociological Methods & Research, 2020, 49(1): 3-42.
［384］Oliphant T E. Python for Scientific Computing[J]. Computing in Science & Engineering, 2007, 9(3), 10-20.
［385］Perez F, Granger B E. IPython: A System for Interactive Scientific Computing[J]. Computing in Science & Engineering, 2007, 9(3): 21-29.
［386］Wou O Y K. Review of Social and Political Change in Revolutionary China: The Taihang Base Area in the War of Resistance to Japan, 1937-1945[J]. China Review International, 2002, 9(2), 320-343.
［387］［美］埃德加·斯诺. 西行漫记[M]. 北京：东方出版社，2010.
［388］［美］爱德华·弗里德曼，［美］马克·塞尔登. 抗日战争最广阔的基础——华北根据地动员民众支援抗日的成功经验[M]// 南开大学历史系. 中国抗日根据地史国际学术讨论会论文集》. 北京：档案出版社，1985.
［389］［日］田中恭子. 四十年代中国共产党的土地政策[M]// 南开大学历史系. 中国抗日根据地史国际学术讨论会论文集. 北京：档案出版社，1985.
［390］［日］浅田乔二，等. 1937—1945 日本在中国沦陷区的经济掠夺[M]. 袁愈诠，译. 上海：复旦大学出版社，1997.
［391］［澳］波林·基廷. 抗日战争时期合作运动的剖析[M]// 南开大学历史系. 中国抗日根据地史国际学术讨论会论文集. 北京：档案出版社，1985.
［392］［美］爱泼斯坦. 中国未完成的革命[M]. 北京：中央文献出版社，2003.
［393］［澳］大卫·古德曼. 中国革命中的太行抗日根据地社会变迁[M]. 田酉如，等译. 北京：中央文献出版社，2003.
［394］［美］道格拉斯·诺斯著. 制度、制度变迁与经济绩效[M]. 杭行，译. 上海：上海人民出版社，2008.
［395］［美］费正清，费维恺. 剑桥中华民国史（下卷）[M]. 北京：中国社会科学院出版社，1993.
［396］［美］马克·赛尔登. 革命中的中国：延安道路[M]. 北京：社会科学文献出版社，2002.
［397］［美］马若孟. 中国农民经济——河北和山东的农民发展，1890—

1949[M].史建云，译. 南京：江苏人民出版社，1999.

[398] [美] 施坚雅. 中国农村的市场和社会结构[M]. 史建云，徐秀丽，译. 北京：中国社会科学出版社，1998.

[399] [日] 内山雅生. 二十世纪华北农村社会经济研究[M]. 李恩民，邢丽荃，译. 北京：中国社会科学出版社，2001.

[400] [日] 内山雅生. 华北农村社会经济研究[M]. 李恩民，等译. 北京：中国社会科学出版社，2001.

[401] [瑞典] 达格芬·嘉图. 走向革命——华北的战争、社会变革和中国共产党1937—1945[M]. 杨建立，等译. 北京：中共党史出版社，1987.